MÉMOIRES DU PRINCE DE TALLEYRAND

PUBLIÉS AVEC UNE PRÉFACE ET DES NOTES

PAR

LE DUC DE BROGLIE
DE L'ACADÉMIE FRANÇAISE

I

PARIS
CALMANN LÉVY, ÉDITEUR
RUE AUBER, 3, ET BOULEVARD DES ITALIENS, 15
A LA LIBRAIRIE NOUVELLE
—
1891

Droits de reproduction et de traduction réservés pour tous les pays
y compris la Suède et la Norvège.

MÉMOIRES

DU

PRINCE DE TALLEYRAND

CH. MAURICE TALLEYRAND
MINISTRE DES RELATIONS EXTÉRIEURES
(D'après Isabey).

PRÉFACE

M. le prince de Talleyrand est mort le 17 mai 1838.

Quatre ans avant sa mort, le 10 janvier 1834, il avait fait un testament dont toutes les dispositions étaient relatives au partage de sa fortune entre ses héritiers et à la distribution de souvenirs destinés à ses parents, amis ou domestiques.

Deux années après le 1er octobre 1836, il ajoutait à cet acte testamentaire la déclaration suivante, d'un caractère différent :

Ceci doit être lu à mes parents, à mes héritiers et à mes amis particuliers à la suite de mon testament. — Je déclare d'abord que je meurs dans la religion catholique, apostolique et romaine.

Je ne veux pas parler ici de la part que j'ai eue dans les différents actes et travaux de l'Assemblée constituante, ni de mes premiers voyages soit en Angleterre, soit en Amérique,

Cette partie de ma vie se trouve dans les *Mémoires*,

qui seront un jour publiés. Mais je dois donner à ma famille et aux personnes qui ont eu de l'amitié ou même de la bienveillance pour moi, quelques explications sur la participation que j'ai eue aux événements qui se sont passés en France depuis mon retour d'Amérique.

J'avais donné ma démission de l'évêché d'Autun, qui avait été acceptée par le pape, par qui j'ai depuis été sécularisé. L'acte de ma sécularisation est joint à mon testament. Je me croyais libre, et ma position me prescrivait de chercher ma route. Je la cherchai seul, car je ne voulais faire dépendre mon avenir d'aucun parti. Il n'y en avait aucun qui répondît à ma manière de voir. Je réfléchis longtemps et je m'arrêtai à l'idée de servir la France, comme France, dans quelque situation qu'elle fût : dans toutes, il y avait quelque bien à faire. Aussi ne me fais-je aucun reproche d'avoir servi tous les régimes depuis le directoire jusqu'à l'époque où j'écris. En sortant des horreurs de la Révolution, tout ce qui conduisait d'une manière quelconque à de l'ordre et de la sûreté était utile à faire ; et les hommes raisonnables à cette époque ne pouvaient pas désirer davantage.

Passer de l'état dans lequel était la France au régime royal, était impossible. Il fallait des régimes intermédiaires, il en fallait plusieurs. Il ne fallait pas s'attendre à trouver même une ombre de royauté dans le directoire ; l'esprit conventionnel devait y dominer et y dominait en effet, quoique adouci : mais en raison de cet esprit, il devait durer peu. Il préparait au consulat où déjà la royauté se trouvait, quoique encore voilée. Il y avait là du bien à faire, il y avait là un rapprochement, lointain, à la vérité, mais réel vers la monarchie.

Le régime impérial qui vint ensuite, sans être une autocratie, y ressemblait plus qu'à une monarchie véritable. Cela est vrai, mais à l'époque où Bonaparte ceignait le diadème, la guerre avec l'Angleterre était rallumée ; d'autres guerres étaient imminentes ; l'esprit de faction dominait et le salut du pays pouvait être gravement compromis, si son chef se renfermait dans l'unique fonction qu'admet la vraie royauté. Je servis donc Bonaparte empereur, comme je l'avais servi consul : je le servis avec dévouement, tant que je pus croire qu'il était lui-même dévoué uniquement à la France. Mais dès que je le vis commencer les entreprises révolutionnaires qui l'ont perdu, je quittai le ministère, ce qu'il ne m'a jamais pardonné.

En 1814, les Bourbons, avec lesquels je n'avais eu aucune relation depuis 1791, furent rappelés. Ils le furent par l'unique motif que leur règne fut jugé plus favorable que ne l'eût été celui de tout autre, au repos dont la France et l'Europe avaient un si grand besoin. J'ai consigné dans mes *Mémoires* la part principale que je pris à ce grand événement et l'action assez hardie à laquelle je fus appelé dans ces journées mémorables. Le rappel des princes de la maison de Bourbon ne fut point une reconnaissance d'un droit préexistant. S'ils l'interprétèrent ainsi, ce ne fut ni par mon conseil ni avec mon assentiment; car voici la doctrine que je me suis faite sur cette matière.

Les monarques ne sont monarques qu'en vertu d'actes qui les constituent chefs des sociétés civiles. Ces actes, il est vrai, sont irrévocables pour chaque monarque et sa postérité tant que le monarque qui règne reste dans les limites de sa compétence véritable; mais si le monarque qui règne se fait ou tente de se faire plus que monarque, il perd tout droit à un titre que ses propres actes ont rendu ou rendraient mensonger. Telle étant ma doctrine, je n'ai jamais eu besoin de la renier pour accepter, sous les divers gouvernements, les fonctions que j'ai remplies.

Parvenu à ma quatre-vingt-deuxième année, rappelant à ma pensée les actes si nombreux de ma vie politique, qui a été longue, et les pesant au poids du sanctuaire, je trouve en résultat :

Que de tous les gouvernements que j'ai servis, il n'y en a aucun de qui j'aie reçu plus que je ne lui ai donné;

Que je n'en ai abandonné aucun avant qu'il se fût abandonné lui-même;

Que je n'ai mis les intérêts d'aucun parti, ni les miens propres, ni ceux des miens en balance avec les *vrais* intérêts de la France, qui d'ailleurs ne sont, dans mon opinion, jamais en opposition avec les *vrais* intérêts de l'Europe.

Ce jugement que je porte de moi-même sera confirmé, je l'espère, par les hommes impartiaux; et dût cette justice m'être refusée, quand je ne serai plus, sentir qu'elle m'est due suffira pour assurer le calme de mes derniers jours.

Ma volonté est, je la consigne ici, donnant à cette consignation la même force que si elle était dans mon testament ma volonté est, dis-je, que les écrits que je laisse pour paraître après moi ne soient publiés que lorsque les trente années qui suivront le jour de mon décès seront entièrement révolues, afin que toutes les personnes dont j'ai dû parler, ayant cessé de vivre, aucune d'elles ne puisse avoir à souffrir de ce que la vérité a dû me forcer de dire à son désavantage, car je n'ai rien écrit avec l'intention de nuire d'une manière quelconque à qui que ce puisse être. Ainsi, même trente ans après moi, mes *Mémoires* ne devront-ils paraître que dans le cas où ceux de mes héritiers à qui je les laisse, jugeront qu'ils peuvent être publiés sans aucun inconvénient.

Je recommande aussi au dépositaire de mes papiers de ne négliger aucune des précautions nécessaires, ou du moins propres à prévenir, ou à rendre vaines, toutes entreprises furtives dont ils pourraient être l'objet.

De plus, comme le temps où nous vivons est inondé de faux Mémoires, fabriqués les uns par des hommes faméliques ou cupides, les autres par des hommes pervers et lâches qui, pour exercer, sans risques, des vengeances de partis, osent flétrir, autant qu'il dépend d'eux, la mémoire de quelques morts célèbres sous le nom desquels ils répandent les mensonges les plus grossiers et les calomnies les plus absurdes, je charge expressément les dépositaires de mes manuscrits de désavouer publiquement, péremptoirement et sans retard, comme d'avance je désavoue, tout écrit quelconque qui viendrait à être publié sous mon nom avant l'expiration des trente années spécifiées ci-dessus.

Quant aux débris d'une immense collection de papiers fort peu curieux que j'ai eu la duperie d'acheter en Allemagne et en Italie et dont j'ai inutilement tenté de me défaire en les offrant à des amateurs ou à des archivistes qui recueillent ce genre de vieilleries, je les donne en toute propriété aux personnes à qui j'en ai prêté une partie, comme à celles qui croyant prendre quelque chose m'en ont beaucoup dérobé ; elles peuvent en disposer comme elles le voudront.

Valencay, 1er octobre 1836.

Signé : Le prince DE TALLEYRAND.

Cette pièce importante contient, comme on le voit, deux ordres de considérations très distinctes :

C'est d'abord une profession de principe que M. de Talleyrand ne soumet qu'au jugement de sa conscience et de la postérité, qui n'appelle par conséquent aucun commentaire.

Viennent ensuite des prescriptions relatives à la garde et à la publication de ses papiers.

C'est de celles-là seulement et de la suite qui a dû y être donnée, que les éditeurs de ces *Mémoires* doivent rendre compte au public.

Ces prescriptions ont été renouvelées et complétées dans un codicille joint au testament et à l'acte de 1836, le 17 mars 1838, et ainsi conçu :

Je soussigné déclare que madame la duchesse de Dino,

en sa qualité de ma légataire universelle, doit seule recueillir tous mes papiers et écrits *sans exception*, pour en faire l'usage que je lui ai prescrit et qu'elle connaît et ne donner aucune publicité aux écrits que je laisserai que lorsqu'au moins les trente années qui suivront mon décès seront entièrement révolues; néanmoins M. de Bacourt, ministre du roi à Bade, auquel je donne et lègue un diamant de cinquante mille francs, que je le prie d'accepter comme un gage de mon estime et de mon amitié pour lui, voudra bien au défaut de madame la duchesse de Dino, et dans ce cas seulement où elle viendrait à me prédécéder, se charger de tous les papiers inédits que j'ai laissés en Angleterre.

Madame la duchesse de Dino, appelée bientôt après à prendre le titre et le nom de duchesse de Talleyrand et de Sagan, est décédée le 29 septembre 1862, six ans avant la date fixée par M. de Talleyrand pour que la publication de ses papiers pût être permise à ses héritiers.

Madame la duchesse de Talleyrand n'en avait pas moins pris possession complète de tous les papiers de son oncle, ainsi que le fait voir son testament fait à Sagan le 19 septembre 1862 et qui porte dans son paragraphe 17 la disposition suivante :

Les papiers de feu mon oncle, le prince de Talleyrand, qui m'ont été remis conformément à son testament, se trouvent en grande partie à la garde de M. Adolphe de Bacourt; une partie d'entre eux pourvus des indications nécessaires, se trouvent dans ma succession. J'ordonne par ces présentes que cette dernière partie soit remise également bientôt après mon décès à M. de Bacourt qui les recevra sous les mêmes conditions fixées par feu mon oncle, sous lesquelles je les ai reçus moi-même à cette époque.

M. de Bacourt, mort le 28 avril 1865, n'a pas survécu longtemps à madame la duchesse de Talleyrand ; mais du vivant même de la duchesse, il avait été, comme on le vient de voir, associé par elle à la garde et au travail de classement dont l'illustre homme d'État l'avait chargée. Il avait reçu d'elle la commission de rassembler tous les papiers qui lui étaient légués, tant ceux qui étaient restés en Angleterre, que ceux qui pouvaient se trouver encore en France.

Resté seul en possession pendant trois ans de cet ensemble de documents, M. de Bacourt s'est appliqué avec un soin infatigable à en achever la revision, et à préparer la publication des *Mémoires* qui en formaient la partie principale. Dans cette vue, il avait rédigé de nombreuses notes complémentaires ou explicatives, portant sur les points les plus importants de la vie du prince et sur ceux de ses actes qui avaient donné le plus fréquemment lieu à la controverse. Enfin il n'avait rien négligé pour grossir le précieux dépôt qui lui était confié, par l'acquisition de beaucoup de pièces inédites, soit émanées de M. de Talleyrand lui-même, soit adressées à lui par divers personnages, soit de nature à intéresser sa mémoire.

C'est assurément dans le dessein que cette tâche à laquelle il s'était voué avec un dévouement religieux fût continuée après lui avec l'esprit qu'il y avait porté lui-même, qu'il a cru devoir prendre dans son testament un ensemble de dispositions dont le texte doit être littéralement rapporté :

Par suite des dispositions prises dans les deux testaments que je viens de citer (*ceux du prince et de la duchesse de Talleyrand*), je me trouve dans la nécessité de pourvoir aux conséquences qui pourraient résulter, si je mourais avant d'avoir accompli le devoir qui m'est imposé à l'égard des papiers laissés par M. le prince de Talleyrand, lesquels sont tous en ma possession.

J'ai pensé que le meilleur moyen était de choisir, selon la coutume adoptée en Angleterre, ce qu'on y nomme des *Trustees*, ou personnes de confiance, qui, dans le cas de ma mort, seront chargées : 1° de me remplacer comme gardiens desdits papiers, et 2° de pourvoir au temps fixé par moi à la publication de ceux de ces papiers qui sont destinés à être publiés. Je désigne donc à cet effet M. Châtelain, ancien notaire, demeurant à Paris, n° 17, rue d'Anjou-Saint-Honoré, et M. Paul Andral, avocat à la cour impériale de Paris, y demeurant, n° 101, rue Saint-Lazare, qui tous les deux ont bien voulu accepter la mission que je leur confie. J'entends et j'ordonne, qu'aussitôt après ma mort, ces deux messieurs soient prévenus du lieu où ces papiers sont déposés, et qu'ils y sont à leur disposition, en leur facilitant les moyens d'en prendre possession avec toutes les mesures de sûreté nécessaires...

J'impose comme condition expresse à MM. Châtelain et Andral qu'aucune publication tirée de ces papiers ne pourra être faite, en aucun cas, avant l'année mil huit cent quatre-vingt-huit, ajoutant ainsi un terme de vingt années à celui de trente ans fixé par M. le prince de Talleyrand.

M. de Bacourt, en ajoutant comme on vient de le voir, un nouveau délai de vingt ans à celui de trente fixé par M. de Talleyrand, usait d'une faculté réservée par le prince lui-même à ses héritiers. Ceux qui recevaient à leur tour le legs de M. de Bacourt n'avaient aucun droit de s'y soustraire.

Avant que ce délai fût expiré, l'un d'entre eux, M. Châtelain, avait cessé de vivre, et dut être remplacé par son fils; et quand le terme fixé est échu, son associé, M. Andral, était déjà atteint du mal qui l'a enlevé l'année suivante à l'affection de ses amis.

Ce n'est donc qu'au commencement de l'année courante que j'ai été informé de la marque de confiance que cet ami à jamais regrettable m'avait donné, en me substituant à lui dans l'accomplissement de la tâche que lui avaient imposée les dernières volontés de M. de Bacourt, et que sa maladie l'avait empêché de remplir. Rien ne m'y avait préparé, et aucune communication de sa part ne me l'avait laissé pressentir. J'avais compris, et je partageais l'impatience qu'éprouvait depuis longtemps le public de prendre connaissance d'une œuvre d'une haute valeur, objet d'une légitime curiosité. Mais quel que fût notre désir, à M. Châtelain et à moi, de satisfaire ce vœu, encore fallait-il prendre le temps nécessaire pour ne négliger aucun des soins réclamés par une publication de cette importance.

On a pu remarquer avec quelle insistance tant madame la duchesse de Talleyrand que M. de Bacourt se sont attachés, dans leur testament, à constater qu'ils étaient en pleine possession de tous les papiers du prince *sans exception*, et que rien n'avait pu ni leur être soustrait, ni leur échapper. La crainte de voir pendant les longues années de silence qui leur étaient imposées, le nom de M. de Talleyrand placé en tête de Mémoires supposés et de documents apocryphes ou dénaturés (procédé très souvent usité à l'égard des hommes célèbres), s'était évidemment présentée à leur esprit. C'est contre tout abus et toute falsification de ce genre qu'ils tenaient à protester d'avance, fidèles en cela à la pensée qui avait dicté à M. de Talleyrand lui-même la recommandation faite à ses héritiers dans l'acte de 1836 de préserver sa mémoire de toute publication *furtive*.

Cette précaution, en soi très naturelle, était d'ailleurs particulièrement justifiée par la connaissance d'un fait très grave, dont les conséquences avaient, avant la mort même de M. de Talleyrand, causé tant à lui qu'à sa famille une juste préoccupation.

Un secrétaire admis dans sa confidence pendant les années où, soit comme ministre, soit comme ambassadeur, il avait été chargé des plus graves intérêts de l'État, avait dû être éloigné après vingt ans de ce service intime, pour des motifs assurément graves; et, bien qu'on n'eût pas négligé la précaution d'exiger de lui la remise de toutes les pièces qui pouvaient être entre ses mains, on ne tarda pas à apprendre que non seulement cette restitution avait été loin d'être complète, mais que le secrétaire éconduit se vantait lui-même d'avoir conservé plus d'une pièce importante dont il menaçait de faire usage sans la permission de son ancien protecteur et dans l'intention de lui nuire.

Ce qui rendait la conduite de cet agent infidèle aussi dangereuse que répréhensible, c'est que pendant ces années de commerce familier avec M. de Talleyrand, il avait acquis l'art de contrefaire son écriture, de manière à tromper ceux qui devaient le mieux la connaître, et on sut bientôt qu'il mettait à profit ce triste talent pour faire circuler, comme émanés de M. de Talleyrand, des écrits supposés ou falsifiés, de nature à porter le trouble dans ses relations de famille ou d'amitié, et à accréditer contre lui les plus fâcheuses imputations.

Un hasard a permis à M. de Bacourt de se procurer les preuves matérielles et irrécusables de cette fraude, et de les laisser dans un dossier spécial de ses papiers, où elles se trouvent encore. En regard de lettres originales de M. de Talleyrand, il a pu placer des fac-similés, trouvés dans la succession du copiste, si semblables à leurs modèles qu'on ne pourrait les en distinguer si des phrases interpolées dans une intention évidemment malfaisante ne trahissaient l'imposture.

On peut donc concevoir l'inquiétude que durent éprouver les exécuteurs des dernières volontés de M. de Talleyrand, lorsque trois jours après sa mort, le 20 mai 1838, le journal anglais le *Times* publiait la nouvelle suivante :

> Quant aux *Mémoires* politiques de M. de Talleyrand, on sait qu'ils ne doivent voir le jour que trente ans après sa mort,

mais son secrétaire, M. Perrey, s'étant emparé d'une grande partie du manuscrit, on croit qu'à moins de grands sacrifices pécuniaires, les intentions du défunt ne pourront en grande partie se réaliser. Parmi les papiers dont on sait que M. Perrey s'est emparé, il y a des portraits satiriques de plus de cent de nos contemporains.

Ajoutons qu'au nombre de ces contemporains, le *Times* faisait figurer tous les amis personnels de M. de Talleyrand et de sa famille.

Il est vrai que huit jours plus tard, le 28 mai, M. Perrey lui-même (c'était le *Times* qui l'avait nommé), dans une lettre adressée à ce journal, démentait cette allégation et se disait prêt à poursuivre devant les tribunaux « quiconque s'autoriserait de son nom pour donner quelque apparence d'authenticité à des écrits de M. de Talleyrand ». Mais quelle valeur avait ce démenti, qu'on ne pouvait se dispenser de donner à moins de se déclarer coupable d'une improbité criminelle, et quel fondement avait l'allégation du *Times* ? M. Perrey avait-il essayé sur quelques fragments détournés des *Mémoires* ou sur quelques notes préparées pour leur rédaction, ce procédé de reproduction amplifiée et dénaturée dont on le savait coutumier ? Si quelque essai de ce genre avait été fait par lui, en avait-il fait disparaître la trace, et ne risquait-on pas de le voir livré au public par quelque intermédiaire à qui il en aurait fait cession à titre gratuit ou onéreux ?

Nulle précaution ne parut superflue à madame la

duchesse de Talleyrand et à M. de Bacourt contre une éventualité qui leur paraissait à craindre ; et pour aller au-devant de toute contestation ou confusion possible, M. de Bacourt prit le parti de transcrire lui-même de sa propre main le texte des *Mémoires* tel qu'il le tenait de M. de Talleyrand avec les notes et pièces qui devaient y être jointes.

Cette copie se trouve mentionnée dans l'inventaire des papiers de M. de Bacourt joint à son testament en ces termes :

Quatre volumes, reliés en peau, qui sont la seule copie authentique et complète des *Mémoires* du prince de Talleyrand, faite par M. de Bacourt d'après les manuscrits, les dictées et les copies dont M. de Talleyrand lui avait indiqué l'emploi.

De plus, le premier de ces quatre volumes porte à la suite du dernier feuillet l'attestation suivante :

Je soussignée, exécutrice testamentaire de feu mon oncle Charles-Maurice prince de Talleyrand-Périgord, déclare et certifie que le présent volume *in-folio* contenant cinq cent une pages manuscrites renferme la seule copie originale, complète et fidèle des cinq premières parties de ses *Mémoires* et d'un morceau sur le duc de Choiseul laissés par le prince de Talleyrand-Périgord.

Sagan, 20 mai 1858.

DOROTHÉE DE COURLANDE,
Duchesse de Talleyrand et de Sagan.

Une attestation, exactement pareille et portant la même signature, termine le dernier feuillet du second volume.

A la fin du troisième, c'est M. de Bacourt survivant seul qui s'exprime ainsi :

Je soussigné, exécuteur testamentaire de feu M. le prince Charles-Maurice de Talleyrand-Périgord et de madame la duchesse de Talleyrand et de Sagan, princesse de Courlande, déclare et certifie que le présent volume *in-folio* de cinq cent six pages manuscrites renferme la seule copie originale authentique et complète de la huitième, neuvième et dixième partie des *Mémoires* laissés par le prince Charles-Maurice de Talleyrand-Périgord.

Bade, 20 janvier 1863.

AD. DE BACOURT.

Aucune attestation ne se trouve à la fin du quatrième volume, par la raison que la dernière partie de ce volume devait être composée de pièces jointes dont la transcription complète n'était pas achevée quand M. de Bacourt a été surpris par la mort.

C'est sur ce texte préparé pour l'impression par les personnes mêmes que M. de Talleyrand en avait chargées et d'après les instructions qu'elles tenaient de lui, qu'est faite la publication présente. On ne s'y est permis ni retranchement ni modification d'aucun genre. Quelques-unes des notes seulement que M. de Bacourt avait préparées ont été supprimées comme ayant perdu de leur intérêt. En revanche, d'autres en grand nombre ont été ajoutées contenant soit des renseignements biographiques sur les personnes dont le nom figure dans les *Mémoires*, soit des éclaircissements sur des faits qui y sont mentionnés, et dont le lecteur d'aujourd'hui pourrait n'avoir pas gardé un souvenir assez précis.

Quant à l'écrit relatif au ministère du duc de Choiseul dont il est fait mention dans l'attestation de madame la duchesse de Talleyrand, M. de Bacourt avait cru devoir le faire figurer en tête de la première partie des *Mémoires*, bien qu'il n'y soit pas naturellement compris, et qu'il n'ait pas été composé à la même date. Il a paru plus convenable de placer cet écrit détaché à la fin du dernier volume, où pourront être mis également quelques autres écrits de M. de Talleyrand, soit inédits, soit oubliés, et pouvant encore être lus avec intérêt.

II

Les douze parties dont les *Mémoires* se composent sont loin, comme on le verra, de former un tout complet et suivi. On peut les diviser en deux fractions très distinctes: La première s'étend depuis l'entrée de M. de Talleyrand dans le monde jusqu'en 1815, à la fin du ministère qu'il a occupé sous le règne de Louis XVIII. Des indices très clairs ne laissent pas douter que cette portion des *Mémoires* a été rédigée pendant le cours de la Restauration. La seconde commence après la révolution de 1830 avec l'ambassade de M. de Talleyrand à Londres, et contient le récit de cette mission. Elle a dû être composée pendant la retraite qui a suivi sa démission donnée en 1834.

Une interruption de quatorze années, ainsi que la brièveté avec laquelle le récit passe sur certaines parties de l'existence politique de M. de Talleyrand (entre autres son rôle à l'Assemblée constituante), atteste assez qu'il n'avait nullement l'intention de présenter dans ses *Mémoires* un tableau complet de sa vie entière. Lui-même nous avertit, dans une note mise en tête de la première partie, que c'est par une expression impropre et faute d'en pouvoir trouver une plus exacte, qu'il donne à ses souvenirs le nom de *Mémoires*. Ce qu'on y trouve le moins en effet c'est ce qu'on cherche le plus habituellement dans des mémoires : des révélations sur les incidents peu connus de la vie de l'écrivain ou ses impressions personnelles au sujet des événements dont il a été le témoin. A part quelques pages consacrées à sa première enfance et à sa jeunesse, le récit de M. de Talleyrand est plus que sobre sur sa vie privée, et celle des personnes qu'il a connues y tient encore moins de place. Ses jugements sur la société au milieu de laquelle il a vécu sont pleins de finesse et de goût; mais le lecteur qui viendrait y chercher des anecdotes, des indiscrétions, des confidences, et ne serait pas même fâché d'y rencontrer au besoin un peu de scandale, serait complètement déçu. Le ton habituellement grave de la narration ne se prêtait à rien qui pût satisfaire une curiosité de cette nature.

M. de Talleyrand ne paraît pas non plus avoir eu le dessein de répondre par voie d'explication ou d'apologie aux diverses accusations dont il a été l'objet. Sauf la part que quelques écrivains lui ont prêtée dans l'attentat qui a mis fin aux jours du duc d'Enghien, et dont il se défend avec indignation dans une note spéciale, sur tous les autres griefs il garde un silence qui ne paraît pas seulement du dédain : c'est plutôt une sorte de parti pris de ne pas occuper ses lecteurs à venir de ce qui ne touche que lui seul, et de réserver toute leur attention pour les grands intérêts politiques et nationaux dont il a tenu plusieurs fois le sort entre ses mains, et dont la France et la postérité ont le droit de lui demander compte.

Si telle a été sa pensée (comme tout porte à le croire), s'il n'a réellement songé à faire ni satire, ni plaidoyer, ni confession d'aucune espèce, mais seulement à se rendre le témoignage que la fortune de la France n'avait pas souffert d'avoir placé en lui sa confiance, il ne pouvait trouver de meilleure manière pour écarter de sa mémoire les accusations qui, ne l'ayant pas épargné pendant sa vie, ne devaient assurément pas faire silence sur sa tombe. Il y a dans la vie privée de M. de Talleyrand, des erreurs et des torts qu'on n'a pas le droit de justifier, puisqu'il en est qui ont été de sa part, à sa dernière heure, le sujet d'une rétractation solennelle. Son rôle dans la politique intérieure pendant les diverses phases des révolutions auxquelles il a été mêlé, donnera toujours lieu à des appréciations différentes; et comme il n'a appartenu à aucun des partis qui divisent encore la France, il n'en est aucun qui ne se croie le droit de juger certains de ses actes avec sévérité. Mais quand il a eu, soit comme ministre, soit comme ambassadeur, à défendre en face de l'étranger (ennemi, rival ou allié) la cause de la grandeur et de l'indépendance nationales, il serait difficile de contester et on ne trouvera pas qu'il exagère l'importance des services qu'il a rendus.

Pour lui faire à cet égard justice tout entière, il ne faut pas s'arrêter au récit qu'il fait de l'action qu'il a pu exercer comme ministre, soit du directoire, soit du premier empire. Lui-même passe assez rapidement sur ces premières phases de son existence ministérielle, et quelle que soit la grandeur des événements qui se succèdent dans cette période, s'il en trace souvent le tableau avec l'art d'un historien consommé, c'est en témoin qu'il parle plutôt qu'en acteur. Il tient à laisser entendre que, de quelque fonction éminente qu'il fût alors revêtu, son pouvoir était nominal. Il n'était que l'exécuteur de décisions qu'il avait le plus souvent combattues. Ne pouvant ni se faire comprendre de l'incapacité des parvenus de la Révolution, ni se faire écouter d'un maître impérieux qui ne prenait conseil que de son génie ou de ses passions, toute son habileté s'employait, après avoir donné des conseils qui n'étaient pas suivis, à réparer des fautes qu'il n'aurait pas commises. C'est au congrès de Vienne, après la Restauration, à l'ambassade de Londres, après 1830, que pleinement investi de la confiance des souverains qu'il représente, il se montre en pleine liberté d'agir.

Dans ces deux circonstances, les plus éclatantes de sa longue carrière, et qui tiennent naturellement la plus grande place dans les volumes qu'on va lire, Talleyrand fait jouer à la diplomatie un rôle qui ne lui était peut-être jamais échu dans l'histoire, et fait prendre à l'action personnelle d'un ambassadeur une importance à peu près sans exemple. D'ordinaire, les diplomates les plus renommés ne sont que les heureux interprètes d'une pensée qui n'est pas la leur, et les habiles exécuteurs de desseins qui leur viennent de plus haut. Qu'eût été le Père Joseph sans Richelieu? Leur crédit, d'ailleurs, tient moins à leur mérite propre qu'à l'usage qu'ils savent faire de la crainte ou de la confiance qu'inspirent les gouvernements qu'ils représentent. Qu'auraient pu faire les grands négociateurs de la paix de Westphalie ou des Pyrénées, sans les victoires de Condé et de Turenne? Aucun appui de ce genre n'est venu en aide à Talleyrand dans les deux occasions où tous les intérêts de notre patrie lui ont été remis. Dans l'une comme dans l'autre, il a dû puiser toute sa force en lui-même.

A Vienne, il paraît devant quatre puissances victorieuses, unies et encore en armes; il parle au nom d'une royauté rétablie après vingt-cinq ans de troubles, sur un sol tremblant, et encore couvert de troupes étrangères, ne disposant elle-même que d'une armée décimée qui n'est même pas fidèle. Avant que le congrès ait fait toute son œuvre, la triste aventure des Cent-jours le réduit au rôle presque dérisoire d'ambassadeur d'un prince exilé. A Londres, il est l'organe d'un pouvoir naissant, sorti d'une révolution, tenu par là même en méfiance par toutes les monarchies d'Europe, et menacé à tout moment (on le croit du moins) d'être répudié et renversé par la force populaire qui l'a créé. Il y a des jours où la voix de l'ambassadeur apportant des assurances pacifiques dans les conférences est couverte par les échos venus de Paris, qui retentissent des clameurs belliqueuses de la multitude et des grondements de l'émeute.

On ne peut contester cependant (et s'il existait quelque doute à cet égard, la lecture des *Mémoires* suffirait à le dissiper) que M. de Talleyrand n'a pas cessé un seul jour, pas plus à Vienne qu'à Londres, d'être l'âme des congrès et des conférences et le véritable inspirateur des résolutions de l'Europe assemblée, dont en fin de compte, et étant données les difficultés des circonstances, la France n'a pas eu à souffrir. Il est plus facile de constater que de définir l'art souverain qui lui permit de suppléer par les ressources propres de son habileté et de son intelligence, au soutien qui, à tout moment, lui faisait défaut du dehors. Dans la vie publique comme dans les rapports privés, l'ascendant qu'un homme sait prendre sur ceux qui l'approchent et traitent avec lui, tient à un don naturel dont aucun genre de supériorité ne rendra jamais suffisamment compte. Les succès inattendus qu'il obtint s'expliquent pourtant en grande partie (les *Mémoires* nous le font connaître) par la rare justesse de coup d'œil qui lui faisait apercevoir du premier coup, et avant toute épreuve, les ressources qu'on pouvait encore tirer d'une situation que tout autre aurait trouvé désespérée.

Ainsi en 1814, entré dans le sénat européen, dénué de tout moyen de se faire craindre, il sait discerner tout de suite que, même au lendemain d'une victoire, la force matérielle n'est pas tout, et que le cours des événements qui paraissent lui être le plus défavorables a pourtant mis à son service une force morale dont le ressort, habilement ménagé, peut lui tenir lieu des armes d'une autre nature qui lui manquent. Cette puissance morale, supérieure même à celle que les cours alliées contre nous doivent au nombre de leurs soldats, il va tout droit la chercher, et il la trouve dans le principe hautement proclamé de la légitimité monarchique. On lira le texte des instructions qu'il apporte au congrès, et qu'il s'est données à lui-même, puisqu'il est à la fois ministre et ambassadeur; c'est un plan général de restauration du principe de la légitimité sur toute la surface de l'Europe; et par suite, la restitution à tous les souverains dépossédés de tous les domaines de leurs aïeux. Le projet est développé systématiquement, article par article, et État par État, sans réserve, sans restriction, sans embarras; je dirais volontiers, sans respect humain, sans que Talleyrand paraisse se douter un moment que cette foi monarchique, érigée à la hauteur d'un dogme, pourra causer quelque surprise dans la bouche d'un ancien ministre de la république et de l'empire.

A ceux qui lui auraient exprimé cet étonnement, je gage qu'il était prêt à répondre avec son sang-froid habituel que cette contradiction de sa part était un hommage de plus rendu par l'expérience à la nécessité. Mais la vérité est qu'après vingt ans de luttes qui, en baignant de sang le sol de l'Europe, avaient mutilé, lacéré, remanié tous les territoires en mille sens différents, une extrême lassitude, un profond dégoût de l'effet des conquêtes et des révolutions s'étaient emparés de l'esprit public. La succession rapide des républiques improvisées par le directoire, et des royautés créées par une fantaisie impériale, le passage de ces fantômes éclos un jour et évanouis le lendemain, avaient fatigué autant qu'ébloui les regards des populations. Peuples et princes demandaient grâce, aussi las, ceux-ci, de passer de mains en mains et d'un maître à un autre, que ceux-là d'être tour à tour couronnés et détrônés, suivant la fortune du jour. On réclamait de toutes parts un principe quelconque de droit public qui, en réglant la transmission régulière du pouvoir, raffermît les bases de tous les États ébranlés par tant de secousses. Ce fut le mérite de Talleyrand de comprendre le caractère impérieux de ce sentiment général et le moyen d'influence que le représentant de Louis XVIII en pouvait tirer. La royauté française rétablie dans ses anciennes limites, dépouillée seulement des annexes qui n'étaient dues qu'à des succès passagers, semblait la première et la plus noble application d'un principe réparateur. En faisant de Louis XVIII l'interprète du vœu commun et une protestation vivante contre la brutalité d'un régime d'usurpation et de violence, il lui assignait parmi ses confrères en royauté une place à la fois originale et dominante. Restauré par des faits de guerre auquel il n'avait pas concouru, le roi de France n'était que l'obligé et le protégé de ceux qui lui avaient ouvert les portes de sa patrie. Rétabli en vertu d'un droit qui ne dépendait pas de la force, il redevenait leur égal, et vu l'antiquité de sa race, en certaine mesure même, leur supérieur. Ce que la crainte de ses armes ne pouvait imposer, le respect d'un principe pouvait l'obtenir, et en contenant l'ambition des vainqueurs de Napoléon les empêcher d'imiter son exemple et de s'approprier, comme lui, au gré de leurs convenances et de leurs convoitises, les territoires occupés par leurs armées.

On a dit, je le sais, que c'était là un ordre de considérations empreint d'une loyauté chevaleresque dont l'expression un peu exaltée ne pouvait pas de la part de Talleyrand être bien sincère ni même tout à fait sérieuse. On a fait entendre, qu'au lieu de poursuivre ainsi de Dresde à Naples et par toute l'Europe la restauration des pouvoirs légitimes, il aurait obtenu avec moins de peine, de plus solides et de plus substantiels avantages. En laissant, par exemple, la Prusse et la Russie s'étendre à leur aise dans le nord, aux dépens de leur voisinage, on aurait pu, pense-t-on, éloigner la frontière allemande de la nôtre, prévenir ainsi les conflits de l'avenir, et nous faire une meilleure part dans le nouvel équilibre de l'Europe. Ce jugement, qui prétend être essentiellement utilitaire et pratique, m'a toujours paru reposer sur une appréciation des faits étroite et superficielle. Je doute qu'on puisse le maintenir en face du spectacle que nous présente le récit de l'entrée de M. de Talleyrand dans le congrès de Vienne. Rien de plus dramatique que ce premier entretien, où les puissances encore coalisées lui déclarent avec une froideur arrogante leur dessein de se maintenir, même après la paix conclue, dans une intimité étroite et impénétrable, entendant former une petite assemblée dans la grande, où le sort de l'Europe eût été décidé dans des délibérations à huis clos, que la France n'aurait eu qu'à enregistrer. C'était la prétention avouée de tenir la France en quarantaine, comme n'étant pas suffisamment purgée du venin révolutionnaire. Quand Talleyrand n'aurait fait autre chose que rompre ce cordon sanitaire, en se montrant animé d'un sentiment monarchique plus puritain que ceux qui le tenaient en suspicion ; quand cette manœuvre inattendue n'aurait eu d'autre résultat que de faire dire à l'un des interlocuteurs, avec une surprise qui cachait mal sa déception : « En vérité, Talleyrand nous parle comme un ministre de Louis XIV ! » ceux qui ont le souci, même dans le passé, de la dignité nationale devraient encore lui en savoir gré. Mais il s'agissait au fond de toute autre chose que de dignité et même d'honneur. C'était (l'événement allait trop tôt le prouver) l'existence même de la France et le maintien de son unité qui étaient toujours en jeu. Car à quel autre titre, après tout, que celui de son droit héréditaire, Louis XVIII avait-il obtenu la restitution complète du territoire possédé par ses pères ? Laisser violer ailleurs, sans protestation, aux dépens du faible, le principe d'hérédité, après en avoir bénéficié soi-même, c'eût été une inconséquence, et même une sorte d'ingratitude morale qu'on n'aurait pas portée loin, et dont on n'aurait pas tardé à se repentir. Dix mois seulement n'étaient pas écoulés, et la France ayant couru au-devant de nouveaux désastres, son sort était remis en question, devant ses vainqueurs, dans des jours d'une inexprimable angoisse. Une carte était déjà dressée, qui lui enlevait quelques-unes de ses plus chères provinces. Louis XVIII dut encore une fois réclamer l'inviolabilité de son héritage. Mais comment aurait-il pu élever la voix et se faire écouter, s'il eût connivé lui-même par la complaisance de son ambassadeur à Vienne à d'autres spoliations tout aussi peu justifiables que celles dont il était menacé ? Supposez, par exemple, que dans une pensée intéressée, Talleyrand, au lieu de défendre le patrimoine de notre vieux et fidèle ami, le roi de Saxe, l'eût livré en pâture à l'ambition de la Prusse qui le convoitait, qui aurait pu empêcher, après Waterloo, ces mêmes appétits dont l'âpreté insatiable n'était déjà que trop connue, de s'étendre au delà du Rhin jusqu'à la Meuse et aux Vosges? En réalité, la situation de défenseur de la légitimité prise par Talleyrand ne fut jamais mieux justifiée que le jour où l'ombre de puissance matérielle du souverain qu'il représentait s'étant évanouie, il ne lui resta plus que cette puissance du droit, en apparence idéale, mais dont l'esprit le moins chimérique qui fût jamais, avait bien apprécié ce jour-là la valeur réelle.

Quinze ans se passent, quinze ans d'interruption dans la vie active de Talleyrand, quinze ans de silence dans les *Mémoires*. Puis, on le voit reparaître, venant à Londres demander accès dans les conseils de l'Europe pour un pouvoir nouveau créé à la suite d'une révolution dont le premier acte a été d'interrompre le cours régulier de la succession royale. La transition est soudaine et surprend, il faut en convenir. A la réflexion, cependant, on s'aperçoit que malgré la différence et même souvent la contradiction des paroles, l'homme n'a pas changé, que le but qu'il poursuit est le même, et qu'il y déploie le même art et des procédés d'esprit, dont l'application seule diffère. A Vienne, il s'agissait de dissoudre une coalition qui, en se maintenant en pleine paix, nous condamnait à jamais par l'isolement à l'impuissance. A Londres, il faut empêcher la même coalition de se reformer pour une guerre nouvelle : le danger n'est pas moins pressant, et tout porte à croire qu'il sera plus difficile encore à conjurer : car rien n'est changé depuis 1815 dans l'état extérieur de l'Europe ; les mêmes sentiments semblent inspirer les mêmes cabinets, présidés par les mêmes hommes ; les mêmes généraux sont prêts à prendre le commandement des mêmes armées, et l'éclat d'une révolution en France a dû réveiller les hostilités à peine assoupies. C'est par le plus singulier des hasards, le vainqueur de Waterloo même qui préside le conseil des ministres d'Angleterre. Il semble qu'il n'ait qu'un mot à dire, et un ordre à donner, pour remettre en mouvement toutes les masses qu'il a conduites à la victoire.

Mais non, pendant ces quinze ans, « *ce grand espace de toute vie mortelle,* » comme dit Tacite, le temps a fait son œuvre, et sous l'immobilité de la surface, un sourd changement s'est opéré dans le fond de l'esprit public, nulle part plus profondément que sur cette terre britannique où M. de Talleyrand, réfugié et proscrit, a déjà passé une partie de sa jeunesse. La vieille Angleterre qu'il a connue alors, l'Angleterre des Pitt et des Castlereagh, l'Angleterre qui a été l'âme de la coalition européenne, qui l'a animée pendant un quart de siècle du souffle de sa haine et payée de ses deniers; celle dont les anathèmes de Burke avaient soulevé l'orgueil aristocratique et les instincts moraux contre les excès révolutionnaires, cette Angleterre-là n'est déjà plus reconnaissable. Un vent de réforme démocratique a traversé la Manche et pénétré même sous les voûtes gothiques du parlement de Westminster, et quand le mouvement de juillet 1830 éclate à Paris, aucune voix ne s'élève pour maudire la révolution nouvelle. Au contraire, l'Angleterre se souvient avec complaisance qu'elle a fait elle-même sa révolution, et fait passer la couronne d'une branche à une autre de la dynastie régnante. La nouvelle monarchie française est créée d'après l'exemple de la monarchie anglaise de 1688, et promet d'y rester fidèle : cette ressemblance plaît à l'orgueil britannique, flatté qu'on vienne lui emprunter des modèles.

M. de Talleyrand n'a pas mis le pied sur le sol anglais, qu'il est déjà averti de ce revirement par tous les courants de l'atmosphère qui l'environne, et il devine à l'instant les nouveaux moyens d'action qu'une nouvelle situation lui réserve. Son plan est fait : à la coalition des monarchies du continent que toute révolution effraye, il opposera l'alliance de deux monarchies libérales, fondées l'une et l'autre sur un choix national, et dans le discours qu'il adresse au roi d'Angleterre, la première fois qu'il est reçu en audience solennelle, il ne craint pas d'offrir à l'héritier de la maison de Brunswick l'amitié du roi des Français au nom d'une communauté de principes et d'une fraternité d'origine.

A partir de ce moment, sa marche est assurée; l'avènement d'un ministère anglais pris dans le parti libéral, dont il a pressenti la venue, ne fera qu'aplanir devant lui les obstacles. Il a pris en main le levier qu'il peut faire mouvoir. La coalition menaçante est tuée dans son germe, dès que l'Angleterre s'en retire. L'alliance anglaise devient même le pivot de la longue négociation qui aboutira à substituer sur notre frontière une neutralité amicale à un voisinage d'une hostilité incommode, en consacrant à Bruxelles une royauté de plus, issue comme celle de France d'un choix populaire.

Nous voilà loin de Vienne, il faut le reconnaître, et du principe absolu de la légitimité. Il va de soi qu'il ne peut plus être invoqué au moins avec la même autorité. C'est le respect du vœu national qui l'a remplacé. A coup sûr, il y aurait plus d'une objection à faire à cette liberté d'esprit qui permettait de considérer les principes politiques, non comme des vérités absolues, mais comme des instruments d'une utilité pratique dont la valeur dépend de la convenance de leur application. N'est-ce pas là, pourtant, l'effet à peu près inévitable de la fréquence des révolutions? Talleyrand, assurément, n'est pas le seul de cette génération de 1789 entrée dans la vie avec de nobles illusions, chez qui une série d'essais impuissants, suivis d'autant de déceptions, ait engendré le dédain de la théorie et un fond de scepticisme politique. Cette réserve faite, dont je suis loin d'atténuer la gravité, il est difficile de n'être pas sensible à la souplesse, à la riche fécondité de cet esprit qui, des épreuves les plus dissemblables et des points de départ même les plus opposés, sait tirer au service d'une même cause une variété inépuisable de ressources et d'arguments; et il n'est que juste de reconnaître, sous la flexibilité de la forme, la persévérance d'une vue patriotique toujours attachée à la France, et n'oubliant jamais que, quel que soit son état intérieur, qu'elle soit en travail de restauration ou en cours de révolution, c'est toujours la France, et elle doit être servie avec un souci égal de sa sécurité présente et de sa grandeur à venir.

Quelque chose enfin manquerait à la justice complète, si à côté de la part personnelle dont l'honneur revient à Talleyrand dans l'heureux succès des négociations qu'il a conduites, on n'en attribuait une grande aussi, et presque égale, au concours ferme et intelligent des deux souverains qu'il a servis. Les *Mémoires* ont le mérite de reconnaître ce partage et de faire à l'un comme à l'autre de ces deux héritiers de la maison de France la place élevée qui leur est due. On ne relira pas sans émotion les lettres de Louis XVIII déjà publiées, et qui ont fait admirer une noblesse de langage égale à l'élévation des sentiments, et le véritable accent de la fierté royale. Quelques pièces inédites ne feront que confirmer et accroître cette impression.[1] Dans la négociation relative à la création du royaume de Belgique, la correspondance de Louis-Philippe présente un caractère différent, mais qui ne lui fait pas moins d'honneur. Ce sont les conseils d'une expérience consommée, une vigilance inquiète qui s'attache aux moindres détails, la préférence toujours donnée à tout intérêt public sur les considérations de dynastie et de famille, enfin, aux heures critiques, une résolution virile et sensée. Tous

---

[1]. On trouvera en particulier dans le troisième volume des *Mémoires* une lettre du roi Louis XVIII qui présente un si haut intérêt que je crois devoir la faire connaître ici par avance. Elle est adressée à M. de Talleyrand en 1815, au moment de la seconde occupation de Paris par les alliés, sur la nouvelle que les Prussiens se proposaient de détruire le pont d'Iéna dont le nom leur rappelait un souvenir pénible. En voici les termes exacts :

J'apprends dans l'instant que les Prussiens ont miné le pont d'Iéna et que vraisemblablement ils veulent le faire sauter cette nuit même. Le Duc d'Otrante dit au général Maison de l'empêcher par tous les moyens qui sont en son pouvoir. Mais vous savez bien qu'il n'en a aucun ; faites tout ce qui est en votre pouvoir, soit par vous-même, soit par le duc (Wellington,) soit par lord Castlereagh, etc... Quant à moi, s'il le faut, je me porterai sur le pont, on me fera sauter, si l'on veut.

J'ai été fort content des deux lords pour la contribution.

Samedi à 10 heures.

LOUIS.

La pièce autographe dont nous donnons ci-contre le fac-similé se trouve dans les papiers de M. de Talleyrand qui avait mis d'autant plus de soin à la conserver que ce trait généreux de Louis XVIII déjà rapporté dans les écrits du temps, a été souvent contesté.

deux, en un mot, ont été les gardiens fidèles de la puissante unité française, créée par leurs aïeux, et qu'ils ont eu le bonheur de léguer intacte aux successeurs dont les fautes et les folies l'ont compromise. Si la mutilation douloureuse que cette unité a subie était irréparable, l'histoire dirait qu'elle a péri le jour où est descendue du trône la race qui l'avait fondée.

Duc de Broglie.

J'apprends dans l'instant que les Prussiens ont miné le pont de Jena, et que vraisemblablement ils veulent le faire sauter cette nuit même, le D. d'Otrante a dit au Gal Maison de l'empêcher par tous les moyens qui sont en son pouvoir, mais vous sçavez bien qu'il n'ch a aucun, faites tout ce qui est en votre pouvoir, soit par vous-même soit par le Duc, soit par Lord Castlereagh &.^a Quant à moi, s'il le faut, je me porterai sur le pont, on me fera sauter si l'on veut. J'ai été fort content des deux Lords pour la contribution.

Samedi à 10 heures   Louis.

A mon Cousin, le P.^{ce} de Talleyrand.

MÉMOIRES

DU

PRINCE DE TALLEYRAND

10 novembre 10 heures 185[?]
du soir

Tout se calme à Londres; il y a
encore quelques groupes insignifiants
dans la cité; mais on n'y regarde
pas. la police a eu un avantage
réel sur la canaille: elle l'a repoussée
et traitée fort durement. cela a fait
grand plaisir à tout le monde. — les
partis ont ajourné la lutte. c'est lors
de la motion de ser brougham, qui se fera
le 16, que tous les efforts de l'opposition
se montreront dans toute leur force.
— la majorité d'un côté ou de l'autre
sera quelque chose de fort important
— le Duc est calme et ferme: il a fait
tête à l'orage avec son beau caractère.
— mardi 16 c'est sir brougham et
m[r] peel qui engageront le combat.
— je vous écrirai le lendemain. je serai
utile à toute l'europe que la position

Du Duc soit telle qu'il gouverne
encore longtemps les affaires, on a
besoin de lui. c'est la seule grande
réputation qui reste; on voudrait la
diminuer ou la détruire si c'était
                          sans vérité
possible. ce n'est pas dans le
           + trop
monde d'un homme fait. — ma lettre
est portée par louis, que j'envoye
en courrier à paris — adieu
je vous dis tout ce qui peut être
dit de plus tendre et de plus
amical.

le p^{ce} de Talleyrand

Je ne sais quel titre donner à cet écrit. Ce n'est point un ouvrage : il est plein de redites. Je ne puis pas l'appeler *Mes Mémoires*, car ma vie et mes relations s'y aperçoivent le moins que je le peux. Donner à ces volumes le titre de : *Mon opinion sur les affaires de mon temps*, ce serait une désignation qui aurait peut-être quelque vérité, mais qui aurait aussi quelque chose de trop décidé pour être à la tête de l'ouvrage d'un homme qui a autant que moi douté dans sa vie. Un titre philosophique serait incomplet ou exagéré. Je commence donc sans titre et aussi sans dédicace, car je ne veux reconnaître qu'à madame la duchesse de Dino l'obligation de me défendre.

PREMIÈRE PARTIE

1754-1791

1754-1791

Je suis né en 1754[1]; mon père et ma mère avaient peu de fortune; ils avaient une position de cour, qui, bien conduite, pouvait mener à tout, eux et leurs enfants.

Pendant longtemps, les grandes maisons de France avaient, sinon formellement dédaigné, du moins peu recherché le genre de services qui attachait à la personne du souverain. Il leur avait suffi d'être ou de se croire au premier rang de la nation. Aussi les descendants des anciens grands vassaux de la couronne ont-ils eu moins d'occasion de se faire con-

---

1. L'auteur des *Mémoires*, Charles-Maurice de Talleyrand est le fils de Charles-Daniel de Talleyrand-Périgord (1734-1788), lieutenant général, menin du Dauphin; et le petit-fils de Daniel-Marie de Talleyrand, comte de Grignols, brigadier des armées du roi. Sa mère était Alexandrine de Damas, fille de Joseph de Damas, marquis d'Antigny. Sa grand'mère était Marie-Elisabeth Chamillard, fille de Michel Chamillard, marquis de Cany.

naître que les descendants de quelques barons particuliers du duché de France, portés naturellement à des places plus élevées auprès du monarque.

L'orgueil qui engageait la plupart des maisons d'une haute origine à se tenir à l'écart, les rendait par cela même moins agréables au roi.

Le cardinal de Richelieu, pour accroître le pouvoir royal, appela près du souverain les chefs des grandes maisons. Ils vinrent s'établir à la cour, abdiquèrent leur indépendance, et cherchèrent à compenser par un dévouement plus profond le désavantage d'être arrivés plus tard.

La gloire de Louis XIV avait contribué à resserrer toutes les idées dans les limites du château de Versailles.

La Régence avait été une espèce d'interrègne dont la tranquillité avait résisté au bouleversement des finances, et à la dépravation des mœurs qui, à la fin du règne précédent, avait été sévèrement réprimée.

Le respect pour Louis XV était alors dans toute sa force; les premiers sujets de l'État mettaient encore leur gloire dans l'obéissance; ils ne concevaient pas d'autre pouvoir, d'autre lustre, que celui qui émanait du roi.

La reine était vénérée[1], mais ses vertus avaient quelque chose de triste qui ne portait à aucun entraînement vers elle. Elle manquait des agréments extérieurs qui rendaient la nation si fière de la beauté de Louis XV. De là cette justice indulgente qui s'acquittait envers la reine, en la plaignant, mais qui excusait le goût du roi pour madame de Pompa-

---

1. Marie Leczinska, reine de France, fille de Stanislas roi de Pologne, et de Catherine Opalinska. Née en 1703, elle épousa Louis XV en 1725. Elle lui donna deux fils et huit filles; elle mourut en 1768.

dour. M. de Penthièvre[1], la maréchale de Duras[2], madame de Luynes[3], madame de Marsan[4], madame de Périgord[5], la duchesse de Fleury[6], M. de Sourches[7], madame de Villars[8], M. de Tavannes[9], madame d'Estissac[10], gémissaient sans doute,

1. Louis de Bourbon, duc de l'enthièvre, né en 1725, fils du comte de Toulouse et petit-fils de Louis XIV et de madame de Montespan. Il épousa mademoiselle d'Este. Un de ses fils fut le prince de Lamballe ; une de ses filles épousa le duc d'Orléans. Le duc de Penthièvre fut créé grand amiral en 1734, lieutenant général en 1744. En 1787 il présida un des bureaux de l'assemblée des notables. Il vécut dans ses terres jusqu'à sa mort en 1793.

2. Angélique de Bournonville, fille du prince de Bournonville, comte d'Hénin, épousa en 1706 Jean-Baptiste de Durfort, duc de Duras, maréchal de France. Elle fut dame d'honneur de Mesdames, filles de Louis XV, et mourut en 1764.

3. Marie Brûlart de la Borde, fille d'un premier président au parlement de Dijon, épousa en deuxièmes noces, en 1732, Philippe d'Albert, duc de Luynes. Elle fut dame d'honneur de la reine, et mourut en 1763.

4. Marie-Louise de Rohan-Soubise, parente du maréchal de ce nom, née en 1720, épousa en 1736, Gaston de Lorraine, comte de Marsan. Elle fut gouvernante des enfants de France.

5. Marguerite de Talleyrand, fille de Louis de Talleyrand prince de Chalais, grand'tante de l'auteur. Née en 1727, elle épousa en 1743 Gabriel de Talleyrand, comte de Périgord.

6. Anne d'Auxy de Monceaux, née en 1721 épousa en 1736 André de Rosset, duc de Fleury, descendant du cardinal. Elle fut nommée dame du palais de la reine en 1739.

7. Louis-François du Bouchet, comte de Sourches, marquis de Tourzel, né en 1744, chevalier de Malte, grand prévôt de France, marié en 1764 à Louise de Croy d'Havré.

8. Gabrielle de Noailles, fille du maréchal duc de Noailles, née en 1706, épousa en 1721, Armand, duc de Villars, fils du maréchal de Villars. Nommée dame du palais de la reine, puis dame d'atours, elle mourut en 1771.

9. Charles, comte de Saulx-Tavannes, né en 1713, était lieutenant général et chevalier d'honneur de la reine (1758).

10. Marie de La Rochefoucauld (dite mademoiselle de La Roche-Guyon), née en 1718, épousa en 1737 Louis de La Rochefoucauld de Roye, duc d'Estissac, grand maître de la garde-robe.

mais on craignait alors de constater par le blâme, ce qu'on regardait comme un de ces secrets de famille que chacun sait, que personne n'ose nier, mais qu'on espère atténuer en les taisant, et en se conduisant comme si on les ignorait. Aux yeux de toutes les personnes que je viens de citer, c'eût été manquer à l'honneur que de trop voir les faiblesses du roi.

Mes parents tenaient par différentes places à la famille royale. Ma grand'mère était dame du palais de la reine : le roi avait pour elle une considération toute particulière; elle demeurait toujours à Versailles et n'avait point de maison à Paris.

Ses enfants étaient au nombre de cinq. Leur première éducation, comme celle de tout ce qui tenait immédiatement à la cour, avait été assez négligée, ou du moins peu remplie de notions importantes. La seconde ne devait consister qu'à leur donner ce qu'on appelait l'usage du monde. Des avantages extérieurs prévenaient en leur faveur.

Ma grand'mère avait des manières nobles, polies et réservées. Sa dévotion la faisait respecter, et une famille nombreuse rendait simples les démarches fréquentes qu'elle faisait pour l'avancement de ses enfants.

Mon père avait les mêmes principes que sa mère sur l'éducation des enfants d'une famille fixée à la cour. Aussi la mienne fut-elle un peu abandonnée au hasard : ce n'était point par indifférence, mais par cette disposition d'esprit qui porte à trouver que ce qu'il faut avant tout : *c'est de faire, c'est d'être comme tout le monde.*

Des soins trop multipliés auraient paru de la pédanterie; une tendresse trop exprimée aurait paru quelque chose de nouveau et par conséquent de ridicule. Les enfants, à cette époque, étaient les héritiers *du nom et des armes*. On croyait avoir assez fait pour eux en leur préparant de l'avancement, des places, quelques substitutions; en s'occupant de les marier, en améliorant leur fortune.

La mode des soins paternels n'était pas encore arrivée; la mode même était tout autre dans mon enfance; aussi ai-je été laissé plusieurs années dans un faubourg de Paris. A quatre ans, j'y étais encore. C'est à cet âge que la femme chez laquelle on m'avait mis en pension, me laissa tomber de dessus une commode. Je me démis un pied; elle fut plusieurs mois sans le dire; on s'en aperçut lorsqu'on vint me prendre pour m'envoyer en Périgord chez madame de Chalais[1], ma grand'mère, qui m'avait demandé. Quoique madame de Chalais fût ma bisaïeule, il a toujours été dans mes habitudes de l'appeler ma grand'mère; je crois que c'est parce que ce nom me rapproche davantage d'elle. L'accident que j'avais éprouvé était déjà trop ancien pour qu'on pût me guérir; l'autre pied même qui, pendant le temps de mes premières douleurs, avait eu seul à supporter le poids de mon corps, s'était affaibli; je suis resté boiteux.

Cet accident a influé sur tout le reste de ma vie; c'est lui qui, ayant persuadé à mes parents que je ne pouvais être militaire, ou du moins l'être sans désavantage, les a portés à me diriger vers une autre profession. Cela leur parut plus favorable à l'avancement de la *famille*. Car dans les grandes maisons, c'était la *famille* que l'on aimait, bien plus

---

1. Marie-Françoise de Rochechouart, fille de Louis de Rochechouart, duc de Mortemart, mariée en premières noces à Michel Chamillart, marquis de Cany dont elle eut une fille qui fut la grand'mère de l'auteur. — Elle épousa en secondes noces Louis-Charles de Talleyrand, prince de Chalais, grand d'Espagne, mort en 1757.

que les individus, et surtout que les jeunes individus que l'on ne connaissait pas encore. Je n'aime point à m'arrêter sur cette idée... je la quitte.

On me mit, sous la garde d'une excellente femme nommée mademoiselle Charlemagne, dans le coche de Bordeaux, qui employa dix-sept jours à me conduire à Chalais[1].

Madame de Chalais était une personne fort distinguée ; son esprit, son langage, la noblesse de ses manières, le son de sa voix, avaient un grand charme. Elle avait conservé ce qu'on appelait encore l'esprit des Mortemart ; c'était son nom.

Je lui plus ; elle me fit connaître un genre de douceurs que je n'avais pas encore éprouvé. C'est la première personne de ma famille qui m'ait témoigné de l'affection, et c'est la première aussi qui m'ait fait goûter le bonheur d'aimer. Grâces lui en soient rendues !... Oui, je l'aimais beaucoup ! Sa mémoire m'est encore très chère. Que de fois dans ma vie je l'ai regrettée ! Que de fois j'ai senti avec amertume le prix dont devait être une affection sincère trouvée dans sa propre famille. Quand cette affection est près de vous, c'est dans les peines de la vie une grande consolation. Si elle est éloignée, c'est un repos pour l'esprit et pour le cœur, et un asile pour la pensée.

Le temps que j'ai passé à Chalais a fait sur moi une profonde impression. Les premiers objets qui frappent les yeux et le cœur de l'enfance déterminent souvent ses dispositions, et donnent au caractère les penchants que nous suivons dans le cours de notre vie.

---

1. Chalais, chef-lieu de canton de la Charente, près Barbezieux.

Dans les provinces éloignées de la capitale, une sorte de soin que l'on donnait à la dignité, réglait les rapports des anciens grands seigneurs qui habitaient encore leurs châteaux avec la noblesse d'un ordre inférieur et avec les autres habitants de leurs terres. La première personne d'une province aurait cru s'avilir, si elle n'avait pas été polie et bienfaisante. Ses voisins distingués auraient cru se manquer à eux-mêmes, s'ils n'avaient pas eu pour les anciens noms une considération, un respect, qui, exprimés avec une liberté décente, paraissaient n'être qu'un hommage du cœur. Les paysans ne voyaient leur seigneur que pour en recevoir des secours et quelques paroles encourageantes et consolatrices, dont l'influence se faisait sentir dans les environs, parce que les gentilshommes cherchaient à se modeler sur les grands de leur province.

Les mœurs de la noblesse en Périgord ressemblaient à ses vieux châteaux ; elles avaient quelque chose de grand et de stable ; la lumière pénétrait peu, mais elle arrivait douce. On s'avançait avec une utile lenteur vers une civilisation plus éclairée.

La tyrannie des petites souverainetés n'existait plus ; elle avait été détruite par l'esprit chevaleresque, par le sentiment de galanterie qui, chez les peuples du Midi, en fut la suite, et surtout par l'accroissement du pouvoir royal qui s'était fondé sur l'émancipation des peuples.

Quelques vieillards dont la carrière de cour était finie, aimaient à se retirer dans les provinces qui avaient vu la grandeur de leur famille. Rentrés dans leurs domaines, ils y jouissaient d'une autorité d'affection que décoraient, qu'augmentaient les traditions de la province et le souvenir de ce qu'avaient été leurs ancêtres. De cette espèce de considération, il rejaillissait une sorte de crédit sur ceux qui se tenaient près de la faveur. La Révolution même n'est pas parvenue à désenchanter les anciennes demeures où avait résidé la souveraineté. Elles sont restées comme ces vieux temples déserts dont les fidèles s'étaient retirés, mais dont la tradition soutenait encore la vénération.

Chalais était un des châteaux de ce temps révéré et chéri.

Plusieurs gentilshommes d'ancienne extraction y formaient à ma grand'mère une espèce de cour qui n'avait rien de la vassalité du xiiie siècle, mais où les habitudes de déférence se mêlaient aux sentiments les plus élevés. M. de Benac, M. de Verteuil, M. d'Absac, M. de Gourville, M. de Chauveron, M. de Chamillard, se plaisaient à l'accompagner tous les dimanches à la messe paroissiale, remplissant chacun auprès d'elle des fonctions que la haute politesse ennoblissait. Auprès du prie-Dieu de ma grand'mère, il y avait une petite chaise qui m'était destinée.

Au retour de la messe, on se rendait dans une vaste pièce du château qu'on nommait l'apothicairerie. Là, sur des tablettes, étaient rangés et très proprement tenus de grands pots renfermant divers onguents dont, de tout temps, on avait la recette au château; ils étaient chaque année préparés avec soin par le chirurgien et le curé du village. Il y avait aussi quelques bouteilles d'élixirs, de sirops, et des boîtes contenant d'autres médicaments. Les armoires renfermaient une provision considérable de charpie, et un grand nombre de rouleaux de vieux linge très fin et de différentes dimensions.

Dans la pièce qui précédait l'apothicairerie, étaient réunis tous les malades qui venaient demander des secours. Nous passions au milieu d'eux en les saluant. Mademoiselle Saunier, la plus ancienne des femmes de chambre de ma grand'mère, les faisait entrer l'un après l'autre: ma grand'mère était dans un fauteuil de velours; elle avait devant elle une table noire de vieux laque; sa robe était de soie, garnie de dentelles; elle portait une échelle de rubans et des nœuds de manches analogues à la saison. Ses manchettes à grands dessins avaient trois rangs : une palatine, un bonnet avec un papillon, une coiffe noire se nouant sous le menton, formaient sa toilette du dimanche, qui avait plus de recherche que celle des autres jours de la semaine.

Le sac de velours rouge galonné d'or, qui renfermait les livres avec lesquels elle avait été à la messe, était porté par M. de Benac, qui, par sa bisaïeule, était un peu de nos parents.

Mon droit me plaçait auprès de son fauteuil. Deux sœurs de la charité interrogeaient chaque malade sur son infirmité ou sur sa blessure. Elles indiquaient l'espèce d'onguent qui pouvait les guérir ou les soulager. Ma grand'mère désignait la place où était le remède ; un des gentilshommes qui l'avaient suivie à la messe allait le chercher ; un autre apportait le tiroir renfermant le linge: j'en prenais un morceau, et ma grand'mère coupait elle-même les bandes et les compresses dont on avait besoin. Le malade emportait quelques herbes pour sa tisane, du vin, des drogues pour une médecine, toujours quelques autres adoucissements, dont celui qui le touchait le plus était quelque bon et obligeant propos de la dame secourable qui s'était occupée de ses souffrances.

Des pharmacies plus complètes et plus savantes employées même aussi gratuitement par des docteurs de grande réputation, auraient été loin de rassembler autant de pauvres gens, et surtout de leur faire autant de bien. Il leur aurait manqué les grands moyens de guérison pour le peuple : la prévention, le respect, la foi et la reconnaissance.

L'homme est composé d'une âme et d'un corps, et c'est la première qui gouverne l'autre. Les blessés sur la plaie desquels on a versé des consolations, les malades à qui on a montré de l'espérance sont tout disposés à la guérison ; leur sang circule mieux, leurs humeurs se purifient, leurs nerfs se raniment, le sommeil revient et le corps reprend de la force. Rien n'est aussi efficace que la confiance ; et elle est dans toute sa plénitude, quand elle émane des soins d'une grande dame autour de laquelle se rallient toutes les idées de puissance et de protection.

Je m'arrête probablement trop sur ces détails, mais je ne fais point un livre ; je recueille seulement mes impressions ; les souvenirs de ce que je voyais, de ce que j'entendais dans ces premiers temps de ma vie sont pour moi d'une douceur extrême. « Votre nom, me répétait-on chaque jour, a toujours été en vénération dans notre pays. Notre famille, me disait-on affectueusement, a été de tout temps attachée à quelqu'un de la maison... C'est de votre grand-père que nous tenons ce terrain... c'est lui qui a fait bâtir notre église... la croix de ma mère lui a été donnée par Madame... les bons arbres ne dégénèrent pas ! Vous serez bon aussi, n'est-ce pas ?... » Je dois vraisemblablement à ces premières années l'esprit général de ma conduite. Si j'ai montré des sentiments affectueux, même tendres, sans trop de familiarité ; si j'ai gardé en différentes circonstances quelque élévation sans aucune hauteur, si j'aime, si je respecte les vieilles gens, c'est à Chalais, c'est près de ma grand'mère que j'ai puisé tous les bons sentiments dont je voyais mes parents entourés dans cette province, et dont ils jouissaient avec délices. Car il y a un héritage de sentiments qui s'accroît de génération en génération. Les nouvelles fortunes, les nouvelles illustrations ne pourront de longtemps en connaître les douceurs[1]. Les meilleurs d'entre eux protègent trop. Faites dire par la maréchale Lefebvre[2] à une noble famille d'Alsace, pauvre et revenue de l'émigration : « Que ferons-nous de notre fils aîné?... Dans quel régiment placerons-nous son frère?... Avons-nous un bénéfice en vue pour l'abbé?... Quand marierons-nous Henriette?... Je sais un chapitre où nous devrions faire entrer la petite.... » Elle voudra être bonne, elle sera ridicule. Un sentiment intérieur repoussera sa bienveillance, et l'orgueil de la pauvreté jouira même de ses refus. Mais j'oublie trop que je n'ai que huit ans; je ne dois pas voir encore que les mœurs actuelles annoncent que cet héritage de sentiments doit diminuer chaque jour.

J'appris à Chalais tout ce qu'on savait dans le pays quand on était bien élevé; cela se bornait à lire, à écrire et

---

1. L'article de la charte qui dit que la noblesse ancienne et la noblesse nouvelle sont conservées n'a pas plus de sens que la proposition de M. Mathieu de Montmorency, faite à l'Assemblée constituante, d'abolir la noblesse. Dans notre gouvernement, la noblesse politique est tout entière dans la Chambre des pairs ; elle y est individuelle. Hors de là, il y a des souvenirs qui n'emportent aucun droit, et auxquels on ne peut ni ôter ni ajouter. (*Note du prince de Talleyrand.*)

2. Le maréchal Lefebvre, duc de Dantzig, avait épousé, étant simple soldat, la blanchisseuse de son régiment.

à parler un peu le périgourdin. J'en étais là de mes études quand je dus repartir pour Paris. Je quittai ma grand'mère avec des larmes que sa tendresse me rendit. Le coche de Bordeaux me ramena en dix-sept jours comme il m'avait amené.

Le dix-septième jour j'arrivai à Paris à onze heures du matin. Un vieux valet de chambre de mes parents m'attendait rue d'Enfer, au bureau des coches. Il me conduisit directement au collège d'Harcourt[1]. A midi, j'y étais à table, au réfectoire, à côté d'un aimable enfant de mon âge qui a partagé et qui partage encore tous les soucis, tous les plaisirs, tous les projets, qui ont agité mon âme dans le courant de ma vie. C'était M. de Choiseul connu depuis son mariage sous le nom de Choiseul-Gouffier[2]. J'avais été frappé de ma subite entrée au collège sans préalablement avoir été conduit chez mon père et ma mère. J'avais huit ans, et l'œil paternel ne s'était pas encore arrêté sur moi. On me dit, et je crus que c'était quelque circonstance impérieuse qui avait causé cet arrangement précipité : je suivis ma route.

On me mena dans l'appartement d'un de mes cousins

---

1. Ce collège fondé en 1280 par Raoul d'Harcourt, chanoine de l'Église de Paris, pour vingt-quatre étudiants pauvres de Normandie, se trouvait, à la Révolution, le plus vieil établissement scolaire de Paris. Converti alors en prison, il servit plus tard à l'École normale. Il ne reprit son ancienne destination qu'en 1820, sous le nom de lycée Saint-Louis.

2. Le comte Auguste de Choiseul-Beaupré, né en 1752, épousa Marie de Gouffier, dont il joignit alors le nom au sien. Il fut d'abord capitaine de cuirassiers, mais céda à son goût pour les voyages et visita tout l'Orient. Ambassadeur à Constantinople (1784). En 1789 il se retira en Russie, revint en France en 1802, fut nommé à la Restauration pair de France, ministre d'État et membre du conseil privé. Il mourut en 1817.

(M. de la Suze[1]) et je fus confié au précepteur qui, depuis plusieurs années, était chargé de son éducation.

Si j'ai fait quelques progrès, on ne peut les attribuer ni à l'exemple de mon cousin, ni aux talents de mon précepteur.

Une fois par semaine, l'abbé Hardi me conduisait chez mes parents où je dînais. En sortant de table, nous retournions au collège, après avoir entendu régulièrement les mêmes mots : « *Soyez sage, mon fils, et contentez M. l'abbé.* » Je travaillais passablement bien; mes camarades m'aimaient et je m'accoutumais assez gaîment à ma situation. Ce genre de vie durait depuis trois ans, quand j'eus la petite vérole; cette maladie contagieuse obligeait les enfants à quitter le collège. Mon précepteur avertit ma famille qui m'envoya une chaise à porteurs pour me transporter rue Saint-Jacques chez madame Lerond, garde-malade employée par M. Lehoc, médecin du collège. A cette époque, on enfermait encore les personnes attaquées de la petite vérole sous de doubles rideaux ; on calfeutrait les fenêtres, on faisait grand feu, et l'on excitait la fièvre par des potions très actives. Malgré ce régime incendiaire qui a tué beaucoup de monde, je guéris, et ne fus pas même marqué.

J'avais douze ans ; pendant ma convalescence, je fus étonné de ma position. Le peu d'intérêt qu'on avait pris à ma maladie, mon entrée au collège sans avoir vu

---

1. Le fils de Louis-Michel Chamillard, comte de la Suze, né en 1709, grand maréchal des logis de la maison du roi et lieutenant général (1748). La sœur du grand maréchal, Marie-Élisabeth Chamillard, épousa en 1732, Daniel-Marie de Talleyrand, et devint la grand'mère de l'auteur des *Mémoires*.

mes parents, quelques autres souvenirs attristants blessaient mon cœur. Je me sentis isolé, sans soutien, toujours repoussé vers moi; je ne m'en plains pas, car je crois que ces retours sur moi-même ont hâté ma force de réflexion. Je dois aux peines de mon premier âge de l'avoir exercée de bonne heure, et d'avoir pris l'habitude de penser plus profondément que, peut-être, je ne l'eusse fait, si je n'avais eu que des sujets de contentement. Il se peut aussi que, par là, j'aie appris à supporter les temps de malheur avec assez d'indifférence, et en ne m'occupant que des ressources que j'avais la confiance de trouver en moi.

Une sorte d'orgueil me fait trouver du plaisir à reporter mes pensées vers ces premiers temps de ma vie.

J'ai compris depuis que mes parents s'étant déterminés, selon ce qu'ils regardaient comme un intérêt de famille, à me conduire à un état pour lequel je ne montrais aucune disposition, se défiaient de leur courage pour l'exécution de ce projet, s'ils me voyaient trop souvent. Cette crainte est une preuve de tendresse dont je me plais à leur savoir gré.

L'abbé Hardi, après avoir fini l'éducation de M. de la Suze, c'est-à-dire après avoir été son précepteur jusqu'à l'âge de seize ans, se retira. J'eus pendant quelques mois un gouverneur nommé M. Hullot; il devint fou. On me mit alors entre les mains de M. Langlois qui est resté avec moi jusqu'au moment où je sortis du collège, et qui depuis a élevé mes frères. C'était un fort galant homme qui ne savait très bien que l'histoire de France, et qui s'était attaché un peu plus qu'il ne fallait à la lecture de l'Almanach de la cour.

C'est dans des livres de cette espèce qu'il avait appris que les places de *porte-manteau chez les princes* anoblissaient, et qu'elles étaient données sur la présentation du grand maréchal. Le grand maréchal était mon oncle[1] : nous obtînmes la place que désirait vivement M. Langlois. En 1790, il fit faire son uniforme de porte-manteau et émigra, pour avoir une bonne date de noblesse. S'étant un peu trop hâté de rentrer pour en jouir, il fut, dans les troubles révolutionnaires, mis en prison : ce qui fait que maintenant, avec la double illustration de la prison et de l'émigration, il passe doucement sa vie dans la très bonne compagnie du faubourg Saint-Germain. On peut juger que si j'ai cédé depuis à la tentation de prendre part à de grandes affaires publiques, ce n'est pas M. Langlois qui m'en a inspiré le désir.

J'aurais pu avoir quelques succès dans mes études : les dispositions que j'avais me portent à le croire, et je vois qu'il est resté à peu près la même opinion à la plupart des personnes qui ont été élevées avec moi. Le peu d'encouragement que je reçus, par la crainte que l'on avait de donner trop d'éclat à ma jeunesse, me fit passer d'une manière assez terne les premières années de ma vie. La fin de ce que l'on appelle les classes une fois arrivée, le silence absolu de mon père sur mon avenir, joint à quelques propos tenus autour de moi, fut le premier avertissement que je reçus.

Pour me donner une idée avantageuse et même tentante de l'état auquel on me destinait, on crut devoir m'envoyer à Reims, premier archevêché de France dont un de mes oncles

---

1. Le comte de la Suze.

était coadjuteur[1]. Comme il n'était pas décent pour ma famille que, du coche je descendisse à l'archevêché, on me rendit ce voyage plus commode que n'avait été celui de Chalais. Une chaise de poste vint me prendre au collège d'Harcourt et me conduisit en deux jours à Reims.

Je ne fus point chez mes parents avant mon départ, et je dis ici pour l'avoir dit une fois, et j'espère, pour n'y penser jamais, que je suis peut-être le seul homme d'une naissance distinguée et appartenant à une famille nombreuse et estimée, qui n'ait pas eu, une semaine de sa vie, la douceur de se trouver sous le toit paternel. La disposition de mon esprit ne me fit voir qu'un exil dans ce qu'on arrangeait pour me séduire.

Le grand luxe, les égards, les jouissances mêmes qui environnaient l'archevêque de Reims et son coadjuteur ne me touchèrent point. Une vie, toute de formes, m'était insupportable. A quinze ans, lorsque tous les mouvements sont encore vrais, on a bien de la peine à comprendre que la circonspection, c'est-à-dire l'art de ne montrer qu'une partie de sa vie, de sa pensée, de ses sentiments, de ses impressions, soit la première de toutes les qualités. Je trouvais que tout l'éclat du cardinal de la Roche-Aymon[2]

---

1. Alexandre de Talleyrand, né en 1736, coadjuteur de l'archevêque de Reims (1766), archevêque *in partibus* de Trajanapole, archevêque-duc de Reims (1777), député du clergé aux états généraux (1789). En 1801, il refusa sa démission, fut appelé par Louis XVIII à Mittau en 1803, devint grand aumônier en 1808. Pair de France (1814), cardinal (1817), archevêque de Paris. Il mourut en 1821. Il était l'oncle paternel de l'auteur.

2. Charles-Antoine, comte de La Roche-Aymon, né en 1697. Vicaire général de Limoges, évêque *in partibus* de Sarepte (1725). Évêque de Tarbes, archevêque de Toulouse (1740), de Narbonne (1752). Grand aumônier de France (1760). Archevêque-duc de Reims (1762). Cardinal (1771). Il mourut en 1777.

ne valait pas le sacrifice complet de ma sincérité que l'on me demandait.

Tous les soins dont on m'environnait tendaient à m'inculquer profondément dans l'esprit que le mal que j'avais au pied m'empêchant de servir dans l'armée, je devais nécessairement entrer dans l'état ecclésiastique, un homme de mon nom n'ayant point d'autre carrière. Mais que faire d'une certaine vivacité d'imagination et d'esprit que l'on reconnaissait en moi? Il fallut chercher à me séduire par l'appât des affaires et par le tableau de l'influence qu'elles donnent. On cherchait à s'emparer des dispositions que je pouvais avoir. Pour cela, on me faisait lire, soit les *Mémoires* du cardinal de Retz, soit la vie du cardinal de Richelieu, soit celle du cardinal Ximénès, soit celle de Hincmard, ancien archevêque de Reims. Quelque route que je prisse, mes parents étaient disposés à la trouver bonne; le seul point était que je passasse le seuil.

Cette action continuelle que je voyais exercer sur moi ne me décidait point, mais me troublait. La jeunesse est l'époque de la vie où l'on a le plus de probité. Je ne comprenais pas encore ce que c'était que d'entrer dans un état avec l'intention d'en suivre un autre, de prendre un rôle d'abnégation continuelle pour suivre plus sûrement une carrière d'ambition; d'aller au séminaire pour être ministre des finances. Il fallait trop connaître le monde où j'entrais et le temps où je vivais pour trouver tout cela simple.

Mais je n'avais aucun moyen de défense, j'étais seul; tout ce qui m'entourait avait un langage fait, et ne me laissait apercevoir aucun moyen d'échapper au plan que mes parents avaient adopté pour moi.

Après un an de séjour à Reims, voyant que je ne pouvais éviter ma destinée, mon esprit fatigué se résigna : je me laissai conduire au séminaire de Saint-Sulpice.

Plus réfléchi qu'on ne l'est ordinairement à l'âge que j'avais alors, révolté sans puissance, indigné sans oser ni devoir le dire, je fus au séminaire d'une tristesse qui, à seize ans, a bien peu d'exemples. Je ne formai aucune liaison. Je ne faisais rien qu'avec humeur. J'en avais contre mes supérieurs, contre mes parents, contre les institutions et surtout contre la puissance qu'on donnait aux convenances sociales auxquelles je me voyais obligé de me soumettre.

J'ai passé trois ans au séminaire de Saint-Sulpice à peu près sans parler; on me croyait hautain, souvent on me le reprochait. Il me semblait que c'était si peu me connaître, que je ne daignais pas répondre; et alors on me trouvait d'une fierté insupportable. Hélas ! mon Dieu, je n'étais ni hautain ni dédaigneux : je n'étais qu'un bon jeune homme, extrêmement malheureux et intérieurement courroucé. *On prétend*, me disais-je souvent, *que je ne suis bon à rien !...* à rien... Après quelques moments d'abattement, un sentiment puissant me ranimait, et je trouvais en moi *que j'étais propre à quelque chose, et même à de bonnes, à de nobles choses.* Que de pressentiments mille fois repoussés se présentaient alors à ma pensée et toujours avec un charme que je ne savais expliquer !

La bibliothèque du séminaire de Saint-Sulpice, enrichie par M. le cardinal de Fleury, était nombreuse et bien composée. J'y passais mes journées à lire les grands historiens, la vie particulière des hommes d'État, des moralistes, quelques poètes. Je dévorais les voyages. Une terre nouvelle, les dangers d'une tempête, la peinture d'un désastre, la description de pays où l'on voyait les traces de grands changements, quelquefois de bouleversements, tout cela avait un vif attrait pour moi. Parfois il me semblait qu'il y avait dans ma situation quelque chose de moins irrévocable, à l'aspect de ces grands déplacements, de ces grands chocs, dont les descriptions remplissent les écrits des navigateurs modernes. — Une bonne bibliothèque offre des secours à toutes les dispositions de l'âme.

Ma troisième et véritablement utile éducation date de ce temps. Et comme elle a été fort solitaire, fort silencieuse ; comme j'étais toujours tête à tête avec l'auteur que j'avais entre les mains, et comme je ne pouvais le juger qu'avec mon propre jugement, il m'arrivait presque toujours de penser que lorsque nous étions d'avis différents, c'était moi qui avais raison. De là, mes idées sont demeurées miennes : les livres m'ont éclairé, mais jamais asservi. Je n'examine point si c'est bien ou si c'est mal ; mais voilà comme j'étais. Cette éducation prise à soi tout seul doit avoir quelque valeur. Quand l'injustice en développant nos facultés ne les a pas trop aigries, on se trouve plus à son aise avec les fortes pensées, avec les sentiments élevés, avec les embarras de la vie. Une espérance inquiète et vague, comme toutes les passions du jeune âge, exaltait mon esprit : je le tourmentais sans cesse.

Le hasard me fit faire une rencontre qui eut de l'influence sur la disposition dans laquelle j'étais alors. J'y pense avec plaisir, parce que je lui dois vraisemblablement de n'avoir pas éprouvé tous les effets de la mélancolie poussée au dernier degré. J'étais arrivé à l'âge des mystérieuses révélations de l'âme et des passions, au moment de la vie où toutes les facultés sont actives et surabondantes. Plusieurs fois j'avais remarqué dans une des chapelles de l'église de Saint-Sulpice une jeune et belle personne dont l'air simple et modeste me plaisait extrêmement. A dix-huit ans, quand on n'est pas dépravé, c'est là ce qui attire : je devins plus exact aux grands offices. Un jour qu'elle sortait de l'église, une forte pluie me donna la hardiesse de lui proposer de la ramener jusque chez elle, si elle ne demeurait pas trop loin. Elle accepta la moitié de mon parapluie. Je la conduisis rue Férou où elle logeait; elle me permit de monter chez elle, et sans embarras, comme une jeune personne très pure, elle me proposa d'y revenir. J'y fus d'abord tous les trois ou quatre jours ; ensuite plus souvent. Ses parents l'avaient fait entrer malgré elle à la comédie; j'étais malgré moi au séminaire. Cet empire, exercé par l'intérêt sur elle et par l'ambition sur moi, établit entre nous une confiance sans réserve. Tous les chagrins de ma vie, toute mon humeur, ses embarras à elle, remplissaient nos conversations. On m'a dit depuis qu'elle avait peu d'esprit : quoique j'aie passé deux ans à la voir presque tous les jours, je ne m'en suis jamais aperçu.

Grâce à elle, je devins, même pour le séminaire, plus aimable, ou du moins plus supportable. Les supérieurs avaient bien dû avoir quelque soupçon de ce qui m'avait rapproché de la vie ordinaire et donné même quelque gaîté. Mais l'abbé Couturier[1] leur avait enseigné l'art de fermer les yeux; il

---

1. L'abbé Couturier, né en 1688. Ami du cardinal de Fleury, il reçut l'abbaye de Chaumes, et fut nommé supérieur du séminaire Saint-Sulpice. Il mourut en 1770.

leur avait appris à ne jamais faire de reproches à un jeune séminariste qu'ils croyaient destiné à occuper de grandes places, à devenir coadjuteur de Reims, peut-être cardinal, peut-être ministre, peut-être ministre de la feuille [1]. Que sait-on?

Le temps amena ma sortie du séminaire [2]. C'était vers l'époque du sacre de Louis XVI [3]. Mes parents m'envoyèrent à Reims pour y assister. La puissance religieuse allait être dans toute sa gloire ; le coadjuteur de Reims devait remplir le rôle principal si l'âge du cardinal de la Roche-Aymon l'avait, comme on le supposait, empêché de faire cette auguste cérémonie... Quelle époque brillante !...

Un jeune roi, d'une morale scrupuleuse, d'une modestie rare ; des ministres connus par leurs lumières et leur probité ; une reine dont l'affabilité, les grâces, la bonté tempéraient l'austérité des vertus de son époux ; tout était respect ! tout était amour ! tout était fêtes !... Jamais printemps si brillant n'a précédé un automne si orageux, un hiver si funeste.

---

1. La feuille des bénéfices était un registre sur lequel on inscrivait tous les bénéfices à la nomination du roi, qui venaient à vaquer. Cette feuille était tenue par un prélat, à qui, en fait, le roi remettait tout son pouvoir de nomination. C'était lui qui nommait ou faisait nommer à tous les évêchés et abbayes dont le roi était le collateur direct.

2. Il est à remarquer que M. de Talleyrand ne fait ici aucune mention du moment précis où il reçut l'ordre de la prêtrise, ni des circonstances qui accompagnèrent cette cérémonie. Le comte de Choiseul-Gouffier, son ami, racontait à ce sujet qu'ayant été chez M. de Talleyrand la veille au soir de son ordination, il l'avait trouvé dans un état violent de lutte intérieure, de larmes et de désespoir. M. de Choiseul fit alors tous ses efforts pour le détourner d'accomplir le sacrifice; mais la crainte de sa mère, d'un éclat tardif, une certaine fausse honte, lui en ôtant la hardiesse, il s'écria : « Il est trop tard, il n'y a plus à reculer. » (*Note de M. de Bacourt.*)

3. 11 juin 1775.

C'est du sacre de Louis XVI que datent mes liaisons avec plusieurs femmes que leurs avantages dans des genres différents rendaient remarquables, et dont l'amitié n'a pas cessé un moment de jeter du charme sur ma vie. C'est de madame la duchesse de Luynes[1], de madame la duchesse de Fitz-James[2], et de madame la vicomtesse de Laval[3] que je veux parler.

L'assemblée du clergé[4] était au moment de se tenir; je fus nommé par la province de Reims pour en être membre. J'observai avec soin la manière dont les affaires se conduisaient dans ce grand corps. L'ambition y revêtait toutes les formes. Religion, humanité, patriotisme, philosophie, chacun prenait là une couleur! Quand l'intérêt pécuniaire du clergé était attaqué, la défense était générale; mais les moyens étaient différents. Les évêques les plus religieux craignaient qu'on ne touchât au patrimoine des pauvres; ceux qui appartenaient à la grande noblesse, étaient effrayés de toute espèce d'innovations; ceux dont l'ambition était à découvert disaient que le clergé étant le corps le plus éclairé du

---

1. Elisabeth de Montmorency-Laval, fille du maréchal duc de Montmorency-Laval, mariée en 1768 à Louis d'Albert duc de Luynes, qui fut maréchal de camp, député aux états généraux, et sénateur sous l'empire.

2. Probablement Marie de Thiard, fille de Henry de Thiard comte de Bissy, mariée en 1768 au duc de Fitz-James, maréchal de camp.

3. Catherine Tavernier de Boullongne, mariée en 1765 à Mathieu de Montmorency-Laval, connu sous le nom de vicomte de Laval.

4. L'origine des assemblées du clergé remonte au xvie siècle. Depuis 1567, elles se tenaient tous les cinq ans. Elles avaient pour objet la détermination et la répartition des subsides (don gratuit) à fournir au roi. Elles s'occupaient aussi d'affaires religieuses. On distinguait les grandes et les petites assemblées, qui se tenaient alternativement. Les grandes duraient six mois, et comptaient deux députés du premier ordre et deux députés du second ordre par province ecclésiastique; les petites duraient trois mois et ne comptaient par province qu'un député de chaque ordre.

royaume, devait être à la tête de toutes les administrations, et pour ne point être à charge à l'État, devait trouver dans les biens dont la piété de nos pères l'avait enrichi, de quoi satisfaire aux dépenses de représentation indispensables dans les grandes places. Ainsi, dans son administration temporelle, le clergé du xviiie siècle ne faisait aucune concession à l'esprit du temps. Lorsque M. de Machault[1], ministre des finances avait voulu imposer les biens du clergé comme ceux de tous les autres sujets de l'État, le clergé tout entier s'y était refusé. Les biens donnés à l'Église, disaient-ils, sont consacrés à Dieu. Cette consécration leur donne une destination particulière dont les ministres de la religion sont les seuls dispensateurs, les seuls économes : l'immunité des biens de l'Église fait partie du droit public français. L'intervention de la conscience dans tous ces démêlés pécuniaires, avait donné aux pièces de cette grande affaire un caractère d'éloquence que le clergé seul sait avoir. M. de Montauset[2], M. de Breteuil[3], M. de Nicolaï[4], s'étant

1. Jean-Baptiste de Machault, comte d'Arnouville, né en en 1701 d'une ancienne famille de robe. Conseiller au parlement (1721), contrôleur-général (1745-1754), garde des sceaux (1750), secrétaire d'État à la marine (1754). Destitué de toutes ses charges en 1757, il vécut dans la retraite jusqu'à la Révolution. Arrêté en 1794, il mourut en prison au bout de quelques semaines.

2. Il n'y avait à cette époque aucun personnage du nom de Montauset. Il est probable qu'il s'agit ici de M. de Montazet, né en 1713, aumônier du roi en 1742, évêque d'Autun (1748), archevêque de Lyon (1759), mort en 1788.

3. François-Victor le Tonnelier de Breteuil, né en 1724, évêque de Montauban en 1762.

4. Il y avait alors deux prélats de la famille Nicolaï : Louis-Marie, né en 1729, évêque de Cahors en 1777 ; Aimar-Claude, né en 1738, évêque de Béziers en 1771, qui émigra en 1792 et mourut à Florence en 1814.

fait remarquer, avaient obtenu des places éminentes et jouissaient de toute l'importance que la démission de M. de Machault leur avait donnée.

A cette question, abandonnée par le gouvernement, en succéda une autre, qui, en touchant à la manière dont le clergé possédait ses biens, pouvait conduire à ébranler la possession elle-même. Il s'agissait de savoir si le clergé était soumis à la foi et hommage, à l'aveu et dénombrement, en un mot aux devoirs féodaux envers le roi. A plusieurs époques de cette discussion élevée dès le commencement du xviie siècle, le clergé avait obtenu des décisions favorables ; mais sa jouissance ne reposant pas sur des titres authentiques, les attaques s'étaient renouvelées. En 1725, sur son refus de se soumettre à l'imposition du cinquantième, le gouvernement pressa l'exécution d'une déclaration antérieure, par laquelle la prétention du clergé à un affranchissement complet de tout service féodal était déclarée nulle et abusive. Depuis cette époque, sous différents prétextes, le clergé obtint à chaque assemblée des arrêts de surséance, qui, sans toucher au fond de la question, suspendaient l'exécution de la loi de 1674.

Quelques difficultés et quelques retards à l'expédition de l'arrêt de surséance de 1775, engagèrent le clergé à faire de nouveaux efforts. Les travaux de Dom Bouquet[1] furent tirés des archives ; et le clergé établit dans une foule de mémoires

---

1. Dom Martin Bouquet, savant bénédictin, né à Amiens (1685-1754). Bibliothécaire de l'abbaye de Saint-Germain-des-Prés. Il publia un *Recueil des historiens de la Gaule*. Un autre Bouquet, jurisconsulte distingué, neveu du précédent, mort en 1781, publia des ouvrages de droit ecclésiastique. Il est probable qu'on l'a confondu avec son oncle, et que ce sont ses traités dont il est parlé plus haut.

dont je crois qu'un est de moi, que tenant ses exemptions de la munificence des rois de France, sa cause se rattachait à la législation générale du royaume, qui met sous la même sauvegarde les droits de tous les ordres et la propriété des citoyens. Puis, entrant dans les détails de l'affaire, il prétendait ne posséder aucun bien avant 1700, qui ne fût ou des dîmes ou des alleus, ou qui ne lui eût été donné en franches aumônes. Or le service féodal n'étant dû, ni pour les dîmes, ni pour les alleus, ni pour les donations en franches aumônes, on en concluait que les biens du clergé devaient être exempts de tous les devoirs féodaux. Je ne sais plus comment on se tirait de la difficulté qui provenait des pairies ecclésiastiques[1]. M. l'archevêque de Narbonne[2], M. l'archevêque d'Aix[3], M. l'archevêque de Bordeaux[4], M. l'évêque de Nevers[5] montrèrent beaucoup de talent dans cette grande discussion. Mais les éclaircissements demandés par un arrêt du conseil à la chambre des comptes et fournis par M. de Saint-

---

1. Les pairs du royaume, ecclésiastiques ou laïques, devaient foi et hommage au roi, et étaient tenus vis-à-vis de lui de tous les devoirs féodaux.

2. Arthur de Dillon, né en 1721, évêque d'Evreux (1753), archevêque de Toulouse (1758), de Narbonne (1762), président des états du Languedoc, président de l'assemblée du clergé de 1780.

3. Jean-de-Dieu Raymond de Boisgelin, né à Rennes (1732), évêque de Lavaur (1765), archevêque d'Aix (1770), président des états de Provence, député du clergé aux états généraux. Président de l'Assemblée constituante (1790). Il émigra, revint en France en 1802, fut nommé archevêque de Tours, cardinal, et mourut en 1804.

4. Ferdinand Mériadec, prince de Rohan-Guéménée, né en 1738, archevêque de Bordeaux (1769), de Cambrai (1781). Il émigra en 1792, revint en France en 1802, et devint aumônier de l'impératrice Joséphine.

5. Jean-Antoine Tinseau, né à Besançon (1697), évêque de Nevers (1751).

Genis[1], étaient près d'amener une décision diamétralement opposée aux prétentions du clergé, lorsque les états généraux vinrent enlever toutes les parties.

Quelques idées philosophiques qui, comme je viens de le dire, avaient pénétré dans la partie ambitieuse du clergé, avaient porté plusieurs évêques fort accrédités à solliciter l'arrêt du conseil de 1766, par lequel le roi créait une commission qui devait s'occuper de la réforme de quelques corps réguliers[2]. Une réforme particulière, aussi d'accord avec les idées du temps, devait nécessairement conduire à une attaque générale contre ces corps illustres. Toute cette milice savante une fois dispersée, on approchait plus aisément de l'édifice religieux, qui, dépouillé de tout ce qui en faisait l'âme et la force, ne pouvait pas se défendre longtemps lorsqu'il ne lui restait plus que les seules cérémonies extérieures de la religion.

M. de Brienne[3], archevêque de Toulouse, qui cherchait son appui dans les idées nouvelles, était en 1775, chef de la com-

1. Nicolas de Saint-Genis, né en 1741, mort en 1808, commissaire des guerres (1762), auditeur à la cour des comptes (1769). Il a laissé un ouvrage de droit ecclésiastique important.

2. La réforme des ordres religieux était demandée en 1765 par l'assemblée du clergé elle-même. En conséquence le conseil du roi, par arrêt du 26 mai 1766, nomma une commission « pour la réforme de l'état religieux » composée de cinq prélats et de cinq conseillers d'Etat. Cette commission prépara la rédaction d'une ordonnance du 24 mars 1768 qui décida : 1° que l'âge des vœux serait reculé à vingt ans pour les hommes, à dix-huit, pour les filles ; 2° que tous les religieux devaient être Français ; 3° qu'il ne devait pas y avoir dans une ville plus de deux couvents du même ordre ; 4° que chaque monastère devait avoir au moins quinze religieux.

3. Etienne de Loménie, comte de Brienne, né en 1727. Évêque de Condom (1760), archevêque de Toulouse (1763), chef du conseil des finances (1787), puis principal ministre, archevêque de Sens (1788), cardinal en décembre 1788 ; il prêta serment à la constitution civile, et se démit de sa dignité de cardinal. Arrêté en 1793, il mourut subitement.

mission. Déjà les religieux de Sainte-Croix, les religieux de Grandmont, les Camaldules, les Servites, les Célestins, avaient été frappés de destruction. L'ordre de Saint-Ruf venait d'éprouver le même sort[1]. Les commissaires dans les rapports par lesquels ils provoquaient ces suppressions, les arrêts qui les prononçaient, ne parlaient qu'avec regret de cette mesure extrême ; mais on voulait alors la regarder comme indispensable pour rendre la discipline de l'Église plus régulière, et pour prévenir la décadence des mœurs, dans les ordres dont on pouvait espérer la conservation.

Je suis bien éloigné de croire que les évêques qui avaient donné le projet de cette commission permanente, connussent tout le danger dont son établissement pouvait être pour le clergé. Ils pensaient sûrement qu'ils seraient maîtres d'en conduire et d'en arrêter la marche. Mais déjà dans les questions religieuses, on ne s'arrêtait plus. Chaque jour, il paraissait un ouvrage sur les abus introduits dans tel ordre, sur l'inutilité de tel autre, et je ne me rappelle pas que dans les vingt ans

---

1. Les chanoines réguliers de *Sainte-Croix* avaient leur chef-lieu à Liège, ils ne comptaient en France que douze maisons et quarante-sept religieux ; leur dissolution fut prononcée le 14 octobre 1769. — L'ordre de *Grandmont*, fondé en 1124 par saint-Etienne à Murat (Limousin), ne comptait plus au xviii° siècle, que cent huit religieux répartis en sept maisons. La dissolution fut décrétée par un édit du 3 mars 1770, confirmé par une bulle du 6 août 1772. — Les *Camaldules* dont l'ordre remontait au x° siècle, comprenaient huit couvents d'hommes (dont le plus important était au mont Valérien) et douze de religieuses. C'était l'ordre le plus riche de France. — L'ordre des *Servites* avait été fondé à Florence au xiii° siècle par sept marchands. Leur établissement principal était au couvent de l'Annonciade à Florence ; ils s'étaient répandus en France, où on les appelait les *Blancs-Manteaux*, à cause de leur costume. — L'ordre de *Saint-Ruf*, qui datait du vi° siècle, ne comptait plus que cinquante-sept monastères, et deux cents religieux. Sur leur demande, le pape Clément XIV les sécularisa, et les incorpora à l'ordre militaire de Saint-Lazare (juillet 1771).

qui ont précédé la Révolution française, une seule plume habile ait défendu les ordres religieux. Les historiens n'osaient même plus dire que ce genre d'établissement, plus que toute autre cause, a donné un caractère particulier à la grande civilisation européenne et la distingue éminemment de toutes les autres. Il m'est souvent venu dans l'esprit que le célibat des prêtres a essentiellement contribué à empêcher l'esprit de caste de s'établir en Europe ; et il ne faut qu'ouvrir l'histoire pour observer que cet esprit tend en général à arrêter les progrès de la civilisation. M. de Bonald pourrait trouver là le texte d'un mémoire qui serait bien d'accord avec ses idées.

L'époque à laquelle j'arrive avait cela de particulier, que chacun éprouvait le besoin de se faire remarquer par des talents employés hors de son état. La formation des assemblées provinciales[1] pouvait appeler l'attention publique sur les personnes choisies pour les présider. M. Necker[2], qui craignait

1. Les assemblées provinciales étaient des administrations collectives instituées sous Louis XVI dans les vingt-six généralités d'élections du royaume. Turgot y avait songé le premier. Necker mit l'idée à exécution. Ces assemblées comprenaient des membres des trois ordres, le tiers étant doublé : elles tenaient une session d'un mois tous les deux ans, elles étaient chargées de la répartition et de la perception de l'impôt, et en outre avaient à peu près toutes les attributions de nos conseils généraux. Le roi nommait la moitié des membres, et ceux-ci se complétaient eux-mêmes.

2. Jacques Necker appartenait à une famille d'origine allemande. En 1724, son père vint s'établir à Genève, comme professeur de droit. Il naquit en 1732, vint à Paris en 1750, et fonda une maison de banque. Directeur du trésor en 1776, puis directeur général des finances avec tout le pouvoir d'un ministre, dont sa qualité de protestant et d'étranger, lui avait fait refuser le titre. Il se retira en 1780. Exilé en 1787, il revint au pouvoir en 1788 ; de nouveau exilé le 11 juillet 1789, il fut rappelé par l'Assemblée dix jours plus tard. Mais sa popularité ne tarda pas à l'abandonner : le 18 septembre 1790, il donna sa démission. Il se retira à Coppet, où il mourut en 1804.

toujours qu'on lui reprochât d'être calviniste, crut se mettre à l'abri de ce reproche en approchant de son administration les évêques qui avaient quelque talent, et c'est ainsi que l'on vit en peu d'années toutes les administrations provinciales avoir à leur tête l'évêque le plus distingué de la province.

N'est-il pas remarquable qu'un clergé, composé d'hommes dont quelques-uns étaient très pieux, d'autres spécialement administrateurs, d'autres enfin, mondains et mettant, comme M. l'archevêque de Narbonne, une certaine gloire à quitter les formes de leur état pour vivre en gentilshommes[1]; n'est-il pas remarquable, dis-je, qu'un clergé, composé d'éléments aussi différents, conservât néanmoins un même esprit ? Et cependant cela sera assez prouvé par un fait que j'aurais de la peine à croire, si je n'en avais pas été le témoin. Peu de jours après l'ouverture des états généraux, je me trouvais avec les principaux membres du clergé à une conférence tenue à Versailles chez M. le cardinal de la Rochefoucauld[2] ; M. Dulau[3], archevêque d'Arles, y proposa sérieusement de profiter d'une occasion *aussi favorable*, ce sont ses expressions, pour faire payer par la nation les dettes du clergé. Cette proposition,

---

1. M de Dillon, archevêque de Narbonne, avait une terre auprès de Soissons, où il passait six mois de l'année à la grande chasse. Cette terre se nommait *Haute-Fontaine*. (*Note du prince de Talleyrand.*)

2. Dominique de La Rochefoucauld, comte de Saint-Elpis, né en 1713. Archevêque d'Albi (1747), de Rouen (1759), cardinal (1778). Député du clergé aux états généraux, il émigra en 1792, et mourut en 1800.

3. Jean-Marie Dulau, né près de Périgueux en 1738. Archevêque d'Arles en 1775, député du clergé aux états généraux. Arrêté après le 10 Août, il fut enfermé aux Carmes et massacré dans les journées de septembre.

comme celle de M. de Thémines[1] lorsqu'il avait engagé le clergé à demander les états généraux, ne rencontra aucune opposition. On chargea M. l'archevêque d'Arles, dans les lumières de qui on avait confiance, de choisir le moment le plus opportun pour la faire adopter par les états généraux. Il fallut plusieurs mois et tous les événements qui les remplirent, pour que le bon esprit de M. de Boisgelin, archevêque d'Aix, pût persuader au clergé, non seulement de renoncer à cette absurde proposition, mais même de faire un sacrifice considérable pour combler le fameux déficit qui avait été le prétexte de tout ce qui se faisait depuis un an; il était trop tard, il est vrai; le prétexte était oublié, et on n'en avait plus besoin depuis que les états généraux étaient devenus l'Assemblée nationale.

Je remarque qu'en parlant du clergé, je ne m'astreins pas à l'ordre des temps; je suis entraîné dans cette marche. La coupe par année d'un travail sur une matière quelconque le rend souvent obscur et toujours sans intérêt. Je trouve préférable pour la clarté de présenter avec ensemble tout ce qui appartient naturellement à l'objet dont on parle. C'est d'ailleurs beaucoup plus commode, et quand on n'a pas la prétention de faire un livre, on peut bien prendre un peu ses aises.

Le cardinal de la Roche-Aymon, en me nommant promoteur de l'assemblée de 1775[2], me donna l'occasion de m'y faire

---

1. Alexandre de Lauzières de Thémines (1742-1829), aumônier du roi, évêque de Blois (1776). Il émigra en 1791, refusa sa démission en 1801, ne voulut jamais reconnaître le concordat, et mourut à Bruxelles en 1829 sans être rentré en France.

2. Le promoteur était chargé de requérir au nom de l'intérêt public. C'était l'équivalent du ministère public qui fonctionnait auprès des tribunaux. Il avait charge de dénoncer les ecclésiastiques en faute, et de veiller à la conservation des droits, des libertés et de la discipline de l'Eglise.

remarquer, et dès ce moment on me destina une place d'agent général du clergé[1].

L'assemblée de 1775 finie, j'entrai en Sorbonne. J'y passai deux ans occupé de toute autre chose que de théologie, car les plaisirs tiennent une grande place dans les journées d'un jeune bachelier. L'ambition prend aussi quelques moments, et le souvenir du cardinal de Richelieu, dont le beau mausolée était dans l'église de la Sorbonne, n'était pas décourageant à cet égard. Je ne connaissais encore l'ambition que dans sa bonne acception; je voulais arriver à tout ce que je croyais pouvoir bien faire. Les cinq années d'humeur, de silence et de lecture qui au séminaire m'avaient paru si longues et si tristes, ne furent plus tout à fait perdues pour moi. Une jeunesse pénible a ses avantages; il est bon d'avoir été trempé dans les eaux du Styx, et je me plais, par une foule de raisons, à conserver de la reconnaissance pour ce temps d'épreuve.

En sortant de Sorbonne, je me trouvai enfin sous ma propre, libre et unique direction.

Je me logeai à Bellechasse dans une maison petite et commode. Mon premier soin fut d'y former une bibliothèque, qui dans la suite devint précieuse par le choix des livres, la rareté des éditions et l'élégance des reliures. Je cherchai à me lier avec les hommes les plus distingués par leur vie passée, ou par leurs ouvrages, ou par leur ambition, ou par l'avenir que leur promettaient leur naissance, leurs relations, leurs talents. Placé ainsi par ma propre impulsion dans le vaste

---

1. Il y avait deux agents généraux du clergé. Ils avaient mission d'être, auprès du gouvernement les représentants des intérêts du clergé en ce qui avait trait à la recette et à l'emploi des deniers de l'Eglise, et au maintien de ses privilèges. Ils étaient élus pour cinq ans par les assemblées du clergé.

cercle où brillaient si diversement tant d'hommes supérieurs, je me laissai aller à l'orgueilleux plaisir de tenir de moi seul toute mon existence. J'eus même un moment fort doux lorsque, nommé par le roi à l'abbaye de Saint-Denis de Reims, je pus employer mes premiers revenus à payer au collège d'Harcourt une forte partie de ma pension qui y était due encore, et à m'acquitter envers M. Langlois des soins qu'il avait eus de moi dans mon enfance.

Le séminaire, la Sorbonne, m'avaient séparé de M. de Choiseul-Gouffier. Des jeunes gens avec lesquels j'avais été élevé, il fut le premier que je tâchai de retrouver. Depuis que je ne l'avais vu, il s'était marié, il avait eu un ou deux enfants; et il s'était déjà fait remarquer dans le monde par un voyage difficile et curieux qui avait commencé sa réputation et qui détermina ensuite sa carrière.

J'aurai si souvent à parler de M. de Choiseul dans le courant de ma vie, que je dois céder au plaisir de le faire connaître. M. de Choiseul est né avec de l'imagination, avec du talent; il a de l'instruction; il parle et raconte bien ; sa conversation est naturelle et abondante. Si dans sa jeunesse il avait moins admiré les belles phrases de M. de Buffon, il aurait pu être un écrivain distingué. On trouve qu'il fait trop de gestes; je suis de cet avis; quand il parle, cela l'aide; et comme tous les gens qui font beaucoup de gestes, il s'amuse de ce qu'il dit et se répète un peu. Sa vieillesse sera pénible pour les personnes qui la soigneront, parce que la vieillesse d'un talent ordinaire ne conserve que des formes. L'esprit seul rend la vieillesse aimable, parce qu'il donne à l'expérience un air de nouveauté et presque de découverte. Le caractère de M. de Choiseul est noble, bon, confiant, sincère

Il est aimant, facile et oublieux. Aussi est-il très bon père et très bon mari, quoiqu'il n'aille guère chez sa femme, ni chez ses enfants. Il a des amis, il les aime, il leur souhaite du bonheur, il leur ferait du bien, mais il se passe à merveille de les voir. Les affaires n'ont rempli qu'une petite partie de sa vie; il s'est créé des occupations qui lui suffisent. Le goût exquis et l'érudition qu'il a portés dans les arts, le placent parmi les amateurs les plus utiles et les plus distingués.

M. de Choiseul est l'homme que j'ai le plus aimé. Quoique dans le monde on ait souvent réuni les noms de M. de Choiseul, de M. de Narbonne[1] et de l'abbé de Périgord[2], notre liaison à l'un et à l'autre avec M. de Narbonne avait moins le caractère de l'amitié. M. de Narbonne a ce genre d'esprit qui ne vise qu'à l'effet, qui est brillant ou nul, qui s'épuise dans un billet ou dans un bon mot. Il a une politesse sans nuances; sa gaîté compromet souvent le goût, et son caractère n'inspire pas la confiance qu'exigent des rapports intimes. On s'amusait plus avec lui qu'on ne s'y trouvait bien. Une sorte de grâce, que mieux que personne il sait donner à la *camaraderie*, lui a valu beaucoup de succès, surtout parmi les hommes spirituels et un peu vulgaires. Il plaisait moins aux hommes

---

1. Le comte Louis de Narbonne-Lara, né en 1755 à Colorno (duché de Parme) d'une très ancienne famille d'Espagne. Venu en France en 1760, il servit dans l'artillerie, puis dans les bureaux des affaires étrangères. Maréchal de camp en 1791, ministre de la guerre du 6 décembre 1791 au 10 mars 1792. Décrété d'accusation après le 10 Août, il put s'échapper et demeura à l'étranger. En 1805, il fut réintégré dans son grade, et nommé gouverneur de Raab, puis de Trieste. Ministre en Bavière, aide de camp de l'empereur, ambassadeur à Vienne (1813). Il mourut peu après à Torgau. M. de Narbonne avait épousé mademoiselle de Montholon, dont il eut deux filles.

2. C'est sous ce nom qu'était connu M. de Talleyrand dans sa jeunesse.

qui mettaient du prix à ce que dans notre jeunesse on appelait le bon ton. Si l'on citait les hommes qui avaient soupé tel jour chez la maréchale de Luxembourg[1], et qu'il y eût été, les noms de vingt personnes se seraient présentés avant le sien ; chez Julie, il aurait été nommé le premier.

Ma chambre, où l'on se réunissait tous les matins et où l'on trouvait un déjeuner tel quel, offrait un singulier mélange : le duc de Lauzun[2], Panchaud[3], Barthès[4], l'abbé Delille[5], Mirabeau[6], Chamfort[7], Lauraguais[8], Dupont

---

1. Madeleine-Angélique de Neufville-Villeroi, petite-fille du maréchal duc de Villeroi, née en 1707, épousa en premières noces, le duc de Boufflers, mort en 1747. En 1750, elle se remaria avec le maréchal duc de Luxembourg et mourut en 1787.

2. Armand de Gontaut, comte de Biron, puis duc de Lauzun, né en 1747, entra au service, combattit en Corse, puis en Amérique. — Député de la noblesse du Quercy aux états généraux, il se rangea dans le parti du duc d'Orléans. Général en chef de l'armée du Rhin en 1792, puis de l'armée de Vendée, il fut accusé de trahison, arrêté et guillotiné en 1793.

3. Panchaud était un banquier genevois établi à Paris. Il a publié sur les finances de son temps un ouvrage intéressant intitulé : *Réflexions sur l'état actuel du crédit de l'Angleterre et de la France* (Paris 1781).

4. Joseph Barthès (1734-1806), médecin et philosophe d'une grande réputation.

5. L'abbé Delille, né à Aigues-Perse (Auvergne) (1738-1813), un des poètes les plus connus du XVIIIe siècle. — Il était membre de l'Académie.

6. Honoré-Gabriel Riquetti de Mirabeau, le grand orateur de l'Assemblée constituante (1749-1791), fils du marquis de Mirabeau, l'économiste et l'agronome bien connu.

7. Sébastien Chamfort (1741-1794), né près de Clermont-Ferrand. Il fit plusieurs tragédies et des poésies qui lui valurent quelque faveur. Il était lié avec les principaux personnages de la Révolution, et travaillait avec Sieyès et Mirabeau. Décrété d'accusation en 1794, il se tua comme on venait l'arrêter.

8. Léon de Lauraguais, duc de Brancas (1733-1824). Il se renferma toute sa vie dans l'étude des lettres et dans ses travaux scientifiques. Il fut membre de la Chambre des pairs en 1814.

de Nemours[1], Rulhière[2], Choiseul-Gouffier, Louis de Narbonne s'y rencontraient habituellement et toujours avec plaisir. On y parlait un peu de tout, et avec la plus grande liberté. C'étaient l'esprit et la mode du temps. Il y avait pour nous tous plaisir et instruction, en réalité quelque ambition en perspective. C'étaient des matinées excellentes pour lesquelles je me sentirais encore du goût.

Les nouvelles du jour, les questions de politique, de commerce, d'administration, de finances, arrivaient toutes successivement dans la conversation. Une des choses dont on s'occupait le plus alors, était le traité de commerce de la France avec l'Angleterre qui venait d'être conclu[3]. Les détails de cette grande question intéressaient particulièrement les hommes instruits tels que Panchaud, Dupont de Nemours, etc.; nous autres ignorants, mais un peu amateurs, comme Lauzun, Barthès, Choiseul et moi, nous nous en tenions aux généralités. Je désire consigner ici ce qui me reste de ces

---

1. Pierre Dupont de Nemours (1739-1817), l'un des plus fervents adeptes de l'école physiocratique. Il fut conseiller d'Etat et commissaire général du commerce sous Calonne. Député aux états généraux. Emprisonné sous la Terreur, il fut sauvé par le 9 thermidor. Membre du conseil des Cinq-Cents. Il vécut dans la retraite sous l'empire, émigra en 1815 et mourut en Amérique.

2. Claude Rulhière, né à Bondy, près de Paris, en 1735, fut aide de camp du maréchal de Richelieu. Plus tard, M. de Breteuil l'emmena comme secrétaire à Pétersbourg (1760). Il assista à la révolution de 1762 et entreprit de la raconter. Cet ouvrage, les Révolutions de Russie, eut un tel succès que son auteur fut désigné pour écrire une histoire de Pologne destinée à l'instruction du dauphin. Membre de l'Académie en 1787, il mourut trois ans après.

3. C'est le traité du 26 septembre 1786 signé sous le ministère de Vergennes, en exécution de l'article 18 du traité de Versailles de 1783. Il souleva de nombreuses critiques; on accusa Vergennes d'avoir sacrifié nos manufactures.

discussions, parce qu'elles appartiennent à un ordre d'idées si différent de ce que j'ai vu depuis, qu'il me paraît utile d'en conserver la trace. Et pour cela, je réunis dans un seul aperçu ce qui se passa à cet égard dans le cours de plusieurs années.

Les cabinets de Versailles et de Londres étaient pénétrés de l'avantage réciproque qui devait résulter de relations commerciales franchement établies. Aucune époque de l'histoire ne présentait une occasion aussi favorable. Depuis la paix de 1763[1] les antipathies nationales paraissaient éteintes, et aussitôt après la reconnaissance de l'indépendance de l'Amérique par l'Angleterre, des communications fréquentes entre la France et la Grande-Bretagne avaient détruit, en partie, bien des répugnances. Le goût réciproque se montrait; il n'était plus question que de le fixer et de le rendre respectivement utile. Les deux gouvernements nommèrent des plénipotentiaires pour traiter cette grande affaire.

On se rappelait en Angleterre que mylord Bolingbroke[2], après avoir conclu le traité d'Utrecht, avait eu l'idée de faire un traité de commerce avec la France. Ce projet, dans lequel il avait échoué, avait été un des motifs ou un des prétextes de la persécution qu'il avait éprouvée de la part des whigs. Les raisons alléguées alors contre un traité de commerce avec la France pouvaient être plausibles. Les mœurs anglaises étaient

---

1. Le traité de Paris qui mit fin à la guerre de Sept ans.

2. Henry Paulet de Saint-Jean, vicomte de Bolingbroke, né en 1672 à Battersea (Surrey). — Membre de la Chambre des communes (1700), secrétaire d'Etat (1704), ministre des affaires étrangères (1713), il signa la paix d'Utrecht. Proscrit après la mort de la reine Anne (1714), il se réfugia en France, revint en Angleterre en 1723 et fut pendant dix ans le plus redoutable adversaire de Walpole. Il mourut en 1750 sans avoir pu reprendre le pouvoir. — Il avait épousé en deuxièmes noces la marquise de Villette, nièce de madame de Maintenon.

encore effrayées par le luxe français; des relations trop suivies pouvaient faire craindre la concurrence de notre industrie dans des travaux où l'industrie anglaise n'avait pas encore atteint sa supériorité. On avait à redouter aussi l'avantage que pouvaient prendre les productions du sol français sur celles du Portugal. Le traité de Methuen [1] était encore trop récent pour qu'il parût prudent d'en compromettre les conséquences, en établissant une rivalité entre les productions de la France et celles du Portugal. Ces raisons qui avaient une certaine force, ou n'existaient plus, ou avaient perdu de leur valeur. L'Angleterre était dans une voie de prospérité commerciale que rendaient incalculable l'invention de ses machines et l'immensité de ses capitaux ; la mode se chargea de résoudre les objections tirées de l'augmentation du luxe. L'ascendant du ministère et l'intérêt des manufactures triomphèrent des autres objections, et le traité eut en Angleterre l'assentiment à peu près général de la nation.

L'opinion sur cette question prit en France un caractère tout différent : l'intérêt des villes maritimes se trouvait ici en opposition avec celui de la population industrieuse. Aussi le traité fut reçu d'abord avec un peu d'étonnement. Les premiers résultats ne nous furent pas favorables. Les Anglais, mieux préparés que nous ne l'étions, obtinrent de grands profits. La ville de Bordeaux, les provinces de Guyenne, d'Aunis, de Poitou, trouvaient bien quelques débouchés de plus pour leurs vins, leurs eaux-de-vie et les autres productions

---

1. Le traité de Methuen entre l'Angleterre et le Portugal, ainsi nommé du nom de l'ambassadeur anglais, lord Methuen, qui le négocia, avait été signé en 1703. C'était un traité d'alliance et de commerce par lequel l'Angleterre s'était réservé le monopole de l'importation en Portugal.

de leur sol ; mais on soutint que dans l'évaluation générale, ces avantages locaux ne pouvaient pas compenser les inconvénients d'une consommation de vingt-cinq millions d'habitants curieux et avides de marchandises supérieures par leur qualité, et que l'Angleterre pouvait donner à un prix fort au-dessous de celui des marchés de France.

La Normandie, si habile dans la défense de ses intérêts propres, si imposante par sa richesse et sa population, avait été la première à manifester son opposition. Elle publia un long mémoire contre le traité. La cause qu'elle soutenait devint bientôt générale ; tous les préjugés, tous les motifs de haine et d'animosité reparurent. La voix des consommateurs fut étouffée, et le traité devint un sujet de blâme contre le gouvernement.

Et cependant l'esprit qui avait inspiré cette grande transaction, était conforme aux meilleurs principes. M. de Vergennes[1] et M. de Calonne[2] qui y avaient concouru l'un et l'autre y

---

1. Charles Gravier, comte de Vergennes, était le deuxième fils d'un président à mortier au parlement de Dijon. Né à Dijon en 1717, il entra dans la diplomatie. — Ministre près l'électeur de Trèves (1750), il fut vers cette époque initié au *secret du roi*, dont il devint un des agents les plus dévoués. Ambassadeur à Constantinople (1754). Rappelé par Choiseul en 1768, il vécut dans la retraite jusqu'à sa chute ; fut alors (1771) envoyé comme ambassadeur en Suède. Louis XVI l'appela au ministère des affaires étrangères (1774). Il signa le traité de Versailles, les traités de commerce avec l'Angleterre et la Russie. Chef du conseil des finances (1783). Il mourut en 1787.

2. Charles-Alexandre de Calonne, d'une bonne famille d'Artois, naquit le 20 janvier 1743 à Douai, où son père était premier président du parlement. Il fut procureur général près le parlement de Douai, intendant de Metz (1768), de Lille, d'où sa réputation d'habile administrateur le fit appeler au contrôle général par Louis XVI. A la suite de l'assemblée des notables, qu'il avait cependant conseillée, il fut destitué et exilé en Lorraine (1787). Il passa de là en Angleterre ; revenu en France en 1789, dans l'espérance de se faire élire député aux états généraux, il retourna en Angleterre après avoir échoué, joua un rôle actif dans l'émigration et mourut en 1802.

trouveront un jour de la gloire. Le traité avait pour objet de détruire la contrebande et de procurer par les douanes au trésor public, un revenu fondé sur des droits assez modérés pour ne laisser à la fraude aucun espoir de profit. Cet avantage était évident et réciproque pour les deux pays. S'il augmentait pour la France la facilité de satisfaire la prédilection et le caprice que les gens riches avaient pour les marchandises anglaises, il procurait aussi à l'Angleterre des jouissances plus abondantes et payées à la France par la diminution des droits sur les vins de Champagne et de Bordeaux, diminution qui devait en faire augmenter la consommation en Angleterre.

De cette diminution de droits sur les objets de nécessité ou de fantaisie, il devait résulter pour les consommateurs plus de proportion dans les impôts qu'ils avaient à supporter, plus de facilité pour les acquitter, et pour le trésor public un plus grand revenu, produit par une plus grande consommation.

Il y a encore à dire que le principe du traité conduisait à faire un partage de tous les genres d'industrie, et à distribuer à chacune des deux nations la part que la nature lui a assignée et qui doit lui procurer le plus d'avantages.

Ce dernier résultat aurait en peu d'années fait triompher le principe de la liberté de commerce ; mais les préjugés en ont décidé autrement. Ils tiennent aux hommes par des racines trop profondes, pour qu'il ne soit pas au moins imprudent de vouloir trop subitement les détruire. Je me suis longtemps défendu de me rendre à cette triste vérité, mais puisque les philosophes du xviiie siècle, avec tous les moyens bons et mauvais qu'ils ont employés, ont échoué dans cette entreprise, je me soumets avec ceux du xixe, qui sont d'un tout autre genre, à ne plus m'en occuper.

La carrière des affaires m'étant ouverte, je me servis assez habilement de la place d'agent général du clergé, à laquelle j'étais destiné, pour étendre mes relations. J'eus de bonne heure des rapports avec M. de Maurepas [1], avec M. Turgot [2], M. de Malesherbes [3], M. de Castries [4],

---

1. Jean Phelypeaux, comte de Maurepas et de Pontchartrain, naquit en 1709. Son père, son grand-père, son bisaïeul et son trisaïeul avaient été comme lui secrétaires d'Etat, de sorte que de 1610 à 1749, la famille Phelypeaux fut représentée dans les conseils du roi. Maurepas eut dès 1715 la survivance de la charge de secrétaire d'Etat abandonnée par son père. Le marquis de la Vrillière fut chargé d'exercer la charge à la place de son parent qui devint bientôt son gendre. En 1725, Maurepas la prit en main et fut secrétaire d'État de Paris et de la marine. Disgrâcié en 1749, il fut exilé à Bourges, puis dans sa terre de Pontchartrain près de Versailles. Louis XVI le rappela aux affaires et le nomma ministre d'Etat et chef du conseil des finances (1774). Jusqu'à sa mort (1781) il eut en réalité tout le pouvoir d'un premier ministre.

2. Jacques Turgot, baron de l'Aulne, appartenait à une vieille famille originaire de Bretagne, et établie en Normandie. Il naquit en 1727. Il fut conseiller au parlement, puis en 1762 intendant de Limoges où son administration bienfaisante le rendit célèbre. Secrétaire d'Etat à la marine (1774), contrôleur général en 1774, destitué en 1776, il mourut cinq ans après.

3. Chrétien-Guillaume de Lamoignon de Malesherbes, d'une illustre famille du Nivernais, qui durant deux siècles occupa les plus hautes charges de la magistrature. Il naquit en 1721, fut conseiller au parlement (1744), premier président de la cour des aides (1750), destitué et exilé en 1771. Réintégré dans sa charge par Louis XVI (1774), il s'en démit l'année suivante. Secrétaire d'Etat de la maison du roi (1775-1776), ministre d'Etat (1787-1788). Il vécut à l'étranger jusqu'en 1792, revint alors s'offrir au roi comme défenseur. Arrêté en décembre 1793, il monta sur l'échafaud avec sa fille et son gendre (M. de Chateaubriand, le frère de l'illustre écrivain).

4. Charles de la Croix, marquis de Castries, issu d'une vieille famille du Languedoc. Né en 1727, il devint lieutenant général, gouverneur de Montpellier et de Cette (1758), gouverneur de la Flandre et du Hainaut, secrétaire d'Etat à la marine (1780), maréchal de France (1783). Il émigra à la Révolution, commanda une division de l'armée de Condé et mourut en 1801.

M. de Calonne, quelques conseillers d'État, plusieurs chefs d'administration. Mes premières relations me conduisirent vers le même temps chez M. le duc de Choiseul [1], chez madame de Brionne [2], chez madame de Montesson [3], chez madame de Boufflers [4], chez madame de la Reynière [5] ; à des jours déterminés, la grande compagnie de Paris s'y réunissait. Une manière d'être froide, une réserve apparente, avaient fait dire à quelques personnes que

1. Etienne-François, duc de Choiseul-Stainville (1719-1785), ambassadeur puis ministre secrétaire d'Etat de 1758 à 1770.

2. Louise de Rohan, chanoinesse de Remiremont, fille du prince Charles de Rohan-Montauban, lieutenant général ; épousa Charles de Lorraine, comte de Brionne, grand écuyer de France.

3. Charlotte Béraud de la Haie de Riou, marquise de Montesson, née en 1737. Elle épousa en 1754 le marquis de Montesson, lieutenant général. Devenue veuve en 1769, elle se remaria secrètement avec le duc d'Orléans (1773). Après la mort du duc (1785), elle vécut dans la retraite. Arrêtée sous la Terreur, elle fut sauvée par le 9 Thermidor. Elle était très liée avec madame de Beauharnais, plus tard l'impératrice Joséphine. Elle mourut en février 1806. Madame de Montesson avait beaucoup écrit ; elle a laissé de nombreuses comédies et des romans.

4. La comtesse Marie de Boufflers-Rouvrel, née de Campar-Saujon était dame d'honneur de la duchesse d'Orléans. Elle devint veuve en 1764. Emprisonnée sous la Terreur, mais plus heureuse que sa belle-fille la duchesse de Lauzun, elle échappa à l'échafaud et mourut en 1800.

5. Suzanne de Jarente, fille d'Alexandre de Jarente, marquis d'Orgeval, épousa le 1er février 1763 Alexandre Grimod de la Reynière qui, de simple charcutier, était devenu fermier général. Il amassa une fortune considérable, et se bâtit le superbe hôtel qui fait aujourd'hui le coin de la rue Boissy-d'Anglas et de l'avenue Gabriel. Cet hôtel, après avoir été affecté à l'ambassade de Russie, puis à celle de Turquie, appartient aujourd'hui au cercle de l'union artistique. — On sait que La Reynière s'était acquis la réputation d'un gourmet de premier ordre. Les festins que sa femme et lui donnaient dans leur hôtel sont restés célèbres.

j'avais de l'esprit. Madame de Gramont qui n'aimait pas les réputations qu'elle n'avait pas faites, me fut à mon début de quelque utilité en cherchant à m'embarrasser. Je soupais pour la première fois à Auteuil chez madame de Boufflers, placé à une extrémité de la table, parlant à peine avec mon voisin : madame de Gramont, d'une voix forte et rauque, me demande, en m'interpellant par mon nom, ce qui m'avait assez frappé en entrant dans le salon, où je la suivais, pour dire : *Ah! ah!...* « Madame la duchesse, lui répondis-je, ne m'a pas bien entendu, ce n'est pas *Ah! ah!* que j'ai dit; c'est *Oh! oh!...* » Cette misérable réponse fit rire, je continuai à souper, et ne dis plus un mot. En sortant de table, quelques personnes s'approchèrent de moi, et je reçus pour les jours suivants plusieurs invitations qui me mirent à même de faire connaissance avec les personnes que je désirais le plus rencontrer.

La maison de mes parents ne me fournissait point de moyens à cet égard; ils voyaient peu de monde; et peu surtout de l'espèce qui brillait sur le grand théâtre ou qui se disputait les places ministérielles.

Je choisissais pour aller chez ma mère les heures où elle était seule : c'était pour jouir davantage des grâces de son esprit. Personne ne m'a jamais paru avoir dans la conversation un charme comparable au sien. Elle n'avait aucune prétention. Elle ne parlait que par nuances; jamais elle n'a dit un bon mot : c'était quelque chose de trop exprimé.

---

1. Béatrix de Choiseul-Stainville, sœur du duc de Choiseul, chanoinesse de Remiremont. En 1759 elle épousa Antoine duc de Gramont, gouverneur de Navarre. Elle monta sur l'échafaud en 1794 avec son amie la duchesse du Châtelet.

Les bons mots se retiennent, et elle ne voulait que plaire et perdre ce qu'elle disait. Une richesse d'expressions faciles, nouvelles et toujours délicates, fournissait aux besoins variés de son esprit. Il m'est resté d'elle un grand éloignement pour les personnes qui, afin de parler avec plus d'exactitude, n'emploient que des termes techniques. Je ne crois ni à l'esprit ni à la science des gens qui ne connaissent pas les équivalents et qui définissent toujours : c'est à leur mémoire seule qu'ils doivent ce qu'ils savent, et alors ils savent mal. Je suis fâché que cette réflexion me soit venue pendant que M. de Humboldt[1] était à Paris, mais c'est écrit.

Mon temps se passait d'une manière fort douce et n'était point trop perdu ; mes relations augmentaient. Celles qu'il fallait avoir avec les beaux esprits d'alors me venaient d'une bonne femme, nommée madame d'Héricourt[2], dont le mari avait occupé la place d'intendant de la marine à Marseille. Elle aimait l'esprit, les jeunes gens et la bonne chère. Nous faisions chez elle toutes les semaines un dîner fort agréable. Il était composé de M. de Choiseul, de M. de Narbonne, de l'abbé Delille, de Chamfort, de Rulhière, de

---

1. Les deux frères Guillaume et Alexandre de Humboldt ont chacun illustré leur nom; le premier à la fois dans la politique et les lettres, l'autre dans la science. C'est du second, Alexandre, qu'il est ici question. Né en 1769, il parcourut longuement l'Amérique et l'Asie, et publia le récit de ses voyages; on a également de lui une foule d'écrits et de traités scientifiques, notamment le *Cosmos*. La géographie physique et la botanique ont fait grâce à lui des progrès signalés. Il mourut en 1859.

2. Louise Duché, fille d'un premier avocat général près la cour des aides de Montpellier, épousa en 1741 Bénigne du Trousset d'Héricourt ancien intendant de la marine.

Marmontel[1] qui alternait avec l'abbé Arnaud[2], de l'abbé Bertrand[3] et de moi. La gaîté contenait les prétentions, et je dois remarquer que d'une réunion où il y avait autant d'amour-propre en présence, il n'est sorti, dans l'espace de cinq années, ni un bavardage, ni une tracasserie.

Le comte de Creutz[4], ministre de Suède, qui croyait plaire à son maître, en se plaçant en France sur le rang de bel esprit, se donna beaucoup de soins pour que les mêmes personnes qui composaient le dîner de madame d'Héricourt, se réunissent un jour de la semaine chez lui. Nous y fûmes trois ou quatre fois, mais Marmontel, à force de lectures de tragédies, dispersa tout le dîner; je tins bon jusqu'à *Numitor*.

Les lectures étaient alors à la mode; elles faisaient l'importance de quelques maisons. On ne dînait guère chez M. de

---

1. Jean-François Marmontel, né à Bort (Limousin) en 1723. Sur les conseils de Voltaire, son maître et son ami, il travailla pour la scène, mais échoua complètement. Au contraire, ses contes moraux eurent un grand succès et lui valurent les félicitations de presque tous les souverains de l'Europe. Il fut nommé historiographe de France et entra à l'Académie. Il mourut en 1799.

2. L'abbé François Arnaud, né en 1721, à Aubignon (Vaucluse). Il se lança avec ardeur dans le mouvement philosophique du xviiie siècle, et s'acquit une certaine célébrité par ses ouvrages. Il était de l'Académie française. Il mourut en 1784.

3. L'abbé Bertrand, né en 1755, à Autun. Il étudia l'astronomie et fut nommé professeur de physique à Dijon. Il fut admis à l'académie de cette ville. Il entreprit avec d'Entrecasteaux un voyage autour du monde, mais il mourut en route, au cap de Bonne-Espérance (1792). Il a laissé divers traités scientifiques.

4. Le comte Gustave de Creutz naquit en Suède en 1736. Ministre de Suède à Madrid en 1753, puis à Paris où il resta vingt ans. Son salon devint l'un des centres de réunion les plus recherchés des philosophes et des gens de lettres. En 1783, le roi Gustave III le rappela à Stockholm, et le nomma sénateur et ministre des affaires étrangères. Il mourut deux ans après.

Vaudreuil[1], chez M. de Liancourt[2], chez madame de Vaines[3], chez M. d'Anzely, sans être obligé d'entendre ou le *Mariage de Figaro*, ou le poème des *Jardins*[4], ou le *Connétable de Bourbon*[5], ou quelques contes de Chamfort, ou ce qu'on appelait alors : la *Révolution de Russie*[6]. C'était une charge imposée avec assez de rigueur à toutes les personnes invitées; mais aussi, on était classé parmi les hommes distingués du temps. Je pourrais dire que beaucoup de gens que je ne connaissais pas disaient du bien de moi, uniquement parce qu'ils m'avaient rencontré dans quelques-unes de ces chambres auxquelles on avait accordé le droit de donner de la répu-

1. Joseph de Rigaud, comte de Vaudreuil, d'une très vieille famille du Languedoc, né en 1740. Il vécut longtemps à Versailles, fréquentant le salon de madame de Polignac et la société de la reine. Il se lia avec le comte d'Artois qu'il accompagna en 1782 au siège de Gibraltar. Il tenait maison ouverte dans sa résidence de Gennevilliers et y recevait souvent M. de Talleyrand. Il émigra avec le comte d'Artois, s'établit à Londres en 1799, revint à Paris à la Restauration, fut nommé pair de France en 1814 et mourut en 1817. On a publié sa correspondance avec le comte d'Artois (Paris 1889, 2 vol. in-8°. L. Pingaud).

2. François de la Rochefoucauld, duc de Liancourt, né en 1747, fut brigadier de dragons. Grand maître de la garde-robe (1783). Député de la noblesse de Clermont aux états généraux, lieutenant général (1792); il émigra après le 10 Août; il vécut dans la retraite sous l'empire. A la Restauration il fut créé pair, mais ses opinions libérales l'écartèrent des fonctions publiques. Il mourut en 1827. Ses obsèques donnèrent lieu à des incidents tumultueux.

3. Il s'agit probablement de la femme de M. J. de Vaines, receveur général, commissaire du trésor (1733-1803). On le voyait souvent dans la société du maréchal de Beauvau et chez madame Geoffrin.

4. Poème de l'abbé Delille sur les jardins du duc d'Orléans à Monceau.

5. Tragédie du comte Jacques de Guibert (1743-1790), lieutenant général, Son nom restera connu, non par ses tragédies, mais par un *Essai de tactique*, dont Napoléon a dit : « Qu'il était propre à former de grands hommes ».

6. Ouvrage de Rulhière.

tation. J'étais à cet égard comme un homme dont parlait le chevalier de Chastellux[1] : « *Il a sûrement beaucoup d'esprit*, disait-il, *je ne le connais pas, mais il va chez madame Geoffrin.* »

J'avais remarqué aussi qu'il y avait quelque avantage, lorsqu'on ne voulait pas se faire classer parmi les habitués des maisons ouvertes, et rester ainsi confondu avec la foule, à montrer de l'éloignement, de l'opposition même pour quelque personne marquante dans l'opinion. J'avais choisi pour cela M. Necker. Je m'étais refusé à toutes les propositions qui m'avaient été faites d'aller chez lui. Je disais assez hardiment qu'il n'était ni bon ministre des finances, ni homme d'État; qu'il avait peu d'idées, qu'il n'avait point de principes d'administration, que ses emprunts étaient mal faits, chers et nuisibles à la morale publique : mal faits, parce qu'ils ne portaient point avec eux de principes d'extinction; chers, parce que le taux des effets publics n'exigeait pas un prix aussi élevé que celui auquel il empruntait, ni des facilités pareilles à celles qui, pour faire la fortune de la maison Girardot et de la maison Germani, étaient accordées à trente têtes genevoises ; — nuisibles à la morale publique, parce que ses emprunts viagers créaient une espèce d'égoïsme qu'on ne trouve que depuis M. Necker dans la généralité des mœurs françaises. Je disais qu'il parlait mal et qu'il ne savait pas discuter, que jamais il n'était simple; je disais que la faiblesse d'organes qui faisait qu'il était dans un état de crainte continuelle, influait sur toutes les facultés de son âme. Je disais

---

1. Le chevalier de Chastellux (1734-1788), lieutenant général, se distingua dans la campagne d'Amérique. Quelques comédies assez insignifiantes lui valurent un fauteuil à l'Académie (1775).

que son orgueil ne venait pas de son caractère, mais plutôt d'un travers de son esprit et d'un défaut de goût; — je disais qu'avec sa coiffure bizarre, sa tête haute, son corps gros, grand et uniforme, son air inattentif, son maintien dédaigneux, son emploi de maximes qu'il tirait péniblement de son laboratoire, il avait l'air d'un charlatan. Je disais, je crois, mille autres choses encore qu'il serait inutile de répéter, parce que aujourd'hui elles sont dans la bouche de tout le monde.

La maison de madame de Montesson qui se tenait tout à l'extrémité de la décence, était singulièrement agréable. Pour amuser M. le duc d'Orléans, madame de Montesson faisait jouer par sa société quelques pièces qu'elle savait devoir lui plaire; et pour non pas l'amuser, mais l'intéresser davantage, elle en avait elle-même composé plusieurs. Sur son théâtre, il y avait pour le clergé un peu dissipé, une loge dans laquelle M. l'archevêque de Toulouse[1], M. l'évêque de Rodez[2], M. l'archevêque de Narbonne[3], M. l'évêque de Comminges[4] m'avaient fait admettre.

La curiosité, beaucoup plus qu'un goût décidé pour la musique, me conduisait aussi à tous les savants et ennuyeux concerts qu'on donnait alors, soit chez M. le comte de Roche-

---

1. M. de Brienne.

2. Jérôme Champion de Cicé, né à Rennes en 1735. Agent général du clergé (1765), évêque de Rodez (1770), archevêque de Bordeaux (1781), membre de l'assemblée des notables (1787), député du clergé aux états généraux (1789), garde des sceaux (1789). Il refusa le serment à la constitution civile et émigra (1791); archevêque d'Aix en 1802, il mourut en 1810.

3. M. de Dillon.

4. Charles d'Osmond de Médavy, né en 1723, évêque de Comminges (1764-1785).

chouart, soit chez M. d'Albaret, soit chez madame Lebrun[1]. Je me gardais bien d'avoir une opinion sur la musique française ou sur la musique italienne, ou sur celle de Gluck. J'étais trop jeune pour raisonner mes jouissances. Si cependant il avait fallu avoir un avis, j'aurais été porté à dire que la musique n'étant en général qu'un langage qui exprime d'une manière idéale les sensations et même les sentiments que nous éprouvons, chaque nation doit avoir un genre de musique qui lui est propre et qu'elle est appelée par ses organes à préférer à tous les autres. Mais mon ignorance me préserva, et je n'ai eu sur cette grande affaire de querelle avec personne.

La position que j'avais prise dans le monde donnait une sorte d'éclat à mon agence ; je la faisais à peu près seul, parce qu'une aventure un peu trop publique avait ôté à l'abbé de Boisgelin[2], mon collègue, la confiance du clergé, dès les premiers mois de nos fonctions. Son indolence naturelle, sa passion pour madame de Cavanac (fameuse lorsqu'elle portait le nom de mademoiselle de Romans, et parce qu'elle était la mère de l'abbé de Bourbon[3]) l'avaient déterminé aisément à se reposer sur moi de tout le travail.

1. Marie-Louise Vigée-Lebrun, née en 1755, fut un des peintres les plus célèbres du xviiie siècle. Elle quitta la France en 1789 et fut reçue avec distinction dans la plupart des cours étrangères. Elle mourut en 1842. Elle a laissé des *Mémoires* très intéressants.

2. L'abbé de Boisgelin était un cousin du cardinal-archevêque. Il périt en 1792 dans les massacres de septembre.

3. Mademoiselle de Romans eut de Louis XV un fils qui fut baptisé sous le nom de Bourbon, ce qui ne se fit pour aucun autre enfant naturel du roi. Toutefois, elle ne parvint pas à le faire légitimer. Il fut connu plus tard sous le nom d'abbé de Bourbon, et mourut sous le règne de Louis XVI. Mademoiselle de Romans épousa plus tard M. de Cavanac. (Voir les *Mémoires* de madame Campan, t. III.)

Je m'étais entouré de personnes instruites et d'un bon esprit, de M. Mannay[1], depuis évêque de Trèves; de M. Bourlier[2], plus tard évêque d'Evreux; de M. Duvoisin[3], qui devint évêque de Nantes, et de M. des Renaudes[4] qui n'était pas sur la même ligne. Je me plais à reconnaître toutes les marques d'amitié que m'ont données MM. Mannay, Bourlier et Duvoisin avec lesquels j'ai été heureux de me retrouver à toutes les époques de ma vie. M. des Renaudes m'a quitté pour entrer chez le secrétaire d'État Maret[5], son genre de talent trouvant dans cette administration un emploi habituel pouvait le conduire promptement à la fortune: c'était un homme assez habile à mettre en œuvre les idées des autres.

1. Charles Mannay, né à Champoix (Puy-de-Dôme), en 1745, évêque de Trèves en 1802.

2. Jean-Baptiste, comte Bourlier, né à Dijon en 1731. Il entra dans les ordres et prêta serment à la constitution civile. Évêque d'Évreux en 1802, député au Corps législatif, sénateur en 1812, pair de France sous la Restauration, il mourut en 1821.

3. Jean-Baptiste, baron Duvoisin, né à Langres en 1744, fut professeur en Sorbonne, promoteur de l'officialité de Paris, grand vicaire de Laon. Il fut exilé en 1792 comme prêtre réfractaire. Nommé évêque de Nantes en 1802, il fut mêlé aux dissensions de l'empereur avec le Saint-Siège. Il mourut en 1813.

4. Martial Borge des Renaudes, né à Tulle en 1755, fut grand vicaire de M. de Talleyrand à Autun, et l'assista en qualité de sous-diacre à la messe de la Fédération. Il était l'homme de confiance de Talleyrand qui, dit-on, se déchargeait sur lui du soin de composer ses discours. Le rapport sur l'instruction publique est entièrement son œuvre. Sous le consulat, des Renaudes fut nommé tribun. Éliminé en 1802, il fut plus tard nommé censeur, et conserva ces fonctions sous la Restauration. Il mourut en 1825.

5. Hugues Maret, né à Dijon en 1763, avocat au parlement de Bourgogne. Envoyé à Naples en 1792, il fut enlevé par les Autrichiens et fut remis en liberté en 1795, par suite d'un échange avec la duchesse d'Angoulême. Ministre secrétaire d'État en 1804, il fut ministre des affaires étrangères en 1811, et créé duc de Bassano; ministre de la guerre (1813). Il fut exilé en 1815; pair de France en 1831, il fut un instant président du conseil (novembre 1834). Il mourut en 1839.

Je cherchais, en conservant cependant des ménagements convenables, à ne pas être uniquement agent général du clergé; et pour cela je m'occupai particulièrement de travaux qui, sans être dans mes devoirs, n'étaient point trop étrangers aux fonctions que je remplissais.

La suppression des loteries était une de mes pensées favorites; j'avais calculé toutes les chances et toutes les conséquences de cet établissement désastreux. J'observais en même temps que le clergé, attaqué et raillé par les philosophes, perdait chaque jour de sa considération. Je voulais lui en rendre, et, pour cela, le montrer au peuple comme le protecteur de la grande morale. En engageant le clergé à lui faire quelques sacrifices pécuniaires, j'aurais donc servi, non seulement les mœurs publiques, mais l'ordre même dans lequel je m'étais soumis à entrer.

Je voulais que le clergé proposât d'acheter au gouvernement la loterie royale pour la supprimer; c'est-à-dire qu'il s'engageât à fournir annuellement, par un don gratuit régulier, ce que la loterie produisait de revenu pour le trésor royal. Le mémoire à présenter au roi pour lui demander de proscrire cette institution funeste aurait pu être superbe: j'aurais été bien heureux de le faire[1].

Les membres du clergé, sur lesquels je comptais davantage pour appuyer ma proposition, s'y refusèrent. Je dois remarquer que mes premières armes en politique n'ont pas été heureuses, et j'ose l'attribuer à ce qu'elles étaient d'une

---

1. Pendant longtemps les loteries constituèrent en France un revenu pour l'État. Il percevait des droits sur celles qu'il protégeait, et en organisait lui-même. L'arrêt du conseil du 30 juin 1776 créa la loterie royale de France. Celle-ci supprimée en l'an II, rétablie en l'an VI, ne fut définitivement abolie qu'en 1836, en exécution de la loi des finances de 1832.

trempe trop forte pour les hommes avec qui je voulais m'en servir. L'amélioration du sort des curés fixée par l'édit de 1768 me paraissait bien loin d'être suffisante[1]. Il fallait engager le clergé à proposer quelque augmentation ; et pour ne point trop heurter l'intérêt des gros décimateurs, je suivis la marche qu'employèrent M. de Malesherbes et M. de Rulhière lorsqu'ils plaidèrent la cause des protestants. Pour arriver à leur but, ils soutenaient l'un et l'autre, que l'on n'avait pas exécuté ce que Louis XIV avait voulu faire. Je soutins de même que le principe sur lequel on avait établi la nouvelle fixation des portions congrues, avait été violé en ne les portant qu'à cinq cents francs. Je m'étais attaché à ne demander que le redressement d'une erreur dont le clergé, disais-je, désirerait sûrement d'être averti. D'après la valeur du marc d'argent, dont je suivais la progression, et sa proportion avec celle des denrées, l'augmentation pour être juste aurait dû être portée à sept cent cinquante francs. Il faudrait aujourd'hui mille francs au moins pour obtenir ce que ces sept cent cinquante francs auraient alors largement payé. Je ne réussis point. Les portions congrues restèrent à cinq cents francs et aujourd'hui je les crois encore à peu près au même taux.

1. Le bas clergé s'était toujours plaint de n'avoir pas de quoi vivre, au lieu que les évêques et les abbés commandataires jouissaient de revenus considérables. A différentes époques, le gouvernement était intervenu pour améliorer leur sort. Un édit de 1768 assurait un minimum de 500 livres au curé et de 200 au vicaire. En 1778, le premier reçut 700 livres, et le second 250 puis 350 livres (1785). C'était là la portion congrue ; en regard, il convient de citer le chiffre de rentes de certains gros décimateurs qui, souvent, retenaient pour eux la moitié, parfois même les trois quarts du produit des dîmes. L'abbé de Clairvaux touchait ainsi 400 000 livres par an ; le cardinal de Rohan, 1 million ; les Bénédictins de Cluny, 1 800 000 ; les Bénédictins de Saint-Maur, au nombre de 1672, 8 millions ; et ce ne sont pas là des exceptions.

Un autre de mes essais ne fut pas plus heureux. Un voyage que j'avais fait en Bretagne m'avait fait remarquer qu'il y avait dans le pays une quantité de femmes qui n'étaient ni filles, ni mariées, ni veuves. Elles avaient, à une époque de leur vie, épousé des matelots qui n'étaient pas revenus, et dont la mort n'était pas constatée. La loi s'opposait à ce qu'elles pussent se remarier. Je me servis de toute la théologie qui, lorsqu'on est un peu entendu, ne manque pas de souplesse, pour établir qu'au bout de tel nombre d'années, suffisant pour qu'il n'y ait pas de désordre social, ces pauvres femmes pouvaient, comme on dit, convoler à de secondes noces. Mon mémoire fut remis à M. de Castries qui crut devoir consulter son ami, l'évêque d'Arras [1]. Celui-ci vit dans sa théologie que cela ne lui serait bon à rien ; en conséquence, il se plaça dans une grande rigueur. On jeta mon mémoire au feu, et il n'a fallu rien moins que la Révolution pour que toutes ces Bretonnes, qui, je pense, avaient un peu vieilli, pussent se remarier.

Les soins que je donnais aux affaires particulières du clergé, et le succès de quelques-uns de mes rapports au conseil des parties [2], faisaient que l'on me passait toutes les petites entre-

---

1. Louis de Conzié, né en 1732, entra d'abord au service et fut officier de dragons. Ayant embrassé la carrière ecclésiastique, il fut nommé évêque de Saint-Omer (1766), d'Arras (1769). Violent adversaire de la Révolution, il refusa de siéger aux états généraux, et passa en Angleterre. Il mourut en 1804 à Londres.

2. Le conseil des parties était une section du conseil d'État, ou conseil du roi, le grand corps administratif du royaume. Il jugeait les conflits de juridiction, interprétait les lois et ordonnances, et connaissait des procès que le roi « avait jugé bon d'évoquer en son conseil ». Il était composé du chancelier président, de vingt-six conseillers ordinaires et de seize conseillers de semestre.

prises d'utilité générale que je tâchais de faire entrer dans mes devoirs. On disait : C'est de la jeunesse ; avec un peu d'usage, cela passera. Enhardi par les dispositions bienveillantes que je voyais pour moi, je me jetai dans une affaire que je faisais tenir par un fil à l'intérêt du clergé, et qui, dans la vérité, lui était fort étrangère. M. d'Ormesson [1], très honnête homme, mais l'un des plus pauvres contrôleurs généraux du siècle dernier, avait fait une telle suite de mauvaises opérations, que le gouvernement n'avait plus ni argent ni crédit. L'inquiétude était générale; on se portait en foule à la caisse d'escompte, qui, gouvernée uniquement par l'intérêt de quelques banquiers, aima mieux solliciter un arrêt de surséance que de diminuer ses escomptes. M. d'Ormesson avait accordé l'arrêt que demandait l'administration de la caisse. Les billets, devenus forcés, allaient nécessairement perdre de leur valeur [2]. La caisse du clergé en avait un grand nombre; des motifs de surveillance que je mis en

1. Henri Lefèvre d'Ormesson appartenait à une vieille et illustre famille de robe. Il naquit en 1751, fut conseiller au parlement et intendant des finances; appelé au contrôle général en 1783, il échoua complètement dans cette tâche et fut remplacé par Calonne. Il fut élu maire de Paris en 1792, mais il déclina ces fonctions. Il fut, plus tard, administrateur du département de la Seine, et mourut en 1807.

2. L'ordonnance du 24 mars 1776 autorisa la création d'une banque nommée caisse d'escompte qui, sans privilège exclusif, prêtait au commerce de l'argent à 4 p. 100. En 1783, le trésor se trouvant dans une situation des plus critiques, M. d'Ormesson se fit prêter secrètement six millions par cette caisse. Le secret fut éventé. Les porteurs de billets s'inquiétèrent et voulurent se faire rembourser. D'Ormesson autorisa la caisse à suspendre pendant trois mois le payement en numéraire des billets de plus de trois cents livres, et donna cours forcé aux billets. La panique augmenta ; le payement des arrérages faillit être suspendu. Calonne supprima le cours forcé; les banquiers avancèrent à la caisse les sommes nécessaires à ses remboursements; son crédit se rétablit, et elle reprit la plus grande faveur.

avant me firent arriver aux premières assemblées des actionnaires. Les hommes éclairés pensaient avec raison que le règlement ancien était insuffisant. Une commission fut nommée pour l'examiner; on en fit un nouveau, et je fus choisi pour en faire le rapport à l'assemblée générale.

C'était la première fois que je paraissais sur le théâtre des affaires proprement dites. Je fis précéder le rapport dont j'étais chargé, d'un discours dans lequel je m'attachai à développer tous les avantages du crédit public; j'en démontrai l'importance; j'établis que tout était possible à qui possédait un grand crédit; que le crédit seul pouvait suffire à tous les besoins du commerce, des grands établissements d'exploitation, des manufactures, etc. Après avoir exposé tous les avantages du crédit, je parlais des moyens de l'obtenir et de le conserver. Je me souviens que, dans cet article, je m'étais tellement plu à faire connaître toutes les susceptibilités du crédit, que j'avais employé une foule d'expressions qui ne sont en usage que pour peindre les sentiments les plus timides et les plus délicats. Un vieux banquier, nommé Rillet, Genevois renforcé, qui m'écoutait avec attention, apprit avec un plaisir extrême, qu'il exprimait avec les gestes les plus grossiers, qu'en payant exactement ses lettres de change, il faisait quelque chose de si beau, qu'on ne pouvait bien le rendre qu'en employant le langage de l'imagination; il vint à moi et me pria, en me serrant les mains, de lui laisser copier cette partie de mon discours. Son enthousiasme me devint utile, car il répétait si mal ce que je venais de dire que je le trouvai tout à fait déplacé et que je le retranchai à l'impression.

Des avantages du crédit, des moyens de l'obtenir, j'en venais enfin aux institutions particulières qui facilitent, accélèrent et simplifient tous ses mouvements en hâtant et assurant sa marche.

La plus importante de ces institutions était une banque, dont le premier objet devait être de maintenir le bas prix de l'argent, et de fournir avec abondance à tous les besoins de la circulation. La crise que venait d'éprouver la caisse d'escompte exigeait de grands changements à son régime; ils furent tous adoptés. Le seul article qui éprouva quelque difficulté fut celui où je proposai qu'on ne composât pas l'assemblée d'autant de banquiers, parce que leur intérêt personnel était opposé à celui de l'établissement qu'ils étaient appelés à conduire; mais comme la plus grande partie des actions était entre les mains des banquiers de Paris, on prévit que l'article serait bientôt éludé et on l'adopta.

Je suis bien long : mais on parle de ses souvenirs comme on parle de ce qu'on aime; et puis, bien ou mal, j'ai eu, en commençant cet écrit, l'intention de faire connaître franchement mon opinion sur tout ce qui, dans le cours de ma vie, ou comme acte d'administration, ou comme projet accrédité, a fixé pendant quelque temps mon attention, et aussi l'attention publique.

Les objets de genres différents dont je m'étais occupé, attiraient sur moi les regards des personnes qui, par métier, étaient au courant de toutes les ambitions nouvelles. Foulon[1],

---

1. Joseph-François Foulon, né à Saumur en 1715. Il fut commissaire des guerres sous le ministère de M. de Belle-Isle. Nommé intendant général des armées des maréchaux de Broglie et de Soubise, il fut ensuite intendant des finances (1771). En 1789, il était conseiller d'Etat, et fut chargé de l'administration des troupes destinées à agir contre Paris. Au 14 juillet, craignant pour sa vie, il voulut s'enfuir. Mais, arrêté à quatre lieues de Paris, il y fut ramené et traîné à l'Hôtel de ville, où on l'assassina.

Panchaud, Sainte-Foy [1], Favier [2], Daudé me recherchaient, et m'annonçaient comme devant un jour appartenir aux grandes affaires. Il y avait quelque danger à être trop lié avec eux; il était bon aussi de les avoir pour soi. Mais il fallait pour arriver convenablement, être porté par le suffrage de la bonne compagnie, aux places auxquelles on pouvait prétendre. Du reste, je n'étais pas pressé; je m'instruisais; je faisais des voyages; j'avais cherché à prendre une idée des pays d'états [3], et je m'étais aisément persuadé que celui de Bretagne, où était madame de Girac [4], belle-sœur de l'évêque de

1. Agent diplomatique et secrétaire du comte d'Artois.

2. Jean-Louis Favier, né en 1711, fut syndic général des états du Languedoc. Il entra ensuite dans la diplomatie et devint un des principaux agents secrets de Louis XV. Arrêté à Hambourg sur l'ordre du duc d'Aiguillon, et conduit à la Bastille, il y resta jusqu'à l'avènement de Louis XVI. Il mourut en 1784. Favier a laissé de nombreux écrits politiques. Le plus important: *Réflexions contre le traité de 1756*, fut composé, dit-on, pour M. d'Argenson.

3. On connait la différence qui existait entre les pays d'états et les pays d'élection. Les premiers avaient conservé le droit de se faire imposer par leurs états provinciaux (Bretagne, Bourgogne, Languedoc, Dauphiné, Franche-Comté, Lorraine, etc.) Les autres étaient ceux qui, privés d'états provinciaux, étaient imposés d'office par les *élus*, agents ainsi nommés depuis que les états généraux de 1356 les avaient réellement élus, et qui avaient gardé ce nom, bien qu'ils fussent depuis longtemps nommés par le roi.

4. Le nom de madame de Girac me rappelle qu'un jour, dans sa chambre où elle était malade, on faisait à la fin de la soirée des bouts-rimés, et que l'on proposa ceux-ci: *jolie, folie, sourit, traces, esprit, grâces*. On me pressa de les remplir; je dis que je n'avais jamais fait de vers. On ne m'en donna pas moins un crayon. Le second vers qui me vint, et qui est presque l'histoire de ma vie, m'engagea à écrire sur une carte:

  Et que me fait à moi qu'on soit belle ou jolie,
  A moi qui, par raison, ai fait une folie?
  Je ne puis que gémir lorsque tout me sourit.
  Et l'austère vertu qui partout suit mes traces,
  A peine me permet les plaisirs de l'esprit,
  Lorsque mon cœur ému veille au chevet des grâces.

       (*Note du prince de Talleyrand*).

Rennes[1], m'instruirait davantage. J'y fis plusieurs voyages. J'avais suffisamment de réputation, point assez de connaissance du monde, et je voyais avec plaisir que j'avais devant moi encore quelques années à me laisser entraîner à tous les mouvements de la société, sans être obligé de faire aucune des combinaisons qu'exige une ambition réglée.

Tous les prétendants aux ministères avaient chacun à leur disposition quelques maisons principales de Paris, dont ils faisaient les opinions et le langage. La maison de madame de Montesson appartenait à M. l'archevêque de Toulouse, qui partageait avec M. Necker celle de madame de Beauvau[2]. C'était chez madame de Polignac[3] et à l'hôtel de Luynes que M. de Calonne trouvait ses appuis. L'évêque d'Arras venait après M. Necker chez madame de Blot[4] et chez M. de Castries. M. de Fleury était porté par madame de Brionne. Le baron

---

1. François Bareau de Girac, né à Angoulême (1732), fut vicaire général de cette ville, puis évêque de Saint-Brieuc (1766), et de Rennes (1769). Il refusa le serment en 1791 et s'exila. Revenu en France sous le consulat, il mourut en 1820 chanoine de Saint-Denis.

2. Marie-Sylvie de Rohan-Chabot, née en 1729, mariée en premières noces à Jean-Baptiste de Clermont d'Amboise, marquis de Renel; et en deuxièmes noces (1764) à Charles Just, prince de Beauvau-Craon, grand d'Espagne, maréchal de France.

3. Gabrielle de Polastron épousa en 1749 le comte Jules de Polignac créé duc en 1780. Elle fut longtemps l'amie de Marie-Antoinette. Son salon était le centre du *parti de la reine*; elle devint gouvernante des Enfants de France. Elle émigra dès le 14 juillet et mourut peu après à Vienne, en laissant deux fils dont l'un fut le ministre de Charles X.

4. Pauline Charpentier d'Ennery, née vers 1733, épousa en 1749, Gilbert de Chauvigny, comte de Blot, maréchal de camp. — Elle était dame de compagnie de la duchesse d'Orléans.

de Breteuil[1] était le second dans beaucoup de maisons, le premier nulle part. M. de Soubise[2] protégeait Foulon. L'hôtel du Châtelet avait son ambition personnelle et rêvait M. le duc de Choiseul. Madame de la Reynière était un peu à tout le monde, excepté à M. Necker. Les Noailles disaient du bien de M. de Meilhan[3], mais le classaient d'une manière secondaire.

J'allais à peu près partout, et pour un esprit tant soit peu porté à l'observation, c'était un spectacle curieux, pendant les dix années dont je parle, que celui de la grande société. Les prétentions avaient déplacé tout le monde. Delille dînait chez madame de Polignac avec la reine ; l'abbé de Balivière jouait avec M. le comte d'Artois ; M. de Vianes serrait la main de M. de Liancourt ; Chamfort prenait le bras de M. de Vaudreuil ; La Vaupallière, Travanet, Chalabre, allaient au voyage de

---

1. Louis-Auguste Le Tonnellier, baron de Breteuil, né en 1738 à Preuilly (Touraine) entra tout jeune aux affaires étrangères. Ministre à Cologne il fut initié à la diplomatie secrète du roi. Ambassadeur à Pétersbourg (1760). Revenu en France il fut nommé ministre d'Etat, puis secrétaire d'État de la maison du roi et de Paris (1783). Il reparut un instant aux affaires en 1789, émigra en 1790 avec un pouvoir du roi pour négocier avec les souverains étrangers. Revenu en France en 1802, il mourut en 1807.

2. Charles de Rohan, prince de Soubise, né en 1715, lieutenant général en 1748. Maréchal de France et ministre d'Etat (1758). Il mourut en 1787. — Il fut marié trois fois : 1° à Anne de la Tour d'Auvergne, princesse de Bouillon, morte en 1739 laissant une fille qui épousa le prince de Condé ; 2° à la princesse Thérèse de Savoie-Carignan ; 3° à la princesse Christine de Hesse-Rhinfeld.

3. Gabriel Sénac de Meilhan, né en 1733, fut d'abord maître des requêtes, puis intendant de l'Aunis, de Provence (où les allées de Meilhan à Marseille ont gardé son souvenir), enfin du Hainaut. Intendant général de la guerre (1775), il émigra en 1791, séjourna en Russie sur l'invitation de Catherine, et mourut à Vienne en 1803. Sénac de Meilhan a beaucoup écrit. Deux ouvrages ont fondé sa réputation : *les Considérations sur l'esprit et les mœurs* (1787) ; — *du Gouvernement, des mœurs et des conditions en France avant la Révolution* (1795).

Marly, soupaient à Versailles chez madame de Lamballe[1]. Le jeu et le bel esprit avaient tout nivelé. Les carrières, ce grand soutien de la hiérarchie et du bon ordre, se détruisaient. Tous les jeunes gens se croyaient propres à gouverner. On critiquait toutes les opérations des ministres. Ce que faisaient personnellement le roi et la reine était soumis à la discussion et presque toujours à l'improbation des salons de Paris. Les jeunes femmes parlaient pertinemment de toutes les parties de l'administration.

Je me rappelle qu'à un bal, entre deux contredanses, madame de Staël[2] apprenait à M. de Surgère[3] ce que c'était que le domaine d'*Occident;* madame de Blot avait une opinion sur tous les officiers de la marine française; madame de Simiane[4]

---

1. Marie-Thérèse-Louise de Savoie-Carignan, princesse de Lamballe, était la fille du prince Victor de Savoie-Carignan. Née en 1749, elle épousa en 1767 le prince de Lamballe, fils du duc de Penthièvre. Demeurée veuve l'année suivante, elle passa une partie de sa vie auprès de la reine, qui la nomma surintendante de sa maison. Arrêtée après le 10 Août, elle fut massacrée le 2 septembre.

2. Anne-Louise Necker, baronne de Staël, née à Paris en 1766, était la fille de Necker. Elle se trouva de bonne heure en relation avec tous les gens distingués et les savants de l'époque. A vingt ans, elle épousa le baron de Staël-Holstein, ambassadeur de Suède. Madame de Staël vécut à Paris pendant toute la durée de la Révolution, s'occupant activement des affaires publiques. Elle fut exilée par le premier consul. Confinée à Coppet avec interdiction d'en sortir, elle put s'échapper au bout de huit mois de demi-captivité; alla à Vienne, à Moscou, à Pétersbourg, à Stockholm, à Londres. Revenue en France avec la Restauration; elle mourut le 15 juillet 1817.

3. Le vicomte Jean-François de La Rochefoucauld, comte de Surgère, qui ne fut connu que sous ce dernier nom, était le fils du marquis de Surgère, lieutenant général. Il publia sous le titre de *Ramassis*, plusieurs traités de morale (3 vol. in-12), 1734-1788.

4. Adélaïde de Damas, mariée en 1777 au comte Charles de Simiane, mestre de camp, gentilhomme de *Monsieur*.

trouvait qu'il ne fallait point mettre de droits sur les tabacs de Virginie. Le chevalier de Boufflers[1] qui avait, quelques lettres du prince Henri de Prusse[2] dans son petit portefeuille, disait que la France ne reprendrait sa prépondérance politique qu'en abandonnant l'alliance de l'Autriche pour celle de la Prusse. « Il y a bien plus d'instruction dans le parlement de Rouen que dans celui de Paris », disait madame d'Hénin[3]. « A la place du roi, moi je ferais... telle chose », disait M. de Poix[4]. « A la place de M. le comte d'Artois, je dirais... au roi... », disait Saint-Blancard[5], etc. Cet état de choses

---

1. Le chevalier de Boufflers, né en 1738, fut reçu à vingt-quatre ans chevalier de Malte. Maréchal de camp en 1784, il fut l'année suivante nommé gouverneur du Sénégal. Député aux états généraux en 1789, il fut un des membres du parti constitutionnel. Il émigra en 1792, et vécut à Berlin auprès du prince Henri de Prusse. Il revint en France en 1800 et mourut en 1815. Le chevalier de Boufflers avait épousé en 1768 la princesse Lubomirska. Plus tard, à Berlin, il se remaria avec la veuve du marquis de Sabran. On a publié la correspondance qu'il avait entretenue avec elle avant son mariage.

2. Le prince Henri de Prusse était frère du grand Frédéric. Il remporta de brillants succès durant la guerre de Sept ans. Très français de goût et de caractère, il venait souvent à Paris où il était reçu dans tous les salons. Il mourut en 1802.

3. Mademoiselle de Monconseil épousa en 1766, Charles d'Alsace de Hénin-Liétard, né en 1744, connu sous le nom de prince d'Hénin. Elle fut dame du palais de la reine.

4. Philippe de Noailles-Mouchy, prince de Poix, pair de France et grand d'Espagne, né en 1752, fut maréchal de camp (1788). Député de la noblesse aux états généraux, il adopta les principes constitutionnels, et fut élu commandant de la garde nationale de Versailles. Il émigra en 1791, revint en France en 1800 et vécut dans la retraite jusqu'à la Restauration. Lieutenant général en 1814, il mourut en 1819.

5. Charles de Gontaut, marquis de Saint-Blancard, né en 1752, était alors capitaine aux gardes françaises. Il émigra en 1792 et commanda une brigade de l'armée de Condé. Revenu en France, il vécut dans la retraite jusqu'à la Restauration.

aurait changé en un moment, si le gouvernement eût été plus fort ou plus habile; si le sérieux ne fût pas totalement sorti des mœurs; si la reine, moins belle et surtout moins jolie, ne se fût pas laissé entraîner par tous les caprices de la mode. La grande facilité dans les souverains inspire plus d'amour que de respect, et au premier embarras l'amour passe. On essaye alors quelques coups d'autorité; mais il est trop clair que cet emploi de l'autorité n'est qu'un effort, et un effort ne dure pas. Le gouvernement, n'osant pas donner de la suite à ce qu'il entreprend, retombe nécessairement dans une fatale indolence. Arrive alors la grande ressource du changement des ministres; on croit que c'est remédier à quelque chose; c'est contenter telles maisons, c'est plaire à telles personnes et voilà tout. La France avait l'air d'être composée d'un certain nombre de sociétés avec lesquelles le gouvernement comptait. Par tel choix, il en contentait une et il usait le crédit qu'elle pouvait avoir; ensuite il se tournait vers une autre, dont il se servait de la même manière. Un tel état de chose pouvait-il durer ?

La puissance de ce qu'on appelle en France la société, a été prodigieuse dans les années qui ont précédé la Révolution et même dans tout le siècle dernier. Les formes légères et variées qui lui sont propres ont probablement empêché nos historiens de remarquer l'origine, et de suivre les effets de ce résultat de la grande civilisation moderne; j'y ai souvent pensé. Voici quelles sont mes idées à cet égard.

Dans les pays où la constitution se perd dans les nuages de l'histoire, l'influence de la société doit être immense. Lorsque l'origine de cette constitution est récente et, par conséquent, toujours présente, cette influence n'est rien. Nous voyons qu'Athènes et Rome dans l'antiquité, l'Angleterre et les Etats-Unis d'Amérique dans les temps modernes, n'ont point eu, n'ont point de sociétés.

Le théâtre des anciens, Plutarque, les lettres de Cicéron, celles de Pline, la chronique de Suétone, ne nous en donnent aucune idée. A juger d'Athènes par les comédies d'Aristophane, ou par les fragments de celles de Ménandre, qui nous ont été conservés dans les heureuses imitations de Térence, on voit que les femmes vivaient dans une retraite absolue. Les intrigues d'amour ne roulent que sur des courtisanes ou sur des jeunes filles enlevées à leurs parents par des marchands d'esclaves.

Lorsque chacun prend part aux affaires de l'État, la place publique, le tribunal, la bourse, voilà les véritables lieux de réunion. Les imaginations ardentes donnaient quelques heures à l'atelier des artistes ou aux salons des courtisanes fameuses. Mais ce n'était pas leur manière de vivre, c'était leur amusement. Les Romains, essentiellement guerriers et conquérants, ont toujours repoussé tous les usages qui adoucissent et calment la vie. Si l'éloquence elle-même, qui fait une grande partie de leur gloire, ne fut pas bannie de Rome, c'est que dans le sénat elle servait à discuter les grands intérêts de l'État, et dans le forum, à défendre les biens et la vie des citoyens. On abandonnait même les arts, fruits de la conquête, à des esclaves ou à des affranchis. Les femmes, à Rome, ne quittaient jamais l'intérieur de leur maison ; il n'était permis qu'aux seules courtisanes de montrer quelque talent.

Le mélange des deux sexes dans la même société était inconnu des anciens, et il y a peu d'années qu'il était encore repoussé par les mœurs de l'Angleterre et de l'Amérique.

Admis en France, il a formé le caractère essentiel et distinctif de la société. C'est sous le règne de François 1er, que les femmes commencèrent à paraître à la cour. Leur présence eut une influence immédiate sur les mœurs, sur la politesse et sur le bon goût. L'Italie nous avait devancés dans tous les progrès de la civilisation sociale. Les cours de Naples, de Ferrare, de Mantoue, le palais des Médicis, offraient déjà des modèles d'urbanité, de politesse, même d'élégance. Les lettres y étaient en honneur, les beaux-arts étaient cultivés avec succès. Mais la situation politique de l'Italie, les guerres dont elle était le théâtre, sa division en petits États, arrêtèrent les progrès que l'art pratique de la vie aurait pu faire.

Les carrousels, les tournois que l'on vit en France sous Henri II, donnèrent plus d'éclat, plus de grâce et de noblesse à la galanterie, plus d'attrait pour la société, que ne l'avaient pu faire toutes les inspirations des poètes d'Italie.

La cour, sous le règne de Henri III, s'avilit en adoptant les habitudes frivoles et honteuses du souverain, et, de plus, les tristes agitations occasionnées par la réforme ne permirent pas au caractère de la nation de se développer.

Henri IV, après tous les premiers orages de sa vie, séparé de sa première femme et perpétuellement en querelle avec la seconde, n'eut point de cour. Son courage, sa vivacité, ses saillies heureuses, son langage simple, gai et brillant, n'exercèrent sur les mœurs de la nation qu'une influence personnelle.

Le cardinal de Richelieu, après avoir attiré les grands seigneurs à la cour, voulut attirer la cour chez lui. Pour y parvenir, il ouvrit sa maison de Rueil aux hommes et aux femmes dont l'esprit l'avait frappé davantage. C'est de là que date la première société qui se soit fait remarquer hors de la cour. La présence d'un pouvoir terrible lui ôta une partie de l'agrément qu'elle pouvait avoir.

Une étincelle fit éclater le feu passager de la Fronde ; cette guerre burlesque, qui n'avait d'autre but que de se livrer au plaisir de l'agitation, n'a été presque qu'une guerre de société.

Le chaos cessa à l'avènement de Louis XIV. Il appela l'ordre ; à sa voix, toutes les classes, tous les individus prirent, sans effort, sans violence, la place qui leur convenait. C'est à cette noble subordination que nous devons l'art des convenances, l'élégance des mœurs, la politesse exquise dont cette magnifique époque est empreinte. Une heureuse combinaison des qualités propres à chacun des deux sexes, et leur concours pour leur agrément commun, donnèrent à la société un éclat dont les Français se plairont toujours à recueillir les moindres détails. Le salon de madame de Sévigné est un des monuments de notre gloire.

La société, sous Louis XV, eut toutes les faiblesses de son règne ; elle ouvrit son sanctuaire ; quelques hommes de lettres s'y introduisirent. D'abord la conversation, et aussi les ouvrages de goût, y gagnèrent. M. de Fontenelle et M. de Montesquieu, M. de Buffon, le président Hénault [1], M. de Mairan [2], M. de Voltaire, tous élevés sous l'influence du siècle

---

1. Charles Hénault, né en 1685, fut reçu conseiller au parlement en 1706. Président de la chambre des enquêtes (1710), surintendant de la maison de la reine. Il entra à l'Académie en 1723. Il a laissé un abrégé de l'histoire de France qui eut un grand succès, des poésies et des *Mémoires* publiés en 1855.

2. Jean-Jacques Dortous de Mairan, à la fois savant distingué et homme de lettres. Né en 1678 à Béziers, il entra à l'Académie des sciences en 1698, et à l'Académie française en 1743. Il mourut en 1770.

de Louis XIV, conservaient dans le monde ces égards, cette liberté, cette aisance noble qui ont fait le charme et l'illustration des réunions de Paris. Voilà les hauteurs où il fallait se tenir.

Mais sous le règne de Louis XVI tous les étages de la littérature se répandirent dans la société. Chacun se déplaça, la confusion se mit dans les rangs, les prétentions devinrent hardies et le sanctuaire fut violé. Alors l'esprit général de la société subit des modifications de tout genre. On voulait tout connaître, tout approfondir, tout juger. Les sentiments furent remplacés par des idées philosophiques; les passions, par l'analyse du cœur humain; l'envie de plaire, par des opinions; les amusements, par des plans, des projets, etc... Tout se dénatura. Je m'arrête, car je crains de faire trop pressentir la Révolution française, dont plusieurs années et beaucoup d'événements me séparent encore.

La querelle des Anglais avec leurs colonies venait d'éclater[1]. Les philosophes avaient pris cette question dans toutes ses profondeurs. Ils mettaient dans la balance les droits des peuples et ceux des souverains. Les vieux militaires y voyaient une guerre; les jeunes gens, quelque chose de nouveau; les femmes, quelque chose d'aventureux; une politique petite, tracassière et imprévoyante rendait le gouvernement complice de toutes ces effervescences. Il avait toléré, ou plutôt permis, le départ de

---

1. La déclaration d'indépendance des États-Unis est du 4 mai 1776. — Le cabinet de Versailles reconnut la nouvelle république et signa avec elle un traité d'alliance (février 1778). La rupture avec l'Angleterre est du 17 juin suivant.

M. de la Fayette[1], de M. de Gouvion[2], de M. Duportail[3]. Le premier est le seul dont le nom soit resté. Dans un roman, on donne un esprit, un caractère distingué à un personnage principal; la fortune ne prend pas tant de soins: les hommes médiocres jouent un rôle dans de grands événements, uniquement parce qu'ils se sont trouvés là.

M. de la Fayette est d'une famille noble d'Auvergne, peu illustrée; sous Louis XIV, l'esprit d'une femme avait donné quelque éclat à son nom. Il était entré dans le monde avec une grande fortune, et avait épousé une fille de la maison de Noailles. Si quelque chose d'extraordinaire ne l'eût pas tiré des rangs, il serait resté terne toute sa vie. M. de la Fayette n'avait en lui que de

---

1. Gilbert Motier, marquis de La Fayette, né en 1757 à Chavagnac près de Brioude. A vingt ans, il fit la campagne d'Amérique. — Membre de l'assemblée des notables en 1787. — Député aux états généraux. Le 15 juillet, il fut élu commandant général des gardes nationales de la Seine. Mis hors la loi après le 20 juin 1792, il dut s'enfuir, mais fut arrêté par les Autrichiens, et resta cinq ans enfermé à Olmütz. — Il ne joua aucun rôle sous l'empire. Député en 1814, il vota la déchéance de l'empereur. Également député sous la Restauration, il resta toujours dans l'opposition. Élu chef des gardes nationales en 1830, il contribua à l'avènement de Louis-Philippe. Il mourut en 1834.

2. Jean-Baptiste Gouvion fit la campagne d'Amérique comme officier du génie. Très attaché à La Fayette, il fut, en 1789, nommé major général de la garde nationale. Député de Paris en 1791, il donna sa démission en 1792, et fut tué à l'ennemi près de Maubeuge le 11 juin suivant.

3. Duportail fit la campagne d'Amérique comme officier du génie. Brigadier en 1783. Maréchal de camp et ministre de la guerre en 1790. — Violemment attaqué à l'Assemblée, il fut décrété d'accusation après le 10 Août. Il resta caché pendant deux ans, puis gagna l'Amérique. Il revenait en France en 1802, quand il mourut en mer.

quoi arriver à son tour ; il est en deçà de la ligne où on est réputé un homme d'esprit. Dans son désir, dans ses moyens de se distinguer, il y a quelque chose d'appris. Ce qu'il fait n'a point l'air d'appartenir à sa propre nature ; on croit qu'il suit un conseil. Malheureusement, personne ne se vantera de lui en avoir donné à la grande époque de sa vie.

L'exemple de M. de la Fayette avait entraîné toute la partie brillante de la nation. La jeune noblesse française, enrôlée pour la cause de l'indépendance, s'attacha dans la suite aux principes qu'elle était allée défendre. Elle avait vu sortir d'une condition privée le chef d'un grand État ; elle avait vu les hommes simples qui l'avaient secondé, entourés de la considération publique. De là à croire que les services rendus à la cause de la liberté sont les seuls titres véritables de distinction et de gloire, il y a bien près. Ces idées, transportées en France, y germèrent d'autant plus promptement que tous les prestiges, attaqués par les hommes inférieurs qui s'étaient introduits dans la société, allaient chaque jour s'évanouissant.

Il est probable que je reviendrai plusieurs fois dans le cours de cet écrit sur les réflexions auxquelles, cédant trop à l'ordre des temps, je me laisse maintenant aller ; car elles se présenteront sûrement, et avec une application bien plus directe, lorsque je parlerai des premières années de la Révolution française.

L'intérêt pour la cause américaine était entretenu en France par le journal de toutes les délibérations du congrès publié toutes les semaines dans une feuille intitulée : *le Courrier de l'Europe*. Ce journal, le premier, je crois, de nos journaux spécialement politiques, était rédigé par un homme qui appartenait à la police : son nom était *Morande;* il était auteur d'un libelle infâme dont le titre était : *le Gazettier cuirassé*[1].

Ceux des Français que des expéditions militaires avaient conduits dans les colonies, revenaient avec des descriptions magnifiques de toutes les richesses que renfermait cette nouvelle partie du monde. On ne parlait que de l'Amérique. Les grands seigneurs, dans ma jeunesse, avaient cela de particulier : c'est que tout ce qui était nouveau pour eux, ils croyaient l'avoir découvert, et alors ils s'y attachaient davantage. *Que serions-nous sans l'Amérique?* était dans la bouche de tout le monde. Elle nous donne une marine, disait M. Malouet[2]; elle étend notre commerce, disait l'abbé

---

1. Charles Thévenot de Morande, né en 1748 à Arnay-le-Duc (Côte-d'Or) où son père était procureur. Il vint à Paris, où sa vie de débauches et d'intrigues lui valut d'être enfermé quinze mois à Fort-l'Évêque. Il passa alors en Angleterre. Il s'acquit quelque célébrité comme pamphlétaire. Son *Gazettier cuirassé* ou *Anecdotes scandaleuses de la cour de France* (1772) eut beaucoup de retentissement. Le chantage lui procura d'autres ressources. Il s'attaqua notamment à madame du Barry. Beaumarchais fut dépêché auprès de lui pour acheter son silence. Le recueil périodique qu'il publia ensuite sous le nom de *Courrier de l'Europe* n'est guère plus recommandable. Revenu en France, Morande fut emprisonné après le 10 Août comme journaliste contre-révolutionnaire; il put s'évader et vécut jusqu'en 1803.

2. Pierre-Victor, baron Malouet, né à Riom en 1740, fut d'abord attaché d'ambassade à Lisbonne (1758) puis intendant de la marine à Rochefort (1763). Sous-commissaire en 1767, il fut envoyé à Saint-Domingue, puis à la Guyane comme commissaire général. — Député de Riom aux états généraux, il vota avec le parti constitutionnel, émigra en 1792, revint en France en 1801, fut préfet maritime à Anvers (1801-1807), conseiller d'État (1810-1812). Ministre de la marine sous le gouvernement provisoire, il mourut la même année (1814). — Malouet a beaucoup écrit sur la marine et les colonies; il a, en outre, laissé des *Mémoires* très intéressants (2 vol. in-8°)

Raynal[1] ; elle a des emplois pour nos populations trop nombreuses, disaient les administrateurs de cette époque ; elle reçoit tous les esprits inquiets, disaient les ministres ; elle est le refuge de tous les dissidents, disaient les philosophes, etc... Rien ne semblait plus utile, rien ne semblait plus pacifique ; on ne parlait que de la gloire attachée à la découverte de l'Amérique. Et cependant allons un peu au fond des choses. Qu'est-il résulté de toutes nos communications avec le nouveau monde ? Voyons-nous moins de misère autour de nous ? N'y a-t-il donc plus de désorganisateurs ? Les regards que nous portons au loin n'ont-ils pas diminué l'amour de la patrie ? L'Angleterre et la France étant devenues sensibles, irritables sur de nouveaux points du globe, les guerres ne sont-elles pas plus fréquentes, plus longues, plus étendues, plus dispendieuses ? L'histoire des hommes nous donne ce triste résultat : c'est que l'esprit de destruction accourt dans tous les lieux où les communications deviennent plus faciles. Lorsque quelques Européens vinrent se jeter sur l'Amérique, ils se trouvèrent immédiatement trop à l'étroit sur ce vaste continent, et ils s'y heurtèrent continuellement jusqu'à ce que l'un d'eux fût devenu le maître. Aujourd'hui une discussion s'élève-t-elle entre un capitaine de vaisseau marchand et un directeur de comptoir à la baie d'Hudson, tous les États de l'Europe s'arment pour cette querelle.

Je sais combien tout ce que je viens de dire est en opposition avec les idées actuelles. Les voyages autour du monde font la

---

1. Guillaume-Thomas Raynal, né à Saint-Geniez (Aveyron) en 1713, entra dans les ordres et vint à Paris en 1747 où il eut des succès comme professeur et prédicateur, puis renonça à l'exercice du ministère. Raynal devint l'un des plus hardis philosophes de son temps. L'*Histoire philosophique des Indes* qui le fit connaître, fut condamnée au feu. Lui même dut s'expatrier. Rentré en France en 1788, il entra à l'Institut (1795) et mourut en 1796.

gloire de quelques individus, et même celle des nations qui les ordonnent. Les savants ne permettent pas qu'on attribue au seul hasard aucune des découvertes de nos grands navigateurs; ils veulent que des connaissances antérieures les aient mis sur la voie de deviner ou, au moins, de soupçonner l'existence des pays nouveaux qui enrichissent nos cartes. Cependant, il faut bien qu'ils nous laissent remarquer que de nos jours, lorsque l'attraction est devenue la doctrine dominante, lorsque les méthodes de calcul se sont élevées à la plus grande perfection, on a imaginé que pour l'équilibre de la terre, il devait y avoir un continent considérable au pôle antarctique; plusieurs expéditions ont été dirigées vers ce point, et toutes les recherches ont été, jusqu'à présent, à peu près inutiles. Le malheureux Louis XVI s'était attaché à cette idée, et nous devons trouver naturel qu'il fût, lui, porté à chercher au loin d'autres hommes.

Mais il me semble qu'il est peu dans notre intérêt de nous occuper de ce genre d'entreprises; laissons-les, s'il faut absolument qu'il y en ait, aux nouveaux dominateurs de l'Océan; ce n'est pas là notre destination.

Plusieurs années de correspondances suivies avec M. de Choiseul-Gouffier, alors ambassadeur à Constantinople, et avec M. Peissonel, consul dans les Échelles du Levant, m'ont bien convaincu de tous les avantages qu'il y aurait pour nous à porter, aujourd'hui encore, principalement vers l'ancien monde, nos vues politiques et commerciales.

Lorsqu'on examine la position géographique de ce composé solide, compact, qu'on appelle la France, lorsqu'on suit tout son littoral, on a lieu d'être étonné qu'elle n'ait pas toujours regardé la mer Méditerranée comme son domaine. Ce bassin, dont l'entrée n'est accessible que par une ouverture de quelques lieues, est fermé de tous les côtés par des pays qui n'ont point de grande navigation. La France, par elle-même et par l'Espagne, son alliée, réunissant tous les moyens que peuvent donner l'établissement de Toulon, celui de Marseille, le port de Carthagène, etc., doit avoir dans la Méditerranée la supériorité de domination qu'elle voudra y acquérir. Les avantages immenses qui pourraient en résulter pour nous ont été négligés.

L'influence de l'imitation et le sentiment de rivalité nous ont entraînés du côté de l'Océan. Il est remarquable que tous les projets de grandeur maritime de la France ont eu toujours besoin d'être excités par l'esprit d'opposition. Il a fallu toujours avoir en perspective un ennemi à combattre, ou une puissance à affaiblir, pour enflammer notre orgueil, notre courage et notre industrie. C'est une réflexion que je fais avec peine, mais tout indique que dans l'homme, la puissance de la haine est un sentiment plus fort que celui de l'humanité en général, et même que celui de l'intérêt personnel. L'idée de grandeur et de prospérité, sans jalousie et sans rivalité, est une idée trop abstraite, et dont la pensée ordinaire de l'homme n'a point la mesure : il lui faut un objet auquel il puisse rapporter ses conceptions, et sur lequel il puisse les mesurer, pour ainsi dire, matériellement.

Pour ne pas trop nous attrister, tentons un accommodement. La rivalité naturelle qui existerait entre ce qui est connu du nouveau monde et l'ancien ne pourrait-elle suffire aux besoins des mauvais penchants ? Alors il resterait pour la générosité, l'espoir d'exciter l'industrie des deux continents et de les faire servir au bonheur et à la prospérité l'un de l'autre.

Je raisonne fort à mon aise sur cette question, car la France est à peu près sans colonies ; les liens sont rompus ou relâchés ; et nous sommes maîtres de choisir le système qui paraît devoir nous être le plus utile.

Avons-nous plus d'intérêt à rétablir nos relations anciennes avec le nouveau monde qu'à chercher des rapports nouveaux avec l'ancien ? Il est important que ce problème politique soit résolu. Si l'on prouvait que la culture est plus facile et n'est pas plus chère dans l'ancien monde que dans le nouveau ; que les produits sont également bons, et que la grande navigation ne doit pas souffrir par ce nouvel état de choses, la solution serait complète.

Et d'abord, la culture est plus facile ; car depuis l'abolition de la traite des nègres, prononcée en Angleterre, au congrès de Vienne et dans les États-Unis, il paraît impossible qu'aucun peuple de l'Europe reprenne ce trafic diffamé, et que l'on puisse continuer longtemps encore, par des hommes de couleur dont le nombre diminue chaque année, l'exploitation du sol des Antilles et des colonies équatoriales[1].

---

1. La traite des nègres ne fut que très tardivement abolie. Pendant tout le xviiie siècle l'Angleterre s'était réservée, par le traité d'Utrecht, le monopole de la traite dans toutes les colonies espagnoles, c'est-à-dire dans presque toute l'Amérique du Sud. Dans l'Amérique du Nord elle fut proscrite de bonne heure (1794). Ce fut un des premiers actes de l'Union, qui plus tard décréta même la peine de mort contre les traitants (1818). Le Danemark l'avait précédée dans cette voie (1792), l'Angleterre suivit (1806). Au congrès de Vienne, une déclaration fut signée de toutes les puissances, sauf de l'Espagne et du Portugal, *portant que la traite répugnait aux principes de la morale universelle, qu'elle affligeait l'humanité et dégradait l'Europe ; qu'en conséquence, des négociations seraient engagées entre tous les États pour hâter le moment où elle serait partout abolie.* Au retour de l'île d'Elbe, Napoléon supprima la traite dans toutes les colonies françaises, décret qui fut confirmé par Louis XVIII. Durant de longues années encore, la traite devait faire l'objet de négociations délicates entre les cabinets de l'Europe.

Les instruments de l'agriculture n'étant plus les mêmes, elle doit éprouver des changements, et les bases de calcul sur lesquelles était fondée la richesse des colonies américaines, vont nécessairement devenir inexactes. Le travail de la terre dans ces climats brûlants étant plus difficile, plus cher, les productions doivent diminuer, et leur prix en éprouver une augmentation proportionnelle. Aucun de ces inconvénients ne peut se faire sentir dans l'ancien monde. En Afrique, les instruments sont là, ils sont nombreux, ils s'entretiennent d'eux-mêmes. Si la terre exige plus de travail, la population inoccupée est si abondante qu'elle fournit aisément à ce besoin. Ce n'est plus le travail des noirs en Amérique qu'il faut comparer au travail des noirs en Afrique. Ce sont en Amérique des blancs, qui, à l'avenir, seront employés à des travaux au-dessus de leurs forces; pour obtenir les mêmes produits, il en faudra un plus grand nombre, et ce nombre l'aura-t-on? En Afrique, il y est.

Le second point du problème se résout également en faveur de la Méditerranée. Tous les produits de l'Afrique sont bons. Le sucre d'Égypte est fort, il est grenu; en le raffinant, il devient aussi blanc que celui de Saint-Domingue; et tout porte à croire qu'on pourrait en obtenir de très beau dans la partie méridionale des régences de Tunis et d'Alger. L'Abyssinie produit du café qui est supérieur à celui des Antilles: si la culture en était encouragée par un débit assuré, tous les royaumes et toutes les îles de l'Asie méridionale en fourniraient en abondance. La beauté des cotons que l'on récolte en Afrique uniquement pour les besoins locaux, prouve qu'il serait aisé de se passer de celui de Cayenne, de nos autres colonies, et des États-Unis d'Amérique. L'indigo croît avec succès par les 34ᵉ et 36ᵉ degrés de latitude, et s'obtiendrait aisément à cette latitude en Afrique.

Il reste donc à savoir, s'il n'est pas nuisible au grand art de la navigation, de donner au commerce une nouvelle direction qui, au premier aperçu, paraît devoir resserrer le domaine de la science.

Aucune crainte à cet égard ne serait fondée. On ne peut pas croire sérieusement que la France, avec l'étendue de côtes qu'elle a sur l'Océan, et les ports qu'elle y possède, puisse se laisser enlever ou s'interdire à elle-même la concurrence de la navigation sur les grandes mers. Cette supposition n'a pas même besoin d'être discutée. L'Océan, les mers de l'Amérique et de l'Inde doivent rester ouverts à tous les peuples; c'est là la grande école où l'art doit se conserver et se perfectionner. Les principes des grandes découvertes sont posés; les développements dont ils sont susceptibles suivront nécessairement. A moins d'une révolution effroyable sur tout le globe, les fruits de tant d'efforts, de tant de travaux, de tant de siècles, ne sauraient être perdus pour la France, pas plus que pour le reste du monde. Ce n'est pas quelque chose de moins que ce qui est, que je demande, c'est quelque chose de plus. De même que l'Angleterre se trouve placée de manière à avoir des avantages sur la France dans l'Océan, la France se trouve placée de manière à avoir des avantages sur l'Angleterre, dans la Méditerranée. De ce partage il résulterait même pour les peuples commerçants, des motifs d'émulation qui tendraient à maintenir une sorte de niveau entre les industries de tous les pays civilisés.

C'est particulièrement aux intérêts commerciaux que je m'adresse, parce que je me plais à croire que la raison, ou plutôt la lassitude, amènera un état de choses où la marine ne sera plus autant considérée sous son rapport de force et comme un moyen de puissance guerrière. J'espère qu'un jour ce point de vue sera secondaire, et que le principal objet de la marine sera de protéger les échanges, les jouissances, et de contribuer à la prospérité générale.

Quoiqu'il y ait quelque vague dans ces idées, et qu'elles paraissent n'exprimer qu'un vœu, on ne saurait les traiter de chimériques, si l'on veut en retrancher l'absolu, si l'on se borne à les considérer comme soumises aux contrariétés qu'apportent aux choses humaines les événements auxquels elles sont toujours subordonnées. Un peu de bien saisi rapidement, et dont la jouissance est toujours de courte durée est tout ce dont on peut flatter la nature humaine. Ainsi il suffit qu'une vue politique offre quelque avantage, qu'elle soit dans son principe conforme à la nature, qu'elle présente peu de risques, peu de dommages, peu de sacrifices, pour qu'elle doive être regardée comme bonne, et qu'on puisse, sans craindre d'être trop entraîné par sa propre conception, y attacher quelques espérances.

On serait encore encouragé dans cette manière de voir, si l'on se reportait vers des époques antérieures de notre histoire. Ainsi on verrait qu'au temps des croisades, l'Europe était précisément sur la route de ces idées. Le commerce de l'Asie, la liberté des communications avec cette riche partie de l'ancien monde, étaient un des motifs secrets de guerre de quelques-uns des princes d'Occident contre les califes de l'Arabie, contre les soudans de l'Égypte et les sultans de Nicomédie. La religion servait de prétexte à la politique, et la politique pouvait entrevoir déjà les avantages d'une navigation exclusive.

Avec quelques succès prudemment ménagés, on aurait bientôt vu des colonies européennes se former sur les côtes de l'Égypte et de la Syrie. Et dans les guerres qu'auraient suscitées les jalousies et les rivalités des princes confédérés, la France, par sa position, aurait eu d'immenses avantages que plus tard elle n'a pu retrouver dans la lutte qu'a occasionnée la découverte de l'Amérique. De nos jours, les grandes difficultés de religion étant éteintes, des arrangements commerciaux pourraient entrer dans les intérêts de toutes les puissances de l'Orient qui, par elles-mêmes, ne sont pas essentiellement navigatrices.

C'est pour cela qu'à une époque de ma vie, où j'en ai eu le pouvoir, j'ai introduit dans le traité d'Amiens comme vue philosophique, afin de ne point donner d'ombrage, quelques dispositions qui tendaient à la civilisation de la côte d'Afrique [1]. Si le gouvernement y eût donné suite ; si, au lieu de sacrifier tout ce qui restait de la belle armée d'Égypte, au vain espoir de reconquérir Saint-Domingue [2], on eût dirigé contre les États barbaresques cette force imposante et déjà acclimatée ; il est probable que ma philosophie fût devenue pratique, et que la

---

1. Le traité d'Amiens garantissait l'indépendance de Malte, la neutralisait et ouvrait ses ports aux vaisseaux de toutes les nations. Un article spécial exceptait de cette dernière faculté les navires des États barbaresques, *jusqu'à ce que, par le moyen d'un arrangement que procureront les parties contractantes, le système d'hostilités qui subsiste entre lesdits États barbaresques et l'ordre de Saint-Jean ainsi que les puissances chrétiennes ait cessé.* C'est sans doute cette disposition qui dénotait chez son auteur certaines vues sur le bassin de la Méditerranée, qu'il rappelle plus haut.

2. Depuis 1795, l'île de Saint-Domingue était indépendante sous le gouvernement de Toussaint-Louverture. Le premier consul voulut la réoccuper ; son beau-frère, le général Leclerc, fut chargé de l'expédition (février 1802). Il fut d'abord vainqueur et s'empara de presque toute l'île ; mais les maladies décimèrent ses troupes. Lui-même mourut. Après la rupture de la paix d'Amiens, les Anglais secondèrent les efforts des noirs. Les débris nos troupes durent évacuer l'île qui resta depuis indépendante.

France, au lieu d'avoir détruit en peu de mois une belle armée à Saint-Domingue, se serait solidement établie sur la côte africaine de la Méditerranée et nous aurait épargné le gigantesque et désastreux système continental.

Je dois indiquer encore une considération bien forte : c'est que l'Amérique n'a pas encore pris sa place dans l'ordre politique, et qu'à son égard l'épreuve du temps n'est pas faite. Si un jour, elle devenait assez puissante pour oser regarder comme à elle toutes ces terres jetées autour du nouveau continent, de quel avantage ne serait-il pas alors pour la France d'avoir porté ses vues sur l'ancien monde ! Par là aussi, elle aurait rendu à l'humanité un service essentiel, en empêchant, ou du moins en affaiblissant le mouvement d'émigration qui entraîne la génération présente vers l'Amérique. La pente presque insensible qui porte la population européenne vers le nouveau monde aurait peut-être besoin de cette force rétrograde. Je suis étonné que les philosophes ne se soient pas emparés de cette grande question. Elle touche par tous les points à leurs principes ; la traite des nègres, seule, n'aurait-elle pas dû les y conduire ? Mais puisqu'ils l'ont négligée, il est probable que je me trompe. Et cela me conduit à croire que je ne me comprends pas bien moi-même, lorsque je parle des philosophes. J'emploie un peu cette dénomination comme l'on dit : la nature, lorsqu'on a quelque chose de vague à exprimer et que l'expression manque. Mais comme je nomme souvent les philosophes et que je leur donne et leur donnerai surtout beaucoup d'influence sur mon temps, je dois, pour être clair, me rendre compte à moi-même, une bonne fois de ce que j'entends par les philosophes du xviiie siècle.

Si les philosophes du xviiie siècle avaient formé une secte, leur doctrine serait facile à connaître ; mais la philosophie moderne n'a rien de commun avec l'esprit de secte. Les athées, les déistes, à qui seuls on pourrait donner cette qualification, n'appartiennent pas précisément à notre temps. Lorsqu'on veut pénétrer dans le fond des choses, on trouve que le principe secret de toutes les sectes est politique, et que partout elles doivent leur naissance à l'esprit d'indépendance et de liberté qui, se trouvant contenu par des constitutions établies, et resserré par les lois dominantes, s'échappe et fait son explosion sous des formes qu'on tâche de légitimer par la religion. C'est, on ne saurait en douter, l'esprit d'opposition au gouvernement établi qui est le premier moteur de toutes ces doctrines nouvelles, qui se répandent ensuite avec des modifications diverses. Toutes les autres causes physiques et morales ne sont que des causes secondaires et accessoires.

En Angleterre où le principe de la liberté politique est renfermé dans la constitution de l'État, les sectes sont innombrables et peu dangereuses.

En Allemagne où les dominations sont divisées, nombreuses, variées, l'esprit de réformation s'est perpétué depuis Luther et Calvin, et aurait pu faire de grands ravages si la Révolution française n'eût effrayé tous les gouvernements et dispersé les novateurs ; ceux qui restent, y compris madame de Krüdener[1], ne sont que ridicules.

---

1. Julie de Wietinghoff, fille d'un riche seigneur de Livonie, née en 1764, épousa à dix-huit ans le baron de Krüdener, diplomate russe. Madame de Krüdener eut une jeunesse fort agitée. Depuis 1804 elle parut entièrement changée, vouée aux austérités et à la conversion des pécheurs. En 1815 elle fut connue de l'empereur Alexandre qui s'attacha à elle et sur qui elle prit le plus grand ascendant. Elle parcourut ensuite la Suisse et l'Allemagne, agitant les villes par ses prédications et souvent persécutée. Elle revint en Russie en 1818 et mourut en 1824.

Je ne nomme ni l'Espagne ni le Portugal, parce que sous le rapport de la philosophie, des lettres et des sciences, ces deux pays se sont arrêtés au xv⁰ siècle.

En France, le génie des sciences exactes, par son orgueil et par la suprématie réelle qu'il a prise, a anéanti l'esprit de secte, en couvrant de dédain tous les systèmes. L'introduction de la philosophie de Bacon, de Locke et de Newton, complétée par M. de la Place [1], a soumis toutes les entreprises de l'imagination à une épreuve, qui permet à celle-ci de faire des découvertes, mais de ne pas s'égarer.

Les incertitudes de Montaigne, reposant son esprit sur ce qu'il appelle ces deux oreillers si doux pour une tête bien faite, l'ignorance et l'insouciance, ne lui avaient permis ni d'embrasser aucune des sectes anciennes, ni d'en former une nouvelle. Il discute toutes les opinions, n'en adopte aucune, et se retranche dans le doute et l'indifférence.

Presque en même temps, Rabelais, dans les accès de son humeur railleuse, cynique et bouffonne, avait insulté tous les préjugés, attaqué toutes les croyances.

Il me semble qu'il y a bien loin de cette manière de philosopher à celle des fondateurs de sectes. Par ordre de dates, Montaigne et Rabelais sont les anciens de nos philosophes français, mais ils ne sont pas chefs d'école. Leur pyrrhonisme a jeté dans les idées un vague, une incertitude qui doivent leur faire reporter quelque part dans cette confusion dont nous avons vu les résultats au siècle dernier. Aussi les écrivains

---

1. P. Simon, marquis de La Place, né en 1749 à Beaumont-en-Auge (Calvados), fut à dix-sept ans professeur de mathématiques. Membre de l'Institut dès sa fondation, ministre de l'intérieur après le 18 brumaire, sénateur (1799), président du Sénat, pair de France (1815). Il mourut en 1827.

qui se sont le plus rapprochés d'eux, n'ont-ils jamais prétendu être attachés à un corps de doctrine quelconque. La disposition au doute, et l'esprit de secte sont diamétralement opposés.

L'esprit de secte a peut-être moins d'inconvénients parce qu'il est moins général dans son objet, et qu'il ne s'empare que de quelques individus, et en France, pour peu de temps; car la mobilité de la nation ne permet à aucune opinion de ce genre d'y établir un empire durable. Le doute, au contraire, peut s'étendre à tout et durer longtemps; il est si commode qu'il saisit tout le monde; la lumière est-elle jamais assez claire pour lui? et c'est là son danger, quand il est le terme où l'on doit arriver; c'est là son avantage, quand il est le point de départ. Car alors on craint de deviner trop vite; on s'effraye des simples aperçus; l'intelligence se contente d'examiner modestement les effets pour remonter lentement aux causes; elle s'élève ainsi par degré, d'abstractions en abstractions; puis de phénomènes en phénomènes, de découvertes en découvertes, et enfin de vérités en vérités.

Cette méthode n'a été pleinement connue et fidèlement suivie que dans le xviiie siècle, car jusqu'à ce moment, la France était toute cartésienne. Les écoles, l'Académie des sciences, Fontenelle même, Mairan, ont été constamment fidèles à Descartes. Je me souviens, et peut-être tout seul, que M. Duval[1], mon professeur de philosophie au collège d'Harcourt, devenu ensuite recteur de l'Université, avait

---

1. Pierre Duval, né en 1730 à Bréauté, village de Normandie, fut à vingt-deux ans professeur de philosophie au collège d'Harcourt, puis proviseur du même collège et recteur de l'Université (1777). On a de lui divers traités où il s'attache à réfuter les théories philosophiques du temps, notamment celles de Buffon, Rousseau et Holbach. Il mourut en 1797.

fait sa petite brochure contre Newton. D'Alembert [1], Maupertuis [2], Clairault [3] et Voltaire, tous quatre fort jeunes, furent les premiers apôtres de la nouvelle philosophie. Grâce à eux, le système de Newton ou plutôt celui de la nature a triomphé. Grâce à eux encore, la méthode de Bacon a été suivie dans les sciences, et y a porté le plus grand jour. C'est là le côté brillant de la philosophie du xviiie siècle ; mais sa gloire s'obscurcit et quand on envisage son influence morale et, tout d'abord, ses ravages dans les sciences morales. Voltaire me paraît avoir parfaitement tracé le caractère et la mission du vrai philosophe :

« La philosophie, dit-il, est simple ; elle est tranquille, sans envie, sans ambition ; elle médite en paix, loin du luxe, du tumulte et des intrigues du monde ; elle est indulgente, elle est compatissante ; sa main pure porte le flambeau qui doit éclairer les hommes ; elle ne s'en est jamais servie pour allumer l'incendie en aucun lieu de la terre ; sa voix est faible, mais elle se fait entendre ; elle dit, elle répète : *Ado-*

---

1. Jean Lerond d'Alembert était le fils de madame de Tencin et du chevalier Destouches, officier d'artillerie. Abandonné à sa naissance, il fut recueilli et élevé par une famille d'ouvriers. Son nom lui vint de ce qu'il avait été trouvé sur les marches de l'église Saint-Jean-Lerond, aujourd'hui détruite. Il se fit bientôt connaître par sa passion pour la science, fut reçu à l'Académie des sciences en 1744, à l'Académie française en 1754. Très lié avec Voltaire et Diderot, il s'associa à la publication de l'*Encyclopédie*. Il mourut en 1783.

2. Moreau de Maupertuis, né à Saint-Malo en 1698, mort en 1759, officier de cavalerie ; il quitta bientôt l'armée pour l'étude, et entra à l'Académie des sciences en 1723. En 1736 il partit pour une expédition scientifique dans les régions polaires. Membre de l'Académie française en 1743, il partit en 1745 pour Berlin, où le roi Frédéric l'avait nommé président de l'académie. C'est là qu'il eut avec Voltaire des démêlés restés fameux.

3. Alexis Clairault, né en 1713 à Paris, astronome et mathématicien, entré à l'Académie des sciences à dix-huit ans. Il mourut en 1765.

rez Dieu, servez les rois, aimez les hommes. » Ce beau caractère de la philosophie se trouve dans tous les écrits de Locke, de Montesquieu, de Cavendish[1]. Ces vrais sages, toujours prudents dans leur hardiesse, ont constamment respecté et souvent raffermi les bases éternelles sur lesquelles repose la morale du genre humain. Mais quelques-uns de leurs disciples, moins éclairés, et par conséquent moins circonspects, ont, à force de recherches, ébranlé toutes les colonnes de l'ordre social.

Lorsque dans le sénat de Rome, on délibéra sur la punition que méritaient les complices de Catilina, César raisonnant en philosophe du xviiie siècle, et posant des principes abstraits pour en tirer des conclusions politiques, disserta longuement sur la nature de l'âme, et professa les dogmes de la philosophie épicurienne. Caton et Cicéron se levèrent indignés, et déclarèrent au sénat que César professait une doctrine funeste à la république et au genre humain. Or, cette doctrine subversive et désolante que ces grands hommes d'État avaient la sagesse de repousser a été ouvertement enseignée dans le siècle dernier. Sous prétexte de déraciner la superstition, qui tombait d'elle-même, et d'éteindre le fanatisme qui n'enflammait plus d'autres têtes que les leurs, Helvétius[2],

---

1. Henry Cavendish, illustre physicien et chimiste anglais, né à Nice en 1731, appartenait à une branche cadette de la famille des ducs de Devonshire. Il fut admis en 1760 à la Société royale de Londres et, en 1803, devint associé de l'Institut de France. Il mourut en 1810.

2. Claude-Adrien Helvétius naquit à Paris vers 1715, obtint dès l'âge de vingt-trois ans une place de fermier général. Il s'adonna entièrement à la philosophie et publia en 1758 son livre de l'*Esprit* condamné à la fois par le pape, la Sorbonne et le parlement. Ses œuvres (14 volumes) ont été publiées après sa mort qui survint en 1771.

Condorcet[1], Raynal, le baron d'Holbach[2], tantôt avec *l'état de nature,* tantôt avec *la perfectibilité* brisaient avec emportement tous les liens de l'ordre moral et politique. Quelle démence de prétendre gouverner le monde par des abstractions, par des analyses, avec des notions incomplètes d'ordre et d'égalité, et avec une morale toute métaphysique! Nous avons vu les tristes produits de ces chimères.

Si tels sont les résultats nécessaires de l'analyse, je dirai avec le bon La Fontaine aux philosophes imprudents qui l'étendent à tout :

> Quittez-moi votre serpe, instrument de dommage.

Votre analyse peut éclairer l'esprit, mais elle éteint la chaleur de l'âme : elle dessèche la sensibilité, elle flétrit l'imagination, elle gâte le goût. Condillac[3], votre oracle, n'a-t-il pas dit lui-même : *Rien n'est si contraire au goût que l'esprit*

---

1. M. Caritat, marquis de Condorcet, né en 1743 à Ribemont, près de Saint-Quentin, d'une famille noble originaire du Dauphiné. Il fut reçu à l'Académie des sciences à vingt-six ans. Très lié avec les philosophes, il embrassa avec ardeur la cause de la Révolution. Député à l'Assemblée législative et à la Convention, il vota avec les girondins. Proscrit au 31 mai 1793 il resta caché huit mois, mais étant sorti de sa retraite il fut arrêté et emprisonné. Il s'empoisonna peu de jours après dans sa prison (mars 1794). Condorcet avait épousé mademoiselle de Grouchy, la sœur du maréchal de l'empire.

2. P. Thiry, baron d'Holbach, célèbre philosophe né en 1723 à Hildesheim dans le Palatinat. Il vint à Paris dès sa jeunesse et embrassa les opinions philosophiques les plus violentes ; il prêcha ouvertement l'athéisme. Son ouvrage le plus connu, *le Système de la Nature,* fut blâmé même par Voltaire et Frédéric II. Il mourut en 1789.

3. Etienne Bonnot de Condillac, né en 1715, à Grenoble d'une famille noble. Il entra dans les ordres, mais sans exercer de fonctions ecclésiastiques, fut précepteur de l'infant duc de Parme en 1757. Membre de l'Académie française en 1768. Condillac a laissé plusieurs ouvrages qui ont fait de lui le chef de l'école sensualiste. Il mourut en 1780.

philosophique ; c'est une vérité qui m'échappe. » S'il avait ouvert davantage sa main, peut-être lui en aurait-il échappé beaucoup d'autres du même genre qui aujourd'hui, contre son opinion, sont professées dans nos écoles.

Tout ce que je viens de dire me conduit à penser que le caractère particulier de la philosophie du xviiie siècle, est l'emploi de l'analyse, utile, lorsqu'elle est appliquée aux sciences physiques, incomplète, lorsqu'elle est appliquée aux sciences morales, dangereuse, lorsqu'elle est appliquée à l'ordre social.

Ainsi dans tout ce que j'ai écrit et dans tout ce que j'écrirai, l'objet sur lequel porte l'analyse, détermine sans que je sois obligé de le remarquer, si la qualification de philosophe doit être prise en bonne ou en mauvaise part.

L'importance qu'ont eu les philosophes économistes pendant près de trente ans, exige que je parle d'eux d'une manière spéciale.

Les économistes étaient une section de philosophes uniquement occupés à tirer de l'administration tous les moyens d'amélioration dont ils croyaient que l'ordre social était susceptible. Ils étaient partagés en deux classes : l'une regardait l'agriculture comme seule créatrice des richesses, et traitait les travaux industriels et le commerce comme stériles, sous le rapport qu'ils ne créaient que des formes et des échanges dans les matières produites et créées par les travaux de l'agriculture. La doctrine de cette première classe d'économistes est appelée la doctrine du produit net, et elle est exposée dans le *Tableau économique*[1]. L'objet de ce tableau est de faire

---

1. Le *Tableau économique* où se trouve exposée la doctrine physiocratique est l'œuvre du médecin Quesnay (1694-1774), fondateur et chef de cette école.

la distribution des richesses sortant de l'agriculture et se répandant de là dans toutes les artères du corps social. Les conséquences de ces doctrines suivent la marche de la circulation, et aboutissent, en dernier ressort, à la théorie de l'impôt qu'elles font peser tout entier sur l'agriculture.

La liberté du commerce est presque l'unique point par lequel cette première classe d'économistes est en contact avec les économistes dont je vais parler. Ceux-ci n'adoptent pas la division des classes stériles; ils ne regardent pas le *Tableau économique* comme une démonstration rigoureuse, ni même suffisante, des phénomènes de la circulation. Ils se bornent à cet égard à quelques vérités de détail. Leur grand principe est la liberté générale du commerce dans le sens le plus étendu. Pour l'impôt, ils acceptent des modifications; ils ne sont pas absolus.

Le gouvernement repoussait les idées des économistes, de quelque école qu'ils fussent; il s'attachait aux choses connues et établies. Il redoutait les changements qui touchaient à la forme de l'impôt et à ses produits réguliers dans le trésor royal. Pour lui, la crainte de quelque diminution dans les revenus de l'État était telle, qu'il n'osait pas même hasarder des moyens de les augmenter. Des vues aussi courtes, aussi étroites, étaient nécessairement prohibitives.

On ne savait point encore que quelques principes incontestables d'économie politique, joints à un emploi raisonnable du crédit public, constituaient toute la science de l'administration des finances. Le crédit public aurait diminué les inconvénients qui pouvaient résulter de l'application trop stricte des principes d'économie politique; les principes d'économie politique auraient éclairé et modéré les entreprises du crédit public. M. Turgot, en établissant la caisse d'escompte, paraît avoir entrevu les avantages de cette alliance bienfaitrice. Il a saisi le moyen qui porte le plus de secours à toutes les industries en maintenant le prix de l'argent à un taux modéré; mais il n'a pas été plus loin. L'art moderne de procurer à l'État, sans forcer les contributions, des levées extraordinaires d'argent à un bas prix, et d'en distribuer le fardeau sur une suite d'années, lui était inconnu; ou s'il le connaissait, peut-être apercevait-il dans son usage des embarras lointains, que l'administration française, toujours trop facile et toujours si près d'abuser, rendrait un jour dangereux. D'ailleurs, emprunter toujours en se libérant sans cesse appartenait à un ordre d'idées totalement opposé à la doctrine pure des économistes. Car, pour emprunter et éteindre les emprunts, il faut des délégations temporaires pour la durée, mais fixes pour l'application, et prises dans une classe des revenus de l'État séparée de l'imposition territoriale, qui doit avoir son emploi habituel et déterminé. Or, pour atteindre ce but, ce sont les consommations qu'il faut taxer, et particulièrement celles qui, tenant aux commodités de la vie, ne sont en usage que parmi les hommes qui jouissent de quelque superflu, ou au moins, d'une grande aisance. Dans cette catégorie, le genre de consommations dont je parle se mesure d'après les ressources de chacun, et si le besoin de consommer devenait trop grand, trop impérieux, on peut croire que, de son côté l'aisance deviendrait plus habile et retrouverait ses avantages par l'augmentation de l'industrie dont on ne connaît pas le terme : il est vrai que s'il y en avait un, les administrations financières qui ne l'auraient pas prévu, seraient dans le danger d'éprouver de grands mécomptes.

Cette riche matière pourrait me mener bien loin, car elle est pour moi pleine de charmes. Elle me rappelle tout ce que j'ai appris dans la conversation et dans les Mémoires d'un homme dont les Anglais nous ont fait connaître toute la valeur. M. Panchaud a dit mille fois à M. de Calonne, à M. de Meilhan, à M. Foulon, à M. Louis[1] et à moi : *Dans l'état où est l'Europe, celui des deux pays de la France ou de l'Angleterre, qui suivra exactement le plan d'amortissement que je propose, verra le bout de l'autre.* C'était son expression. L'Angleterre a adopté sa doctrine, et aussi pendant trente ans a-t-elle dirigé tous les mouvements de l'Europe. M. Panchaud était un homme extraordinaire : il avait en même temps l'esprit le plus ardent, le plus étendu, le plus vigoureux, et une raison parfaite. Il avait tous les genres d'éloquence. Si le génie résulte de la faculté de sentir et de penser, répartie abondamment et également dans le même individu, Panchaud était un homme de génie. Sur sa générosité, sur sa candeur, sur sa gaîté, il me revient des milliers de choses qu'il me serait doux de faire connaître.

Mais je dois m'arrêter pour ne pas quitter trop longtemps l'ordre d'idées que je me suis prescrit, et je crains d'avoir déjà quelques reproches à me faire, car j'ai parlé de

1. Louis-Dominique, dit le baron Louis, naquit à Paris le 13 novembre 1757. Il fut destiné à l'état ecclésiastique et reçu conseiller clerc au parlement. Il fut lié intimement avec Talleyrand qu'il assista comme sous-diacre à la messe de la Fédération. Il fut nommé ministre en Danemark (1792) émigra en 1793. Revenu en France dès le consulat, il fut maître des requêtes au conseil d'État (1806), conseiller d'État (1811), ministre des finances en 1814, 1815, et en 1818, ministre d'État, membre du conseil privé. En 1822, il fut destitué de toutes ses charges; député, il siégea dans le parti libéral. En 1831, il fut encore une fois ministre des finances, fut créé pair de France en 1832, et mourut en 1837.

l'influence des philosophes, de celle des économistes sur la partie brillante et ambitieuse du clergé, longtemps avant d'avoir déterminé ce que j'entendais par les philosophes, et ce qu'on entendait par les économistes : aussi, je suis obligé maintenant qu'on se rappelle ce que j'ai dit du clergé pour que l'on comprenne bien quel était le genre d'esprit qui avait plus ou moins pénétré dans tous les ordres de l'État, dans toutes les classes de la société.

Ce que j'ai dû faire remarquer dans le clergé, je dois le montrer aussi dans la magistrature, qui, par sa grande prérogative civile, a une influence directe sur les esprits. Son action est de tous les moments, elle surveille tous les actes de la vie, elle donne la sécurité des biens et des personnes : son pouvoir est immense; aussi les institutions que les magistrats attaquent sont bien près d'être détruites dans l'esprit des peuples. Les idées nouvelles s'étaient emparées de toute la jeunesse du parlement. Défendre l'autorité royale était traité d'obéissance servile. La majorité que le président d'Aligre[1] conservait pour la cour allait chaque jour s'affaiblissant et se perdit au moment où M. de Calonne et M. de Breteuil se brouillèrent. Quoique M. d'Aligre portât aux membres du parlement qui votaient avec lui, la faveur de M. de Miromesnil[2], garde des sceaux; de M. de Breteuil, ministre de Paris; de la reine

---

1. Etienne-François d'Aligre appartenait à une vieille famille de robe originaire de Chartres. Président à mortier, puis premier président du parlement de Paris (1768). Il donna sa démission en 1780, passa en Angleterre puis à Brunswick où il mourut en 1798.

2. Armand Hue de Miromesnil, né en 1723. Premier président du parlement de Rouen (1755). Garde des sceaux sous Louis XVI (1774-1787). Il mourut en 1796 dans sa terre de Miromesnil en Normandie.

par M. de Mercy [1], avec lequel il était lié intimement, il vit sa majorité se fondre au moment où il fut en guerre ouverte avec le contrôleur général.

La première circonstance dans laquelle elle lui manqua intéressait personnellement la reine. Les conseillers de cette malheureuse princesse, aveuglés par leur propre passion et voulant servir la sienne, avaient porté devant les tribunaux et donné le plus grand éclat à une affaire connue sous le nom de l'affaire du collier, qui aurait dû être étouffée à son origine [2]. L'arrêt rendu par le parlement de Paris devait faire à la reine une profonde impression et l'éclairer sur les personnes à qui elle avait accordé sa confiance. Mais la fatalité ne permit pas que cette dure leçon produisît l'effet que l'on devait en attendre : les conseils restèrent les mêmes, le

1. François comte de Mercy-Argenteau appartenait à une vieille famille de Lorraine. Il fut ambassadeur de l'empire en France durant tout le règne de Louis XVI. A partir de 1789, Mercy s'occupa activement de provoquer une intervention étrangère, en faveur du roi; il mourut en 1794. On a publié sa correspondance avec Marie-Antoinette et Marie-Thérèse.

2. On sait ce que fut cette triste affaire du collier qui causa un tort irréparable à la reine, bien qu'elle fût entièrement innocente. Le joaillier Boehmer avait offert à la reine un magnifique collier de 1 600 000 francs. Elle avait refusé. Une femme de haute naissance mais d'une moralité douteuse, madame de la Motte-Valois voulut se l'approprier. Elle sut persuader au cardinal de Rohan qui avait encouru précédemment la disgrâce de Marie-Antoinette, que celle-ci n'avait renoncé au collier qu'en apparence et pour éviter le scandale d'une dépense excessive, mais qu'elle lui serait reconnaissante s'il lui en facilitait secrètement l'achat. Le cardinal convaincu acheta le collier à crédit, et le donna à madame de la Motte pour le remettre à la reine. Madame de la Motte courut le vendre à Londres. L'affaire ne tarda pas à s'ébruiter par suite des réclamations de Boehmer qui n'était pas payé. Le cardinal et madame de la Motte furent arrêtés et déférés au parlement qui acquitta le premier et condamna l'autre. De plus il eut soin de rédiger son jugement de façon à laisser un doute sur l'innocence de la reine.

baron de Breteuil et l'archevêque de Toulouse ne furent que plus puissants; et la reine, rendue entièrement au tourbillon léger qui l'environnait, se contenta de parler avec mépris de l'abbé Georgel [1], avec aigreur de MM. Fréteau [2], Louis, Le Coigneux [3], de Cabre [4], et de montrer de l'humeur aux personnes qui étaient liées avec madame de Brionne [5] et avec mesdames ses filles. Cette petite vengeance s'étendit jusqu'à moi, et je trouvai des difficultés à obtenir les places auxquelles

1. L'abbé Jean-François Georgel, né à Bruyères (Lorraine) en 1731, fut d'abord professeur de mathématiques à Strasbourg. Le cardinal de Rohan l'emmena à Vienne comme secrétaire d'ambassade. A son retour, il fut nommé vicaire général à Strasbourg. Dans l'affaire du collier il rendit les plus grands services au cardinal en brûlant ses papiers et en écrivant sa défense. Il fut lui-même exilé à Mortagne; il émigra en 1793, revint en France en 1799, refusa un évêché, fut nommé vicaire général des Vosges. Il mourut en 1813. L'abbé Georgel a laissé des *Mémoires* allant de 1760 à 1810 (Paris 1817. 6 vol. in-8°).

2. Emmanuel Fréteau de Saint-Just, né en 1745. Conseiller au parlement en 1765. Dans le procès du collier il prit parti pour le cardinal de Rohan. Il fut emprisonné après la séance du 17 novembre 1787. Député de la noblesse aux états généraux, il fit cause commune avec le tiers : il fut deux fois président de l'Assemblée. Il se retira à la campagne après le 10 Août. Arrêté en 1794, il fut guillotiné le 14 juin.

3. Le marquis Lecoigneux de Belabre fut reçu conseiller au parlement en 1777. Il descendait du premier président Lecoigneux qui vivait au commencement du xvii° siècle, et dont le fils fut le célèbre Bachaumont.

4. L'abbé Sabatier de Cabre fut secrétaire d'ambassade à Turin. Ministre à Liège (1769). Chargé d'affaires à Pétersbourg. Directeur des consulats au ministère de la marine (1782). Il était conseiller clerc au parlement. Il embrassa avec ardeur la cause de la Révolution. Arrêté sous la Terreur il échappa à l'échafaud et mourut en 1816. Il ne faut pas le confondre avec l'abbé Sabatier de Castres, publiciste protégé par Vergennes qui joua également un certain rôle dans les affaires parlementaires (1742-1817).

5. Madame de Brionne, cousine du cardinal de Rohan, prit avec chaleur son parti.

j'étais naturellement appelé. L'affection de madame de Brionne et de ses filles, madame la princesse de Carignan et la princesse Charlotte de Lorraine, me dédommagea grandement de tout ce que j'éprouvais de contrariétés dans ma carrière. La beauté d'une femme, sa noble fierté se mêlant au prestige d'un sang illustre et fameux, si souvent près du trône, ou comme son ennemi ou comme son soutien, répandent un charme particulier sur les sentiments qu'elle inspire. Aussi, je me reporte sur ce temps de ma défaveur à la cour, avec plus de plaisir que sur beaucoup de situations heureuses où je me suis trouvé dans ma vie, et qui n'ont laissé de traces ni dans mon esprit ni dans mon cœur. Je me souviens à peine que la reine m'empêcha de profiter d'un grand acte de bonté de Gustave III [1] qui avait obtenu pour moi du pape Pie VI un chapeau de cardinal [2]. Elle dit à M. de Mercy d'engager la cour de Vienne à s'opposer à la nomination d'un cardinal français avant la promotion des couronnes [3]. Ses désirs furent remplis; la nomi-

---

1. Gustave III, roi de Suède, fils et successeur d'Adolphe Frédéric. Né en 1746, il monta sur le trône en 1771. Il fut assassiné à la suite d'une conspiration de la noblesse le 16 mars 1792. Il laissa le trône à son fils Gustave IV.

2. Le pape Pie VI accueillit très bien le roi de Suède Gustave III, pendant le voyage que celui-ci fit en Italie. Il chercha un moyen de lui être particulièrement agréable, et lui accorda la promesse d'un chapeau de cardinal pour l'abbé de Périgord que Gustave III avait sollicitée. C'était uniquement une faveur, et d'autant plus remarquable qu'elle était accordée à un prince protestant. (*Note de M. de Bacourt.*)

3. Le pape s'est toujours réservé le droit exclusif de nommer les cardinaux. Toutefois certains souverains catholiques, le roi de France, l'empereur, le roi d'Espagne, le roi de Pologne, avaient obtenu le droit de nommer, ou mieux de présenter à la nomination du pape qui sanctionnait toujours leur choix, un certain nombre de cardinaux, qu'on nommait en conséquence *les cardinaux des couronnes*. Ils étaient assimilés en tout aux autres cardinaux, et représentaient leurs souverains dans les élections papales.

nation du pape fut suspendue, et il est probable que depuis, mon chapeau de cardinal a passé plusieurs années dans quelques forteresses françaises[1].

Le nouvel esprit introduit dans le parlement ayant désuni et animé individuellement tous les membres qui composaient cet ancien corps, l'intrigue y pénétrait de toute part. M. Necker, M. de Calonne, M. de Breteuil y avaient chacun leurs créatures qui défendaient ou attaquaient les mesures du ministre qu'on voulait soutenir ou renverser. Chaque jour on voyait la grande magistrature s'éloigner davantage de l'autorité royale, à laquelle, dans les beaux temps de la monarchie, elle avait été constamment unie. L'esprit de corps même n'existait plus; la demande des états généraux faite peu de mois après en est la preuve. Un nombre inquiétant d'opinions éparses, qui ne prenaient pas toujours une couleur de parti, donnait au ministère de l'inquiétude sur l'enregistrement de chaque loi que le besoin de l'État paraissait exiger.

M. de Calonne brava cet état de choses, et voulut porter devant le parlement une loi sur une matière fort délicate et qui exigeait une foule de connaissances qui lui manquaient.

La proportion adoptée entre les monnaies d'or et d'argent dans la refonte de 1726, n'était plus en rapport avec celle de l'or et de l'argent comme métal dans le commerce. Un marc d'or en lingot, au même titre que celui des louis, se vendait plus de sept cent vingt livres, et cependant le même marc d'or fabriqué en louis n'en donnait que trente, faisant sept cent vingt livres. Il était donc nécessaire de donner à l'or *mon-*

---

[1]. Allusion aux cardinaux enfermés dans des forteresses françaises par l'empereur Napoléon, à la suite de ses persécutions contre le pape Pie VII. (*Note de M. de Bacourt.*)

naie, dans son rapport avec l'argent *monnaie*, une proportion plus rapprochée de la valeur qu'il avait en lingots, relativement à l'argent. Par la loi de 1726, la proportion de l'or à l'argent était de 1 à 14 513/1000 ou 1 à 14 1/2 à peu de de choses près. Par la loi dont il est ici question, la proportion de l'or à l'argent fut portée de 1 à 15 477/1000, ou à peu près de 1 à 15 et demi.

M. de Calonne avait adopté à cet égard l'opinion de M. Madinier, agent de change, qui était plus versé dans les opérations de commerce des matières, que dans l'art des ménagements qu'un gouvernement doit toujours observer, lorsqu'il touche aux monnaies. Il fallait montrer au public, montrer par des chiffres, et montrer longtemps d'avance que la refonte était dans son intérêt; il fallait la lui faire désirer, même un peu attendre. Dans les affaires importantes, le reproche de lenteur contente tout le monde; il donne à ceux qui le font un air de supériorité, et à celui qui le reçoit l'air de la prudence. M. de Calonne avait raison, et sa précipitation lui donnait l'air d'avoir tort. Le baron de Breteuil, Foulon, le petit Fornier, colportaient mémoires sur mémoires; l'abbé de Vermond [1] les remettait à la reine qui les faisait arriver au roi. Le parlement, devenu un instrument d'intrigues, fit des remontrances qui n'annonçaient pas qu'il y eût dans cette compagnie, autant de lumières sur cette matière que de dispositions à entraver les opérations du contrôleur

---

1. L'abbé Mathieu de Vermond était le fils d'un chirurgien de village. Né en 1735, il fut reçu docteur en Sorbonne en 1757. Il s'attacha à la fortune du cardinal de Brienne, fut en 1769 envoyé à Vienne par Choiseul comme lecteur de la future dauphine. Il sut entrer dans la confiance de l'impératrice et de l'archiduchesse, et prit sur celle-ci une grande influence. Il émigra en 1790 et mourut peu après à Vienne.

général. Le motif légal de la refonte était de réduire la quantité d'or fin qui entrait dans la composition des pièces de vingt-quatre livres tournois, à une valeur correspondante à celle d'un lingot d'argent équivalent à quatre écus de six livres.

Dans la refonte de 1726, de graves fautes avaient été commises. On avait mal résolu le problème d'un rapport exact de valeur entre les deux métaux dont se compose encore notre monnaie (rapport facile à établir, mais difficile à maintenir). L'évaluation avait été faite à près d'un sixième au-dessous de la valeur de ce métal. Il est vrai que la plupart des directeurs des monnaies avaient atténué cet inconvénient, mais par une infidélité grave, en affaiblissant le titre ou le poids au delà de la limite du *remède*. Ainsi, outre le défaut de rapport entre les deux métaux, il y avait encore défaut d'identité légale entre les louis de la même fabrique. Une nouvelle refonte était donc nécessaire; mais on ne faisait pas à M. de Calonne l'honneur de croire qu'il ne voulût qu'être juste. On ne se familiarisait pas avec l'affaiblissement de poids que devaient subir les nouvelles pièces d'or, quoique cette condition fût indispensable pour le rétablissement du rapport entre l'or et l'argent, et quoique le change des monnaies tînt compte de la différence aux propriétaires des anciennes pièces. La délivrance des nouveaux louis devait être précédée du dépôt des louis de fabrique antérieure; les délais de l'échange se prolongeaient fort au delà du temps nécessaire pour la fabrication, et, à la suite de tant d'autres expédients de finances qui n'étaient pas meilleurs, on supposait que le véritable but du ministre était de se ménager une jouissance de fonds par forme d'emprunt sur les propriétaires des anciennes pièces d'or.

Ainsi, quoique la proportion adoptée par M. de Calonne fût bonne, elle laissa à la censure des prétextes dont elle usa sans ménagement. Il était parvenu à rétablir l'équilibre (au moins pour quelque temps) entre deux métaux destinés à faire le même office de mesure ; mais sans s'être approprié les calculs très compliqués qui justifiaient la réforme de la loi de 1726, et conséquemment, sans s'être mis en état de répondre à toutes les objections du doute ou de l'ignorance. Il atteignit le but, mais sans en avoir tout le mérite.

Louis XVI, fortifié par l'opinion de M. de Vergennes, montra dans cette circonstance une volonté très décidée. Les remontrances du parlement furent sans effet. Madame Adélaïde, tante du roi, à qui madame de Narbonne [1] avait remis un mémoire fort savant sur la proposition, ne put pas même empêcher l'exil de Foulon. On envoya ce malheureux dans une de ses terres en Anjou, et il n'en revint quelques années après que pour être une des premières victimes de la Révolution.

Une fermeté soutenue n'était pas dans le caractère du roi, et d'ailleurs il devait être découragé par le peu d'accord qu'il y avait dans son conseil. Tout devenait difficile ; l'opinion publique prenait de la force ; elle censurait et elle protégeait ouvertement. Son action était trop puissante pour pouvoir être arrêtée et même dirigée : elle approchait des marches du trône ; déjà on commençait à dire des ministres qu'ils avaient ou qu'ils n'avaient pas de popularité, expression nouvelle qui, prise dans l'acception révolutionnaire, aurait dégradé à

---

1. Mademoiselle de Chalus, mariée au comte de Narbonne-Lara, maréchal de camp. Elle fut dame d'honneur de la reine Marie Leczinska, puis de la dauphine. Elle était la mère du comte de Narbonne, ministre de la guerre en 1791, dont on a parlé plus haut (p. 35).

leurs propres yeux les conseils de Louis XIV, qui ne voulaient que l'estime du roi et une grande considération, mais dont la vanité républicaine de M. Necker s'honorait parce qu'elle lui donnait une influence à part.

Les expédients ordinaires étaient usés : on croyait qu'il n'y avait plus de réformes possibles à faire, et cependant les dépenses excédaient les recettes d'une somme énorme. Le déficit de 1783 était de plus de quatre-vingt millions. M. Necker, quoi qu'il en ait pu dire dans son compte rendu[1], l'avait laissé à sa sortie du ministère de près de soixante-dix millions. Depuis que les passions en sa faveur sont éteintes, tout le monde en convient. Le papier des receveurs généraux, celui des trésoriers, des régisseurs, qui servait à faire des anticipations, ne circulait plus qu'avec une perte effrayante. La partie des emprunts de M. Necker qui n'était pas viagère portait une promesse de remboursement si prompt, qu'elle épuisait le trésor royal. Pour l'année 1786 ces remboursements montaient à près de cinquante-trois millions, et ils devaient accroître d'année en année jusqu'en 1790.

Ce n'était plus le temps où l'on pouvait augmenter les revenus de l'État, en abandonnant les lois fiscales aux interprétations des compagnies qui savaient faire pénétrer les rigueurs jusques dans les dernières ramifications de la propriété ou de l'industrie. Les quatre sols pour livre, imposés par M. de Fleury, étaient une surcharge trop forte pour plusieurs provinces, et se payaient mal. — Les places

---

[1]. Le compte rendu des finances de Necker fut publié en janvier 1781. C'était la première fois que « le secret des finances était entr'ouvert au public », qui, jusque-là ignorait ce qu'il payait à l'État, et ce que l'État dépensait.

pour lesquelles il fallait faire, une finance étaient refusées.
— Le parlement ne voulait plus enregistrer d'emprunts. Les fonds publics perdaient tous les jours de leur valeur. La bourse de Paris recevait tout son mouvement des spéculations faites sur les fonds des établissements particuliers.
— On achetait, on vendait des actions de la caisse d'escompte, des actions de la compagnie des Indes, des actions de la compagnie des eaux de Paris, des actions de la compagnie contre les incendies, etc... Comme dans les temps de calamité, le jeu occupait toutes les têtes. Le gouvernement avait essayé de faire quelques levées d'argent en créant par des arrêts du conseil pour quelques millions de loteries : mais ce faible moyen avait un terme, et il était arrivé.

M. de Calonne gêné dans toutes ses opérations, attaqué de tous les côtés, miné par l'intrigue souterraine de M. l'archevêque de Toulouse, ayant encore pour lui M. de Vergennes et le roi, crut qu'il pouvait triompher de toutes les difficultés qu'il rencontrait, par un moyen nouveau et qui aurait quelque éclat. Il conçut le projet d'une assemblée des notables [1] ; il espérait, par cet appel inattendu, remplacer la sanction nationale, les enregistrements du parlement, et se rattacher l'opinion publique devant laquelle il avait la confiance de pouvoir paraître avec avantage.

Dès l'ouverture de l'assemblée, il proposa la création des assemblées provinciales dans tout le royaume, la suppression

1. L'assemblée des notables était un moyen terme imaginé par le ministre pour ne pas recourir aux états généraux. Calonne voulait imposer une subvention territoriale ; mais prévoyant la résistance du parlement et du clergé, il avait voulu prendre un point d'appui dans la nation. L'assemblée se réunit le 22 février à Versailles, elle se sépara le 25 mai.

des corvées, celle des barrières intérieures et de plusieurs droits de l'aide, réprouvés par l'opinion, l'adoucissement des gabelles et la liberté du commerce des grains.

Il résolut courageusement d'augmenter le déficit par le sacrifice de dix millions sur le produit des gabelles, de douze millions sur celui des traites et des aides, de dix millions sur les tailles, de sept millions pour aider à payer les dettes du clergé, dont la partie principale devait être éteinte par l'aliénation de la chasse, et des droits honorifiques attachés à ces biens; et de plus, par une dépense de dix millions pour remplacer les corvées, et de six millions pour l'encouragement de l'agriculture, des arts et du commerce. Il se flattait que pour tant de bienfaits, il obtiendrait aisément une création ou un remplacement de cent dix à cent douze millions de revenu.

Il en trouvait cinquante dans la perception régulière des deux vingtièmes sur le revenu net de tous les biens-fonds du territoire français. L'augmentation de cet impôt provenait de ce que M. de Calonne proposait de détruire tous les privilèges de corps ou d'ordres, toutes les exceptions, toutes les faveurs particulières. Il donnait à cette imposition le nom de subvention territoriale; et il disait que ce ne serait pas une taxe nouvelle, puisque la charge de ceux qui payaient exactement les deux vingtièmes ne serait point augmentée, et qu'il ne s'agissait que de supprimer les abus d'une répartition injuste, et des exceptions prêtes à être abandonnées par ceux qui en jouissaient.

Il estimait à vingt millions le revenu de l'établissement du timbre.

L'inféodation des domaines et une meilleure administration des forêts devaient donner dix millions de revenu.

Pour acquitter les remboursements à époques fixes, il faisait un emprunt annuel de vingt-cinq millions, qui ne devait être lui-même remboursable qu'en quinze années.

Il présentait aussi un tableau d'économies montant à quinze millions.

Ce plan qui manquait de base, puisque les notables n'avaient pas de pouvoir, était vaste; son ensemble était assez imposant; il présentait l'avantage de tranquilliser tous ceux qui avaient des fonds sur l'État, et de se rapprocher sans secousse des idées qui, depuis assez longtemps, circulaient dans les classes instruites de la société et commençaient à pénétrer dans la masse de la nation.

Mais M. de Vergennes était mort [1], et le roi tout seul était un faible soutien pour un ministre qui attaquait ouvertement tant d'intérêts.

Le clergé était atteint par une contribution dont il espérait que ses dons gratuits le mettaient à jamais à l'abri. Il soutenait que, s'il ne payait pas de vingtième sous le nom de vingtième, il en payait l'équivalent sous le nom de décime; puis, quittant la question qui lui était propre, il attaquait la subvention sous un point de vue général. M. de Calonne s'était malheureusement persuadé que l'impôt en nature éprouverait moins de difficultés qu'un impôt de cinquante millions en argent. Il avait établi, dans un de ses mémoires, que la perception en nature était le moyen le plus facile de rendre la répartition proportionnelle, de bannir l'arbitraire, et d'éviter aux contribuables la cruelle nécessité de payer, lors même qu'ils ne récoltent pas. M. l'archevêque de Narbonne, M. l'ar-

---

1. 13 février 1787.

chevêque de Toulouse, M. l'archevêque d'Aix, M. l'archevêque de Bordeaux, tous assez habiles sur cette question dont la dîme leur avait appris le côté faible, montrèrent que les frais de ce mode de perception seraient très chers, que les difficultés qu'il entraînait étaient immenses et que le temps qu'il fallait employer pour faire une bonne classification des terres serait perdu pour le trésor royal.

L'opinion du haut clergé devint celle des notables, et M. de Calonne fut battu sur ce point.

Un échec en amène un autre, souvent une quantité d'autres.

M. de Montmorin [1], successeur de M. de Vergennes, n'avait encore que peu de crédit; il n'avait point d'opinion et craignait même qu'on lui en supposât une. M. de Miromesnil, le garde des sceaux, trouvait que l'entreprise nouvelle était imprudente, et avait compromis l'autorité royale; — le baron de Breteuil s'agitait; — l'archevêque de Toulouse minait toujours, et M. de Calonne, à qui l'importance des affaires donnait encore de la force, et qui, à la conférence tenue chez *Monsieur* avait montré un talent prodigieux, quitta le terrain solide sur lequel il était, et ne chercha plus de moyens de défense que dans les intrigues de cour. M. le comte d'Artois le soutenait auprès du roi; madame de Polignac lui donnait tout ce

1. Armand comte de Montmorin Saint-Hérem, issu d'une très vieille famille d'Auvergne, naquit en 1745. Il fut ambassadeur à Madrid. Membre de l'assemblée des notables (1787). Secrétaire d'État aux affaires étrangères (1787). Il était partisan de la monarchie constitutionnelle. Ministre de l'intérieur par intérim (1791), il résigna toutes ses fonctions en novembre de la même année. Arrêté le 21 août 1792, il fut traduit devant l'Assemblée qui le décréta d'accusation. Il périt dans les massacres de septembre.

qui lui restait de crédit auprès de la reine; M. de Vaudreuil lui faisait adresser des épîtres en fort beaux vers par le poète Lebrun [1].

Tout cela aurait eu quelque influence dans un temps ordinaire, mais c'était bien peu de chose dans des circonstances aussi fortes. M. de Calonne ne parlait plus au roi avec la même assurance. L'assemblée des notables avait été un expédient, et il lui fallait un expédient pour l'assemblée des notables. Il n'en avait pas. Lorsque l'on craint les autres et qu'on n'a plus une confiance complète en soi-même, on ne fait que des fautes. Celle qui le perdit fut la suspension des séances de l'assemblée pendant la quinzaine de Pâques. Les notables quittèrent Versailles et vinrent se répandre dans toutes les sociétés de Paris; l'esprit d'opposition qu'ils apportaient, fortifié par celui qu'ils y trouvaient, parut au roi former une masse d'opinion imposante; il en fut effrayé. Depuis la mort de M. de Vergennes, personne n'avait plus assez de poids sur son esprit pour le rassurer. M. de Calonne fut renvoyé.

Dans la longue liste des ministres du XVIIIᵉ siècle, je ne sais ni à quel rang ni à côté de qui l'histoire le placera; mais voici comment je l'ai vu.

M. de Calonne avait l'esprit facile et brillant, l'intelligence fine et prompte. Il parlait et écrivait bien; il était toujours

---

1. Denis Écouchard-Lebrun, poète lyrique, naquit en 1729. Il a écrit des odes, des épigrammes et des élégies, et se fit une telle réputation qu'il fut surnommé Lebrun Pindare. Mais son caractère n'était pas à la hauteur de son talent. Après avoir longtemps vécu d'une pension de la reine, il se jeta dans le courant révolutionnaire, provoqua la violation des tombes de Saint-Denis, réclama dans une autre ode la peine de mort contre Marie-Antoinette, et finit par être le chantre officiel de l'empire. Il mourut en 1807.

clair et plein de grâce, il avait le talent d'embellir ce qu'il savait et d'écarter ce qu'il ne savait pas. M. le comte d'Artois, M. de Vaudreuil, le baron de Talleyrand[1], le duc de Coigny[2], aimaient en lui les formes qu'il leur avait empruntées et l'esprit qu'il leur prêtait. M. de Calonne était susceptible d'attachement et de fidélité pour ses amis; mais son esprit les choisissait plutôt que son cœur. Dupe de sa vanité, il croyait de bonne foi aimer les hommes que sa vanité avait recherchés. Il était laid, grand, leste et bien fait; il avait une physionomie spirituelle et un son de voix agréable. Pour arriver au ministère, il avait compromis ou, au moins, négligé sa réputation. Ses entours ne valaient rien. Le public lui savait de l'esprit, mais ne lui croyait point de moralité. Lorsqu'il parut au contrôle général, on crut y voir arriver l'intendant adroit d'un dissipateur ruiné. La grande facilité plaît, mais n'inspire point de confiance. On croit qu'elle est trop dédaigneuse de l'application et des conseils. La grande partie des hommes aime dans les ministres le travail et la prudence. M. de Calonne n'était pas rassurant à cet égard : comme tous les esprits très faciles, il avait de l'étourderie et de la présomption. C'était la partie saillante de son caractère ou plutôt de sa manière d'être. Je vais en citer un exemple

---

1. Le baron [Louis de Talleyrand, oncle de l'auteur, né en 1738, fut ambassadeur près le roi des Deux-Siciles en 1785, et mourut en 1799. Il avait épousé mademoiselle Louise de Saint-Eugène Montigny, nièce de Calonne.

2. Henri de Franquetot, duc de Coigny, né en 1737. — Gouverneur de Choisy (1748), lieutenant général (1780), premier écuyer du roi depuis 1771. Il émigra en 1791 et devint capitaine général en Portugal. Rentré en France en 1814, il fut nommé maréchal de France et gouverneur des Invalides. Il mourut en 1821.

remarquable. M. de Calonne vint à Dampierre[1], chez madame de Luynes, le lendemain du jour où le roi avait adopté le projet de convoquer une assemblée des notables. Il était dans toute l'ivresse du succès qu'avait eu son rapport au conseil. Il nous le lut en nous recommandant le plus grand secret. C'était à la fin de l'été de 1786. Huit jours avant le 22 février 1787, jour de l'ouverture de l'assemblée, il m'écrivit un billet par lequel il m'engageait à aller passer la semaine avec lui à Versailles, pour l'aider à rédiger quelques-uns des mémoires qu'il devait présenter à l'assemblée. Il ajoutait que je trouverais sur les questions dont je voudrais bien me charger, tous les matériaux dont je pourrais avoir besoin. Il avait écrit une lettre semblable à M. de la Galaizière[2], à M. Dupont de Nemours, à M. de Saint-Genis, à M. Gerbier[3] et à M. de Cormerey. Nous nous trouvâmes tous dans la même matinée dans le cabinet de M. de Calonne, qui nous remit des liasses de papiers sur chacune des questions que nous avions à traiter. C'était de là que nous devions faire sortir tous les mémoires et tous les projets de loi qui devaient être imprimés et soumis à la discussion de l'assemblée huit jours après. Ainsi, le 14 février, il n'y avait pas une rédaction

---

1. Dampierre, village de Seine-et-Oise sur l'Yvette, à quelque distance de Rambouillet. Le château construit par Mansart pour le duc de Lorraine passa ensuite à la famille de Luynes.

2. Le marquis Chaumont de la Galaizière, né en 1697, fut intendant de Soissons, puis chancelier de Lorraine (1737), conseiller d'Etat en 1766, membre du conseil royal des finances (1776). Il mourut en 1787.

3. Pierre Gerbier, célèbre avocat au parlement de Paris. Il naquit à Rennes en 1725. Il fut un des rares avocats qui consentirent à plaider devant la commission installée par Maupeou durant l'interrègne des parlements. Il fut néanmoins élu bâtonnier de son ordre en 1787. Il mourut l'année suivante.

de faîte. Nous nous partageâmes cet immense travail. Je me chargeai du mémoire et de la loi sur les blés; je fis en entier l'un et l'autre. Je travaillai avec M. de Saint-Genis au mémoire sur le payement des dettes du clergé, et avec M. de la Galaizière à celui qu'on fit sur les corvées. M. de Cormerey fit tout le projet sur le reculement des barrières[1]. Gerbier faisait des alinéas de tous les côtés. Mon ami Dupont, qui croyait qu'il y avait du bien à faire, se livrait avec toute son imagination, tout son esprit et tout son cœur, aux questions qui se rapprochaient davantage de ses opinions. Nous fîmes ainsi en une semaine, d'une manière assez supportable, un travail que la présomption et l'étourderie de M. de Calonne lui avaient fait négliger pendant cinq mois.

Le roi, composant avec lui-même, ayant eu la faiblesse d'abandonner son ministre, tenait plus que jamais aux différents projets qu'il avait fait mettre sous les yeux des notables, et il chercha à donner à M. de Calonne un successeur qui fût porté par sa propre opinion, à suivre les plans proposés.

M. de Fourqueux[2] paraissait être celui qui convenait davantage. Sa grande simplicité, ses idées, son éloignement de toute intrigue et sa bonne réputation plaisaient au roi. Mais il fallait le décider. M. de Calonne, qui le préférait à tout autre et qui craignait que le choix ne finît par tomber sur M. l'archevêque de Toulouse, lui écrivit. Il chargea M. Dupont, qui avait eu par M. Turgot, par M. de Gournay et par M. de

---

1. Il s'agissait des douanes intérieures que Calonne voulait supprimer et reporter aux frontières.

2. Michel Bouvard de Fourqueux, conseiller au parlement (1738), procureur général près la cour des comptes (1769), conseiller d'État (1769), intendant des finances. Il fut un instant contrôleur général en 1787.

Trudaine [1], d'anciennes relations avec M. de Fourqueux, de lui porter sa lettre.

Je ne rappelle ce petit détail que parce qu'il donna lieu à une scène assez plaisante. Pendant que M. de Calonne ramassait tous les papiers dont il prévoyait qu'il aurait besoin si son administration était attaquée, ses amis particuliers l'attendaient dans le grand salon du contrôle général, où ils se trouvaient réunis probablement pour la dernière fois. Ils y étaient depuis longtemps... personne ne parlait... il était onze heures du soir... la porte s'ouvre... Dupont entre précipitamment et s'écrie avec chaleur : *Victoire! victoire! Mesdames...* On se lève, on l'entoure ; il répète : *Victoire!.... M. de Fourqueux accepte, et il suivra tous les plans de M. de Calonne...* L'étonnement que causa cette espèce de victoire à madame de Chabannes [2], à madame de Laval, à madame de Robecq, à madame d'Harvelay, scandalisa singulièrement Dupont qui aimait M. de Calonne, à cause des assemblées provinciales, et qui ne savait pas que ces dames aimaient les assemblées provinciales à cause de M. de Calonne. Vesmeranges [3], qui attendait aussi, et qui ne se souciait guère ni des assemblées provinciales ni de M. de Calonne, mais qui aimait de tout son cœur le contrôle général, partit immédiatement

---

1. Ch. de Trudaine de Montigny, né en 1733, était intendant général des finances (1763). Il refusa le contrôle général, et mourut en 1777. Il eut de son mariage avec mademoiselle Fourqueux deux fils qui furent guillotinés en 1794.

2. Marie-Elisabeth de Talleyrand, fille de Daniel-Marie de Talleyrand et tante de l'auteur. Elle épousa en 1759 le comte Charles de Chabannes La Palisse, colonel de grenadiers. — Elle fut dame d'honneur de Madame.

3. M. de Vesmeranges était intendant des postes, relais et messageries de France.

pour Paris, afin d'arranger, un peu avant tout le monde, les spéculations que la nomination de M. de Fourqueux pouvait rendre avantageuses.

Ce nouveau ministère fut de courte durée. On découragea promptement M. de Fourqueux, et la reine parvint enfin à faire nommer M. l'archevêque de Toulouse dont l'esprit et le caractère n'étaient point au niveau des circonstances dans lesquelles se trouvait la France.

Dès le commencement de son administration, il fit des sacrifices à l'opinion qui, ne rencontrant que de la faiblesse, devint chaque jour plus exigeante. On ne put obtenir de l'assemblée des notables que des doléances et le conseil de convoquer les états généraux et, en vérité, je ne vois pas comment les notables auraient pu faire autre chose que ce qu'ils firent. Toute concession de leur part aurait été nulle, parce qu'ils étaient réellement sans pouvoirs pour en faire; ils se seraient rendus odieux à pure perte. C'était donc une énorme faute que de les avoir appelés, dès qu'on n'était pas sûr de diriger leurs délibérations. Car la compétence des parlements ayant été mise en question, ou plutôt leur incompétence se trouvant implicitement déclarée par le seul fait de la convocation des notables, ils ne pouvaient plus rien. Aussi se refusèrent-ils à faire ce qu'on leur demanda, disant qu'ils n'en avaient pas le droit. On punit leur refus par l'exil, ce qui les rendit populaires; on les rappela bientôt après, ce qui, en leur faisant sentir davantage leur importance, ne pouvait que les engager à ne pas la compromettre. Toutes ces tentatives n'ayant servi qu'à montrer les bornes de l'autorité royale, sans lui être d'aucun secours, on se trouva dans l'alternative, ou de se suffire à soi-même, sans demander de sacrifices à personne, — ce que le déficit rendait impossible, — ou de convoquer les états généraux. La lutte de M. l'archevêque de Toulouse avec les parlements fut assez curieuse, pour que j'aie cru devoir la faire connaître avec tous ses détails dans la seconde partie de ces souvenirs que j'y ai spécialement consacrée, et dans laquelle M. le duc d'Orléans, dont l'existence politique a été particulièrement liée avec les résistances parlementaires de cette époque, joue naturellement un rôle principal.

Aucune des opérations de M. l'archevêque de Toulouse ne réussissait; l'influence qu'il avait montrée en renversant M. de Calonne lui était toute personnelle. Quoiqu'il privât M. de Calonne du cordon bleu; quoiqu'il obtînt pour lui-même le chapeau de cardinal, l'archevêché de Sens, l'abbaye de Corbie; quoiqu'il fît son frère ministre de la guerre [1], la crainte ni la faveur ne lui donnaient pas un seul partisan. L'opposition intérieure se fortifiait, la politique extérieure de la France était annulée; la Hollande, si facile à défendre, venait d'être abandonnée [2]. Le trésor royal était vide, le trône était isolé; la diminution de la puissance royale était la passion du moment; chacun se trouvait trop gouverné; peut-être n'y a-t-il aucune

1. Louis-Marie de Brienne, né en 1730, lieutenant général, ministre de la guerre (1787-1788). Il fut guillotiné le 10 mai 1794 avec ses deux fils et sa fille madame de Canisy.

2. La Hollande avait rétabli le stathoudérat en 1747 dans la personne du prince d'Orange. En 1784, les états lui retirèrent la plus grande partie de son autorité. Le prince, s'appuyant sur une fraction de la noblesse et de la populace, appela à lui l'Angleterre et la Prusse. Les états réclamèrent l'intervention de la France qui ne leur avait pas fait défaut en 1785 lors de leur querelle avec l'empereur. Mais le cardinal de Brienne n'osa pas réunir une armée sur la frontière. Les Hollandais furent écrasés par l'armée prussienne, et livrés aux fureurs de la faction victorieuse (septembre 1787).

époque de notre histoire où on l'ait été moins, et où chacun, individuellement et collectivement, ait autant franchi ses limites.

L'existence politique de toute nation tient essentiellement à l'observation stricte des devoirs imposés à chaque individu. Si, au même moment, ces devoirs cessent tous d'être remplis, l'ordre social s'altère. C'est dans cette position qu'était la France à la fin du ministère de M. l'archevêque de Sens.

Les protestants s'agitaient et montraient en M. Necker une confiance inquiétante.

Toutes les classes se portaient avec enthousiasme vers les idées nouvelles. On n'était pas entré dans un collège, dans une académie, sans regarder l'application de ce qu'on y avait appris ou lu, comme des conquêtes que l'esprit humain avait à faire. Chaque État voulait se régénérer.

Le clergé, qui devait être immuable comme le dogme, courait au-devant des grandes innovations. Il avait demandé au roi les états généraux.

Les pays d'états ne trouvaient plus dans leurs contrats de réunion à la France, que des moyens d'opposition à toutes les mesures générales que le gouvernement proposait[1].

Les parlements abdiquaient séditieusement le pouvoir qu'ils avaient exercé depuis des siècles, et appelaient de toutes parts des représentants de la nation.

L'administration elle-même, qui jusqu'alors tenait à honneur d'être nommée par le roi pour le représenter, trouvait son obéissance humiliante, et voulait être indépendante.

---

1. Certains pays d'états, la Bretagne notamment, au moment de leur réunion à la France, avaient fait des réserves formelles, et exigé le maintien de tous leurs droits et privilèges.

Ainsi, tous les corps de l'État s'écartaient de leur destination première; chacun avait brisé ses liens, et s'était placé sur une pente d'où, sans expérience, sans flambeau, sans appui, on devait nécessairement être entraîné dans le précipice; aussi, depuis ce moment, tout présente un caractère d'irrésistibilité.

C'est dans cet état des choses que le roi, malgré ses répugnances personnelles, se crut obligé de rappeler M. Necker qui, par des ouvrages flatteurs pour les idées dominantes et publiés à des intervalles habiles, avait su retenir constamment les regards du public sur lui [1]. Peut-être, dans un temps ordinaire aurait-il pu faire quelque bien; je ne le sais pas, et personnellement je ne le crois pas; mais, ce dont je suis sûr, c'est qu'en 1788 le roi ne pouvait pas faire un plus mauvais choix. A l'époque d'une crise toute nationale, mettre à la tête des affaires un étranger, bourgeois d'une petite république, d'une religion qui n'était pas celle de la majorité de la nation, avec des talents médiocres, plein de lui-même, entouré de flatteurs, sans consistance personnelle, et ayant, par conséquent, besoin de plaire au peuple, c'était s'adresser à un homme qui ne pouvait que convoquer et mal convoquer les états généraux. On avait montré de toutes les manières qu'on les redoutait, et l'on ignorait la seule raison pour laquelle ils fussent redoutables. On s'était mépris sur la nature du danger; aussi ne fit-on rien pour le prévenir, et au contraire, on le rendit inévitable.

---

1. Necker revint aux affaires le 25 août 1788. Pendant sa retraite il avait publié un compte rendu nouveau paru en 1784 sous le nom d'*Administration des finances* (3 vol. in-8°) dont il se vendit près de quatre-vingt mille exemplaires. Il avait également publié sa correspondance avec M. de Calonne (1787 in-4°).

Les états généraux se composaient de députations des trois ordres de l'État, de sorte que nul n'en était membre et n'y pouvait arriver que par élection. Tout ce qu'on pouvait avoir à espérer ou à craindre était par conséquent subordonné au résultat des élections, résultat subordonné lui-même au mode suivant lequel elles seraient faites.

Il était évident qu'une coalition des trois ordres contre le trône était une chose moralement impossible ; que s'il était attaqué, ce ne pouvait être ni par le premier ordre, ni par le second, ni tant que ces deux ordres subsisteraient ; mais par le troisième, après qu'il aurait abattu les deux autres, et que ce serait contre ceux-ci qu'on porterait les premiers coups. Il était également évident que le premier et le second ordre, n'ayant rien à conquérir sur le troisième, n'avaient par conséquent pas d'intérêt à l'attaquer et ne pourraient pas en avoir la volonté, tandis que le troisième, étant dans une situation toute contraire à l'égard des deux autres, se trouvait naturellement le seul que l'on eût à craindre, et contre lequel on eût à se prémunir. Dans cette situation des choses, la conservation des droits légitimes était le but qu'on devait se proposer, et il était clair qu'on ne pouvait l'atteindre qu'en proportionnant la force de résistance des deux premiers ordres à la force d'agression du troisième, et qu'il fallait rendre l'une aussi grande et l'autre aussi faible que possible.

On avait pour cela deux moyens :

On pouvait fixer pour la députation de chaque ordre un nombre tel, que les membres de cet ordre les plus considérables par le rang et par la fortune fussent suffisants pour remplir la députation, et restreindre soit le droit d'élire, soit le droit d'être élu, de telle manière que les choix tombassent nécessairement sur eux. De cette façon on était assuré que, dans les députations des deux premiers ordres, l'esprit de corps ne serait affaibli par aucune opposition; que la députation de l'un se sentirait intéressée à défendre celle de l'autre comme la sienne propre; qu'en cas d'attaque, l'agresseur ne pourrait pas avoir d'intelligences secrètes dans leurs rangs, ni y trouver des auxiliaires; et que dans les députations du troisième ordre, la crainte de perdre, balançant le désir d'acquérir, ferait prévaloir l'esprit de conservation sur celui d'envahissement;

On pouvait encore (et c'eût été de beaucoup le meilleur moyen) substituer aux deux premiers ordres une pairie composée de membres de l'épiscopat et des chefs de familles nobles, qui réunissaient le plus d'ancienneté, de richesses et de lustre, et borner l'élection au troisième ordre qui aurait formé une assemblée séparée.

Beaucoup de gens ont, la Révolution faite, cherché comment on aurait pu la prévenir et ils ont imaginé divers moyens analogues aux causes qu'ils lui supposaient; mais à l'époque voisine de celle où la Révolution éclata, elle ne pouvait être prévenue que par l'un des deux moyens que je viens d'indiquer.

M. Necker n'adopta ni l'un ni l'autre. Il fixa le nombre des députés que chacun des deux premiers ordres devait élire à trois cents, ce qui était beaucoup trop pour que l'on ne fût pas obligé d'étendre les choix aux rangs inférieurs qu'il eût été à propos d'exclure [1].

D'un autre côté, une latitude presque infinie fut laissée au droit d'élire et au droit d'être élu, ce qui fit que le haut

---

1. Les états généraux comptaient 1145 députés : 291 pour le clergé, 270 pour la noblesse, 584 pour le tiers état.

clergé et la haute noblesse se trouvèrent en minorité dans la députation de leur ordre; et que dans celle du troisième ordre, il n'y eut guère que des avocats, genre d'hommes que les habitudes de leur esprit, suite nécessaire de leur profession, rendent généralement fort dangereux. Mais de toutes les fautes, la plus grande fut encore d'autoriser le troisième ordre à nommer, lui seul, autant de députés que les deux autres ensemble. Comme il était impossible que cette concession pût lui être utile, excepté dans le cas de la fusion des trois ordres en un corps unique, on ne pouvait la lui faire sans présupposer ce cas, et sans consentir implicitement à cette fusion. On légitimait donc d'avance les tentatives qu'il ferait pour l'obtenir ; on augmentait ses chances de succès, et, après le succès, on lui assurait une prépondérance absolue dans le corps où les trois ordres allaient se confondre.

Il y avait en M. Necker quelque chose qui l'empêchait de pressentir les conséquences de ses propres mesures, et de les redouter. Il se persuadait qu'il aurait sur les états généraux, une influence toute-puissante, que les membres du troisième ordre, surtout, l'écouteraient comme un oracle, ne verraient que par ses yeux, ne feraient rien que de son aveu et ne se serviraient point, contre son gré, des armes qu'il leur mettait entre les mains. Illusion qui devait être de courte durée. Précipité de cette hauteur où son amour-propre seul l'avait placé, et d'où il s'était flatté de dominer les événements, il alla pleurer dans la retraite sur des maux qu'il n'avait pas voulu causer, sur des crimes dont sa probité avait horreur, mais que, plus habile et moins présomptueux, il aurait peut-être épargnés à la France et au monde.

Sa présomption le rendit absolument incapable de voir que le mouvement qui existait alors en France était produit par une passion, ou plutôt par les égarements d'une passion commune à tous les hommes, la vanité. Chez presque tous les peuples, elle n'existe que d'une manière subordonnée, et ne forme qu'une nuance du caractère national, ou bien elle ne s'attache avec force qu'à un objet, tandis que chez les Français, comme autrefois chez les Gaulois, leurs ancêtres, elle se mêle à tout, et domine en toute chose avec une énergie individuelle et collective qui la rend capable des plus grands excès.

Dans la Révolution française, cette passion n'a pas figuré seule; elle en a éveillé d'autres qu'elle a appelées à son aide, mais celles-ci lui sont restées subordonnées; elles ont pris sa couleur et son esprit, elles ont agi dans son sens et pour sa fin. Elle a assez donné l'impulsion et dirigé le mouvement, pour que l'on puisse dire que la Révolution française est née de la vanité.

Dirigée vers un certain but, et contenue dans de certaines limites, la passion dont je parle attache les sujets à l'État; elle l'anime, elle le vivifie; alors elle prend et mérite le nom de patriotisme, d'émulation, d'amour de la gloire. En soi, et à part sa direction vers un but déterminé, elle n'est que le désir de la prééminence. On peut désirer la prééminence pour son pays, on peut la désirer pour un corps dont on est membre, on peut la désirer pour soi, et dans ce cas on peut désirer de l'obtenir en une seule chose, ou en plusieurs, dans la sphère où l'on est placé, ou hors de cette sphère. On peut enfin, mais non sans démence, désirer de l'avoir en toute chose et sur tout. Si des circonstances font que chez la généralité des membres d'un État, ce désir se porte sur les distinctions sociales, la conséquence inévitable sera que le grand nombre ne voudra que ces titres de distinction que chacun peut se flatter d'avoir ou d'acquérir, à l'exclusion de ceux qui, par leur nature, ne peuvent être que le partage du très petit nombre ; ainsi du désir de la prééminence naîtra l'esprit d'égalité politique. C'est ce qui était arrivé en France à l'époque qui précéda la Révolution. C'était, comme l'a révolutionnairement établi l'abbé Sieyès [1], dans son écrit sur les privilèges, un effet naturel et nécessaire de la situation dans laquelle était la France.

L'État, quoique divisé nominalement en trois ordres, ne l'était réellement qu'en deux classes : la classe noble et la classe plébéienne ; une partie du clergé appartenait à la première, et l'autre partie à la seconde de ces deux classes.

Toute prééminence dans l'ordre social se fonde sur l'une de ces quatre choses : le pouvoir, la naissance, la richesse et le mérite personnel.

Après le ministère du cardinal de Richelieu et sous Louis XIV,

---

1. Emmanuel-Joseph Sieyès, naquit à Fréjus en 1748. Il entra dans les ordres, et fut vicaire général à Rennes, se mêla peu à peu au mouvement philosophique, et se lia avec tous les écrivains du temps. Il fut membre de l'assemblée provinciale d'Orléans. En 1789, il publia sa célèbre brochure : *Qu'est-ce que le tiers ?* dont il se vendit trente mille exemplaires en quelques jours. Député de Paris, il devint un des membres les plus autorisés du tiers état. Il fut élu président (juin 1790). Membre de l'administration du département de Paris (février 1791). Il refusa à ce moment l'archevêché de Paris. En 1792 il fut élu à la Convention dont il devint le président. Il vota la mort du roi. Il se tint à l'écart durant la Terreur, fut en 1795 membre du conseil des Cinq-Cents, ministre à Berlin en 1798. Il entra au directoire (1799) et en fut nommé le président ; il s'attacha à Bonaparte, et prépara avec lui le 18 brumaire. Consul provisoire, il présenta son fameux projet de constitution, fut remplacé par Cambacérès et entra au Sénat. Il fut, en 1814, un des promoteurs de la déchéance de l'empereur, fut créé pair de France sous les Cent jours, et fut exilé en 1816. Il rentra en France, en 1830 et mourut en 1836. Il était entré à l'Institut en 1795 ; membre de l'Académie française en 1804, il fut rayé en 1816.

tout le pouvoir politique se trouva concentré entre les mains du monarque, et les ordres de l'État n'en eurent plus aucun.

L'industrie et le commerce portèrent dans la classe plébéienne les richesses, et tous les genres de mérite s'y développèrent.

Il n'y eut donc plus qu'un titre de prééminence qui resta seul : la naissance.

Mais comme la noblesse avait été accordée depuis longtemps à l'aide des charges vénales, la naissance même put être suppléée à prix d'argent, ce qui la rabaissa au niveau de la richesse.

Les nobles eux-mêmes la rabaissèrent encore, en prenant pour femmes des filles de parvenus enrichis, plutôt que des filles pauvres, mais de sang noble. La noblesse ne pouvait tomber au-dessous de la richesse sans que la pauvreté l'avilît ; et parmi les familles nobles, le plus grand nombre était ou relativement ou absolument pauvre. Avilie par la pauvreté, elle l'était encore par la richesse, lorsqu'elle avait été comme sacrifiée à celle-ci par des mésalliances.

Dans l'Église et l'épiscopat, les dignités les plus lucratives étaient devenues le partage presque exclusif de la classe noble. On avait abandonné à cet égard les principes suivis constamment par Louis XIV. La partie plébéienne, c'est-à-dire la partie incomparablement la plus nombreuse du clergé, était donc intéressée à ce que, dans son ordre, non seulement le mérite prévalût toujours sur la naissance, mais même que celle-ci ne fût comptée pour rien. Dans la classe noble, il n'y avait point une hiérarchie fixe : les titres qui devaient servir à y marquer les rangs n'avaient point une valeur constante.

Au lieu d'une noblesse, il y en avait sept ou huit : une d'épée et une de robe, une de cour et une de province, une ancienne et une nouvelle, une haute et une petite. L'une se prétendait supérieure à l'autre, qui prétendait lui être égale. A côté de ces prétentions, le plébéien élevait les siennes, presque égales à celles du simple gentilhomme, par la facilité qu'il avait de le devenir. Souvent fort supérieur à ce dernier par la fortune, par les talents, il ne se croyait point inférieur à ceux dont ce simple gentilhomme se croyait lui-même l'égal.

Les nobles n'habitaient plus les donjons féodaux. La guerre n'était plus leur occupation exclusive. Ils ne vivaient plus uniquement avec des nobles, ou avec leurs hommes d'armes ou avec des hommes de leur domesticité. Un autre genre de vie leur avait donné d'autres goûts, et ces goûts d'autres besoins. Souvent désœuvrés, et faisant des plaisirs leur unique affaire, tout ce qui était une ressource contre l'ennui, tout ce qui ajoutait aux jouissances, leur était devenu nécessaire. Le plébéien, riche, éclairé, qui ne dépendait point d'eux, qui pouvait se passer d'eux et dont ils ne pouvaient se passer, vivait, je l'ai déjà fait observer, avec eux comme avec ses égaux.

Lorsque j'ai parlé de la grande société française à l'époque de la Révolution, j'ai eu pour objet de faire connaître tous les éléments hétérogènes dont elle se composait alors, et de faire pressentir les résultats qu'un tel désaccord dans les mœurs devait amener. Je suis arrivé au moment où l'amour de l'égalité a pu se montrer sans embarras et à visage découvert.

Dans les siècles polis, la culture des lettres, celle des sciences, celle des beaux-arts forment des professions auxquelles se vouent des hommes, dont un grand nombre appartient souvent, par le mérite personnel, à ce qu'il y a de plus élevé ; et par la naissance et par la fortune, à ce qu'il y a de plus inférieur dans la société civile. Un secret instinct doit les porter à élever les avantages qu'ils possèdent au niveau, si ce n'est au-dessus, de ceux dont ils sont privés. D'ailleurs leur but est, en général, d'arriver à la célébrité. La première condition pour cela, est de plaire et d'intéresser, ce qu'ils ne peuvent faire plus sûrement, qu'en flattant les goûts dominants et les opinions régnantes, qu'ils renforcent en les flattant. Les mœurs et l'opinion tendaient à l'égalité ; ils en furent donc les apôtres.

Lorsqu'il n'y avait guère d'autre richesse que la richesse territoriale, que cette richesse était entre les mains de la noblesse, et que l'industrie et le commerce étaient exercés par des hommes inférieurs, les nobles les méprisèrent ; et parce qu'ils les avaient une fois méprisés, ils se croyaient en droit, et même dans l'obligation de les mépriser toujours (même en s'alliant à eux, ce qui était une inconséquence choquante), et par là, ils irritaient l'orgueil de la classe plébéienne, qui sentait qu'on ne pouvait mépriser son industrie, sans la mépriser elle-même.

Parmi les débris de son ancienne existence, la noblesse avait conservé de certains privilèges qui, dans l'origine, n'étaient qu'une compensation pour des charges qu'alors elle supportait seule, et qu'elle avait cessé de supporter. Ces privilèges, la cause n'en subsistant plus, paraissaient injustes ; mais leur injustice n'était pas ce qui les rendait le plus odieux ; ils l'étaient surtout par la raison que, portant, non sur la quotité, mais sur la forme de l'impôt, ils établissaient une distinction dans laquelle la classe plébéienne voyait moins une faveur pour les nobles, qu'une injure pour elle.

Ces sentiments dans la classe plébéienne provenaient de l'esprit d'égalité, et servaient à l'entretenir. Qui ne veut point être traité comme inférieur prétend être égal, ou aspire à l'être.

Je dois le dire encore : cette partie de l'armée si imprudemment envoyée au secours des colonies anglaises luttant contre leur métropole, s'était imbue dans le nouveau monde, des doctrines de l'égalité. Elle revenait pleine d'admiration pour ces doctrines et, peut-être, de désir de les mettre aussi en pratique en France; et, par une sorte de fatalité, c'était cette époque-là même que M. le maréchal de Ségur[1] imagina de choisir pour réserver aux nobles toutes les places d'officiers dans l'armée. Une foule d'écrits s'élevèrent contre une disposition qui fermait à tout ce qui n'était pas noble une carrière que Fabert[2], que Chevert[3], que Catinat[4] et d'autres

---

1. Philippe-Henry, marquis de Ségur, appartenait à une vieille famille de Guyenne. Né en 1724, il entra à quinze ans à l'armée, fut grièvement blessé à Raucoux, puis à Lawfeld. Lieutenant général (1760). De nouveau blessé à Clostercamp. Gouverneur de la Franche-Comté (1775); ministre de la guerre (1780-1787); maréchal de France (1783); emprisonné sous la Terreur, il échappa à la mort. En 1800, il reçut une pension du premier consul, qui le traita avec tous les honneurs dus à sa haute dignité. Il mourut en 1801.

2. Abraham Fabert était d'une famille lorraine ; il entra à l'armée et prit part à toutes les campagnes de son temps. Il devint maréchal de France en 1654 et mourut en 1662.

3. François de Chevert, né en 1695 à Verdun. Engagé à neuf ans, lieutenant dans le régiment de Carné à onze ans, lieutenant-colonel dans la campagne de Bohême, où il illustra son nom en contribuant à la prise de Prague, et plus tard en défendant cette ville. Maréchal de camp (1744), lieutenant général (1748), grand-croix de l'ordre de Saint-Louis. Il mourut en 1769.

4. Nicolas de Catinat de la Fauconnerie, né en 1637. D'abord avocat, il entra ensuite à l'armée. Il devint lieutenant général en 1688. L'année suivante, il fit en Savoie et en Piémont une campagne restée célèbre (victoire de Staffarde, de la Marsaille). Maréchal de France (1690). Ministre plénipotentiaire à Turin (1695). De nouveau à la tête de l'armée d'Italie (1701), il commanda ensuite en Alsace et mourut en 1712.

plébéiens comme eux, avaient parcourue avec gloire. Les professions lucratives étant interdites à la noblesse pauvre, on avait cru devoir lui ménager ce dédommagement. On n'avait vu que ce côté de la question. Mais cette mesure, substituant évidemment la naissance au mérite personnel, dans ce qui était le domaine propre du mérite, choquait et la raison et l'opinion. Car, pour dédommager les nobles d'avoir perdu des avantages que la classe plébéienne regardait déjà comme un préjugé humiliant pour elle, on faisait à cette dernière une injustice et un affront. On achevait d'aliéner le soldat, déjà indisposé par l'introduction d'une discipline étrangère, qui l'exposait à un traitement mis de tous les temps, en France, au rang des outrages[1]. Il semblait qu'on eût à cœur de ne point retrouver nos braves soldats au moment du plus grand danger, et en effet, on ne les retrouva plus.

Ainsi, tout tendait à nuire à la classe noble, et ce qu'on lui avait ôté, et ce qu'on lui avait laissé, et ce qu'on voulait lui rendre, et la pauvreté d'une partie de ses membres, et la richesse d'une autre partie, et ses vices et ses vertus même.

Mais tout cela, je l'ai dit plus haut en parlant du second ministère de M. Necker, était l'ouvrage du gouvernement autant au moins que l'effet du mouvement général des choses humaines. Ce n'était point l'ouvrage de la classe plébéienne, qui ne faisait qu'en profiter. L'égalité était venue, pour ainsi dire, au-devant d'elle. Pour résister à ses préve-

---

1. Le lieutenant général comte de Saint-Germain, appelé au ministère de la guerre, s'efforça de rétablir la discipline dans l'armée. Mais il voulut introduire en France les punitions corporelles en usage chez les Allemands et les Anglais. L'opinion se souleva avec la dernière violence contre cette innovation, et le comte de Saint-Germain perdit toute la faveur qui l'avait accueilli à son avènement (1776).

nances, il eût fallu à une masse d'hommes la modération et la prévoyance, dont à peine quelques individus privilégiés sont capables.

L'égalité entre les deux classes, une fois établie par les mœurs nouvelles et dans l'opinion, ne pouvait manquer de l'être par la loi dès qu'une occasion s'en présenterait.

Au moment même de l'ouverture des états généraux, la députation du troisième ordre commença l'attaque contre les deux autres. Elle avait pour principaux chefs des hommes qui, n'appartenant pas au tiers état, avaient été jetés dans ses rangs par le dépit d'une ambition contrariée, ou par le désir de s'ouvrir, au moyen de la popularité, une route à la fortune. Peut-être les aurait-on facilement conduits. On n'en sentit le besoin que quand il n'eût plus servi à rien de réussir.

Quiconque est appelé à faire partie d'un corps, doit justifier de la qualité qu'il a pour en être membre, et du titre qui la lui donne. Mais, à qui doit-il en justifier ? Évidemment à ceux qui ont intérêt à ce que nul ne se glisse dans cette réunion à l'aide d'un titre ou supposé ou incomplet, et qui n'ont point d'intérêt contraire ; au corps lui-même, s'il est déjà formé ; et, s'il ne l'est pas, à la pluralité de ceux qui sont désignés pour le former, et à nul autre. La raison le dit, et la politique de tous les peuples a été de tout temps conforme à ce principe.

Cependant la députation du troisième ordre prétendit que les membres de chaque députation devaient se légitimer auprès des trois ordres, et qu'ils devaient, à cet effet, se réunir dans une même enceinte ; en d'autres termes, que la vérification des pouvoirs devait se faire en commun. Cette prétention une fois admise, elle aurait dit aux deux autres députations : en admettant la conséquence, vous avez nécessairement admis le principe, et la vérification des pouvoirs suppose que les trois députations ne forment qu'un seul corps ; un seul corps ne reconnaît qu'une seule délibération commune et un vote individuel ; les trois députations ne formant qu'un seul corps, il n'y a plus d'ordres, car des ordres ne peuvent exister qu'en corps séparés et distincts : où il n'y a plus d'ordres, les titres et les privilèges qui les constituent doivent cesser. C'est à cela que cette députation voulait arriver, mais n'osant encore y marcher ouvertement, elle prenait une voie détournée.

Sans prévoir peut-être toutes les conséquences de sa prétention, ou les repousser, elle insiste ; et pendant qu'on discute et qu'on délibère, elle se déclare assemblée nationale [1], présentant ainsi implicitement les deux autres députations comme de simples conventicules, et les signalant à la haine populaire comme étrangères à la nation, et comme en étant les ennemis.

J'étais membre de la députation de l'ordre du clergé. Mon opinion était qu'il fallait dissoudre les états généraux ; et forcé de prendre les choses où elles étaient, de les convoquer de nouveau, suivant un des modes que j'ai indiqués ci-dessus. J'en donnai le conseil à M. le comte d'Artois qui avait alors de la bonté et, si j'osais me servir d'une des expressions qu'il employait, de l'amitié pour moi. On trouva mon conseil trop hasardeux. C'était un acte de

---

1. Séance du 17 juin 1789. Le tiers se proclama assemblée nationale, sur la proposition de Legrand, député du Berry, et non de Sieyès comme on le croit généralement.

force, et la force, il n'y avait autour du roi personne pour la manier. J'eus la nuit à Marly quelques rendez-vous qui, ayant tous été inutiles, me démontrèrent que je ne pouvais être bon à rien, et que, dans ce cas, sous peine de folie, il fallait penser à soi[1].

La composition des états généraux rendant évidemment nuls les deux premiers ordres, il ne restait qu'un seul parti raisonnable à prendre, c'était de céder avant d'y être contraint, et quand on pouvait encore s'en faire un mérite. Par là, on pouvait empêcher que les choses ne fussent d'abord portées à l'extrême, on forçait le troisième ordre à des ménagements, on conservait le moyen d'influer sur les délibérations communes, on gagnait du temps, ce qui souvent est tout gagner; et s'il y avait une chance de reprendre du terrain, ce parti était le seul qui l'offrît. Je n'hésitai donc point à me mettre au nombre de ceux qui en donnèrent l'exemple.

La lutte se prolongeant, le roi intervient comme médiateur; il échoue. Il commande à la députation du troisième ordre et n'est point obéi; on veut qu'elle ne puisse pas s'assembler, et l'on ferme la salle de ses séances. Elle s'en fait une d'un jeu de paume et jure de ne point se séparer sans avoir fait une constitution, c'est-à-dire sans avoir détruit la constitution du royaume[2]. On songe alors à arrêter par la force le mouvement qu'on n'a pas su prévoir, et l'instrument de la force échappe aux mains qui la veulent employer. En un même jour la France entière, villes, villages, hameaux, se trouve sous les armes. La Bastille est attaquée, prise ou livrée en deux heures,

---

1. Voir l'appendice page 137. On y trouvera un récit de ces entrevues fait par M. de Bacourt.

2. 20 juin 1789.

et son gouverneur égorgé[1]. La fureur populaire se fait encore d'autres victimes[2]. Alors tout cède, il n'y a plus d'états généraux ; ils ont fait place à une assemblée unique et toute-puissante ; et le principe de l'égalité est consacré. Ceux qui ont conseillé l'emploi de la force, ceux qui l'ont mise en mouvement, ceux qui en ont été les chefs, ne songent qu'à leur sûreté. Une partie des princes sort du royaume et l'émigration commence.

M. le comte d'Artois en avait donné le premier le signal. Son départ me fit une peine extrême. Je l'aimais. J'eus besoin de toute la force de ma raison pour ne pas le suivre, et pour résister aux instances que me faisait de sa part madame de Carignan pour aller le rejoindre à Turin. On se tromperait si on concluait de mon refus que je blâmasse les émigrés ; je ne les blâmais point, mais je blâmais l'émigration. Presque tous les émigrés ont été guidés par un sentiment noble et par un grand dévouement ; mais l'émigration était une combinaison fausse. Qu'elle eût pour motif, ou la crainte du danger, ou l'amour-propre offensé, ou le désir de recouvrer par les armes ce qu'on aurait perdu, ou l'idée d'un devoir à remplir, elle ne me paraissait sous tous ces rapports qu'un mauvais calcul.

Il ne pouvait y avoir de nécessité d'émigrer que dans le cas

---

1. Bernard Jourdan de Launay, d'une famille noble de Normandie, né en 1740, à la Bastille, dont son père était gouverneur ; il remplit également cette charge, succédant à M. de Jumilhac. Son rôle durant l'attaque du 14 Juillet est bien connu. On sait comment, ayant été forcé de se rendre, il fut massacré avec plusieurs de ses officiers, malgré les efforts de Hélie et de Hulin, les chefs des assaillants.

2. Outre le gouverneur de Launay et ses soldats, le peuple massacra le prévôt des marchands Flesselles, et, peu de jours après, l'intendant Foulon et son gendre Bertier de Sauvigny, intendant de Paris.

d'un danger personnel contre lequel la France n'eût point offert d'asiles, ou d'asiles assez sûrs, c'est-à-dire dans le cas d'un danger général pour les nobles. Ce danger n'existait pas alors; on pouvait le prévenir, tandis que le premier effet de l'émigration devait être de le créer. Ni la totalité de la classe noble, ni la majorité de cette classe, ne pouvaient abandonner le royaume. L'âge, le sexe, les infirmités, le défaut d'argent et d'autres causes non moins puissantes étaient pour un grand nombre un obstacle invincible. Il ne pouvait donc en sortir qu'une partie, et cette partie absente devait inévitablement compromettre l'autre. En butte aux soupçons, bientôt à la haine, ceux qui restaient et qui ne pouvaient fuir, devaient, par peur, grossir le parti dominant, ou être sa victime.

La seule perte dont l'esprit d'égalité menaça alors la noblesse, était celle de ses titres et de ses privilèges. Par l'émigration, on ne prévenait point cette perte, et même les gentilshommes français couraient le risque d'en ajouter une plus grande, celle de leurs biens. Quelque pénible que fût pour la noblesse la perte de ses titres et de ses privilèges, elle l'était incomparablement moins que la situation à laquelle elle allait se trouver réduite par le simple séquestre de ses revenus. La perte seule des titres pouvait être adoucie par la certitude qu'elle n'était point irréparable, et par l'espoir même qu'elle serait réparée. Dans une grande et antique monarchie, l'esprit d'égalité, pris dans sa rigueur, est une maladie nécessairement passagère, et cette maladie devait être d'autant moins violente et d'autant plus courte qu'elle eût été moins combattue. Mais des biens une fois perdus ne pouvaient être restitués aussi facilement que des titres; ils pouvaient avoir été aliénés, avoir passé dans tant de mains qu'il devînt impossible de les recouvrer jamais et dangereux même de le tenter. La perte en serait alors un mal sans remède, non seulement pour les nobles, mais encore pour l'État tout entier à qui son organisation naturelle ne pourrait plus être qu'imparfaitement rendue, dès que l'un de ses éléments essentiels n'existerait plus qu'en partie. Or, la noblesse, élément essentiel de la monarchie, n'est point un élément simple, et la naissance sans biens, ou les biens sans naissance, ne donnent point, politiquement parlant, la noblesse complète.

On ne pouvait pas se faire illusion au point de croire que ce que la classe noble tout entière, avec tous les moyens d'action et d'influence qui lui restaient, n'aurait pu défendre et conserver, pût être recouvré par les forces seules de la partie de cette classe qui se serait expatriée. Tout son espoir serait donc dans le secours de l'étranger. Mais n'y avait-il donc rien à redouter de ces secours-là? Pouvait-on les accepter sans défiance s'ils étaient offerts, ou les implorer sans scrupule? La grandeur d'une injure reçue ne suffisait point pour excuser ceux qui appelaient la force étrangère dans leur pays. Il fallait pour justifier un acte de cette nature la réunion de beaucoup de circonstances; il fallait qu'une grande et évidente utilité pour le pays même le demandât; il fallait qu'il n'y eût point d'autres moyens; il fallait être sûr du succès et que ni l'existence du pays, ni son intégrité, ni son indépendance à venir, n'en reçussent aucune atteinte. Or, quelle certitude avait-on de ce que feraient les étrangers une fois vainqueurs? Quelle certitude avait-on qu'ils le devinssent? Avait-on la certitude d'en recevoir de véritables secours, et fallait-il se commettre sur de simples espérances? Pourquoi aller au-devant de secours qui peut-être n'arriveraient pas, quand, avec la certitude même de les voir arriver, la raison voulait qu'on restât tranquille et qu'on les attendît? et en les attendant, on pouvait, si le besoin social du pays l'exigeait, coopérer avec eux d'une manière plus efficace; on ajoutait alors aux chances de succès, et l'on ne compromettait rien; au lieu qu'en allant les chercher, on compromettait tout, parents, amis, fortune et le trône avec eux; et non seulement le trône, mais encore la vie du monarque et celle de sa famille qui, peut-être, un jour, sur le bord de l'abîme, ou déjà dans l'abîme, ne pourrait se rendre raison de ses malheurs qu'en s'écriant : *Voilà cependant où l'émigration nous a conduits*[1].

Ainsi, loin de pouvoir être regardée comme l'accomplissement d'un devoir, l'émigration avait besoin d'être excusée, et ne pouvait l'être que par l'immensité d'un danger personnel auquel on n'eût point d'autre moyen de se soustraire. Ces idées, si un autre ordre de choses se présente un jour, deviendront, je l'espère, générales parmi ceux qui auraient peut-être encore à lutter contre le torrent révolutionnaire.

Je résolus donc de ne point quitter la France, avant d'y être contraint par un danger personnel; de ne rien faire pour

---

1. Je puis dire que l'opinion positive de Louis XVI à cet égard, se trouve consignée dans des *Mémoires* que j'ai lus, dont M. de Clermont-Gallerande est l'auteur. Ils sont écrits de sa main, et se trouvent aujourd'hui chez M. le marquis de Fontenille. — M. de Clermont rend compte de la mission qu'il reçut du roi pour se rendre à Coblentz. Il était chargé de sa part de peindre à ses frères le danger personnel dans lequel l'émigration mettait sa vie. (*Note du prince de Talleyrand.*)

Charles, marquis de Clermont-Gallerande était issu d'une vieille famille du Maine. Né en 1744, il devint maréchal de camp, prit part à la défense des Tuileries au 10 Août, et fut longtemps emprisonné sous la Terreur. C'est lui qui, sous le consulat, remit à Bonaparte la lettre par laquelle Louis XVIII l'invitait à le rétablir sur le trône. Pair de France en 1814, il mourut en 1823. Ses *Mémoires* ont été publiés en 1825 à Paris (3 vol. in-8°).

le provoquer, de ne point lutter contre un torrent qu'il fallait laisser passer, mais de me tenir en situation et à portée de concourir à sauver ce qui pouvait être sauvé, de ne point élever d'obstacle entre l'occasion et moi, et de me réserver pour elle.

La députation du troisième ordre, avant d'avoir triomphé des deux autres, s'était occupée de dresser une déclaration des droits à l'imitation de celle que les colonies anglaises avaient faite, lorsqu'elles avaient proclamé leur indépendance. On continua de s'en occuper après la fusion des ordres. Cette déclaration n'était autre chose qu'une théorie de l'égalité, théorie qui se réduisait à ceci :

« Il n'y a de différence réelle, et il ne doit y avoir de distinction permanente entre les hommes que celles qui tiennent au mérite personnel. Les distinctions qui viennent des emplois sont accidentelles et doivent être temporaires, pour que le droit que chacun a d'y prétendre ne soit pas illusoire. Le peuple est la source de tout pouvoir politique, comme il en est la fin. A lui seul appartient la souveraineté. Ce qu'il veut est loi, et rien n'est loi que ce qu'il veut. S'il ne peut exercer lui-même la souveraineté, ce qui arrive lorsqu'il est trop nombreux pour se réunir, il la fait exercer par des représentants de son choix, lesquels peuvent tout ce qu'il pourrait lui-même, et dont le pouvoir est par conséquent sans bornes. »

L'incompatibilité d'une monarchie héréditaire avec l'application d'une pareille théorie était palpable. Cependant l'Assemblée voulait de bonne foi conserver la monarchie et y appliquer la républicaine théorie qui s'était emparée de toutes les têtes. Elle ne soupçonnait même pas qu'il y eût de la difficulté à les concilier, tant l'ignorance est présomptueuse, et tant les passions sont aveugles. Par la plus hardie et la plus insolente des usurpations, l'Assemblée s'arroge l'exercice de cette souveraineté qu'elle attribue au peuple ; elle se déclare constituante, c'est-à-dire investie du droit de détruire tout ce qui existe, et d'y substituer tout ce qui lui plaira.

On avait acquis la triste certitude que si on voulait la dissoudre, elle n'obéirait pas, et qu'on n'était pas en état de la forcer à l'obéissance. Argumenter contre elle n'aurait servi de rien. En se bornant à lui contester le pouvoir qu'elle s'attribuait, on ne l'empêchait pas d'agir ; protester contre ses actes était une mesure pleine de dangers et qui n'aurait arrêté rien. Mais le roi pouvait lui dire :

« Vous posez en principe qu'au peuple appartient la souveraineté. Vous posez en fait qu'il vous en a délégué l'exercice dans toute sa plénitude. J'ai là-dessus des doutes, pour ne rien dire de plus. Il est de toute nécessité qu'avant de passer outre, cette question soit décidée. Je ne prétends pas m'en faire juge ; vous non plus, vous ne pouvez pas l'être ; mais ce peuple est un juge que vous ne sauriez récuser : je vais l'interroger, sa réponse sera notre loi. »

Toutes les probabilités sont que, pour peu qu'on y eût mis d'habileté, le peuple à une époque où les idées révolutionnaires n'avaient point encore infecté la masse, et où ce qu'on a appelé depuis les intérêts révolutionnaires n'existait pas encore, aurait désavoué les doctrines et condamné les prétentions de l'Assemblée. Rien alors n'eût été plus facile que de la dissoudre. Ces doctrines et ces prétentions ainsi condamnées l'auraient été pour toujours. Que si le peuple les eût au contraire sanctionnées par ses suffrages, il en aurait alors subi toutes les conséquences et subi avec justice, ayant pu s'en préserver et ne l'ayant pas voulu ; et aucune part de la responsabilité n'aurait pesé sur le monarque. D'un appel au peuple s'ensuivait, il est vrai, la nécessité de le reconnaître pour souverain, s'il se déclarait tel ; et l'on dira peut-être que c'était une chose qu'il fallait éviter à tout prix. Mais l'appel au peuple, à l'époque à laquelle on était arrivé, n'aurait pas créé cette nécessité ; il aurait au contraire présenté l'unique chance qu'il y eût encore de s'y soustraire, en la rendant, de présente et d'absolue qu'elle était, contingente et simplement possible. L'Assemblée s'attribuait un pouvoir auquel elle donnait pour fondement la souveraineté du peuple et qui n'en pouvait pas avoir d'autre. On reconnaissait donc cette souveraineté dès qu'on reconnaissait ce pouvoir, et il y avait une absolue nécessité de la reconnaître, à moins de forcer l'Assemblée à se rétracter ou de la dissoudre (deux choses également impossibles), ou bien d'amener le peuple à prononcer contre elle, ce qui ne se pouvait faire qu'en le prenant pour juge. Alors, ou il aurait, comme je crois, rempli les espérances qu'on avait mises en lui, ou il aurait trompé ces espérances. Dans le premier cas, il aurait arrêté le mal à sa naissance, et fait avorter la Révolution ; dans le second, il n'aurait fait que rendre inévitable ce qu'on ne pouvait éviter que par lui, ce qui n'aurait pas accru mais seulement révélé la grandeur du mal. On y aurait gagné de ne plus pouvoir se faire d'illusion sur sa nature ; on aurait perdu l'idée de le combattre par des moyens propres seulement à l'irriter. On aurait senti qu'avant qu'il eût parcouru tous ses périodes de développement, il n'y avait point de remède à attendre du dedans ; on l'aurait vu aussi contagieux qu'il l'était, et l'Europe ne se serait point endormie.

comme elle le fit, dans une fausse et pernicieuse sécurité. Ainsi, même dans la pire supposition, l'appel au peuple aurait été une démarche de la plus grande utilité, sans aucun mélange d'inconvénient. Pourquoi donc ne le fit-on pas? Par préjugé, peut-être, ou par passion, car les préjugés et les passions n'étaient pas tous d'un seul côté; peut-être, aussi, parce que l'idée n'en vint à aucun de ceux qui formaient alors le conseil du roi.

Après quelques tentatives de force, abandonnées presque aussitôt que conçues, on se confia uniquement à l'intrigue pour tâcher de détruire un pouvoir qu'on avait laissé devenir trop fort pour être contenu, ou même dirigé, par un aussi faible moyen. L'Assemblée fut donc à peu près laissée à elle-même. Au milieu des passions qui l'agitaient, elle perdit bientôt de vue tous les principes constitutifs de la société. Elle ne sut plus qu'il y a pour la société civile un mode d'organisation nécessaire sans lequel elle ne saurait exister.

Fascinée par les chimériques idées d'égalité et de souveraineté du peuple, l'Assemblée commit des milliers de fautes.

Le roi fut qualifié de premier représentant, de mandataire du peuple et de chef du pouvoir exécutif, titres dont aucun n'était le sien, dont aucun n'exprimait les fonctions qu'il devait remplir comme monarque.

Le droit de convoquer, ajourner et dissoudre le corps législatif lui fut ôté.

Ce corps, devenu un pouvoir, fut rendu permanent, et dut se renouveler à des périodes fixes. Il ne devait former qu'une chambre unique.

Tout Français majeur, non serviteur à gages et non

condamné à des peines afflictives ou infamantes, fut éligible ou électeur, selon qu'il payait cinquante francs de contributions directes ou trois francs seulement.

Les élections durent se faire par un pêle-mêle de toutes les professions.

La nomination des évêques, des juges et des administrateurs fut attribuée aux collèges électoraux.

Le roi n'eut le pouvoir que de suspendre provisoirement les administrateurs. Le droit de les casser fut attribué au pouvoir général. Les juges n'étaient nommés qu'à temps.

L'initiative seule de faire la paix où la guerre restait au monarque ; mais le droit de déclarer celle-ci et de sanctionner la paix était réservé au pouvoir législatif.

Dans l'armée, on établit un mode d'avancement aux grades qui enlevait au roi les deux tiers des choix.

Le roi put rejeter les propositions de la législature, mais avec cette restriction que ce que trois législatures successives auraient adopté, serait loi, nonobstant le refus du roi de le sanctionner.

Telle était la loi d'organisation que l'Assemblée imposa à la société politique et civile en France, loi qui ne laissa subsister de la monarchie qu'un vain simulacre.

Ceux qui avaient été les plus ardents à la détruire cette monarchie, s'aperçurent enfin qu'ils étaient allés trop loin et tentèrent de revenir sur leurs pas ; ils ne réussirent qu'à perdre leur popularité. Le torrent formé par l'ignorance et les passions était si violent qu'il était impossible de l'arrêter. Ceux qui en pressentaient le plus les ravages, étaient réduits à se renfermer, autant que la prudence le permettait, dans un rôle passif.

Ce fut généralement le parti que je pris[1]. Cependant, je crus devoir parler dans plusieurs questions de haute finance. Je m'opposai à la création des assignats, à la réduction des intérêts de la dette publique. J'établis dans une opinion assez développée les principes sur lesquels je croyais que devait être fondée une banque nationale. Je proposai de décréter l'uniformité dans les poids et mesures. Je me chargeai aussi du rapport du comité de constitution sur l'instruction publique.

Pour faire ce grand travail, je consultai les hommes les plus instruits et les savants les plus remarqués de cette époque, où existaient M. de Lagrange[2], M. de Lavoisier[3],

---

1. Voici, sommairement analysé, le rôle de Talleyrand à l'Assemblée constituante : Il propose la nullité des mandats impératifs (7 juillet 1789). Élu membre du comité de constitution (13 juillet), provoque la suppression des dîmes (11 août), fait adopter certains articles de la déclaration des droits (21 août), propose des mesures propres à assurer l'emprunt (27 août), propose d'appliquer les biens du clergé aux besoins de l'État (10 octobre), présente un règlement de police pour Paris (5 novembre), propose d'inventorier les biens du clergé (7 novembre), est désigné pour examiner l'état de la caisse d'escompte (26 novembre), rend compte de cet examen (4 décembre), propose de considérer les juifs comme citoyens (28 janvier 1790), propose une adresse au peuple pour l'engager au calme (9 février), élu président de l'Assemblée par 373 suffrages contre 125 donnés à Sieyès (26 février), propose un mode d'aliénation des biens nationaux (13 juin), combat l'émission de 2 milliards d'assignats forcés (18 septembre) ; rapport sur les droits d'enregistrement (22 novembre), discours sur la refonte des monnaies ; (12 décembre) fait adopter un projet de loi sur l'unification des poids et mesures (26 mars 1791) ; rapport sur un arrêté du département de Paris relatif à la liberté des cultes (7 mai), rapport sur l'instruction publique (10 septembre).

2. Joseph-Louis Lagrange, né à Turin en 1736 de parents français, était à dix-huit ans le premier mathématicien de l'Europe. En 1766, Frédéric II l'appela à Berlin comme président de l'académie. Il vint à Paris en 1786, entra à l'Institut en 1795, fut nommé sénateur sous l'empire et mourut en 1813.

3. Laurent Lavoisier, né à Paris en 1743, entra à l'Académie des sciences à vingt-cinq ans, et obtint peu après une place de fermier général. Il fut le premier chimiste de son temps. Arrêté sous la Terreur, il fut guillotiné le 8 mai 1794.

M. de la Place, M. Monge [1], M. de Condorcet, M. Vicq d'Azir [2], M. de la Harpe [3]. Tous m'aidèrent. L'espèce de réputation que ce travail a acquise, exigeait que je les nommasse.

Il se présenta une circonstance où, malgré toute ma répugnance, je crus nécessaire de me mettre en avant. Voici les motifs qui me déterminèrent.

L'Assemblée prétendit régler seule et par la loi civile, ce qui jusqu'alors n'avait été réglé que par le concours des puissances spirituelle et temporelle et des lois canoniques et civiles. Elle fit pour le clergé une constitution particulière [4], exigeant de tous les ecclésiastiques en fonctions un serment de s'y conformer, sous peine d'être considérés comme démissionnaires. Presque tous les évêques le refusèrent, et, leurs sièges étant réputés vacants, les collèges électoraux nommèrent des sujets pour les remplir. Les nouveaux élus étaient bien disposés

1. Gaspard Monge, né à Beaune en 1746, fut d'abord professeur à l'école de génie de Mézières. Il entra en 1780 à l'Académie des sciences. Ministre de la marine après le 10 Août, puis membre de l'Institut, il accompagna plus tard Bonaparte en Égypte, et devint président de l'institut du Caire. Napoléon le nomma sénateur et comte de Péluse. Il mourut en 1818.

2. Félix Vicq d'Azyr, né à Valognes en 1748, étudia la médecine et ouvrit en 1773 un brillant cours d'anatomie. Membre de l'Académie des sciences (1774), puis de l'Académie française, en remplacement de Buffon-Premier médecin de la reine (1789). Il fut le dernier chancelier de l'ancienne académie (juin 1793), qui fut supprimée le 8 août suivant. Il mourut le 20 juin 1794.

3. J.-Fr. de la Harpe, né à Paris en 1739, littérateur et critique. Le cours de littérature qu'il professa à l'établissement que Pilâtre de Roziers venait de fonder sous le nom de *Lycée*, fit sa réputation. Laharpe fut arrêté sous la Terreur et proscrit au 18 fructidor. Il mourut en 1803.

4. La constitution civile fut votée par l'Assemblée le 12 juillet 1790. On sait qu'elle réduisait de 135 à 83 le nombre des diocèses, faisait élire par le peuple les évêques et les curés, et supprimait l'institution canonique. C'est là l'origine du schisme qui divisa l'Église de France en clergé assermenté et clergé insermenté.

à se passer de l'institution donnée par la cour de Rome ; mais ils ne pouvaient se passer du caractère épiscopal qui ne pouvait leur être conféré que par des hommes qui l'eussent reçu S'il ne se fût trouvé personne pour le leur conférer, il aurait été grandement à craindre, non pas que tout culte fût proscrit, comme il arriva quelques années après, mais ce qui me semblait plus dangereux, parce que cela pouvait être durable, c'est que l'Assemblée, par les doctrines qu'elle avait sanctionnées, ne poussât bientôt le pays dans le presbytérianisme plus accommodé aux opinions alors régnantes, et que la France ne pût être ramenée au catholicisme, dont la hiérarchie et les formes sont en harmonie avec celles du système monarchique. Je prêtai donc mon ministère pour sacrer un des nouveaux évêques élus, qui, à son tour, sacra les autres[1].

Cela fait, je donnai ma démission de l'évêché d'Autun, et je ne songeai plus qu'à m'éloigner de la première carrière que j'avais parcourue ; je me mis à la disposition des événements, et pourvu que je restasse Français, tout me convenait. La Révolution promettait de nouvelles destinées à la nation ; je la suivis dans sa marche et j'en courus les chances. Je lui vouai le tribut de toutes mes aptitudes, décidé à servir mon pays pour lui-même, et je plaçai toutes mes espérances dans les principes constitutionnels qu'on se croyait si près d'atteindre. Cela explique pourquoi et comment, à plusieurs reprises, je suis entré, sorti et rentré dans les affaires publiques, et aussi le rôle que j'y ai joué.

1. Talleyrand avait été choisi comme prélat consécrateur, et avec lui Gobel, évêque de Lydda, et Miroudot, évêque de Babylone. Le 24 février 1791, Talleyrand sacra les deux premiers évêques constitutionnels, Expilly, évêque du Finistère, et Marolles, évêque de l'Aisne, dans l'église de l'Oratoire, rue Saint-Honoré.

APPENDICE[1]

NOTE DE M. DE BACOURT SUR LES ENTREVUES DU COMTE D'ARTOIS ET DU PRINCE DE TALLEYRAND.

Nous voulons ajouter à ce passage quelques détails que M. de Talleyrand avait négligés ou peut-être oubliés. Il est positif qu'à l'époque à laquelle ce passage se rapporte, M. de Talleyrand eut avec M. le comte d'Artois plusieurs entrevues, dans lesquelles il chercha à convaincre le prince de la nécessité de prendre des mesures de force, et, tout en maintenant les concessions que le roi avait déjà faites, de réprimer avec vigueur les agitations populaires qui se manifestaient chaque jour, et qui avaient déjà ensanglanté les rues de la capitale. La plus importante et la dernière de ces entrevues eut lieu à Marly, dans la nuit du 16 au 17 juillet 1789, c'est-à-dire quelques heures avant que le prince quittât la France. Lorsque M. de Talleyrand se présenta chez M. le comte d'Artois, le prince qui était déjà couché, le fit néanmoins entrer, et là, dans un entretien de plus de deux heures, M. de Talleyrand exposa de nouveau tous les dangers de la situation et supplia le prince de les faire connaître au roi. M. le comte d'Artois ému se leva, se rendit chez le roi et, après une absence assez prolongée, revint déclarer à M. de Talleyrand qu'il n'y avait rien à faire avec le roi, qui était résolu à céder plutôt que de faire verser une goutte de sang en résistant aux mouvements populaires. « Quant à moi, ajouta M. le comte d'Artois, mon parti est pris; je pars demain matin, et je quitte la France. » — M. de Talleyrand conjura vainement le prince de renoncer à cette résolution en lui représentant les embarras et les périls qu'elle pourrait avoir pour lui dans le présent, et pour ses droits, et ceux de ses enfants dans

1. Voir page 124.

l'avenir. M. le comte d'Artois persista, et M. de Talleyrand finit par lui dire : « Alors, Monseigneur, il ne reste donc plus à chacun de nous qu'à songer à ses propres intérêts, puisque le roi et les princes désertent les leurs, et ceux de la monarchie. — En effet, répliqua le prince, c'est ce que je vous conseille de faire. Quoi qu'il arrive, je ne pourrai vous blâmer; et comptez toujours sur mon amitié. » — M. le comte d'Artois émigra le lendemain.

Au mois d'avril 1814, M. de Talleyrand, devenu président du gouvernement provisoire, se trouva dans le cas d'annoncer à M. le comte d'Artois, qui était alors à Nancy attendant les événements, que Louis XVIII était appelé au trône, et que le prince était invité à se rendre à Paris, pour y prendre le gouvernement en qualité de lieutenant général du royaume. Il chargea M. le baron de Vitrolles[1] de cette mission, et au moment du départ de celui-ci, pendant qu'on cachetait la dépêche pour le prince, il lui fit, en se promenant dans l'entresol de son hôtel de la rue Saint-Florentin, le récit de l'entretien de la nuit du 16 juillet 1789, puis il lui dit : « Faites-moi le plaisir de demander à M. le comte d'Artois s'il se rappelle ce petit incident. »

M. de Vitrolles, après s'être acquitté de son important message, ne manqua pas de poser au prince la question de M. de Talleyrand; à quoi le comte d'Artois répondit : « — Je me rappelle parfaitement cette circonstance, et le récit de M. de Talleyrand est de tout point exact. »

---

1. Eugène d'Arnaud, baron de Vitrolles, est né en 1774 au château de ce nom en Provence. Sa famille était une des plus anciennes de ce pays. Il était petit-neveu de l'illustre bailli de Suffren. Il émigra en 1790 et entra comme volontaire à l'armée de Condé. Il revint en France en 1797; après le 18 brumaire, il fut rayé de la liste des émigrés, grâce à l'intervention du général Bernadotte, qui avait été son professeur d'escrime alors qu'il était sergent au régiment de royal marine. M. de Vitrolles fut sous l'empire, maire et conseiller général. En 1812, il fut nommé inspecteur des bergeries, poste qui venait d'être créé pour surveiller et favoriser l'élève des mérinos en France. M. de Vitrolles prit la plus grande part à la première restauration. Peut-être est-ce lui qui décida les souverains alliés hésitants à marcher sur Paris, et qui provoqua ainsi la chute de l'empire. Ministre d'État en 1814, commissaire royal à Toulouse en 1815, il y fut arrêté sur l'ordre de Napoléon, et resta en prison pendant la durée des Cent jours. Il fut membre de la Chambre introuvable, fut destitué en 1818 de sa charge de ministre. En 1827, Charles X le nomma ministre à Florence, puis pair de France en juillet 1830. M. de Vitrolles ne se rallia pas à la monarchie de juillet; il mourut dans la retraite en 1854. On connaît les intéressants *Mémoires* qu'il a laissés sur la Restauration.

Averti que M. de Vitrolles avait raconté cette anecdote à plusieurs personnes, nous crûmes devoir faire appel à sa mémoire et à sa loyauté. Pour justifier cette expression de loyauté, il faut dire que M. de Vitrolles, à la suite de la révolution du mois de juillet 1830, avait cessé toute relation avec M. de Talleyrand, et s'exprimait très sévèrement sur son compte. C'est ce qui expliquera le ton d'hostilité et d'aigreur qui perce au travers de la lettre de M. de Vitrolles que nous allons insérer ici. Nous pensons que, pour le lecteur comme pour nous, cette hostilité ne fera que confirmer davantage la sincérité de M. de Vitrolles dans sa déclaration, et l'authenticité du passage des *Mémoires* de M. de Talleyrand. Les légères divergences qu'on remarquera entre le récit qui nous a été fait par M. de Talleyrand, et celui de la lettre de M. de Vitrolles, s'expliquent naturellement par l'effet du temps qui s'était écoulé, et qui a pu modifier les souvenirs des deux narrateurs. Le fait qui reste acquis c'est que M. de Talleyrand au mois de juillet 1789, croyait qu'on pouvait arrêter la marche révolutionnaire des événements, qu'il a eu le mérite de le dire, et le courage de proposer de s'en charger. Il n'est peut-être pas le seul qui s'en soit vanté plus tard ; nous pensons avoir constaté que lui, au moins, ne s'en vantait pas à tort.

Voici la lettre de M. de Vitrolles :

« *M. le baron de Vitrolles à M. de Bacourt.*

» Paris, 6 avril 1852.

» Monsieur,

» Vous avez attaché quelque prix au témoignage que je pourrais rendre sur une circonstance particulière de la vie de M. le prince de Talleyrand ; je ne crois pas pouvoir mieux satisfaire à vos désirs qu'en transcrivant ici ce que j'en ai écrit il y a bien des années, dans une relation des événements de 1814.

» Lorsque S. M. l'empereur de Russie et M. le prince de Talleyrand eurent compris que la présence du frère du roi revêtu des pouvoirs de lieutenant général du royaume devenait nécessaire, et que je partais pour décider *Monsieur* à se rendre à Paris, j'avais eu plusieurs conférences à ce sujet avec le président du gouvernement provisoire. Dans un dernier entretien, au moment du départ, nous avions traité les conditions et les formes de la réception de Monseigneur. Après un moment de silence, le prince de Talleyrand reprit avec son sourire caressant et d'un ton qui voulait être léger, et presque indifférent :

« Je vous prie de demander à M. le comte d'Artois, s'il se
» rappelle la dernière occasion que j'ai eue de le voir : c'était au
» mois de juillet 1789. La cour était à Marly. Trois ou quatre de
» mes amis, frappés comme moi de la rapidité et de la violence
» du mouvement qui entraînait les esprits, nous résolûmes de
» faire connaître au roi Louis XVI la véritable situation des choses,
» que la cour et les ministres semblaient ignorer. Nous fîmes deman-
» der à Sa Majesté de vouloir bien nous recevoir : nous désirions,
» pour le bien de son service comme pour nous, que cette audience
» fût tenue secrète. La réponse fut que le roi avait chargé son
» frère M. le comte d'Artois de nous recevoir ; le rendez-vous fut
» donné à Marly dans le pavillon que M. le comte d'Artois occu-
» pait seul. Nous y arrivâmes à minuit. » M. de Talleyrand me rapporta la date précise du jour, et le nom des amis qui l'accompagnaient : c'étaient des membres de l'Assemblée nationale et de cette minorité de la noblesse qui s'étaient réunis au tiers état ; la date et les noms me sont également échappés.

» Lorsque nous fûmes en présence de M. le comte d'Artois, con-
» tinua M. de Talleyrand, nous lui exposâmes en toute franchise
» la situation des affaires et de l'État, telle que nous l'envisagions.
» Nous lui dîmes que l'on se trompait, si l'on croyait que le mou-
» vement imprimé aux esprits pût facilement se calmer. Ce n'est
» point avec des atermoiements, des ménagements et quelques
» condescendances, qu'on peut conjurer les dangers qui menacent
» la France, le trône et le roi. C'est par un puissant développement
» de l'autorité royale, sage et habilement ménagé. Nous en con-
» naissons les voies et les moyens, la position qui nous permet
» de l'entreprendre, et donne les gages d'y réussir, si la confiance
» du roi nous y appelait. — M. le comte d'Artois nous écoutait
» très bien, et nous comprenait à merveille, peut-être avec la
» pensée que nous exagérions le danger de la situation, et notre
» importance pour y remédier. Mais, comme il nous le dit, il
» n'avait été chargé par le roi que de nous entendre, et de lui

» rapporter ce que nous voulions lui faire connaître; il n'avait
» aucune réponse à nous donner, et aucun pouvoir d'engager la
» volonté ou la parole du roi. Lorsque nous en fûmes là, nous
» demandâmes à M. le comte d'Artois la permission de lui dire,
» que si la démarche que nous faisions de conscience et de bonne
» foi n'était pas appréciée, si elle n'avait aucune suite et n'amenait
» aucun résultat, Monseigneur ne devait pas s'étonner que, ne
» pouvant résister au torrent qui menaçait de tout entraîner,
» nous nous jetions dans le courant des choses nouvelles.... —
» Demandez je vous prie, à *Monsieur*, répéta M. de Talleyrand, si
» cet entretien nocturne est resté dans sa mémoire. C'était bien
» près du moment où il quittait la France.

» J'admirai la subtilité de cet esprit, qui trouvait dans un de ses souvenirs une explication, une excuse et presque une justification de toute sa vie révolutionnaire; il en aurait trouvé bien d'autres pour des circonstances différentes et même contraires. En écoutant ce récit qui tombait avec une sorte d'indifférence et de naïve simplicité, je me permettais de douter que ce qui pouvait rester dans la mémoire de *Monsieur*, fût entièrement conforme aux paroles que je venais d'entendre. Cependant, lorsque à Nancy, je vins à me rappeler la recommandation de M. de Talleyrand, Monseigneur me dit, sans entrer dans aucun détail, qu'il n'avait point oublié cette circonstance, et que tout ce que je lui rapportais était entièrement conforme à la vérité.

» Je désire, Monsieur, que ce témoignage suffise à ce que vous attendiez de moi. Je vous remercie de m'avoir donné cette occasion de vous offrir l'assurance de ma considération la plus distinguée.

» Le baron DE VITROLLES. »

FIN DE L'APPENDICE ET DE LA PREMIÈRE PARTIE

DEUXIÈME PARTIE

DE M. LE DUC D'ORLÉANS

DE M. LE DUC D'ORLÉANS[1]

Les mémoires particuliers et la vie des hommes célèbres sont la source des vérités historiques : comparés à la tradition toujours crédule, même superstitieuse, ils en deviennent la critique ou la preuve ; ils concourent à former avec elle ce caractère d'authenticité que l'histoire réclame.

1. La deuxième maison d'Orléans descend de Philippe Ier, duc d'Orléans, fils cadet de Louis XIII. Louis-Philippe-Joseph dont il va être parlé ici, est le cinquième prince de cette maison. Sa mère était une princesse de Bourbon-Conti. Il naquit en 1747. Toute sa vie, il fit une opposition systématique à la cour, et devint, en 1787, le chef de tous les mécontents. Exilé en 1787, député aux états généraux, il fut un des premiers à se réunir au tiers. Il devint membre du club des Jacobins. On connaît son rôle à la Convention. Il mourut sur l'échafaud le 6 novembre 1793. — Il avait épousé Louise de Bourbon-Penthièvre, fille du duc de Penthièvre et de Marie-Thérèse d'Este, qui fut une des personnes les plus vertueuses et les plus distinguées de son temps. Emprisonnée en 1793, elle fut sauvée par le 9 thermidor, puis exilée en Espagne (1797). Elle revint à Paris en 1814. Le duc d'Orléans eut trois fils : le duc de Chartres, plus tard le roi Louis-Philippe, le duc de Montpensier et le comte de Beaujolais.

C'est par cette raison que les temps d'Henri III, d'Henri IV, de Louis XIII et de Louis XIV ont été bien connus, et que l'histoire de ces règnes a obtenu plus de confiance. L'âge qui a suivi et qui se rapproche plus de nous, n'a pas eu jusqu'à présent autant d'avantages; il nous a laissés moins riches en ce genre d'instruction. Il semble que les traditions seules ont fondé la croyance générale.

Le Siècle de Louis XIV par M. de Voltaire est une composition à part. Elle tient au genre des Mémoires par la simplicité, le ton naturel, le souvenir de quelques anecdotes, mais souvent elle s'élève à des vues générales et d'un ordre supérieur. Il est évident que M. de Voltaire n'a pas prétendu écrire l'histoire du règne de Louis XIV, et qu'il a voulu se borner à en crayonner à grands traits les principaux événements.

Une vie bien faite de M. de Colbert ou de M. de Louvois donnerait une idée juste du caractère qu'avait le gouvernement de ce grand roi. Un ouvrage de ce genre sur le ministère du duc de Choiseul ferait connaître l'esprit qui dominait à la cour et dans l'administration sous le règne de Louis XV. J'ai pensé qu'un tableau de la vie de M. le duc d'Orléans donnerait les traits et la couleur du règne faible et passager de Louis XVI; qu'il mettrait sous les yeux d'une manière sensible le relâchement général des mœurs publiques et particulières sous son règne, ainsi que la dégradation dans les formes du gouvernement et les habitudes de l'administration; qu'un ouvrage entrepris dans cette vue représenterait le caractère d'une époque importante de l'histoire de France.

Dans l'espace de trois siècles, à des intervalles à peu près égaux, le gouvernement en France a été menacé par des mouvements qui, chacun, portait une empreinte particulière. Les premiers, ceux de la Ligue et de la Fronde, ont hâté le développement de la force et de la grandeur nationales; les Guise et le cardinal de Retz avaient quelque chose de noble dans leur audace et dans leurs moyens : c'était la séduction du temps. Le dernier mouvement, celui de nos jours, n'a été qu'une épouvantable catastrophe. M. le duc d'Orléans, qui s'y est fait remarquer, ne s'y est livré que par désordre, par mépris des convenances, par abandon de lui-même : c'était la gloire, le goût et l'intrigue de cette époque. J'entre en matière.

Je ne puis dire quel rôle les différents partis qui ont dominé en France, depuis le début de la Révolution, feront jouer à M. le duc d'Orléans, lorsqu'ils peindront, chacun pour leur apologie, les grandes scènes de cette Révolution. Pourvu qu'on ne lui attribue que tous les torts qui peuvent résulter de la plus extrême faiblesse de caractère, les faits, s'ils ne sont point exacts, seront au moins vraisemblables. C'est ce que prouverait sa vie tout entière. Les circonstances au milieu desquelles il s'est trouvé ont changé souvent, mais lui, enfant, jeune homme, plus âgé, il a toujours été invariablement le même.

Quoique je puisse donner sur la vie et sur le caractère de M. le duc d'Orléans, des détails curieux et peu connus, je les laisserais se perdre dans ma mémoire si je ne voyais que de la curiosité à satisfaire, mais j'ai cru y apercevoir un but utile et je les ai réunis.

Dans un pays où l'on fait encore quelques élections, il est bon de donner le signe caractéristique auquel on peut reconnaître les hommes qui doivent être éloignés du théâtre des affaires. M. le duc d'Orléans est, à cet égard, un grand exemple. Tout homme qui, jeune, affiche un profond mépris pour l'opinion publique, et dont les mœurs, ensuite, sont si dépravées qu'il ne se respecte pas lui-même, ne connaîtra plus, quand il avancera en âge, d'autres bornes à ses vices que la stérilité de son imagination ou de l'imagination de ceux qui l'entourent.

Je serais dispensé de dire de quels avantages avait à se glorifier le premier prince du sang de la maison de Bourbon, s'il n'était pas important de faire connaître avec exactitude le degré de consanguinité qui existait entre Louis XVI et le duc d'Orléans. C'est en plaçant celui-ci au milieu de tous les avantages dont il jouissait, c'est en le confrontant avec tous ses devoirs, que son caractère sera mieux connu. On verra ce qu'il a foulé aux pieds, quels liens il a brisés, quels sentiments il a étouffés, quelle position il a dégradée.

C'était un titre puissant à l'amour des Français que de compter Henri IV pour son aïeul. La France était accoutumée à révérer dans le premier prince du sang, le premier des sujets, assez grand pour protéger, jamais assez pour opprimer, plus puissant qu'aucun autre individu, mais moins puissant que la loi, que le roi, qui en était l'image. Il était l'un des canaux les plus naturels par qui la bienfaisance particulière du monarque pouvait descendre sur les peuples, et la reconnaissance des peuples remonter jusqu'au trône[1].

On ne doit pas attendre de moi de grands détails sur les premières années de M. le duc de Chartres. Je n'imiterai pas

---

[1]. Il y a ici dans le manuscrit une lacune de huit feuillets dont nous avons vainement cherché l'explication.

ceux qui recherchent péniblement dans les mots que bégaye un enfant, l'horoscope de ses vices ou de ses vertus. Je laisse cela aux personnes qui écrivent avec un système : je n'en ai point.

M. le duc de Chartres, sorti de la première enfance, passa à l'éducation, et alors ses gouvernantes furent des hommes, car il n'y eut guère entre ses bonnes et ses premiers instituteurs que la différence de la faiblesse des femmes à la complaisance des hommes. Mais on disait : « S'il n'est pas bien élevé, au moins il sera bon. Les d'Orléans sont bons. » — Cette bonté dont on se croyait si sûr faisait qu'on ne s'occupait pas plus de son caractère que de ses études. Comme il avait une taille fort élégante, on chercha à le faire réussir dans les exercices du corps. Peu de jeunes gens montaient à cheval aussi bien et avec autant de grâce que lui. Il faisait bien des armes; au bal il était toujours remarqué. Tout ce qui reste de l'ancienne cour de France regrette de l'y avoir applaudi, dansant des béarnaises dans le costume d'Henri IV, ou faisant des pas nobles avec les habits de fête que les jeunes gens portaient à la cour de Louis XIV. Quoique son esprit montrât dans ses petits intérêts et avec les enfants de son âge assez de justesse, il n'apprit rien tout à fait, il commença quelques sciences, quelques langues, mais jamais il ne put parvenir à savoir seulement les règles de l'orthographe, qui, aujourd'hui, ne sont plus ignorées d'aucune femme de France. Son maître de mathématiques m'a dit cependant qu'il lui croyait quelques dispositions pour cette science. Mais il était trop mobile pour qu'on pût essayer autre chose que de faire passer devant lui différents genres d'instruction; son attention se fatiguait aisément; il ne pouvait la contenir que jusqu'au moment où il avait sur ce qu'on lui enseignait un aperçu quelconque ; alors, il n'avançait plus. Son caractère n'annonçait encore rien de saillant ; on pouvait cependant remarquer qu'il trouvait une sorte de satisfaction maligne à embarrasser les personnes qui l'approchaient, espèce de méchanceté gaie, brouillonne et hautaine que la bienveillance appelle espièglerie.

On a remarqué aussi que, dans sa première jeunesse, il ne montra jamais de reconnaissance ni pour ses parents ni pour ses maîtres, et qu'il n'avait aucun attachement pour les compagnons de ses jeux. Quoique ce soit dans les enfants des défauts purement négatifs qui ne caractérisent aucun penchant, cependant ils annoncent une grande froideur de cœur. Je n'ose nommer parmi les personnes qui ont concouru à son éducation que M. le comte de Pont, M. de Chateaubrun[1] et M. de Foncemagne[2] ; je ne les cite que parce qu'ils ont, par eux-mêmes, des droits fondés à l'estime publique.

Il tardait à M. le duc de Chartres de voir arriver l'âge de l'indépendance, et ce n'était pas, comme dans les bons jeunes gens, pour s'essayer lui-même aux pratiques honorables de la vie, mais uniquement pour se soustraire à l'ennui des gouverneurs, et pour se livrer à toute l'impétuosité de ses penchants. Ce moment qui ne devrait être fixé pour chaque individu qu'à raison de la disposition de l'esprit, de la trempe du

---

1. Jean-Baptiste Vivien de Chateaubrun, né à Angoulême en 1686. Premier maître d'hôtel du duc d'Orléans. Il écrivit plusieurs tragédies qui le firent entrer à l'Académie (1753). Il fut nommé sous-gouverneur du duc de Chartres, et mourut en 1775.

2. Etienne de Foncemagne, né à Orléans en 1694. Il se fit connaître par des traités historiques. Sous-gouverneur du duc de Chartres (1752), il mourut en 1775.

caractère, de l'emploi qu'on a fait de son temps, ce moment, dis-je, est en général mal calculé chez les Français. Ils ne laissent presque aucun intervalle entre l'enfance et l'instant où un jeune homme entre sans guide dans un monde qu'il ignore. Cet abandon subit est encore plus nuisible chez les princes. Esclaves des soins qu'on multiplie autour d'eux, ils ont été des enfants jusqu'à seize ans, et tout à coup ils se trouvent plus que des hommes ; ils ne sont pas encore capables d'être libres, et déjà ils commandent. Étonnés de leurs nouvelles facultés, pressés d'en abuser pour en constater la propriété, ils ne trouvent autour d'eux que des séductions. Leurs plus fidèles serviteurs craignent de leur déplaire en les avertissant, et une foule d'autres s'empressent, par tous les moyens, de leur être agréables.

Il n'y a rien qu'on ne dût craindre de cette combinaison de circonstances, avec un naturel tel que celui qu'on apercevait déjà dans M. le duc de Chartres. S'il eût été armé de quelque principe qui eût fait sur son cœur une impression profonde, on aurait pu s'attendre à en retrouver les effets dans ces instants de calme où tout homme redescend en lui-même. Il aurait, du moins, donné à ses goûts les bornes conventionnelles de l'opinion. S'il avait eu un attrait vif pour une science quelconque, son intelligence aurait cherché à s'étendre, son attention aurait pu être gouvernée. Si seulement il eût été vraiment amoureux, son esprit toujours en activité pour plaire ne se serait pas usé ou dépravé par l'inoccupation ; son cœur aurait rejeté tous les défauts qui sont obligés de fuir devant un sentiment vrai. Le bonheur simple qui se garde contre les dangers d'une imagination inquiète, l'abnégation de soi qui produit tous les sentiments généreux, auraient, sans doute, développé quelques qualités solides dans M. le duc de Chartres.

Mais son cœur sec le priva des illusions de la jeunesse, pendant que son esprit inattentif ne sut pas se fixer sur des matières sérieuses. Effréné dans ses goûts, se faisant des plaisirs un rempart contre l'amour même, il commença par l'abus de tout, et n'eut de constance que dans les excès.

En 1769, il avait épousé mademoiselle de Penthièvre. Elle était bonne, blanche, fraîche, douce, pure; elle lui plut tant qu'elle fut pour lui une femme nouvelle. Les filles un peu brillantes de Paris purent quitter, au bout de quelques jours, le costume de veuve avec lequel elles s'étaient plu à paraître à l'Opéra, la première fois que M. le duc et madame la duchesse de Chartres y étaient venus ensemble.

En entrant dans le monde, M. le duc de Chartres se lia avec M. de Voyer[1] qui était le chef des hommes corrompus de cette époque. Une grande fortune, quelque réputation d'habileté dans les affaires, une conversation militaire assez brillante, beaucoup d'esprit, rassemblaient autour de lui les jeunes gens qui avaient des passions ardentes, les hommes dont la réputation était perdue, les mauvais sujets et les intrigants de tous les états. L'abbé Yvon[2], plus connu par une

---

1. Marc-René, marquis de Voyer, fils du comte Voyer d'Argenson, secrétaire d'État à la guerre. Né en 1722, il devint lieutenant général, gouverneur de Vincennes et mourut en 1782.

2. L'abbé Yvon, né en 1714 à Mamers, n'exerça jamais aucune fonction ecclésiastique, et fut même toujours en lutte avec la Sorbonne. Il débuta dans l'*Encyclopédie* où il écrivit les articles : *âme, athée* et *dieu*. Soupçonné d'avoir collaboré à la thèse soutenue par Prades en Sorbonne et condamnée par elle, il s'enfuit en Hollande. Revenu peu après, il fut nommé historiographe du comte d'Artois, et mourut en 1791. L'abbé Yvon a laissé un grand nombre d'ouvrages de théologie.

persécution fort longue que par quelques articles de l'*Encyclopédie*, et particulièrement par l'article *âme* qui la lui avait attirée, l'avait initié dans la haute métaphysique, dont il avait adopté la langue, même pour les conversations les plus familières. C'était toujours *l'âme.... l'espace.... la chaine des êtres... l'abstraction... la matière... composée de points... simple... sans étendue... indivisible*, etc. Tous ces mots, jamais définis, prononcés avec des intervalles, des gestes, des réticences, des formes mystiques, préparaient les jeunes adeptes à croire. Et alors, on leur apprenait que tout sentiment n'est qu'un ridicule... que tout scrupule est une faiblesse... que la justice est un préjugé... que notre intérêt ou plutôt notre plaisir seul doit déterminer toutes nos actions, etc... On se dispensait naturellement des preuves.

Un soir, à un souper de plaisir, M. de Lille[1], officier du régiment de M. de Coingy, homme d'esprit, et fort attaché à ses amis, un peu susceptible, peut-être trop familier, mais en tout très honnête garçon, ne se trouvant pas suffisamment convaincu *que la justice fût absolument un préjugé*, se permettait de faire quelques objections.

« — C'est ma faute, mon cher de Lille, disait modestement M. de Voyer, si vous avez encore quelques doutes, c'est que je ne suis pas remonté assez haut. J'ai eu tort, j'aurais dû prendre la question à son origine... Écoutez, ce n'est qu'un mot... Tout le monde sait que l'existence est pour nous l'idée de la permanence de certaines collections de sensations qui (suivez-moi bien), dans des circonstances semblables

---

1. M. de Lille, officier au régiment de Champagne, né à Saint-Mihiel, est l'auteur d'un recueil de poésies légères.

ou à peu près semblables, reparaissent constamment les mêmes... Vous comprenez, de Lille? Si elles ne sont pas tout à fait les mêmes, elles n'éprouvent que des changements assujettis à de certaines lois qui régissent l'univers, etc. Vous m'entendez bien, n'est-ce pas? Vous voyez la suite et les conséquences de tout ceci qui, pour un homme comme vous, mon cher de Lille, n'ont pas besoin d'être développées davantage, etc. !!! »

Quel moyen, pour l'amour-propre d'un jeune homme, de s'avouer incapable de comprendre ce mystérieux langage? Il fallait bien se montrer convaincu. M. de Lille eut le bon esprit de ne pas entendre, mais il n'eut pas le courage de le dire; et ce ne fut que lorsque le ridicule osa attaquer la corruption qui, seule en France, avait été jusque-là sacrée pour lui, que M. de Lille raconta cette conversation et quelques autres que la bizarrerie des mots lui avait fait retenir.

Au milieu de ces décombres informes de métaphysique, on ne trouvait d'entier dans ce portique nouveau que quelques maximes bien dénaturées, et quelques instigations sentencieuses savamment corruptrices.

Le principe fondamental de la doctrine de M. de Voyer cependant était simple. Il niait l'existence de la morale, soutenait que pour les hommes d'esprit, elle n'était qu'un mot, qu'elle n'avait rien de réel, qu'il fallait aller chercher sa sanction dans la conscience; et qu'ainsi, elle était nulle pour tous ceux qui, par leur esprit et leur caractère, étaient en état de n'être jamais atteints par les remords. Et, de là, la franchise, la sincérité, la confiance, l'intégrité naturelle, toutes les affections honorables étaient accusées et frappées d'ineptie.

Tarissant ainsi la source des vrais plaisirs, il fallait bien les remplacer par des penchants monstrueux. Parmi les initiés, à vingt ans, l'enchantement était déjà détruit. Des organes ainsi dépravés avaient besoin d'émotions fortes. La corruption seule pouvait les fournir: aussi régnait-elle sur toutes ces jeunes imaginations perdues, et quand elle règne, c'est avec une autorité inflexible. Les sacrifices n'adoucissent point son empire; plus on lui accorde, plus elle exige : la candeur, la fidélité, la droiture sont les premières victimes qu'on lui présente.

Lorsque l'on n'est qu'adepte on est obligé de croire : M. de Voyer qui était créateur, usant du droit des chefs de secte, ne croyait pas à la doctrine qu'il professait; et cela est prouvé par une foule de détails sur sa vie et sur sa mort. Il avait toujours dans la bouche le mépris le plus absolu pour l'opinion publique, et les jugements du public faisaient son tourment. — « La bonne compagnie, disait-il un jour, tombera bientôt dans le mépris qu'elle mérite. » — Et il était désolé d'avoir trouvé que quelques portes de cette bonne compagnie qu'il méprisait tant lui étaient fermées. Le dédain que son rôle exigeait pour toute espèce de sensibilité, le forçait quelquefois à prendre des précautions pour que personne ne pût découvrir les secours qu'il accordait à des familles malheureuses.

Aux Ormes[1] dans sa terre, surtout dans les endroits les plus écartés, il faisait beaucoup de bien. Jamais il ne parlait de la cour qu'avec dérision, comme des grâces qu'elle répandait, des caractères vils qui les sollicitaient, et il faisait demander par des voies détournées le cordon bleu qui, de toutes

---

1. Château et terre appartenant à la famille d'Argenson, près de Tours.

les grâces accordées par le roi, portait le plus l'empreinte de la faveur. C'était à Marly, séjour de fêtes et de plaisirs, qu'il se trouvait, lorsque Louis XVI avec la sévérité de mœurs honnêtes et la brusquerie que produisaient chez lui la timidité et la probité réunies, lui reprocha sa corruption, en présence de toute la cour. Étonné dans le premier moment, M. de Voyer ne trouva pas de réponse. Revenu un peu à lui, il alla chez M. de Maurepas lui raconter ce qui s'était passé et le prier de lui obtenir une réparation. Il eut peu à se louer de son intermédiaire, car il ne put en obtenir que cette phrase : « *Jamais nous ne pourrons apprendre au roi la politesse.* » — Ce mot insultant de *politesse*, le refus du cordon bleu, les expressions dures du roi le blessèrent profondément et tout ce qui l'a connu plus intimement, sa femme par exemple, ne doutait pas que le chagrin ne fût la cause de sa mort qui arriva peu de temps après.

M. le duc de Chartres qui ne connaissait de M. de Voyer que la partie de son caractère qu'il montrait, subit complètement le joug que cette société lui imposa. Il perdit tous les sentiments naturels au moyen desquels il aurait pu se reconnaître. Aussi c'est de ce temps, c'est de cette seconde éducation donnée à l'âge où les hommes sont disciples de tout ce qui les entoure, que date véritablement la corruption de M. le duc d'Orléans. Jusque-là il n'avait eu que des dispositions fâcheuses; alors il se pénétra de maximes apologétiques pernicieuses, et contracta les habitudes qu'il n'a plus quittées. Si l'on veut expliquer sa vie entière, il faut remonter à cette époque. En connaissant le poison dont on l'avait imprégné, on ne sera plus surpris de ses fatales erreurs. Aussi en faisant connaître la doctrine de M. de Voyer, j'ai peint le duc d'Orléans tout entier, j'ai révélé le secret de sa vie, et le mobile de ses actions. Quelque différentes qu'elles semblent être, le même principe reparait dans toutes. Jamais homme ne fut plus complètement esclave de sa croyance. Que de ravages n'a pas produit dans la génération actuelle des Français, ce système connu parmi les sectateurs, sous le nom de *désabusement* qui, jusqu'au xviiie siècle, renfermé dans le cœur de quelques hommes pervers, attendait cette époque pour oser éclater comme une opinion que l'on pouvait professer, comme un système de philosophie. Ce phénomène d'audace mérite d'être noté.

L'histoire du peuple français a trop peu tenu registre des grands travers de l'esprit humain, comme s'il n'y avait pas un lien nécessaire entre les erreurs et les crimes. La morale, par exemple, n'a-t-elle pas tout à gagner, lorsqu'elle peut rapprocher les opinions de M. le duc d'Orléans, des différents actes de sa vie? Il croyait qu'il n'y avait de juste que ce qui lui était commode ; il ignora toujours que l'homme dépend pour son bonheur, du bonheur des autres hommes; il méconnut ce besoin réciproque des services, puissant mobile de bienveillance générale et particulière. Tous les moyens de plaire que la nature ne distribue que dans des vues généreuses, il les soumettait uniquement à des combinaisons personnelles dirigées contre l'innocence crédule et inexpérimentée. Appelé à une fortune immense, il ne voyait pas dans le bien qu'il voulait faire aux autres, la garantie de celui qu'il en recevait; son égoïsme borné ne lui permettait pas de croire que, dans cet échange, on lui rendrait plus qu'il ne donnerait. Dans la première jeunesse, quand on calcule les sentiments, on calcule toujours mal, ou plutôt on ne les calcule que parce qu'on n'en a pas. Dans le changement continuel de penchants que le caprice fait éclore, et qui entraîne l'âme, de l'ardeur à l'indifférence, et de l'indifférence à un autre caprice, il n'y a point de place pour l'amitié. Aussi M. le duc d'Orléans n'aima-t-il personne. Quelques jeunes gens faciles, qui prenaient cette indifférence pour de la douceur, eurent de l'attachement pour lui. Il en fit des compagnons de plaisirs, des camarades de débauches, mais jamais les objets d'une affection sentie. Une de ses premières liaisons fut M. le prince de Lamballe : sa complexion était trop faible pour qu'il pût résister longtemps au genre de vie de son beau-frère.

On ne croit jamais la mort des jeunes princes naturelle. Celle-ci a rendu M. le duc d'Orléans si prodigieusement riche, et il a fait un si mauvais usage de sa fortune, qu'on l'a, dans plusieurs ouvrages, accusé d'y avoir contribué d'une manière plus directe, que par le partage de ses débauches. Mais rien ne prouve ce fait. Je dois même assurer, d'après des informations bien prises, que rien ne donne le droit de former ce soupçon. C'est bien assez d'avoir à dire que le prince de Lamballe était la liaison la plus intime de M. le duc d'Orléans, qu'il a été corrompu par lui, qu'il en est mort et qu'il n'en a pas obtenu un regret.

Une intimité plus longue ne laissa pas plus de traces dans le cœur de M. le duc d'Orléans. En 1788, après vingt-cinq ans de liaison, il montra l'indifférence la plus cruelle lorsqu'il perdit un de ses principaux habitués, M. le marquis de Conflans[1], homme toujours remarqué, d'abord par sa beauté, par sa noblesse, par sa taille, par son adresse, puis par ses défauts quand il était en mauvaise compagnie, par

---

1. Louis-Gabriel, marquis de Conflans d'Armentières, né en 1735, fils du maréchal de Conflans. Il était maréchal de camp.

ses qualités lorsqu'il se trouvait avec des militaires, par la justesse de son esprit lorsqu'il parlait de choses sérieuses et, à toutes les époques de sa vie, par la franchise de ses goûts, de ses sentiments et de ses aversions. M. de Conflans, atteint d'une maladie qui rendait sa vie languissante, mais qui devait le faire périr par une explosion subite, ne consentait pas à se croire malade ; il allait dans le monde comme à son ordinaire. Le jour de sa mort, il devait dîner avec M. le duc d'Orléans et quelques autres hommes, chez M. de Biron [1] à Montrouge. On l'attendait, M. le duc d'Orléans plus impatiemment que les autres, parce qu'il voulait aller au spectacle. A quatre heures, tout le monde était réuni, lorsqu'un des gens de M. de Conflans accourut annoncer qu'il venait de mourir. Tous ceux qui étaient dans la chambre, suivant leur plus ou moins de relations avec M. de Conflans, exprimèrent des regrets. Les seules paroles que prononça M. le duc d'Orléans furent : « Lauzun, puisque nous n'attendons plus personne, dînons, afin de pouvoir arriver au commencement de l'opéra. »

L'étude du cœur humain n'explique pas comment une âme aussi aride a pu inspirer le sentiment de l'amitié; aussi, je regarde comme une bizarrerie que M. le duc d'Orléans ait été sincèrement aimé. M. de Biron, depuis son enfance jusqu'à sa mort, eut pour lui le sentiment le plus tendre. Ce n'est pas certes à M. le duc d'Orléans qu'on peut attribuer l'honneur de ce sentiment; c'est à M. de Biron tout seul qu'il appartient. M. de Biron était courageux, romanesque, généreux, spirituel. Le rapport des âges, des premiers goûts vifs ; dans les saillies de l'esprit, quelques formes assez analogues, une position

---

1. C'est le duc de Lauzun qui avait repris son nom patronymique, à la mort du maréchal de Biron, son oncle (1788).

presque également brillante, les avaient liés. Bientôt il fallut du courage pour aimer M. le duc d'Orléans, de la générosité pour le défendre. L'exercice de ces deux qualités rendit M. le duc d'Orléans plus cher à M. de Biron, et son caractère romanesque lui fournit dans la suite, toutes les chimères, dont son âme élevée eut besoin pour entretenir ce sentiment. Dans les moments où M. de Biron, condamné par sa prodigalité à être toujours dérangé, avait des besoins d'argent pressants, il ne croyait pas que M. le duc d'Orléans, si énormément riche, pût lui en prêter, puisqu'il ne lui en offrait pas ; et c'est par cette même logique d'illusions qu'il soutenait que M. le duc d'Orléans, arrivé à sa vie politique, n'avait point de secrètes pensées, d'intentions personnelles, point de part aux mouvements de la Révolution, puisque jamais il ne lui avait rien confié à ce sujet.

Je ne parle point des autres liaisons de M. le duc d'Orléans avec M. le vicomte de Laval [1], M. Sheldon, M. de Liancourt, M. Arthur Dillon [2], M. de Fitz-James, M. de Saint-Blancard, M. de Monville [3], etc. Ces liaisons se sont toutes dissipées à

---

1. Mathieu-Paul-Louis de Montmorency-Laval, connu sous le nom de vicomte de Laval, né le 5 août 1748. Il était à ce moment colonel du régiment d'Auvergne, et devint maréchal de camp en 1788. Il mourut en 1809.

2. Arthur comte de Dillon, né en Irlande en 1750. Sa famille était depuis un siècle au service de la France. Il prit comme colonel une part active à la guerre d'Amérique, devint maréchal de camp et gouverneur de Tabago. Député de la Martinique aux états généraux, général en chef de l'armée du Nord, il fut guillotiné en 1794. Dillon avait épousé la comtesse de la Touche, cousine de l'impératrice Joséphine.

3. Le baron Thomas Boissel de Monville, né en 1763 au château de Monville (Normandie), d'une famille noble de cette province. Conseiller au parlement en 1785, il fut un des membres les plus actifs de l'opposition, et embrassa avec ardeur les principes de la Révolution. Sous l'empire, il vécut dans la retraite. Pair de France en 1814, il mourut en 1832. Monville était un savant distingué. Il cultiva la mécanique et fabriqua plusieurs machines agricoles.

différentes époques. Le plaisir tout seul qui les avait formées, n'est pas un lien assez fort pour traverser une vie tout entière. Ces amitiés si passagères conduisent, malgré soi, à dire un mot de cette foule de maîtresses qui occupèrent une partie de la vie de M. le duc d'Orléans; elles y ont produit si peu d'événements, cependant, que je ne me crois pas obligé d'en retrouver la longue liste. Ma tâche ne sera que trop remplie en disant que tous les goûts, tous les caprices, toutes les bizarreries dont des sens, d'abord impérieux, ensuite indigents, ont besoin pour être assouvis ou excités, furent mis en usage par M. le duc d'Orléans.

Je voudrais maintenant pouvoir m'arrêter à des images plus douces, en parlant des femmes d'un ordre plus relevé qui s'attachèrent à M. le duc d'Orléans. Ce prince se remontrait parfois dans le monde, mais toujours comme dans un pays ennemi, où il cherchait des victimes. Madame la princesse de Bouillon [1], madame la marquise de Fleury [2], madame la princesse de Lamballe, crurent successivement être aimées par lui, et lui prouvèrent qu'elles l'aimaient. Leur délicatesse devint, pour son esprit dépravé, une nouvelle forme de libertinage, et celle-ci s'usa comme toutes les autres. Il les abandonna bientôt, mais avec une publicité qui, heureusement, produisit un effet contraire à celui que M. le duc d'Orléans en attendait. Le public se montra indulgent pour elles; on les plaignit, et depuis elles ont fait oublier leurs erreurs.

1. Marie-Christine de Hesse Rheinfelz-Rothenbourg, mariée en 1766 à Jacques de La Tour d'Auvergne, prince de Bouillon, né en 1746.

2. Claudine de Montmorency-Laval, née en 1750, mariée en 1768 à André marquis de Fleury.

En nommant des femmes qui n'ont marqué qu'un moment dans la vie de M. le duc d'Orléans, je n'ai pu placer madame de Sillery [1]; elle doit être à part.

Quand on est un composé d'ambition et de modération, d'abandon et de réserve, de principes et de complaisances, on est certainement une personne dont la vie et l'intimité doivent offrir des résultats extraordinaires. C'est par des moyens toujours opposés qu'elle ne sépara jamais, que madame de Genlis a réussi à tout ce que son ambition voulait. Étant jeune, jolie, isolée, c'est en hasardant le matin chez des hommes quelques visites, qu'elle a trouvé un mari; plus tard, elle a pris les échasses du rigorisme, dans une carrière toute de galanteries; avec la même plume, elle écrivait les *Chevaliers du Cygne* et des *Leçons de morale pour les enfants*; sur la même table, elle composa un livre d'église pour mademoiselle de Chartres, et un discours aux jacobins pour M. le duc d'Orléans. Toute sa vie présente les mêmes contrastes.

Mademoiselle de Saint-Aubin, c'était son nom, avait une taille élégante, mais sans noblesse; l'expression de son visage était fort piquante; elle avait peu de traits dans la conversa-

---

[1]. Félicité Ducrest de Saint-Aubin, marquise de Sillery, comtesse de Genlis, née en 1746, près d'Autun. Elle épousa, en 1762, Charles Brûlart, comte de Genlis, né en 1737, capitaine de vaisseau, qui prit le titre de marquis de Sillery, lorsqu'il hérita de cette terre quelques années après. M. de Sillery, plus tard député aux états généraux, fut guillotiné avec les girondins le 31 octobre 1793. Sa femme, qui garda toute sa vie le nom de comtesse de Genlis, fut nommée dame d'honneur de la duchesse de Chartres en 1770, gouvernante de madame Adélaïde, puis *gouverneur* des jeunes princes d'Orléans. Elle émigra avec madame Adélaïde en 1792, se retira en Suisse, puis à Berlin, et rentra en France en 1800. Madame de Genlis a beaucoup écrit. Elle a laissé de nombreux romans, des ouvrages d'éducation. Sous l'empire elle écrivait tous les quinze jours dans différentes publications. Elle a laissé, en outre, des *Mémoires* intéressants. Elle mourut en 1830.

tion, peu de charme dans l'usage habituel de son esprit, mais fort à la main tous les avantages que peuvent donner l'instruction, l'observation, la réserve et le tact du monde. Lorsqu'elle eut, tant bien que mal, épousé le comte de Genlis, il fallut bien arriver à la famille de son mari, qu'elle savait lui être peu favorable. Des talents, de la timidité jouée et du temps, en vinrent à bout. Elle obtint d'aller à Sillery. En peu de jours, elle sut plaire à M. de Puysieux [1], l'un des hommes les plus ennuyés de son temps, et elle désarma la vieille aigreur de madame de Puysieux. Elle sentait bien que c'était là sa vraie entrée dans le monde ; aussi mit-elle tous ses moyens en jeu ; elle se montra caressante, attentive, gaie sans gaucherie, et elle sut même donner à une complaisance continue, une nuance de sensibilité. Ce premier succès lui fut de la plus grande utilité ; quelques portes commencèrent à s'ouvrir; elle put arriver jusque chez madame la duchesse de Chartres, qui, par une protection marquée, détruisit en peu de temps toutes les petites oppositions de société qui pouvaient subsister encore. M. le duc de Chartres la trouva charmante, le lui dit, et se fit bientôt écouter, car madame de Genlis, pour éviter le scandale de la coquetterie, a toujours cédé aisément. Quelques années de soins, d'indulgence et de vie retirée lui firent prendre sur M. le duc de Chartres un ascendant tel, qu'on a pu supposer qu'elle avait eu une sorte d'influence sur les actions, ou plutôt sur les faits qui composent sa vie. Une conduite si travaillée eut sa récom-

---

1. Louis Brûlart, marquis de Puysieux et de Sillery, né en 1702, entra d'abord dans l'armée, fut ensuite ambassadeur à Naples (1735), secrétaire d'État aux affaires étrangères (1747-1751), ministre d'État jusqu'en 1756. Il mourut en 1770. Il était le grand-oncle du comte de Genlis et propriétaire de la terre de Sillery.

pense : elle parvint à se faire nommer gouvernante ou plutôt gouverneur de ses enfants. On ne peut voir dans ce choix de M. le duc de Chartres que l'intention de se singulariser, et de bien constater son mépris pour les convenances reçues.

Madame de Genlis prouva dans les premiers ouvrages qu'elle fit paraître, qu'elle était capable de diriger toute la partie de l'éducation qui se rapporte à l'esprit. Une nature privilégiée a fait du fils aîné de M. le duc d'Orléans et de sa fille Mademoiselle [1], deux êtres supérieurs. Éprouvés, fortifiés, instruits et ennoblis par le malheur, ils se sont montrés simples et grands quand ils sont rentrés dans leur destinée naturelle.

Les meilleurs ouvrages de madame de Genlis, à l'exception de *Mademoiselle de Clermont*, datent de cette époque, et si aujourd'hui nous la voyons déchoir, et suivre sans gloire, en sa qualité de femme de lettres, une route singulière et déconsidérée, c'est qu'enivrée de ses premiers succès, elle cède à son orgueil, et ne consulte plus son jugement; c'est qu'elle veut traiter l'indépendance jalouse du public, comme elle traitait jadis l'obéissante soumission de ses élèves; c'est qu'elle ne peut pas adoucir sa morale avec des faveurs pour subjuguer le public, comme elle l'avait fait autrefois pour subjuguer tout ce qui était autour d'elle. Je ne puis m'empêcher de remarquer deux choses : l'une, que le commandement est à un tel point nécessaire à madame de Genlis, que, quand elle n'a plus eu de princes à régenter, elle a pris au hasard le premier venu pour en

---

1. Le roi Louis-Philippe et Madame Adélaïde.

faire un élève; l'autre, que malgré le rigorisme qu'elle prêche et la morale qu'elle professe dans ses écrits, on rencontre toujours dans ses derniers romans quelque chose de la facilité de ses premières mœurs; on y trouve toujours quelques amours ou quelques enfants illégitimes. Pour qui, pour quoi écrit-elle encore? Ce ne peut plus être que par amour pour le bruit; elle pensait plus solidement dans sa jeunesse.

Toute la jeunesse de M. le duc d'Orléans se passa sans plans, sans projets, sans suite, sans retenue aucune. Toutes ses actions avaient un caractère d'irréflexion, de frivolité, de corruption et de ruse. Pour s'instruire il allait voir les expériences de Préval; il montait dans un ballon; il faisait de la fantasmagorie avec Cagliostro [1] et le chevalier de Luxembourg [2]; il allait aux courses de Newmarket, etc.

Pour augmenter sa fortune, qui déjà était immense, il faisait des spéculations sur le terrain du Palais-

---

1. L'histoire de ce célèbre aventurier serait un roman d'aventures des plus curieux. Né à Palerme en 1745, son vrai nom était Joseph Balsamo. Il voyagea dans toute l'Europe, se procurant des ressources par les moyens les moins avouables. Il avait certaines connaissances de médecine et de chimie, ce qui lui permit, en exploitant habilement la crédulité populaire, de se faire une réputation universelle de magicien et de guérisseur. Il vint en France où il prit le nom de comte de Cagliostro. Il trouva un protecteur dans la personne du cardinal de Rohan. Sa maison devint le rendez-vous de tout Paris, qui accourait contempler les prodiges de l'habile charlatan. Compromis dans l'affaire du collier, il fut exilé et passa en Angleterre, reprit le cours de sa vie errante, et finit par échouer à Rome en 1789. Il fut arrêté par ordre de l'inquisition; on lui fit son procès comme pratiquant la franc-maçonnerie. Condamné à mort, sa peine fut commuée, et il mourut en prison en 1795.

2. Anne de Montmorency-Luxembourg, connu dans sa jeunesse sous le nom de chevalier de Luxembourg, naquit en 1742, fut nommé capitaine des gardes (1767), maréchal de camp (1784). Il mourut en 1790. Il avait accepté le titre de grand maître de la loge de franc-maçonnerie égyptienne créée par Cagliostro.

Royal [1], cette demeure de Louis XIII, d'Anne d'Autriche, de Louis XIV, enfin de *Monsieur,* par qui elle était devenue une partie de l'apanage de la maison d'Orléans. Plus tard, dans un moment de soupçon, après avoir annoncé quelques jours d'avance à Séguin, son trésorier, une visite dans laquelle il devait voir, par lui-même, l'état de sa caisse, il le fit arrêter en sa présence, emporta les clefs et saisit par ce moyen tout l'argent que Séguin, prévenu, avait ramassé dans les bourses de tous ses amis, afin de remplacer momentanément celui qu'il avait employé au profit de ses affaires personnelles. Une velléité d'ambition lui fit désirer de paraître sur l'escadre de M. d'Orvilliers [2], espérant qu'il trouverait là un titre à la survivance extrêmement lucrative de grand amiral qu'avait son beau-père, M. le duc de Penthièvre. Il n'eut point la place et sa bravoure fut contestée [3]. Pour prouver son courage, il se fit applaudir à quelques spectacles et couronner sous les fenêtres de mademoiselle Arnould [4].

---

1. Le Palais-Royal fut construit de 1629 à 1636 pour le cardinal de Richelieu par l'architecte Lemercier. Il s'appelait alors le Palais-Cardinal. Richelieu le laissa par testament à Louis XIII (1643). Sous la régence, Anne d'Autriche vint l'habiter avec Louis XIV : c'est alors qu'il prit le nom de Palais-Royal. Louis XIV le donna, en 1693, à son frère le duc d'Orléans. En 1763, il fut incendié et reconstruit par l'architecte Moreau, qui lui donna la disposition qu'il a aujourd'hui. Louis-Philippe (petit-fils du Régent) accrut considérablement ses dimensions, en achetant tout autour une large zone de terrains. Le Palais-Royal, devenu Palais-National sous la Révolution, fut affecté en 1800 au tribunat. En 1814, il fut rendu à la famille d'Orléans. Sous le second empire, il devint la demeure du prince Napoléon. Il est aujourd'hui affecté à la cour des comptes et au conseil d'État.

2. Louis Guillouet, comte d'Orvilliers, né à Moulins en 1708. Il entra dans la marine, devint chef d'escadre en 1764, puis lieutenant général. En 1777 il livra la bataille d'Ouessant qui, bien qu'indécise, fut glorieuse pour nos armes. Il donna sa démission en 1779, se retira dans un couvent, émigra en 1789 et mourut en 1791.

3. Le roi le dédommagea par la charge de colonel général des hussards.

4. Sophie Arnould, célèbre actrice de l'Opéra (1744-1803).

On amusa alors Paris d'une chanson sur son compte, piquante, mais fort injuste. Quelques voyages en Angleterre, une course en Italie dont on ne cita que la rapidité ; la gloire d'être élu grand maître des francs-maçons [1] ; après une maladie assez grave, un *Te Deum* chanté par la loge des Neuf-Sœurs [2] ; des plaisirs ou plutôt des désordres de tout genre à Mousseaux [3], remplirent les années suivantes.

1. Le duc d'Orléans fut nommé grand maître en 1771 ; il succéda au comte de Clermont. C'est lui qui supprima la Grande Loge de France et la remplaça par le Grand-Orient. Voici, à titre de curiosité, l'acte d'acceptation du duc :

L'an de la grande lumière 1772, troisième jour de la lu e de Jiar, cinquième jour du deuxième mois de l'an maçonnique 5772 ; et de la na ssance du Messie, cinquième jour d'avril 1772. — En vertu de la proclamation faite en la Grande Loge, assemblée le vingt-quatrième jour du quatrième mois de l'an maçonnique 5771, du très haut, très puissant et très excellent prince S. A. S. Louis-Philippe-Joseph d'Orléans, duc de Chartres, prince du sang, pour grand maître de toutes les loges régulières de France. Et celle du souverain conseil des empereurs d'Orient et d'Occident, sublime mère loge écossaise, du vingt-sixième de la lune d'Elul 1771, pour souverain grand maître de tous les conseils, chapitres et loges du grand globe de France ; office que ladite A. S. a bien voulu accepter pour l'amour de l'art royal, et afin de concentrer sous une seule autorité toutes les opérations maçonniques.
En foi de quoi, ladite A. S. a signé le procès-verbal d'acceptation.

2. La loge des Neuf-Sœurs fut fondée en 1776 par plusieurs gens de lettres et des hommes d'une célébrité européenne. Ce nom un peu profane (les neuf Muses) suscita aux fondateurs une foule de désagréments. Leur loge fut même un instant rayée du tableau de l'ordre. Elle fut, malgré tout, la plus brillante du temps. Franklin, Helvetius, Roucher, Voltaire lui-même en étaient membres. En 1827, elle se fondit avec la loge de Saint-Louis de France, mais elle a gardé son nom primitif.

3. Le hameau de Mousseaux ou Monceau, aujourd'hui englobé dans Paris, dépendait autrefois de la paroisse de Clichy. Le fermier général de la Reynière avait acquis la seigneurie de Monceau où il possédait le château de Belair. Le duc de Chartres en devint à son tour acquéreur. Il y fit construire une maison de plaisance qu'on appela *la Folie de Chartres*, et dessina autour un magnifique parc. La Convention déclara le parc Monceau propriété nationale. Plus tard, l'empereur le donna à Cambacérès. Louis XVIII le rétrocéda à la famille d'Orléans ; elle le garda jusqu'au décret de 1852 qui en fit définitivement une propriété nationale.

M. le duc d'Orléans approchait de l'âge où les premières passions commencent à s'affaiblir chez la plupart des hommes, et à céder l'empire à un nouveau tyran. Aucuns symptômes néanmoins ne dénotaient encore chez lui le développement de l'ambition, plus tardif sans doute dans les cœurs desséchés par le libertinage, et rétrécis par les combinaisons de l'intérêt personnel.

Autour de lui, cependant, commençait à se manifester une agitation qui finit par gagner toute la France. Déjà on pouvait entendre dans toutes les parties du royaume ces bruits sourds et lointains, précurseurs des explosions volcaniques. Les Français avaient été appelés par le gouvernement lui-même, à s'occuper de la situation de leurs finances et à entendre le compte rendu de la fortune de l'État. Une lumière si nouvelle pour leurs yeux avait causé une sensation vive et de profondes impressions. Une puissance toute nouvelle s'était créée en France, celle de l'opinion. Ce n'était pas cette opinion claire et ferme, privilège des nations qui ont longtemps et paisiblement joui de leur liberté et de la connaissance de leurs affaires, mais celle d'un peuple impétueux et inexpérimenté, qui n'en est que plus présomptueux dans ses jugements et plus tranchant dans ses volontés. C'est cet instrument formidable, que M. de Calonne osa entreprendre de manier, et d'adjoindre aux ressorts vieillis du gouvernement. Il assembla les notables; il les divisa en bureaux dont chacun était présidé par un prince de la famille royale ou par un prince du sang. La présidence du troisième bureau échut à M. le duc d'Orléans. Il ne s'y fit remarquer que par son insouciance et son inapplication. L'assiduité aux séances aurait exigé pour quelque temps le sacrifice de ses plaisirs ou de ses habitudes.

et il n'était pas capable de le faire. Il commença par s'absenter des séances qui se tenaient le soir, et il finit par négliger celles de la matinée auxquelles il ne se rendait que très tard, et quelquefois point du tout. Il poussa la légèreté jusqu'à faire, pendant l'une de ces séances, une chasse dans les bois du Raincy. Le cerf qu'il poursuivait vint se faire prendre dans les fossés du faubourg Saint-Antoine, sous les yeux et au grand scandale des Parisiens.

Ses partisans, peu nombreux, croyaient excuser sa conduite en faisant remarquer que, du moins, il était demeuré étranger aux intrigues qui, après avoir scandaleusement agité l'assemblée des notables, avaient fini par anéantir toutes les espérances qu'elle avait permis de concevoir. Cet éloge négatif était peu flatteur; n'y avait-il que le rôle d'intrigant qui pût être pris par M. le duc d'Orléans dans cette occasion mémorable? Il y avait plus d'un siècle et demi que la France n'avait vu son roi s'entourer d'un conseil si important. Les plus grands seigneurs, les premiers magistrats, les plus riches propriétaires de la France étaient réunis pour donner leur opinion sur les questions principales de l'administration. Il s'agissait d'opposer aux résistances des parlements l'ascendant d'une opinion plus forte et plus éclairée; d'attaquer le colosse des privilèges ecclésiastiques; d'égaler le produit des contributions publiques aux besoins de l'État, en changeant tout le système d'impôt; d'établir des règles fixes et depuis longtemps désirées sur le reculement des barrières, sur les corvées, sur la liberté du commerce des grains, etc. On peut concevoir que les hommes ou les corps menacés par ces réformes aient mis tout en œuvre pour les rendre impossibles, que ces légions d'ambitieux qui se disputaient les ministères, aient saisi ce vaste champ pour se livrer de grands combats. Mais qu'un prince du sang, si éloigné d'intérêts de ce genre, n'ait pas éprouvé la noble tentation d'écraser tous ces petits intrigants du poids de son indépendance, qu'il ait vu avec indifférence tous ces commencements de troubles, qu'il ait regardé tranquillement les dangers du roi, dont on éprouvait, dont on mesurait si cruellement la faiblesse, je ne puis ni le concevoir ni tenir compte au prince de cette impassibilité. Elle lui fut amèrement reprochée par la nation, qui prenait trop d'intérêt à tous ces débats et qui s'était déjà trop dépouillée de son ancien caractère frivole, pour excuser un prince du sang royal, affichant avec scandale son insouciance : aussi les murmures publics ne tardèrent pas à lui signifier toute la sévérité de ce jugement.

Pour en arrêter l'effet, ses conseils reconnurent la nécessité d'une démarche éclatante et l'obtinrent de lui : seulement il fallait que cette démarche fût facile et exigeât peu de suite ; il était nécessaire de proportionner le rôle à celui qui devait le remplir.

M. le duc d'Orléans avait pour chancelier le marquis Ducrest [1], un de ces aventuriers que le caprice de la fortune jette quelquefois au sommet de sa roue, et qui s'y croient arrivés par leur seul mérite. Cet homme était entreprenant

1. Charles-Louis, marquis Ducrest, né en 1743. Il était le frère de madame de Genlis. Il servit d'abord dans la marine, puis dans l'armée où il fut nommé colonel de grenadiers (1779). Il fut quelque temps chancelier du duc d'Orléans, avec qui il se brouilla plus tard. Il émigra en Hollande et mourut en 1824. Il a laissé quelques ouvrages de politique et d'économie, et divers traités scientifiques.

par étourderie et confiant jusqu'à l'imprudence. Il était parvenu à ce poste par le crédit de sa sœur, madame de Genlis, et il soutenait le poids de sa place avec l'adresse d'un charlatan, plus qu'avec l'habileté d'un homme d'affaires. Celles de M. le duc d'Orléans passaient pour être bien ordonnées, ce qui faisait supposer à M. Ducrest quelque capacité. Tout le monde alors faisait des projets de finances. M. Ducrest imagina de rédiger un mémoire sur les finances de l'État, dans lequel il prouvait aisément qu'elles avaient été jusque-là mal administrées, et il proposait, pour les rétablir, de suivre les plans qu'il avait mis en pratique dans l'administration de la fortune de son maître. On convint que M. le duc d'Orléans remettrait ce mémoire au roi, et il y consentit plus volontiers qu'à discuter les principes qu'il renfermait. Il suffisait à ses vues que la démarche eût de la publicité et lui donnât, à peu de frais, l'apparence du zèle. Cette combinaison eut un commencement de succès. Le roi reçut le mémoire et n'en laissa pas transpirer le contenu; c'était servir l'auteur mieux qu'il ne voulait l'être. Piqué de ce silence, il composa un second mémoire dans lequel, ne s'attachant plus seulement à critiquer les opérations du ministère, il attaquait ouvertement la personne des ministres, et surtout celle de M. l'archevêque de Toulouse. Quant au fond des affaires, il ne s'en tenait point à la seule restauration des finances ; il allait droit à la source du mal et voulait rendre au roi les cœurs français aliénés par les fautes du gouvernement. Il proposait, pour remplir ces deux buts à la fois, d'établir des conseils à la tête de chacune des parties de l'administration et d'affaiblir par là l'autorité des ministres. Mais, en même temps, il voulait un chef suprême, un moteur principal à la tête du conseil, et déclarait avec dévouement qu'il consentirait à se charger de ce premier rôle, pourvu qu'on lui confiât un pouvoir sans bornes et appuyé de tous les moyens d'opinion propres à le fortifier. Il demandait, en conséquence, qu'on rétablît en sa faveur le titre et les appointements de surintendant des finances, office qui n'avait pas été conféré depuis la célèbre disgrâce du surintendant Fouquet sous le règne de Louis XIV.

L'indulgente facilité de Louis XVI, à qui M. le duc d'Orléans remit encore ce second mémoire, n'aurait puni que par le mépris, cet excès d'impertinence. Le hasard en fit justice en le divulguant. On trouva un exemplaire de ce second mémoire sur la personne du comte de Kersalaun, gentilhomme breton que le gouverneur avait fait arrêter pour des affaires relatives à sa province, et le secret ainsi répandu donna la mesure des talents modestes du chancelier et de la prudence de son maître.

Cette découverte exposa l'un et l'autre à beaucoup de plaisanteries en vers et en prose, dont nous ne rapporterons que l'épigramme suivante, parce qu'elle peut servir à faire connaître les dispositions dominantes en France, à cette époque de la vie de M. le duc d'Orléans :

> Par tes projets bien entendus,
> Modeste Ducrest, à t'entendre,
> A la reine, au roi, tu vas rendre
> Les cœurs français qu'ils ont perdus.
> Sans miracle cela peut être;
> Hélas! ils n'ont qu'à le vouloir.
> Mais, en preuve de ton savoir,
> Fais-nous avant aimer ton maître.

Cette première tentative pour reconquérir l'opinion ayant

mal réussi à M. le duc d'Orléans, ses affidés ne se découragèrent pas et se tinrent seulement pour avertis de mieux concerter à l'avenir leurs mesures.

Les occasions ne pouvaient être rares lorsque la position des affaires changeait chaque jour et devenait plus compliquée. La marche des idées, plus rapide encore que celle des événements, prenait une prodigieuse accélération.

Au commencement de cette même année, une assemblée de notables avait, comme je l'ai déjà dit, frappé d'étonnement, et dès le mois de juillet suivant, le nom des états généraux avait été prononcé dans le sein du parlement de Paris avec plus d'enthousiasme que de surprise. De toute part, les cours de justice abdiquaient leurs longues prétentions à consentir les impôts. Elles refusaient d'en enregistrer les édits, et renvoyaient les lois bursales au libre consentement des états généraux. La cour, étonnée de ce langage, voulut intimider les parlements; elle transféra celui de Paris dans la ville de Troyes; et pour d'autres difficultés, le parlement de Bordeaux à Libourne[1]. Cette sévérité n'avait pas été longue. L'obstination des magistrats n'avait pas été inflexible; des moyens termes et des intrigues, dans lesquelles on voit paraître pour la première fois et dans des rôles différents M. et madame de Sémon-

---

1. Le parlement de Paris avait été exilé à Troyes, le 15 août 1787, à la suite de la délibération qu'il avait prise, le 7 août précédent, pour protester contre le lit de justice où avaient été enregistrés de force les édits sur l'impôt du timbre et sur la subvention territoriale. Il fut rappelé le 19 août suivant; le ministère s'était décidé à rapporter ces deux édits. Quant au parlement de Bordeaux, il avait été exilé à Libourne, à peu près au même moment, pour avoir protesté contre la création des assemblées provinciales. Il avait même interdit à l'assemblée du Limousin de se réunir.

ville[1] (alors madame de Montholon), avaient produit un raccommodement passager; mais ce n'était qu'une trêve ; et lors même que les mesures paraissaient rétrogrades, l'opinion s'avançait toujours plus menaçante. L'oreille des ministres semblait familiarisée avec le nom des états généraux ; dans chaque occasion, on prenait de nouveaux engagements; les efforts du ministère se bornaient à en remettre la convocation à l'année 1792. Mais il fallait gagner ce terme, et en attendant suppléer à l'insuffisance des impôts, acquitter des engagements à terme, les uns échus, les autres à échoir, faire face à des dépenses extraordinaires; et pour tant de besoins, le ministère n'annonçait d'autre ressource que celle d'un emprunt ouvert pendant cinq années successives, et dont le capital devait s'élever à quatre cents millions.

Afin d'adoucir l'effet de cette demande énorme, d'une part, on parlait de réformes, d'économies, d'améliorations; de l'autre, on accolait à l'édit bursal une loi favorable aux non catholiques, loi que le gouvernement croyait conforme aux

---

[1]. Charles-Louis Huguet, marquis de Sémonville, né en 1759, fut reçu conseiller au parlement de Paris en 1778. Malgré l'opposition qu'il fit à la cour, il garda la faveur du roi, fut chargé de négocier le rapprochement de Mirabeau, et plus tard de s'entremettre auprès des girondins. Ministre à Gênes en 1791. Ministre à Florence en 1793, où Danton l'envoyait négocier la mise en liberté de la famille royale, il fut arrêté avec son collègue Maret (le futur duc de Bassano) et subit trente mois de captivité. Au 18 brumaire, il fut nommé ministre en Hollande. Sénateur en 1805, il ne joua aucun rôle politique sous l'empire. Pair de France en 1814, grand référendaire de cette cour. Il resta à l'écart durant les Cent jours, reprit ses fonctions en 1815 et les garda jusqu'en 1830. Il fit alors tous ses efforts pour sauver la monarchie. Toutefois, il conserva sa charge sous le nouveau gouvernement. Il mourut en 1839. Sémonville avait épousé mademoiselle de Rostain, veuve en premières noces du comte de Montholon. Son beau-fils était le général de Montholon qui accompagna Napoléon à Sainte-Hélène. Une de ses belles-filles épousa le général Joubert, et en deuxièmes noces, le maréchal Macdonald.

idées dominantes et propre à lui ramener beaucoup de partisans. Jamais il n'en avait eu plus besoin. L'esprit de critique prévalait de toute part; chacun se piquait d'être opposant, c'était la disposition générale; elle animait toutes les corporations, elle prévalait dans tous les écrits; c'était une émulation universelle à qui attaquerait un ministère que personne n'osait défendre, et qui peut-être, après tout, n'avait pas de plus dangereux ennemis que sa propre incapacité. Aussi était-il aisé de remporter sur lui des victoires, et dans ces combats, quelle qu'en fût l'issue, d'avoir pour soi la faveur publique.

Les amis de M. le duc d'Orléans le pressèrent d'aspirer à ce succès facile; il y trouvait à la fois plusieurs intérêts à satisfaire. Il n'était pas sans quelque ressentiment d'avoir éprouvé un refus, la dernière fois qu'il avait demandé d'être autorisé à aller en Angleterre; car les princes du sang ne pouvaient sortir de France sans la permission du roi. Des raisons politiques, aisées à concevoir, plaçaient tous les membres de la maison régnante dans une sorte de dépendance de son chef pour toutes les actions importantes de leur vie privée. Espèce de sujétion légitime puisqu'elle est utile au bien public et, en vérité, bien facile à supporter quand autant de jouissances en sont le dédommagement. M. le duc d'Orléans affectait en vain d'ignorer la cause du refus qui l'offensait; elle n'échappait point aux yeux des moins clairvoyants. Des rapports très scandaleux circulaient en France sur la conduite qu'il avait tenue pendant ses premiers voyages, et Louis XVI, ami de la décence et des mœurs, voulait lui épargner une nouvelle occasion d'augmenter ses désordres, et d'en donner le spectacle aux yeux d'une nation voisine.

Peut-être en refusant M. le duc d'Orléans, avait-on la faiblesse de redouter l'influence des exemples et des habitudes d'un pays libre? Crainte puérile à cette époque et injurieuse à la liberté anglaise, dont il aurait été trop heureux que M. le duc d'Orléans eût pu contracter le goût et comprendre les principes. Car, là, il aurait appris à connaître la vraie liberté, et alors il aurait su que chaque individu a ses devoirs, que les plus éminents dans l'ordre social doivent l'exemple du respect pour le roi, et que c'est un crime de sacrifier l'intérêt public à ses propres ressentiments. Ceux de M. le duc d'Orléans se dirigeaient plus particulièrement contre la reine, et ils étaient entretenus par une suite toujours croissante de querelles de société. De part et d'autre, les mots piquants n'étaient point épargnés, et il ne manquait pas de courtisans pour les transmettre.

D'aussi misérables débats n'ont que trop influé sur le destin de la malheureuse reine. Pourquoi faut-il que, du haut de ce trône où sa beauté seule pouvait rivaliser avec sa grandeur, elle ait jamais consenti à prendre parti dans des querelles qu'elle aurait dû ignorer? Les souverains sont condamnés à régner sans relâche; qu'ils ne se permettent jamais d'oublier l'importance de leurs actions privées, car ils ne peuvent jamais la faire oublier à ceux qui les entourent, et leur simple négligence enfante des haines, leurs moindres préférences des jalousies, leurs plus légères offenses des ressentiments implacables.

M. le duc d'Orléans se vit éloigné chaque jour davantage de cette société familière, dont la reine avait donné le premier exemple à la cour de France, et dont le petit Trianon était le rendez-vous ordinaire. A plusieurs fêtes dans ce jardin délicieux, à celle entre autres que la reine y donna pour l'archiduc son frère [1], on n'invita point M. le duc d'Orléans. Il est vrai qu'aucun prince du sang ne fut plus heureux. Des brouilleries d'un autre genre avaient écarté de même M. le prince de Condé [2] et sa famille des voyages du petit Trianon. Aux portes de cette retraite enchantée, la reine croyait pouvoir déposer les chaînes de sa grandeur. Reine à Versailles, elle croyait y avoir payé sa dette au rang auguste qu'elle occupait; particulière à Trianon, elle n'y voulait être que la plus aimable des femmes et ne connaître que les douceurs de l'intimité. Si personne n'avait absolument droit à la faveur d'être admis à ces petits voyages, elle n'en était que plus désirable et plus propre à exciter l'envie. M. le duc d'Orléans ne put cacher la sienne, même sous les dehors de l'indifférence. A une de ces fêtes, il concerta avec quelques femmes de la cour, aussi peu en faveur que lui, les moyens de se mêler au peuple admis à regarder les illuminations; et ayant ainsi pénétré dans le jardin, il se vengeait de n'avoir pas été invité, en se livrant à une moquerie trop vive et à une gaîté trop bruyante pour que la reine n'en fût pas instruite et vivement blessée.

Ces petites animosités avaient tellement irrité M. le duc d'Orléans, qu'il n'était pas difficile de le conduire à des

---

1. Fête donnée à Joseph II à Trianon, lors de son voyage en France, le 13 juin 1777.

2. Louis-Joseph de Bourbon, prince de Condé, fils du duc de Bourbon, qui fut premier ministre sous Louis XV, et quatrième descendant du grand Condé. Né en 1736, il prit une part active à la guerre de Sept ans, émigra en 1789, et devint le chef des corps d'émigrés qui prirent dès lors le nom d'armée de Condé. Il se retira en Angleterre en 1801, rentra en France à la Restauration, et mourut en 1818. Il avait épousé la fille du maréchal prince de Soubise.

mesures d'opposition plus sérieuses. L'empire seul de la mode aurait suffi pour l'y décider; il ne fallait que s'abandonner aux flots de l'opinion. Qu'y avait-il à craindre dans un parti que le plus petit bailliage du royaume embrassait avec sécurité, dont les courtisans professaient les principes jusque dans les antichambres du roi? M. le duc d'Orléans n'avait qu'à se montrer pour être proclamé chef des mécontents dans un temps où tout le monde l'était ou affectait de l'être. Cette position était souvent offerte à son imagination par les hommes qui avaient su gagner sa confiance. Il entre dans mon sujet de les faire connaître, car que serait l'histoire si elle ne peignait jamais que des surfaces, sans pénétrer dans l'intérieur des hommes qui ont joué un rôle, et sans dévoiler les ressorts qui les ont fait mouvoir?

J'ai déjà fait connaître le chancelier Ducrest, qui tenait la première place dans la maison de M. le duc d'Orléans. M. de Limon[1] avait sous M. Ducrest la gestion et le titre d'intendant des finances. C'était un homme d'affaires, adroit outre mesure; il avait été employé dans celles de *Monsieur*. La succession du dernier duc d'Orléans venait de s'ouvrir; elle était immense, embrouillée, les cohéritiers difficiles. M. de Limon parvint à éclairer ce chaos, à rendre le frère et la sœur[2] contents l'un de l'autre et de lui-même. Par ce service il s'assura la confiance de M. le duc d'Orléans; il n'était

---

1. Le marquis Geoffroy de Limon fut contrôleur général du duc d'Orléans. Profondément dévoué à ce prince, il eut, durant la Révolution, une attitude assez équivoque. On a même prétendu qu'il avait voulu faire empoisonner le comte d'Artois. Après avoir été fervent patriote, il émigra et devint royaliste exalté. C'est lui qui rédigea le manifeste de Brunswick. Il mourut en 1799.

2. Madame la duchesse de Bourbon.

pas homme à n'en point tirer parti. En suivant les affaires contentieuses de la succession, il avait fait connaissance avec les principaux membres du parlement de Paris qui, occupés alors de haute politique, avaient accueilli volontiers l'intendant d'un prince dont le nom pouvait donner du poids à leurs opinions. M. de Limon avait aperçu, de son côté, un espoir de se rendre nécessaire, et il cultivait avec soin ces nouvelles connaissances, afin que personne ne pût lui disputer le rôle d'agent intermédiaire entre le prince et le parlement.

M. de Limon se trouva puissamment aidé par l'abbé Sabatier de Cabre, un des parlementaires les plus remuants de cette époque. Lié avec madame de Sillery, l'accès de l'intimité de M. le duc d'Orléans avait été facile à l'abbé qui se faisait remarquer par une effronterie rare, une imagination séduisante, un genre d'éloquence abondant, bizarre et fertile en injures. Il plut à M. le duc d'Orléans, et parvint bientôt à l'entraîner. Sans estime au parlement, il n'y était pas sans puissance. On l'y avait accusé d'avoir été l'espion du dernier ministère; il s'en disculpait en harcelant le nouveau. C'était lui qui, le 16 juillet 1787, avait invoqué dans l'assemblée des chambres la convocation des états généraux; et cette nouveauté hardie avait fort attiré l'attention sur lui. Quel avantage pour un homme de ce caractère, s'il parvenait à jeter M. le duc d'Orléans dans une suite d'affaires où son incapacité augmenterait chaque jour sa dépendance ! Il comprit qu'il fallait surtout lui aplanir les difficultés, qu'il ne fallait pas espérer de vaincre sa légèreté, mais plutôt se réduire à exiger peu de lui afin de concilier toutes ses faiblesses. Aussi, le prince n'eut-il qu'à répéter le rôle arrangé par l'abbé Sabatier pour son entrée sur la scène des affaires. L'emprunt des quatre cents millions dont j'ai déjà parlé, en devint l'occasion. C'est de là que date véritablement la part prise par M. le duc d'Orléans dans les affaires publiques.

Pour bien comprendre cet incident, il est nécessaire de faire connaître quelques-unes des formes qu'on observait alors en France, lorsque le gouvernement avait besoin d'emprunter. Les édits qui créaient les emprunts et qui en déterminaient les conditions, avaient le caractère de lois, et, comme les autres lois, devaient être transcrits sur les registres des parlements du royaume. Cette formalité qui sanctionnait l'engagement de l'État, faisait la sûreté des prêteurs. Mais pour produire des effets si puissants, suffisait-il d'une simple forme? L'acte seul d'une transcription matérielle pouvait-il constituer une obligation publique, et hypothéquer les revenus de l'État? L'enregistrement des parlements n'était-il donc pas une approbation des mesures renfermées dans l'édit? Et le droit d'approuver ne suppose-t-il pas celui de désapprouver? L'enregistrement n'était-il pas un témoignage du consentement national; et ce consentement pouvait-il être suffisamment exprimé par une opération mécanique, aveugle et purement passive? Toutes ces questions revenaient sans cesse, et toujours éludées, jamais éclaircies, elles étaient une source intarissable de débats et d'intrigues. A chaque nouvel emprunt, il fallait lutter contre une résistance à laquelle les magistrats étaient portés par leur propension naturelle, car leur puissance étant purement négative, ils ne pouvaient l'exercer que par des refus. Du reste, ils n'avaient et ne pouvaient avoir aucune connaissance des besoins de l'État, ni de ses ressources. Ce n'était donc jamais que par des raisons générales, qu'on pouvait les convaincre, et pour faire valoir ces raisons générales il fallait trouver des moyens de persuasion personnels à chaque magistrat. Ce détail était confié au premier président; et, lorsqu'il éprouvait trop de difficultés, on disait au roi qu'il fallait déployer son autorité. C'est alors qu'il convoquait un lit de justice.

Ce genre d'assemblée dont on ne se forme aucune idée saine d'après le nom qu'elle porte n'était, en effet, que l'anéantissement du peu de liberté et de justice qui s'étaient réfugiées sous la résistance des parlements. Aussi M. de Fontenelle disait avec raison, qu'un *lit de justice* était un lit où la justice dormait. Soit que le roi vînt lui-même siéger au parlement, soit qu'il l'obligeât à se transporter avec les registres dans son palais, la cérémonie se réduisait à un discours de réprimande prononcé par le monarque et commenté par le chancelier. L'avocat général du roi se levait ensuite pour exposer, et souvent avec blâme, le motif des édits, concluant néanmoins à ce qu'ils reçussent sans délai le caractère de loi. Car, il est à remarquer que la présence du roi n'ôtait pas à son avocat général la liberté d'exprimer sa pensée, mais elle imprimait un mouvement forcé à ses réquisitoires. Toutes ces harangues finies, le roi ordonnait la transcription de l'édit sur le registre des lois, et après cet acte d'autorité auquel les magistrats n'avaient aucun moyen de faire résistance, il ne leur restait plus que la ressource des remontrances, espèce d'avertissement tardif qui, ayant une action directe sur l'opinion publique, embarrassait souvent la marche du gouvernement.

Il est également nécessaire de remarquer que les lits de justice étaient une corruption de l'ancien usage de France, suivant lequel les rois avaient autrefois rendu la justice en personne, dans le sein du parlement, et au milieu des princes de leur sang et des pairs de leur royaume. Dans ces séances royales, tous les juges opinaient ; le roi n'y avait que sa voix et prononçait à la pluralité. Mais sa présence au jugement des causes privées donnait un poids de faveur à l'avis qu'il adoptait ; c'était là le plus grand défaut de cet exercice, d'ailleurs si respectable, des fonctions de la royauté. On avait compris plus tard que si la justice est la dette des rois, cette dette est mieux acquittée quand ils ne l'acquittent pas eux-mêmes. Ainsi le roi n'assistait plus au jugement des causes, mais il avait retenu son droit de séance au milieu des juges. Il n'en usait ordinairement que pour venir leur enjoindre l'enregistrement de quelques lois, et étouffer leur résistance : c'était là ce qu'on nommait un lit de justice ; et il en résultait que, même en matière d'impôts et d'emprunts, le roi était seul et absolu législateur ; car le concours des parlements pouvait toujours être réduit à un acte purement passif ; et de fait, ils n'avaient aucune part à des lois qu'ils n'avaient ni le droit de proposer, ni celui d'empêcher.

Le seul contrepoids du pouvoir royal consistait dans les mœurs nationales, et dans l'opinion, qui donne de la force aux lois dans les pays bien constitués, et qui, dans les pays purement despotiques, supplée au silence des institutions. Cette force insaisissable avait surtout une grande réalité en matière d'emprunt ; car le gouvernement a beau appeler les capitaux, c'est la confiance seule, et la confiance fondée, qui les apporte. L'archevêque de Toulouse, ministre des finances, reconnaissait cette vérité ; le besoin de plus de quatre cents millions à répartir sur les cinq années qui devaient suivre, lui était chaque jour plus démontré. Il comprenait, en même temps, que si son emprunt n'était enregistré que par contrainte, il s'annoncerait sous des auspices trop défavorables et ne serait jamais rempli. Les lits de justice étaient devenus odieux. Il ne pouvait compter sur un consentement libre ; il craignait les suites d'un consentement trop ouvertement forcé. Il sentait le besoin de faire agir l'autorité et en même temps celui de dissimuler son action. Il imagina donc de faire tenir par le roi une séance au parlement de Paris ; séance qui serait un composé de lit de justice et des anciennes séances royales. De celles-ci il emprunta le nom, qui n'était pas décrié, et le droit de suffrage, qui permettait à chaque membre du parlement de donner son avis et d'en développer les motifs. Des lits de justice, il retint la partie essentielle, le droit de commander l'enregistrement, sans égard à la pluralité des voix et au vœu de la majorité.

Le 19 novembre 1787, le roi se rendit à neuf heures du matin au parlement. M. le duc d'Orléans s'y trouvait, ainsi que les autres princes du sang, à l'exception de M. le prince de Condé qui était alors occupé à tenir les états de Bourgogne. Le roi apportait avec lui deux édits, dont l'un portait création de l'emprunt de quatre cents millions et formait l'objet principal de la séance, tandis que le second sur l'état civil des non catholiques, n'avait été imaginé que pour jeter sur l'édit bursal quelques reflets de faveur.

Le roi ouvrit la séance par un discours divisé en deux parties : dans la première, il annonçait qu'il était venu consulter son parlement de Paris sur deux grands actes d'administration et de législation. Il en développait très peu les motifs, laissant, suivant l'usage, à son garde des sceaux le soin des détails et des explications. Dans la seconde partie, il prit occasion de répondre aux remontrances que le parlement de Paris lui avait adressées en faveur du parlement de Bordeaux, puni par une translation à Libourne pour avoir élevé des difficultés relativement à l'enregistrement d'une loi sur les assemblées provinciales. Le roi, dans cette partie de son discours, essaya d'employer quelques accents de force, qui, étant empruntés, et n'étant pas même soutenus pendant le peu de temps qu'il parla, ne servirent qu'à faire apercevoir, par les inégalités de sa voix, les hésitations de son caractère.

Le garde des sceaux[1] parla ensuite; son discours embrassait un vaste plan ; il commençait par aborder directement la demande, faite par le parlement, d'une convocation immédiate des états généraux. Sans un refus positif, il semblait opposer à cette demande des maximes sur le pouvoir absolu du roi, qui la repoussaient et la faisaient dépendre entièrement de sa volonté. Son système constitutionnel était puisé dans les doctrines les plus absolues qu'aient jamais professées des ministres français, à aucune époque de notre histoire.

De ces principes qu'il donnait comme réponse péremptoire aux demandes et aux arrêtés des parlements, le garde des sceaux passait à l'examen des lois proposées. Il faisait valoir

---

1. Le garde des sceaux était alors Chrétien-François, marquis de Lamoignon, cousin de l'illustre Malesherbes. Conseiller au parlement de Paris, puis premier président de cette cour, il fut exilé en 1772, fut nommé garde des sceaux en 1787 en remplacement de Miromesnil, rédigea et présenta au parlement les édits du timbre et de la subvention territoriale. Il donna sa démission en 1788 et mourut l'année suivante. Son fils fut pair de France sous la Restauration. Avec lui s'éteignit la famille des Lamoignon.

les améliorations déjà ordonnées par le roi, ses mesures d'économies, les retranchements qu'il aimait à faire porter sur ses jouissances personnelles, plutôt que sur les établissements consacrés à la défense ou à la splendeur de l'État. Il présentait comme une œuvre de génie, la facile conception d'un emprunt de quatre cents millions qui suffirait tout à la fois pour éteindre d'autres créances plus onéreuses, pour faire des améliorations utiles, pour combler le vide des recettes, pour solder toutes les dépenses prévues et non prévues pendant cinq années, et mêmes celles d'une guerre pour laquelle on disait avoir des mesures toutes prêtes, si un tel fléau venait à se déclarer, malgré les justes espérances qu'avait conçues le roi de l'avoir éloigné pour longtemps, par la sagesse et la fermeté de ses négociations. (C'est ainsi que le ministre osait désigner la conduite de la cour de France envers la Hollande pendant le cours de l'année 1787.)

Ce tableau des bienfaits de l'administration présente amenait enfin le nouvel édit sur les non catholiques[1]. Le garde des sceaux faisait remarquer les grands avantages que la population accrue allait répandre sur l'industrie ; les conquêtes de la société enrichie de nouveaux citoyens ; les lois enfin réconciliées avec la nature et les mœurs. Mais on sentait assez le but de toute cette philanthropie de circonstance, et personne n'aurait cru irriter le ministre en ajournant ces bienfaits d'une législation tolérante, pourvu qu'il votât sans délai pour la sanction de

---

1. L'édit de 1787 sur les protestants rendit à ceux-ci un état civil qu'ils avaient perdu depuis la révocation de l'édit de Nantes. On sait, en effet, que les registres de l'état civil étaient tenus uniquement par les curés, de sorte que les catholiques seuls en profitaient. Quant aux protestants, leurs mariages n'étaient pas reconnus, et leurs enfants considérés comme illégitimes par la loi.

l'emprunt qui devait apporter quatre cents millions dans le trésor public.

Après que le garde des sceaux eut fini d'exposer le sujet de la délibération, elle prit le cours et la forme habituelle des séances du parlement. On entendit d'abord sur l'édit d'emprunt le rapporteur de la cour. On appelait ainsi celui des magistrats chargé d'examiner toutes les lois que le gouvernement envoyait au parlement pour les enregistrer. Ce magistrat était toujours choisi par le ministère parmi les plus anciens juges, qui formaient entre eux une section privilégiée appelée la grand'chambre, à laquelle on parvenait par la seule durée des services suivant l'ordre de réception. Le titre de rapporteur de la cour n'était pas une place, mais une commission de confiance; c'était le chemin de l'ambition et de la fortune; on le conférait presque toujours à un ecclésiastique, parce que, de tous les moyens de récompenser et d'enrichir un homme, le plus court et le moins cher était de lui donner des abbayes. C'est dans ce poste que l'abbé Terray[1] avait commencé sa réputation et sa fortune; après lui, on était sorti de la ligne ordinaire en le donnant à M. d'Ammécourt, protégé de la maison d'Orléans. Sa place lui fut ôtée par M. de Calonne, qui soupçonna M. d'Ammécourt de desservir le ministre parce qu'il aspirait au ministère. L'abbé Tandeau succéda à M. d'Ammécourt; il n'avait pas la facilité étonnante, la grande habitude des affaires, l'extérieur

---

1. Joseph Terray, né à Boen (Forez), en 1715. Il fut d'abord conseiller au parlement, et prit toujours dans les luttes parlementaires le parti de la cour. Il fut en récompense nommé rapporteur (1755). Contrôleur général en 1769, il devint tout-puissant à la chute de Choiseul, avec Maupeou et d'Aiguillon. Exilé par Louis XVI, il mourut en 1778.

bien composé de ce magistrat; mais l'essentiel du rôle était de répéter fidèlement les instructions qu'on recevait du conseil, de répondre aux questions qui pouvaient être faites par quelques explications, trop légères pour éclairer véritablement, mais suffisantes pour apaiser les prétentions du grand nombre, plus avide d'égards que de lumières. Tel fut en cette occasion le rapport de l'abbé Tandeau, long et fastidieux commentaire de l'édit. Il concluait en disant que l'extrême importance d'un tel emprunt le porterait à demander qu'on nommât une commission pour examiner l'édit, et en faire le rapport, si la présence de Sa Majesté ne l'avertissait pas qu'elle était venue au sein de son parlement pour y chercher un avis définitif.

Après le discours du rapporteur, la discussion s'ouvrit: chaque membre à son tour était invité par le premier président à donner son avis. M. le duc d'Orléans opina en très peu de mots pour rejeter l'édit. C'est là le premier acte où il se déclara ouvertement contre la cour.

Les orateurs que leur talent et leur caractère faisaient ordinairement écouter avec le plus d'intérêt, redoublèrent ce jour-là d'efforts pour se faire remarquer du roi et produire de l'impression sur lui. La présence de ce monarque n'annonçait rien qui dût intimider le courage et repousser la vérité; il était censé venir, au sein de sa cour des pairs, interroger la conscience de ses conseillers naturels. Quel noble succès pour des magistrats si, par la puissance de la parole, ils réussissaient à arracher le roi aux séductions de la médiocrité, à frapper son esprit des lumières de la raison, à émouvoir son cœur par la peinture des maux que souffrait la France, et qu'elle ne lui attribuait pas.

M. d'Espresménil [1] aspira surtout à ce dernier succès. Il était réputé le premier orateur parmi les membres du parlement opposés à la cour, et il ne trompa pas l'attente de son parti. Dans cette circonstance éclatante, son discours fut particulièrement un appel aux sentiments personnels du roi. Il le suppliait de mettre de côté l'avis de son ministère, les opinions arrêtées d'avance dans son conseil, pour peser sans prévention les vérités qu'il allait entendre, et se laisser entraîner par la conviction qu'elles porteraient avec elles. Il le conjurait de se croire au sein de sa famille, environné de ses enfants, et de ne pas retenir les mouvements que cette douce situation devait faire éprouver à son cœur paternel.

Chacun des orateurs saisissait les points de vue de la question les plus analogues à ses idées habituelles, et au genre de son talent. L'austère Robert de Saint-Vincent [2], rapprochant tout ce qui avait été dit par le garde des sceaux et le rapporteur de la cour, sur la masse actuelle des charges de

---

1. Jean-Jacques du Val d'Espresménil, né à Pondichéry, le 30 janvier 1746, était fils de Jacques d'Espresménil, gouverneur de Madras. Sa mère était fille de l'illustre Dupleix. Venu en France à cinq ans, le jeune d'Espréménil, fut reçu conseiller au parlement en 1775; il se mit à la tête de l'opposition. C'est lui qui provoqua la résistance de ses collègues aux édits de Brienne qui supprimaient tous les parlements. Arrêté pour ce fait, il passa quelque temps à l'île Sainte-Marguerite. Député de la noblesse aux états généraux, il devint un des plus fermes défenseurs de la monarchie, et lorsqu'il vit ses efforts impuissants, il sortit de l'Assemblée pour n'y plus rentrer (1791). Il faillit être massacré au 10 Août. Emprisonné à l'Abbaye, il échappa par miracle aux journées de septembre. De nouveau arrêté peu de mois après, il fut guillotiné en 1794. Sa femme eut le même sort.

2. Robert de Saint-Vincent (1725-1799), issu d'une vieille famille de magistrats. Conseiller au parlement en 1748, il se montra toujours hostile à la cour, notamment dans l'affaire du collier. Il émigra à la Révolution et mourut en 1799.

l'État et l'insuffisance des revenus, sur les améliorations éventuelles et un déficit reconnu, sur des économies futures et une indigence présente, trouvait que l'emprunt n'avait d'hypothèque qu'un énorme déficit ; qu'on ne pouvait sans stellionat, affecter à une dette nouvelle les anciens impôts déjà donnés pour gage aux emprunts précédents ; et que le parlement partagerait ce crime s'il invitait les prêteurs à la confiance, en couvrant du crédit de son enregistrement l'abîme sans fond où ils viendraient précipiter leurs capitaux.

M. Fréteau, dont l'élocution trop facile était nourrie par une érudition mal arrangée, étonna le roi et l'assemblée par des rapprochements que lui fournissait sa mémoire. Il attaqua directement l'irrégularité de la double position du garde des sceaux, qui, possesseur encore d'un office de premier président au parlement de Paris, venait au milieu de cette cour y remplir les fonctions de ministre, traçant des projets de loi dans le conseil et prétendant délibérer sur ces mêmes projets dans le parlement, accumulant ainsi la sanction avec l'initiative, la partialité d'un faiseur de projets avec l'impassibilité d'un magistrat. Il ne concluait à rien moins qu'à exclure M. de Lamoignon de la séance, lorsqu'on en viendrait à compter les opinions. L'abbé Lecoigneux faisait valoir le même motif d'exclusion contre M. Lambert[1], contrôleur général, qui n'en avait pas moins pris séance comme conseiller honoraire.

---

1. Charles-Guillaume Lambert, né à Paris en 1727. Conseiller au parlement, conseiller d'État, membre du conseil des finances, membre de l'assemblée des notables. Contrôleur général en 1787. Destitué en août 1788, il fut réintégré dans sa charge en août 1789. Le 19 octobre 1790, l'Assemblée décréta qu'il avait perdu la confiance de la nation. Il se retira le 4 décembre suivant. Arrêté en février 1793, il fut guillotiné peu de jours après.

L'abbé Sabatier que j'ai déjà fait connaître comme l'un des conseils de M. le duc d'Orléans, flattait le roi par des éloges qui rendait plus piquante la satire amère qu'il faisait des ministres. Il insistait sur son projet favori, la convocation des états généraux. Il appuyait sur l'incapacité des parlements pour engager désormais la foi publique, et appelait à grands cris les assemblées de la nation pour qu'elles vinssent ressaisir la conduite de leurs affaires, et mettre un terme aux déprédations dont elles seules possédaient le remède.

Quelques opinants parlèrent aussi en faveur de l'édit. La cour n'était pas sans partisans dans cette nombreuse assemblée. Parmi ceux qui se déclarèrent pour elle, on distingua le duc de Nivernais [1] qui, lors des affaires de 1771, s'était fait remarquer par sa résistance aux plans du chancelier Maupeou. Les hommes gardent rarement leur énergie jusqu'au terme de leur carrière. Les courtisans vieillissent de bonne heure, et aussi, presque tous les hommes qui vieillissent deviennent courtisans.

On consacra sept heures entières à cette discussion que le roi écouta avec une attention soutenue, et souvent même avec des témoignages d'intérêts. Il eut surtout à se défendre de l'impression que parurent lui faire les discours de MM. d'Espres-

---

1. Louis-Jules Mancini-Mazarin, duc de Nivernais, était le petit-fils du duc de Nevers, lequel était le neveu du cardinal Mazarin. Né en 1716, il épousa mademoiselle de Pontchartrain, sœur de M. de Maurepas. Il en eut une fille qui épousa le comte de Gisors, fils du maréchal de Belle-Isle, tué à Crevelt, en 1758. Nivernais suivit d'abord la carrière des armes et fit les campagnes d'Italie (1734), de Bohême (1742), de Bavière (1745). Il fut ensuite ambassadeur à Rome, puis à Berlin (1756) et à Londres (1762). Sous la Révolution il ne voulut pas émigrer; emprisonné pendant la Terreur, il fut délivré au 9 thermidor et mourut en 1798.

ménil, Sabatier et Fréteau. Mais, à cet égard, on l'avait bien préparé.

Après avoir entendu tous les opinants, le moment était venu de recueillir les suffrages et de les compter, lorsqu'on vit le garde des sceaux se lever, s'approcher du roi, prendre ses ordres et revenir à sa place. Alors le roi prononça ces paroles : « J'ordonne que l'édit portant..... soit transcrit sur les registres de mon parlement, pour être exécuté suivant sa forme et teneur. »

C'était maintenant que M. le duc d'Orléans devait se mettre en scène. Mais pour bien comprendre la démarche qu'on avait préparée pour lui, il est nécessaire de faire attention aux expressions employées par le roi. La formule qu'il venait d'employer aurait été la formule convenable, si la séance avait été réellement une séance royale, c'est-à-dire si la délibération avait été complétée par l'appel des suffrages, et si le roi n'avait rien ordonné qu'en conséquence du vœu connu et constaté de la majorité. Mais c'est précisément ce caractère essentiel à toute délibération d'une assemblée qui avait manqué à celle-ci. On avait discuté librement, mais on n'avait pas recueilli les voix. On croit, à la vérité, que si le ministre, plus courageux et plus habile, avait osé faire compter les voix, le résultat aurait été favorable à l'édit. Il est certain que toutes les mesures avaient été prises pour obtenir une majorité. On avait choisi le moment de l'année où finissaient strictement les vacances du parlement, qu'une sorte d'usage bien connu prolongeait bien au delà du terme légal. Un si grand nombre de membres était absent, que de six présidents, il ne s'en trouvait que quatre à la séance, tandis que l'archevêque de Toulouse n'avait pas manqué de prévenir d'avance tous ceux sur lesquels il comptait. De plus on avait garni l'Assemblée, outre mesure, de conseillers ordinaires qui n'usaient presque jamais de leur droit de présence ; de maîtres des requêtes dépendants par état, qu'on avait choisis plus dépendants encore par leur caractère ou par leur ambition. Malgré tant de précautions prises, on n'avait pas osé faire un appel à la majorité dont on aurait été cependant si heureux de se prévaloir, et la séance avait fini par être un vrai lit de justice, signe infaillible d'épouvante pour les capitaux qu'on voulait attirer. On ne peut trop remarquer tout ce que cette conduite renferme en même temps d'imprudence et de timidité.

Les ministres avaient cru remédier à tout, en ne faisant pas prononcer au roi, dans l'ordre d'enregistrement, les mots caractéristiques d'un lit de justice : *de mon exprès commandement.* En retranchant ces mots, ils se flattaient d'en imposer au public, et ils croyaient pouvoir soutenir que le roi avait tenu une séance royale. C'était donc leur porter un dernier coup que de leur enlever ce subterfuge; et c'était là précisément le coup d'éclat que les conseils de M. le duc d'Orléans lui avaient ménagé. A peine le roi avait-il fini de parler, que M. le duc d'Orléans se leva et dit : « Si le roi tient une séance au parlement, les voix doivent être recueillies et comptées ; si c'est un lit de justice, il nous impose silence. » Il s'arrêta alors, et le roi ne répondant point, il reprit ainsi : « Sire, permettez que je dépose à vos pieds ma protestation contre l'illégalité de vos ordres. » Il faut se reporter aux idées qui dominaient alors en France, aux principes d'autorité qui y étaient en vigueur, pour saisir l'effet que dut produire le premier exemple d'un prince du sang faisant une protestation au sein du parlement, et attaquant comme nuls, en présence du roi lui-même, les ordres qu'il venait de donner.

L'histoire entière de la monarchie n'offrait rien de semblable. On avait vu des princes du sang résister les armes à la main à la puissance du roi; on n'en avait point vu essayer de poser des bornes constitutionnelles à son autorité.

Le roi, surpris et embarrassé, dit avec précipitation : « Cela est légal. » Et il fit procéder sur-le-champ à la lecture du second édit. Dès qu'elle fut achevée, il se leva et sortit avec ses deux frères, après une séance de huit heures et demie qui l'avait vivement agité, et qui lui laissait de profonds sujets d'inquiétude.

Les princes et pairs, et avec eux, M. le duc d'Orléans se levèrent et le reconduisirent suivant l'usage, puis rentrèrent aussitôt pour reprendre la délibération qui recommença avec plus de chaleur. Les partisans de la cour voulaient rompre la séance et l'ajourner à huitaine pour donner le temps aux esprits de se calmer. Ils représentaient que *Messieurs* (c'était l'expression parlementaire) étaient épuisés de fatigue et qu'ils avaient besoin de repos.

M. Lepelletier de Saint-Fargeau [1] qui, malgré sa grande

---

1. Louis-Michel Lepelletier, comte de Saint-Fargeau, appartenait à une ancienne famille de robe. Né en 1760, il fut successivement avocat général, puis président à mortier au parlement de Paris. Député de la noblesse aux états généraux, il fut dans les premiers temps un fougueux défenseur de la monarchie; seul avec le comte de Mirepoix, il refusa de se réunir au tiers, malgré l'ordre du roi (27 juin 1789). Après le 14 juillet, il changea subitement de drapeau, et s'enrôla dans le parti révolutionnaire le plus avancé. Député de l'Yonne à la Convention, il fut un des plus ardents dans le procès du roi; il réclama sa mise en jugement, vota la mort, et refusa l'appel au peuple. Le 20 janvier suivant, il fut assassiné au Palais-Royal par un ancien garde du corps, nommé Pâris. On lui fit des obsèques solennelles au Panthéon.

jeunesse, était déjà président à mortier, proposait aussi un ajournement, mais seulement au lendemain. Cet avis convenait à la faiblesse de son esprit, et à la pusillanimité de son caractère qui lui firent constamment ménager tous les partis, jusqu'à ce que le républicanisme devenu dominant en France fixât ses irrésolutions. Il ne s'attendait guère alors à mériter un jour comme républicain, les honneurs du martyre et les couronnes de l'apothéose.

Ce jour-là, il fut vivement combattu par l'abbé Sabatier, qui, réunissant les deux avis dilatoires, pour les détruire à la fois, soutint : « Que Messieurs ne devaient avoir faim et soif que de la justice, et qu'ils devaient lui consacrer le reste du jour présent, n'étant pas assurés que le lendemain serait à leur disposition. » — En prononçant ces paroles, il avait voulu donner à son accent quelque chose de prophétique. L'abbé Sabatier invita ensuite M. le duc d'Orléans à rédiger sa protestation par écrit, et de peur que la mémoire du prince ne fût pas fidèle, il retrouva dans la sienne et lui suggéra les expressions *qu'il croyait lui avoir entendu prononcer*.

Avec cet aide, M. le duc d'Orléans satisfit à ce qu'on exigeait de lui, et fit écrire sur les registres du parlement, qu'aussitôt après l'ordre du roi d'enregistrer les édits, il s'était levé et avait fait la protestation suivante :

« Sire, je supplie Votre Majesté de permettre que je dépose à ses pieds et dans le sein de la cour, la déclaration que je regarde cet enregistrement comme illégal, et qu'il serait nécessaire, pour la décharge des personnes qui sont censées y avoir participé, d'y ajouter que c'est par exprès commandement du roi. »

Après quelques débats, l'arrêté proposé par l'abbé Sabatier prévalut, en ces termes :

« La cour, considérant l'illégalité de ce qui vient de se passer à la séance royale, dans laquelle les voix n'ont point été comptées en la manière prescrite par les ordonnances, en sorte que la délibération n'a pas été complète, — déclare qu'elle n'entend prendre aucune part à la transcription ordonnée être faite sur les registres, de l'édit portant établissement d'emprunts graduels et successifs pour les années 1788, 1789, 1790, 1791 et 1792, et sur le surplus, a continué la délibération au premier jour. »

On leva la séance à huit heures du soir. M. le duc d'Orléans avait remporté tout l'honneur de cette journée, et il faut reconnaître que tout avait été concerté et conduit avec une grande habileté par lui et par ses amis.

Le ministère, qui n'avait su employer que de petits moyens pour soutenir l'autorité royale déjà si chancelante, se trouva déjoué par la protestation de M. le duc d'Orléans, et par l'arrêté, qui, en mettant au grand jour la ruse que le gouvernement avait voulu employer, constata sa faiblesse.

Pendant que tout réussissait ainsi à M. le duc d'Orléans dans l'intérieur du palais de justice, des agents apostés au dehors publiaient les événements de la séance, et proclamaient le nom du prince du sang qui s'était montré si bon citoyen. Le peuple assiégeait en foule les avenues du Palais, et on n'entendait parler que du courage et des succès de M. le duc d'Orléans. Quand il parut, pour monter dans sa voiture, les flots de ce peuple léger l'y portèrent en le comblant des acclamations les plus flatteuses. Le libérateur de la patrie n'aurait pas obtenu un plus beau triomphe. Celui qu'on accablait, il y avait peu de jours, de sarcasmes était aujourd'hui couvert de bénédictions. Tels sont les jugements de cette foule qu'on prétend honorer du nom de peuple.

Malheureusement, il ne fallait pas à M. le duc d'Orléans un encens plus pur; celui-là seul était à sa portée; comme il n'aurait pas été capable de faire à l'opinion publique de vrais sacrifices, il ne l'était pas non plus, de discerner le prix que l'on doit attacher à cette opinion, quand elle est ennoblie par ceux qui la proclament.

Les cris de joie d'une populace ignorante flattaient sa passion contre la cour, et le fortifiaient dans son mépris pour l'opinion, en lui montrant à quel facile prix on pouvait la conquérir.

L'archevêque de Toulouse et M. le garde des sceaux, indignés de voir que leurs stratagèmes étaient devenus des pièges contre eux, réunirent tous leurs efforts pour exciter la colère du roi, et lui représentèrent la non exécution de leurs mesures comme un malheur public. « Un prince du sang, dirent-ils, qui aurait dû être le soutien du trône, et qui avait osé en saper les fondements, jusqu'au point de supposer des limites à l'autorité du roi, et de le dire en sa présence ! Des juges assez téméraires pour accuser de prévarication les ministres, c'est-à-dire les dépositaires de la confiance du maître, les agents de sa volonté ! Un tel excès d'audace méritait punition. L'exil de l'un, la détention des autres, étaient des exemples nécessaires pour arrêter de pareils scandales. »

C'est par de tels discours, que ce faible ministère entraîna le roi dans des mesures, qui, ayant le caractère de l'humeur, ne pouvaient que faire envier à tous les ambitieux du même ordre, l'éclat d'une légère persécution. Les ministres de Louis XVI ignoraient que le pouvoir arbitraire n'a pas le droit de punir avec modération ceux qui lui résistent, et qu'il est condamné par sa nature à tolérer, ou à écraser ses ennemis.

Le premier parti eût été plus conforme au caractère du roi ; le second eût bien tenté ses ministres, mais pour le prendre, ils ne se sentaient pas assez forts, ni auprès du roi, ni devant la nation. Ils crurent faire beaucoup, en conseillant l'exil de M. le duc d'Orléans, et en proposant de faire enlever les conseillers Fréteau et Sabatier. On conduisit le premier à la citadelle de Doullens, et le second au château du mont Saint-Michel, espèce de tour isolée sur un rocher que battent les flots de la mer.

C'est le baron de Breteuil, ministre de Paris, qui alla le 20 novembre, à six heures du soir, signifier à M. le duc d'Orléans l'ordre de son exil. Ce ministre était chargé spécialement de la distribution des lettres de cachet, lorsqu'elles étaient dirigées contre un des ministres ses confrères, ou contre un prince du sang. Il était d'usage que le ministre allât lui-même leur en donner connaissance, et cette mission lui attirait parfois des réceptions qui se ressentaient de l'humeur des disgrâciés. Ici, la position était d'autant plus délicate, que le baron de Breteuil tenait sa fortune de la protection de la maison d'Orléans. Son oncle, l'abbé de Breteuil [1], avait été chancelier du dernier duc d'Orléans, qui l'avait comblé de richesses et de bontés, et avait ouvert au neveu la carrière des grâces et des emplois supérieurs. La lettre du roi qu'il remit à M. le duc d'Orléans, contenait l'ordre d'aller coucher ce jour-là même à son château

---

1. L'abbé Théodose de Breteuil, né en 1710, prieur de Saint-Martin-des-champs, à Paris, chancelier du duc d'Orléans. Il mourut en 1781.

du Raincy [1], pour se rendre le jour suivant à celui de Villers-Cotterets [2], qui en est distant d'environ dix-huit lieues. Le prince reçut cette injonction avec humeur, et se plut à la faire sentir au porteur de l'ordre. Après avoir donné une heure à quelques dispositions, il demanda ses chevaux et monta en voiture. Le baron qui, suivant ses instructions, devait l'accompagner, se préparait à monter auprès de lui, quand le prince l'arrêta en lui disant : « Que faites-vous ? » Le baron montra ses ordres. « Eh bien, répondit le prince, montez derrière », et il partit. Le baron, sans s'affecter de ce *léger nuage* (c'est l'expression dont il se servait quand il racontait ce petit incident), monta dans sa propre voiture, et suivit comme il put.

La nouvelle de l'exil de M. le duc d'Orléans se répandit bientôt dans Paris. Le jardin du Palais-Royal, toutes les rues et les places adjacentes, étaient inondés de peuple et retentissaient des cris de : « *Vive Monsieur le duc d'Orléans !* »

Le 21 au matin, les chambres du parlement se rassemblent, et arrêtent d'envoyer au roi le premier président pour lui demander de *rapprocher de sa personne le prince auguste qu'il en avait éloigné, et de rendre à la compagnie deux membres dont le zèle seul avait dicté les opinions*. A midi le parlement est mandé à Versailles, et le roi fait biffer de ses

---

[1]. Le Raincy, près de Bondy, à 12 kilomètres de Paris, avait d'abord été une abbaye. Au xviie siècle, Jacques Bordier la remplaça par un magnifique château, qui appartint ensuite à la princesse Palatine. Il devint, en 1750, la propriété du duc d'Orléans. Il fut saccagé pendant la Révolution, et entièrement détruit en 1848.

[2]. Villers-Cotterets, chef-lieu de canton de l'Aisne. Au xiiie siècle, Charles de Valois y possédait un château, qui fut détruit pendant la guerre de Cent ans. François Ier en fit construire un autre, à côté de l'ancien, qui devint une des résidences favorites de la cour. Il fut acquis au xviie siècle par la famille d'Orléans. Le château sert aujourd'hui de dépôt de mendicité.

registres l'arrêté pris le 19 précédent. Le discours qu'il tint à cette occasion mérite d'être conservé :

« Je vous ai, leur dit-il, ordonné de m'apporter la minute de l'arrêté que vous avez pris lundi dernier, après ma sortie du parlement. Je ne dois pas le laisser subsister sur vos registres et je vous défends de le remplacer d'aucune autre manière.

» Comment mon parlement peut-il dire qu'il n'a pris aucune part à l'enregistrement des édits, que je n'ai prononcé qu'après avoir entendu pendant sept heures, les avis et les opinions en détail, de ceux de ses membres qui ont voulu les donner, et lorsqu'il est constant, pour tous comme pour moi, que la majorité des suffrages était acquise à l'enregistrement de mon édit, en y joignant des supplications pour hâter la réunion des états généraux de mon royaume. J'ai déjà dit que je les convoquerais avant 1792, c'est-à-dire, au plus tard, avant la fin de 1791. Ma parole est sacrée.

» Je m'étais rapproché de vous avec confiance, dans cette forme antique, si souvent réclamée par mon parlement auprès des rois mes prédécesseurs ; et c'est au moment où j'ai bien voulu tenir mon conseil au milieu de vous, sur un objet de mon administration, que vous essayez de vous transformer en un tribunal ordinaire, et de déclarer illégal le résultat de ce conseil, en invoquant des ordonnances et des règles qui ne concernent que des tribunaux dans l'exercice de leurs fonctions.

» Les réclamations de mes parlements ne doivent me parvenir que par des représentations ou des remontrances respectueuses. Je désapprouverai toujours les arrêtés, qui constatent leur opposition à ma volonté, sans exprimer les motifs de leurs résolutions. »

Après le discours du roi, remarquable par les principes qu'il pose et par la promesse formelle des états généraux qu'il contient, le premier président [1] obtint la permission de faire entendre les représentations arrêtées le matin même sur l'exil de M. le duc d'Orléans, et sur la détention des deux conseillers.

Le roi y répondit ce peu de mots : « Lorsque j'éloigne de ma personne un prince de mon sang, mon parlement doit croire que j'ai de fortes raisons de le faire. J'ai puni deux magistrats dont j'ai *dû* être mécontent. »

On s'attendait à une réponse aussi sèche ; elle n'empêcha point le parlement de revenir à la charge. Son exemple fut imité par tout ce qui avait le droit d'élever la voix, et de faire arriver des représentations jusqu'au pied du trône. Tous les parlements firent à l'envi des remontrances ; tous redemandaient le prince et les deux magistrats. Les princes et les pairs reçurent la défense d'assister aux séances du parlement qui étaient presque continuelles, et qui fixaient l'attention du public. L'expérience avait appris que l'importunité n'était pas un moyen sans efficacité près d'un gouvernement faible.

Dans la séance du 22 novembre, le parlement avait aussi arrêté d'envoyer le greffier Isabeau pour complimenter Madame la duchesse d'Orléans, et lui témoigner l'intérêt qu'il prenait à l'exil de son mari. Cette princesse était déjà partie pour Villers-Cotterets. Arrivé au lieu de son exil, M. le duc d'Orléans s'était empressé de prier le parlement de Paris de ne pas s'occuper de lui. Il savait bien qu'en affectant de réclamer ce silence sur lui-même, il n'attacherait que plus

---

1. Le premier président d'Aligre.

fortement le parti populaire à sa cause, et il était sûr que le zèle du parlement pour ses intérêts ne se ralentirait point. Mais il ne fallait pas qu'on attribuât à ses instigations les instances de cette cour, sans quoi elles auraient été plus propres à aigrir le roi qu'à l'apaiser. Celui-ci ne pouvait, sans compromettre son autorité, revenir si promptement sur les punitions qu'il avait imposées.

Les pairs se soumettaient avec peine à la défense qui leur avait été faite de se rendre au parlement. Ils se réunirent secrètement à l'hôtel de Luynes, pour préparer une réclamation en faveur du prince exilé. De semblables demandes, comme je l'ai dit, arrivaient de toutes parts. Et cependant, M. le duc d'Orléans méritait bien peu l'intérêt qu'il inspirait. Médiocrement touché de l'éclat de son rôle, il se plaignait avec amertume des privations qu'il lui imposait. Jamais privations plus légères n'avaient été supportées avec moins de patience et moins de courage. Si les Parisiens avaient pu lire au fond du cœur de leur nouvelle idole, ils auraient été étrangement surpris de récompenser aussi peu de dévouement par autant d'hommages.

Les ordres du roi avaient prescrit à M. le duc d'Orléans de ne recevoir dans son exil d'autres visites que celles de sa famille, et des personnes attachées à son service. On avait voulu éviter le concours immense de visiteurs, qui se serait immanquablement formé autour de l'exilé pour honorer sa retraite, et surtout pour braver le mécontentement qu'il avait encouru. Cependant Villers-Cotterets n'était rien moins qu'une solitude. Tous les proches du prince, parmi lesquels il ne faut pas oublier la généreuse madame de Lamballe, s'étaient fait un devoir de se rendre auprès de lui ; ses enfants étaient venus le joindre. Son service et celui de madame la duchesse d'Orléans formaient une société nombreuse. A cette époque de sa vie, il était intimement lié avec madame de Buffon[1], jeune et jolie personne à laquelle son désintéressement et son extrême dévouement ont mérité l'indulgence de tous ceux qui l'ont connue. Une fois par semaine, elle se rendait à Nanteuil[2], petite ville située à égale distance de Villers-Cotterets et de Paris; c'est là que M. le duc d'Orléans allait la voir.

Avec ces ressources, dans une habitation magnifique, au milieu de toutes les distractions que procure une immense fortune, il n'aurait fallu qu'une modération bien ordinaire pour se trouver heureux. Cependant sa position lui semblait insupportable, et il est impossible de méconnaître qu'à cette époque, une vengeance aveugle devint la passion dominante de son cœur. C'est là le secret de la seconde partie de sa vie.

Tandis que les idées de vengeance fermentaient dans sa tête, il s'occupait néanmoins, avec ardeur, d'obtenir par tout moyen sa liberté. Les Parisiens qui voulaient justifier leurs transports, racontaient qu'il avait rejeté des moyens de rapprochement et de réconciliation offerts par M. l'archevêque de Toulouse. Suivant eux, M. le duc d'Orléans avait refusé de rentrer en grâce avant que les deux conseillers fussent rappelés, et aussi avant qu'on leur eût fait connaître positivement à tous les trois, le motif de la sévérité employée envers eux.

Ces bruits étaient accrédités par ceux qui tenaient de près

---

1. Mademoiselle de Cépoy, mariée, en 1784, à Louis-Marie, comte de Buffon, fils de l'illustre savant, colonel de cavalerie, qui fut décapité en 1794. Les relations survenues entre le duc d'Orléans et madame de Buffon déterminèrent entre celle-ci et son mari une séparation (1789) qui fut convertie en divorce (1793).

2. Nanteuil, chef-lieu de canton de l'Oise, 1 600 habitants, à 20 kilomètres de Senlis.

au Palais-Royal, où l'on se gardait bien de parler des démarches que M. le prince de Condé et M. le duc de Bourbon[1] avaient faites sans succès en sa faveur. Le roi avait reçu ces princes avec bonté. Il n'avait point désapprouvé l'intérêt qu'ils avaient montré pour M. le duc d'Orléans, mais pressé par eux de s'expliquer sur le terme de l'exil, il s'était contenté de répondre : « *Croyez que je suis bon parent.* »

Les mêmes nouvellistes, heureux en inventions comme en réticences, s'abstenaient aussi de parler des lettres par lesquelles M. le duc d'Orléans avait directement sollicité sa grâce. Dans ces lettres, il n'avait pas rougi de mettre en avant des motifs sûrement beaucoup plus humiliants que la prière. Ce n'était pas sur la légitimité de sa conduite, ni même sur la pureté de ses intentions, qu'il appuyait sa demande. Pour fléchir le roi, il avait été chercher les plus étranges moyens. Ainsi, il faisait valoir la nécessité de reprendre et de surveiller des travaux commencés au Palais-Royal, dont la suspension portait le plus notable préjudice à ses affaires; il parlait aussi de l'abandon dans lequel elles étaient par la maladie de M. de Limon, son intendant des finances. Pour essayer de tout, il parlait de sa santé et de celle de madame la duchesse d'Orléans, disant qu'ils ne pouvaient se passer l'un et l'autre de retourner à Paris. Enfin, il faisait valoir la retraite de son

---

1. Louis-Henry-Joseph, duc de Bourbon, naquit le 13 août 1776. Il était le fils du prince de Condé. Il n'eut aucun rôle dans les affaires publiques sous le règne de Louis XVI. Il émigra dès le début de la Révolution, et commanda un corps de l'armée de Condé. Il se retira ensuite en Angleterre. Pendant les Cent jours, il essaya, sans grand succès, de soulever la Vendée. Il fut nommé, sous Louis XVIII, grand maître de la maison du roi. Il mit fin à ses jours le 27 août 1830 à Chantilly. Il avait épousé sa cousine, la princesse Louise d'Orléans et était le père de l'infortuné duc d'Enghien.

chancelier Ducrest comme un sacrifice expiatoire qui devait être récompensé par un retour de faveur, ou du moins par un oubli généreux des torts dont ce « favori imprudent avait pu le rendre coupable ».

Il était vrai que M. Ducrest venait de donner sa démission, et on faisait circuler dans le public la lettre qui l'avait accompagnée. Suivant cette lettre, la démission était purement volontaire; le serviteur fidèle s'était aperçu qu'il nuisait à son maître, et son attachement pour lui, lui prescrivait de s'éloigner. Trop de haine avait poursuivi en lui l'auteur des mémoires remis au roi par M. le duc d'Orléans, pour qu'il pût espérer faire quelque bien. Il se flattait que la vengeance de ses ennemis satisfaite ne chercherait plus d'autre victime. Tout cela était entremêlé de phrases sur le succès de son administration. Ni la démission du chancelier Ducrest, ni sa lettre, ni celle de M. le duc d'Orléans, n'avaient touché le cœur du roi, et la sévérité prévalait encore dans ses résolutions. M. le duc d'Orléans n'obtint même aucune réponse par écrit; seulement, M. le comte de Montmorin, ministre des affaires étrangères, fut chargé de le voir, de l'exhorter à la patience, et de lui dire que le roi ne lui écrivait point pour s'épargner à lui-même le chagrin de le refuser.

Le parlement, où les princes et les pairs avaient enfin obtenu la permission de reparaître, ne cessait d'insister en faveur des deux conseillers et du prince exilés. Tout le mois de décembre s'était passé à attendre, à solliciter des réponses du gouvernement. M. le prince de Condé et M. le duc de Bourbon se faisaient remarquer par leur assiduité aux séances du parlement; et, s'ils paraissaient sur quelques points d'accord avec le ministère, on ne pouvait leur reprocher de manquer une occasion de parler en faveur des trois personnes exilées. Après quelques semaines, les rigueurs cessèrent. Le roi voulut se confier à la douceur, et il se plut à accorder à madame la duchesse d'Orléans ce qu'il avait refusé aux instances du parlement.

M. l'archevêque de Sens (M. de Brienne avait échangé l'archevêché de Toulouse pour celui de Sens) croyant par cette concession avoir obtenu quelques moments de repos, préparait avec le garde des sceaux une nouvelle organisation judiciaire, qui, au moment où elle serait décrétée, devait suspendre les fonctions de toutes les cours souveraines du royaume. La sanction devait être donnée à ce nouveau projet dans une assemblée réunie sous le nom de cour plénière. On devait y faire enregistrer les édits que le ministre avait proposés au parlement. Mais M. de Brienne n'avait ni la trempe d'esprit ni le caractère que demandaient des projets aussi vastes et des circonstances aussi graves [1].

1. Brienne entreprit de détruire les parlements. Le 8 mai 1788, le roi manda le parlement à Versailles, et le garde des sceaux Lamoignon donna lecture des six édits suivants : Le premier instituait sous le titre de *grands bailliages*, de nouvelles cours de justice auxquelles étaient attribuées toutes les affaires civiles et criminelles au-dessous de vingt mille livres. Les parlements ne connaissaient plus que des affaires au-dessus de ce chiffre, et celles concernant les ecclésiastiques et les nobles. Le deuxième édit réduisait considérablement le nombre des conseillers des parlements. Le troisième supprimait tous les tribunaux d'exception. Le quatrième abolissait la question préalable. Le cinquième, et le plus important, instituait une cour plénière, chargée de vérifier et d'enregistrer les lois pour toute l'étendue du royaume. Cette cour était composée du chancelier ou du garde des sceaux, de la grand'chambre du parlement de Paris, des princes du sang, des pairs, des grands officiers de la couronne, de divers dignitaires de l'Église et de l'armée, d'un certain nombre de membres choisis dans le conseil d'État et les parlements de province. La cour avait le droit de remontrance, mais le roi se réservait celui d'y dicter ses ordres en lit de justice. Enfin le sixième édit frappait d'interdiction tous les parlements existant, et leur défendait de se réunir pour aucune affaire publique ou privée.

Les dispositions que l'on voyait prendre par le ministère et le silence mystérieux qu'il gardait, donnaient des inquiétudes vives à toute la magistrature. On fit des tentatives de tout genre pour découvrir les projets du gouvernement. On y parvint. MM. d'Espresménil et Goislard [1] obtinrent une copie des édits et des pièces qui s'y rattachaient. On les fit imprimer et distribuer, sans que le ministère eût même connaissance de la découverte qui venait d'être faite. Dans une assemblée des chambres convoquée immédiatement, et à laquelle M. le duc d'Orléans ne se trouvait pas, après que tous les pairs et les membres du parlement eurent fait serment de ne reconnaître pour cour des pairs que celle qui était présente, et de repousser au péril de leur vie toutes les propositions qui pourraient tendre à retarder la convocation des états généraux, on déclara que, si des violences mettaient la cour dans l'impossibilité de veiller par elle-même aux principes constitutifs de la monarchie française, elle en remettait le dépôt entre les mains du roi, des princes de son sang et des états généraux.

Le ministère, informé de ce qui se passait, se décida à faire arrêter les magistrats que l'on supposait avoir découvert et publié ses projets. M. d'Espresménil et M. Goislard se réfugient au parlement. Un détachement de la force armée qui était à Paris les suit. Après quelques heures, ils se remettent d'eux-mêmes entre les mains de M. d'Agoult [2] qui commandait cette expédition, et qui avait déclaré qu'il les

---

1. M. Goislard de Monsabert, jeune conseiller au parlement.

2. Vincent d'Agoult, officier attaché à la maison de Condé. Il se démit de cette charge à la suite d'un duel retentissant qu'il eut avec le prince de Condé. Il était aide-major aux gardes françaises lorsqu'il fut chargé de l'arrestation des deux conseillers.

enlèverait par la force, s'ils ne le suivaient pas. On conduisit M. d'Espresménil aux îles Sainte-Marguerite. Je dois faire observer, pour l'histoire des bizarreries de l'esprit humain dont il est toujours bon de tenir note, que c'est ce même d'Espresménil, comme dans l'assemblée du clergé tenue à cette époque, c'est M. de Thémines, évêque de Blois, qui, l'un et l'autre alors chefs d'opposition contre la cour, partisans décidés des états généraux, se firent remarquer, pendant toute la durée de l'Assemblée constituante, par des sentiments, par des opinions, par des intrigues dirigés contre le nouvel ordre de choses qu'ils avaient provoqué.

M. l'archevêque de Sens, après avoir essayé pendant vingt-quatre heures d'une espèce de banqueroute, pendant quelques jours d'une certaine sévérité contre les parlements, renonça à tous ses plans, et, pour gagner du temps, promit les états généraux ; mais il n'en gagna point, et il dut se retirer, laissant la cour affaiblie, l'opinion publique avertie de sa force, et, pour tout dire en un mot, la révolution commencée.

M. le duc d'Orléans n'eut aucune influence sur les derniers mouvements du parlement, et on prononça à peine son nom jusqu'à la réunion des états généraux. Aussi ne m'arrêterai-je pas aux événements qui marquèrent cette époque importante.

Le gouvernement avait proclamé lui-même les bornes de son pouvoir et engagé le public, par un appel fait à tous les hommes éclairés, à s'occuper du meilleur mode de convocation des états généraux. N'était-ce pas imprudemment agiter la France par des discussions politiques de tout genre et sans principes fixes au point de départ? Par le fait, c'est là, la cause première des désordres que suscita la réunion des états généraux.

Les premiers symptômes de ces désordres éclatèrent au faubourg Saint-Antoine, et tout prouve que M. le duc d'Orléans n'y resta point étranger. Un manufacturier nommé Réveillon[1], fort honnête homme, faisait travailler un grand nombre d'ouvriers. On répandit parmi eux je ne sais quelle calomnie qui les indisposa contre celui qui les faisait vivre. On leur distribua en même temps quelque argent, et la foule s'étant mêlée à eux, le nombre se grossit et la sédition devint assez forte pour que l'on dût employer les gardes françaises et les gardes suisses pour la réprimer. La même somme d'argent, douze francs, que l'on trouva sur chacun des séditieux tués ou arrêtés, témoignait déjà que quelqu'un, d'un ordre supérieur, avait dirigé ce tumulte; des aveux faits par plusieurs de ces malheureux ne permettent pas de douter que c'étaient les agents de M. le duc d'Orléans qui avaient excité cette sédition. Le libertinage de caractère de ce prince lui faisait voir avec plaisir un mouvement quelconque; il était bien aise de s'agiter, de faire du bruit, de créer un embarras, mais il n'osait rien vouloir de plus.

Cette émeute avait été conduite par M. de Laclos[2], qui était

1. Réveillon était un fabricant de papier peint du faubourg Saint-Antoine. Il avait été accusé de propos hostiles aux ouvriers, ce qui provoqua une émeute furieuse (28 avril 1789). Sa maison et sa fabrique furent détruites. L'émeute fut étouffée non sans une large effusion de sang.

2. Pierre-Ambroise Choderlos de Laclos, né à Amiens en 1741, était capitaine du génie en 1778. Il s'attacha au duc d'Orléans et devint son secrétaire des commandements. Il fut activement mêlé aux intrigues de son parti au début de la Révolution. Il était membre du club des Jacobins et en dirigeait le journal. Après la fuite de Varennes, il demanda la déchéance, et rédigea avec Brissot la pétition du Champ de Mars. Il devint maréchal de camp en 1792. Emprisonné à deux reprises sous la Terreur, il fut, plus tard, envoyé à l'armée du Rhin comme général de brigade. En 1803, il était inspecteur général d'artillerie à Naples, lorsqu'il mourut. Laclos a laissé également une réputation littéraire. On a de lui des poésies légères et plusieurs romans; l'un d'eux, *les Liaisons dangereuses*, est resté connu.

attaché depuis quelque temps à M. le duc d'Orléans en qualité de secrétaire de ses commandements. M. de Laclos avait été présenté à Paris dans quelques maisons par le vicomte de Noailles[1] qui l'avait connu en garnison ; son ambition, son esprit et sa mauvaise réputation l'avaient fait regarder par M. le duc d'Orléans comme un homme à toute main, qu'il était bon d'avoir à soi dans les circonstances orageuses. *Un éloge de Vauban,* le roman immoral des *Liaisons dangereuses,* quelques ouvrages de tactique, plusieurs articles de journaux qui avaient prouvé la flexibilité de ses opinions, comme celle de son talent, avaient engagé M. le duc d'Orléans à lui confier la rédaction des instructions qu'il voulait donner aux différentes personnes qui devaient le représenter dans les bailliages dépendant de son apanage. M. de Laclos avait fait à cette occasion une espèce de code, dans lequel toutes les idées philosophiques du temps se trouvant présentées en articles séparés, parurent à M. le duc d'Orléans être trop peu voilées. Cela ne lui convenant pas, il chercha un autre rédacteur. On lui indiqua l'abbé Siéyès comme l'homme qui avait le plus réfléchi sur les questions dont on supposait que les états généraux devraient s'occuper. Dans un rendez-vous

---

1. Louis-Marie, vicomte de Noailles, était le deuxième fils du maréchal de Mouchy. Né en 1756, il devint colonel des chasseurs d'Alsace, et fit la campagne d'Amérique. Député de la noblesse de Nemours aux états généraux, il adopta chaleureusement les idées nouvelles, se réunit au tiers, et proposa l'abolition des droits féodaux (4 août). Président de l'Assemblée constituante en 1791, maréchal de camp en 1792, il fut battu à Gliswal. Il émigra peu après. En 1803 il revint en France, reprit du service comme général de brigade, et fut tué devant la Havane, en enlevant une frégate anglaise. Le vicomte de Noailles avait épousé sa cousine Anne, petite-fille du maréchal de Noailles. Elle fut guillotinée le 22 juillet 1794, avec sa mère la duchesse d'Ayen, et sa grand-mère la maréchale de Noailles.

qui eut lieu avec lui chez M. de Biron, à Montrouge, M. le duc d'Orléans lui montra le projet de M. de Laclos, et lui demanda d'y faire les changements qu'il croirait convenables. L'abbé Siéyès, qui, par la disposition de son esprit, est habituellement peu content du travail des autres, ne trouva rien qui dût être conservé, et rédigea un nouveau projet que M. le duc d'Orléans adopta et fit imprimer[1]. Mon opinion est que, depuis ce moment, il n'y a plus eu de rapports entre M. le duc d'Orléans et l'abbé Siéyès, et que celui-là a été le seul. Mais comme ces instructions firent beaucoup de bruit, et qu'on en connut l'auteur, on a supposé, à différentes époques de la Révolution qu'il y avait un lien secret entre l'abbé Siéyès et M. le duc d'Orléans. Il n'a peut-être jamais existé deux hommes plus

---

1. (Paris 1789. 1 vol. in-8°). Ce document est fort curieux ; le fait qu'il émane du premier prince de sang, lui donne d'autant plus d'intérêt. — Le duc indique d'abord les articles principaux à insérer dans les cahiers, savoir : liberté individuelle et politique, secret des lettres, inviolabilité de la propriété, vote périodique de l'impôt et son égale répartition, responsabilité des ministres, le divorce. — Passant ensuite au règlement des assemblées primaires, il invite ses procureurs fondés à ne tenir compte que des présentes instructions, sans se préoccuper du règlement joint aux lettres de convocation du roi. — Il déplore que le ministère « par une inconséquence digne des lumières qui l'ont toujours éclairé » ait ordonné la délibération par ordres séparés. « La seule délibération importante est celle du tiers, car seul, il a l'intérêt général en vue, seul, il est dépositaire des pouvoirs de la nation, et il sent qu'il va être chargé des destinées nationales. » Et plus loin il ajoute : « Le devoir des états généraux sera donc d'attaquer le despotisme des *aristocrates*, et l'illimitation du pouvoir royal, » de rédiger une déclaration des droits de l'homme, et d'établir une constitution sur les bases suivantes : une assemblée nationale élue au troisième degré : les assemblées de paroisses éliraient des assemblées de canton, qui éliraient à leur tour des assemblées provinciales, lesquelles choisiraient dans leur sein les représentants nationaux. Tous les députés seraient révocables par leurs mandants. — Il ne faut pas oublier que les domaines du duc d'Orléans où les présentes *instructions* furent répandues avaient l'étendue de trois ou quatre de nos départements.

incompatibles, et rien ne le prouverait mieux que de montrer Siéyès tel qu'il est. J'essaierai d'en tracer l'esquisse.

Siéyès a l'esprit vigoureux au plus haut degré; son cœur est froid et son âme pusillanime; son inflexibilité n'est que dans sa tête. Il peut être inhumain, parce que l'orgueil l'empêchera de reculer et que la peur le retiendra dans le crime. Ce n'est pas par philanthropie qu'il professe l'égalité, c'est par une haine violente contre le pouvoir des autres. On ne peut pas dire cependant que l'exercice du pouvoir lui convienne, car il ne serait à son aise à la tête d'aucun gouvernement, mais il voudrait en être la pensée, et la pensée unique. Exclusif, dominant, il ne s'astreint pas à une action continue et régulière ; dédaignant ce qui est connu, il veut aller au delà. Tout obstacle le révolte, il méprise toute transaction. Ce qu'il appelle un principe est dans ses mains un sceptre d'airain qui ne se plie ni aux imperfections de la nature ni aux faiblesses de l'humanité. Ce que la sensibilité peut inspirer de vertus ou produire de fautes, il l'ignore également. Son parti une fois pris, aucune affection ne peut l'arrêter. Les hommes sont à ses yeux des échecs à faire mouvoir; ils occupent son esprit, mais ils ne disent rien à son cœur. Quand il rédige une constitution, il traite le pays auquel elle est destinée comme un lieu où les hommes qui y sont établis n'ont jamais rien senti, jamais rien vu[1].

Le seul sentiment qui exerce une véritable influence sur Siéyès, c'est la peur. A la Convention, il craignait la mort; depuis cette époque, c'est la crainte des vengeances de la maison de Bourbon qui le domine.

---

1. Allusion à la constitution proposée par Siéyès en l'an VIII.

Siéyès est régulier dans ses mœurs, méthodique dans sa conduite, ténébreux dans sa manière d'être. Sa vie privée n'a rien de philosophiquement remarquable. Dans ses goûts il a quelque recherche, il est difficile à servir, à loger, à meubler. Il n'est pas cupide, mais il n'a pas le cœur assez haut placé pour mépriser la fortune; son orgueil même n'a pas été assez fort pour l'empêcher de laisser entamer sous ce rapport sa considération politique. Il n'a point d'habileté d'esprit; il ne discute pas, parce qu'il ne sait que prescrire. Il cause mal; il n'a point le désir de convaincre, il veut subjuguer. Son humeur est atrabilaire; il est possible qu'une indisposition naturelle qui lui interdit le commerce des femmes y contribue : et cependant il ne dédaigne pas de plaisanter avec elles ; alors il arrive à une sorte de grâce ; il peut sourire, employer un persiflage malin, mesuré et assez piquant, mais il ne dérogera jamais jusqu'à être aimable. Orgueilleux et pusillanime, il est nécessairement envieux et défiant; aussi il n'a point d'amis, mais il a des entours soumis et fidèles.

Siéyès peut être chef d'opinion ; il ne sera jamais un chef de parti. Son esprit est plus superbe qu'actif. Il est tout d'une pièce; si l'on ne fait pas tout ce qu'il veut, il boude dans son coin, et se console en pensant qu'on l'y regarde. Il n'a point une physionomie heureuse; elle porte l'empreinte d'un caractère dur et méditatif. Son regard a quelque chose de supérieur, de hautain et ne prend de vivacité que quand il sourit. Son teint pâle, sa taille sans précision dans les formes, sa démarche lente et molle, tout son extérieur enfin, semble commun tant qu'il n'a pas parlé, et ce n'est pas qu'il parle bien. Il ne dit que des mots, mais chaque mot exprime une pensée et indique de la réflexion. Dans une conversation sérieuse, il n'est jamais entraînant, mais il impose.

Y a-t-il dans tout ce que je viens de dire là, l'homme qui ait pu soumettre son caractère, son humeur, ses opinions à ceux d'un prince; qui ait pu avoir les complaisances d'une ambition secondaire? Personne ne le pensera.

J'ai dû une fois détruire, et par des raisons puisées dans l'essence des caractères, l'opinion généralement établie que M. le duc d'Orléans ait eu des rapports concertés avec Siéyès. Il est également vrai qu'il n'y eut, entre lui et aucun des hommes remarquables de cette époque, d'autres rapprochements que ceux qu'amenaient naturellement des rencontres particulières, et parfaitement étrangères à toute combinaison personnelle.

Après les instructions données à ses bailliages, M. le duc d'Orléans cessa d'être un personnage politique actif; son caractère faible, sa position équivoque et inquiétante, l'ont empêché de le redevenir. Après le crime de son vote, il n'était plus rien, il n'avait plus de destination ; il resta simplement dans les rangs et comme ce n'était pas sa place, il y fut nul, avili et tué.

Que devient donc l'opinion si positivement accréditée que M. le duc d'Orléans a été le premier auteur de la Révolution; que son nom servit de ralliement à une classe nombreuse de citoyens; qu'il fut encouragé par l'ambition de quelques turbulents, à porter ses vues jusqu'au trône? Cette opinion n'est plus soutenable devant le tableau de sa vie. Car l'immoralité, l'extrême légèreté, l'irréflexion et la faiblesse suffisent pour expliquer ses agitations comme son inaction. De plus, l'impulsion étant une fois donnée, le mouvement rapide et violent des esprits ne permit à aucun moment de la Révolution le développement des ambitions particulières. Toutes les idées, dès le commencement, concourant à établir l'égalité et à affaiblir le pouvoir, les ambitions de premier ordre se trouvèrent nécessairement déconcertées. Ce n'est que bien plus tard, après de terribles épreuves qu'on commença à sentir le besoin d'un chef pour modifier l'état des choses qui existait, et c'est alors que Bonaparte apparut.

M. le duc d'Orléans ne dut pas être le dernier à s'apercevoir de la disposition des esprits que je viens d'indiquer. Aussi, a-t-il toujours laissé dans le doute, le véritable but de son ambition. Il n'était, comme je l'ai dit, ni le principe, ni l'objet, ni le motif de la Révolution. Le torrent impétueux l'emporta comme les autres.

M. le duc d'Orléans se replia sur lui-même, sur ses goûts et sur ses besoins. De là la secrète pensée qui lui fit consentir, après le 6 octobre 1789, à faire en Angleterre le voyage flétrissant que tous les partis lui ont reproché[1]. C'est de ce moment que date la disparition de son immense fortune, qui, rendue plus maniable, laissa encore moins de traces que la superbe galerie de tableaux du Palais-Royal aujourd'hui si dispersée. Les fonds libres de M. le duc d'Orléans ont tous

---

1. Le duc d'Orléans était accusé d'avoir été mêlé aux événements des 5 et 6 octobre. La cour et une partie de la bourgeoisie se soulevèrent contre lui. La Fayette se fit auprès de lui l'écho de ces récriminations, voire même de ces menaces, si bien que le prince, intimidé, et malgré tout ce que pût faire Mirabeau pour le retenir, partit pour l'Angleterre avec une mission fictive. Aussitôt le Châtelet ouvrit une enquête sur les journées d'octobre, destinée à prouver la culpabilité du duc. Celui-ci revint soudain à Paris le 7 juillet 1790. Le 14 août suivant, le Châtelet déposait son rapport à l'Assemblée ; il concluait à la mise en accusation, mais l'Assemblée refusa d'autoriser les poursuites.

passé en Angleterre par des voies détournées, et par des agents secrets, qui, à la faveur de leur obscurité, ont pu être infidèles, et jouir de leur vol. Telle est l'opinion des hommes qui étaient alors à la tête des affaires.

Si les historiens s'évertuent à chercher les hommes auxquels ils peuvent décerner l'honneur, ou adresser le reproche d'avoir fait, ou dirigé, ou modifié la Révolution française, ils se donneront une peine superflue. Elle n'a point eu d'auteurs, de chefs, ni de guides. Elle a été semée par les écrivains, qui, dans un siècle éclairé et entreprenant, voulant attaquer les préjugés ont renversé les principes religieux et sociaux, et par les ministres inhabiles qui ont augmenté la détresse du trésor et le mécontentement du peuple.

Il faudrait, pour retrouver la véritable origine et les causes de la Révolution, peser, analyser et juger des questions de haute politique spéculative, et spécialement soumettre à un profond et habile examen, la question de la lutte entre les idées philosophiques et les préjugés, entre les prétentions de *l'esprit* et celles du *pouvoir*. Car si on n'admettait que les résultats mêmes de cette Révolution, on tomberait bientôt dans l'erreur, et on arriverait à confondre M. de Malesherbes et Mirabeau, M. de la Rochefoucauld et Robespierre.

FIN DE LA DEUXIÈME PARTIE

TROISIÈME PARTIE

1791 - 1808

1791-1808

La royauté, telle qu'elle était sortie de l'Assemblée constituante, n'était plus qu'une ombre, et une ombre qui allait chaque jour s'effaçant. Il fallait donc, avant tout, ne pas compromettre ce fragile pouvoir ; et on le compromettait, en essayant de lui rendre avant le temps, la réalité qu'il avait perdue. Ceux qui, tel qu'il était, voulaient s'en montrer encore effrayés, ne cherchaient qu'un prétexte pour le détruire totalement. Il fallait ne leur en offrir aucun. Ce n'était pas assez que le roi imitât le roseau qui triomphe de l'effort des vents parce qu'il ne leur résiste pas : il fallait que ses serviteurs du dehors et du dedans se vouassent à une inaction totale, et ne manifestassent aucunes vues qu'il pût être accusé de partager. Mais à qui faire entendre une politique aussi froide ? Le mouvement révolutionnaire était donné, et il agitait toutes les classes.

Le ministère d'alors[1], dont M. Necker ne faisait plus partie, sentit qu'il était utile pour la royauté d'agir auprès des principales cours de l'Europe pour demander que les unes n'armassent point et que les autres désarmassent[2]. Les chefs de la seconde Assemblée, connus sous le nom de girondins, avaient exigé cette démarche, persuadés qu'ils étaient qu'elle ne serait point accueillie par le ministère du roi. Ils se trompèrent. M. de Lessart[3], alors ministre des affaires étrangères, saisit cette idée, et me proposa pour cet effet d'aller en Angleterre. Je désirais m'éloigner pour quelque temps ; j'étais fatigué, dégoûté, et quoique je susse bien que cette mission

---

1. C'était le ministère feuillant, le premier ministère constitutionnel du roi (novembre 1791 mars 1792). Il était composé de : du Port, à la justice ; de Lessart, aux affaires étrangères ; Tarbé, aux contributions et revenus publics ; Bertrand, à la marine ; Cahier de Gerville, à l'intérieur ; Narbonne, à la guerre.

2. Le ministère feuillant ne voulait pas la guerre. Aussi toutes les négociations entamées à ce moment avec l'Europe, avaient-elles pour but de prévenir les hostilités. La politique du cabinet français était de gagner la Prusse et l'Angleterre, pour les opposer à l'Autriche. En Prusse, on envoya M. de Ségur (22 décembre 1791). En même temps, M. de Narbonne dépêcha au duc de Brunswick le jeune Custine, pour lui proposer le commandement général des armées françaises. En Angleterre, le négociateur officieux était M. de Talleyrand (12 janvier 1792). M. de Lessart cherchait en outre à conserver l'amitié de l'Espagne (mission de Bourgoing à Madrid, février 1792) ; il rassurait l'empereur sur les conséquences du rapprochement tenté avec l'Angleterre (lettre de Lessart à M. de Noailles, ambassadeur à Vienne, 16 janvier 1792), et s'attachait à prévenir toute intervention de la diète de l'empire (mission de M. Barbé-Marbois, 1er janvier 1792).

3. Antoine de Valdec de Lessart, né en 1742. Maître des requêtes en 1768, contrôleur général, décembre 1790, ministre de l'intérieur, janvier 1791, puis des affaires étrangères, novembre 1791. Le 9 mars 1792, sur la proposition de Brissot, l'Assemblée décréta sa mise en accusation. Il fut arrêté et conduit à Orléans où siégeait la haute cour nationale. Ramené à Paris sur l'ordre de Danton, il fut massacré en route, à Versailles, le 9 septembre 1792.

avait peu de chances de succès, j'acceptai. Le roi écrivit au roi d'Angleterre une lettre dont je fus porteur[1].

La guerre, en 1790, aurait utilement servi la royauté. En 1792, elle devait infailliblement renverser le trône; et c'est pour cela que les révolutionnaires la voulaient. Ils pensaient (ainsi que l'un d'eux, Brissot de Varville[2], l'a avoué depuis). que la guerre une fois engagée, le roi étant chargé de la conduire, et n'ayant pour la faire que les moyens qu'ils voudraient mettre à sa disposition, serait à leur merci, parce que rien ne serait plus facile que de soulever contre lui et l'armée et la multitude, en rendant inévitables des revers dont on ferait peser sur lui la responsabilité; calcul horrible que les événements ont prouvé avoir été fait avec une rare habileté. On pouvait peut-être déjouer cette affreuse machination, en forçant à s'éloigner des frontières du royaume, les émigrés qui s'étaient cantonnés en armes dans le voisinage, et en se mettant partout sur le pied de paix. On n'en fit rien, ou plutôt les démarches que l'on fit portaient un tel caractère d'indécision qu'elles devinrent inutiles, et le roi, par faiblesse, vou-

1. Talleyrand était également chargé de porter au comte de Grenville une lettre de M. de Lessart, et d'obtenir la neutralité ou même l'alliance de l'Angleterre. Il partit avec le duc de Biron le 12 janvier 1792. Il revint à Paris le 9 mars. (Voir SOREL, *l'Europe et la Révolution française*, t. II, livre III.)

2. Jean-Pierre Brissot était le treizième enfant d'un aubergiste de Chartres. Né en 1754, il joignit bientôt à son nom, celui de Ouarville ou Warville, nom du village où il fut élevé. Venu à Paris, il y créa en 1789 un journal : *le Patriote français*, où il défendit avec vivacité et talent les idées nouvelles. Élu membre de la commune de Paris, puis député à l'Assemblée nationale en 1791 et à la Convention, il devint en deux ans un des chefs du parti girondin, qui fut un instant le maître de la situation. Après avoir, dans les premiers temps cherché à sauver le roi, il vota néanmoins la mort avec appel au peuple. Il fut enveloppé avec tous ses amis dans la proscription de la Gironde, et fut guillotiné le 31 mai 1793.

lant avant tout écarter le soupçon qu'il fût d'intelligence avec le dehors, se laissa forcer à proposer à l'Assemblée une déclaration de guerre qu'elle se hâta de décréter. Le sort de la monarchie se trouva dès lors décidé. Les événements qui se passèrent sur la frontière[1] servirent de prétexte aux outrages du 20 juin et bientôt après au crime du 10 Août, dont ma grande déférence pour le duc de la Rochefoucauld[2] me rendit témoin. D'après une lettre qu'il m'avait écrite, j'étais revenu à Paris pour partager les nobles et utiles dangers que la popularité de Pétion[3], alors maire de Paris, suspendu de ses fonctions par un de nos arrêtés, fit courir à MM. les administrateurs du département de la Seine, dont j'avais l'honneur d'être le collègue. Je dois ajouter que quelques signes d'approbation qui nous furent donnés par la reine, lorsque le jour de la fédération, nous passâmes sous le balcon où elle était avec

---

1. Défaite du duc de Biron et débandade des troupes du général Dillon sur la frontière de Belgique (30 avril 1792).

2. Louis-Alexandre, duc de La Roche-Guyon et de La Rochefoucauld d'Enville. Né en 1743, il suivit d'abord la carrière des armes; membre de l'assemblée des notables, et député de la noblesse aux états généraux, il était favorable aux idées nouvelles et vota les principales réformes de l'Assemblée. Président du département de Paris en 1791, il donna sa démission après le 20 juin 1792 et quitta Paris, mais reconnu à Gisors il fut massacré à coups de pierres.

3. Jérôme Pétion de Villeneuve naquit à Chartres en 1753. Il était avocat dans cette ville lorsqu'il fut élu député du tiers aux états généraux. Il acquit rapidement une grande influence dans l'Assemblée et dans les clubs. Il fut élu président en novembre 1790. En juin 1791 il fut désigné pour aller chercher le roi à Varennes, et le 14 novembre suivant il fut nommé maire de Paris. Député de Chartres à la Convention, il fut élu président et se rallia aux girondins. Il vota la mort du roi. Proscrit au 31 mai il réussit à s'évader, se réfugia à Caen et essaya d'organiser la résistance dans l'Ouest. Après la déroute de Vernon (juillet 1793) il disparut de la scène et erra près d'une année dans le Midi. Il fut trouvé mort dans un champ près de Saint-Émilion (Gironde), juin 1794.

le roi, firent redoubler à notre égard les menaces et les injures de la populace.

Après cette journée, et les désastres de l'armée prussienne en Champagne[1], les révolutionnaires se flattèrent d'avoir aboli la royauté pour toujours. Le fanatisme les rendait aveugles ; mais ceux qui croyaient que le trône pouvait être promptement relevé, et que Louis XVI y pouvait être replacé par la force, ne l'étaient pas moins. Il ne fallait plus alors, au point où l'on avait laissé aller les choses, penser à faire régner Louis XVI. Il fallait penser à le sauver, lui, la reine, leurs enfants et leur sœur. On le pouvait. On devait du moins le tenter. La France n'avait encore la guerre qu'avec l'empereur, l'empire et la Sardaigne. Si tous les autres États eussent de concert proposé leur médiation, en offrant de reconnaître telle forme de gouvernement qu'il plairait à la France de se donner, sous l'unique condition que les captifs du Temple seraient libres de sortir du pays, et de se retirer où bon leur semblerait, les démagogues, à supposer qu'ils n'eussent pas reçu cette proposition avec joie, n'étaient pas en mesure de la repousser. Car de quel prétexte auraient-ils pu colorer leur refus? Auraient-ils dit à la France : On nous offre la paix générale, et nous voulons une guerre générale dans laquelle nous serons seuls contre toute l'Europe... On reconnaît notre indépendance, mais nous voulons la mettre en question et la faire dépendre du hasard des batailles... On ne nous conteste pas le droit de nous gouverner comme nous l'entendrons... On ne prétend pas nous imposer de roi, mais nous, nous voulons égorger

---

1. Victoire de Valmy, 20 septembre 1792.

celui qui a régné sur nous, afin que ses droits passent à ses héritiers que nous ne reconnaîtrons pas, mais que toute l'Europe reconnaîtra, et qui ne sont pas entre nos mains. Ils voulaient si peu une guerre générale qu'ils se hâtèrent de faire des déclarations pacifiques à tous les gouvernements avec lesquels on était encore en paix. Très peu d'entre eux, d'ailleurs, avaient soif du sang de Louis XVI; et s'ils le versèrent ensuite, ce fut par des motifs dont pas un n'aurait existé si l'Europe avait embrassé le parti que j'ai indiqué plus haut.

On pouvait donc sauver la famille royale. On aurait prévenu une guerre de vingt-deux années, qui a renversé plus d'un trône, qui a failli les renverser tous, et qui, en en relevant mal quelques-uns, menace encore la civilisation même. Le gouvernement révolutionnaire (il faudrait se servir ici du mot barbare de polygarchie) aurait fini beaucoup plus tôt en France, où la guerre extérieure et des victoires pouvaient seules le maintenir.

Après la journée du 10 août 1792, je demandai au pouvoir exécutif provisoire une mission temporaire pour Londres. Je choisis pour l'objet de cette mission une question scientifique dont j'avais un peu le droit de me mêler, parce qu'elle se rapportait à une proposition que j'avais faite précédemment à l'Assemblée constituante. Il s'agissait d'établir dans tout le royaume un système uniforme de poids et de mesures. L'exactitude de ce système une fois vérifiée par des savants de toute l'Europe, il aurait pu être par la suite généralement adopté. Il était donc utile de se concerter avec l'Angleterre sur cet objet.

Mon véritable but était de sortir de France, où il me paraissait inutile et même dangereux pour moi de rester, mais d'où je ne voulais sortir qu'avec un passeport régulier, de manière à ne pas m'en fermer les portes pour toujours.

Les passions prévalurent dans les cabinets de l'Europe, comme elles avaient prévalu en France. On se figura qu'attaquée de toute part, la France ne pourrait pas résister. On embrassa le parti de la guerre contre elle, en ne rêvant que victoires; et l'on s'en promettait des fruits tels que l'on perdit de vue les dangers de la famille royale. Les républicains s'apercevant que la guerre était inévitable, la déclarèrent les premiers pour montrer qu'ils ne la redoutaient pas.

Je restai en Angleterre pendant toute l'effroyable année 1793 et une partie de 1794. J'y fus reçus avec une bonté extrême par le marquis de Lansdowne[1] que j'avais connu à Paris : c'était un homme d'un esprit très élevé et d'une conversation vive et abondante. Il ne sentait pas encore les atteintes de l'âge. On souleva contre lui cette accusation banale de finesse avec laquelle, en Angleterre comme en France, on éloigne tous les gens dont on craint la supériorité; c'est ce qui l'a empêché de revenir aux affaires. Je le voyais souvent, et il voulait bien me faire avertir toutes les fois que quelque homme distingué que je désirais connaître, se trouvait chez lui. C'est là que

---

1. William Petty, marquis de Lansdowne, comte de Shelburne, né en 1737, entra d'abord dans l'armée. Membre de la Chambre des lords (1761). Membre du Conseil privé (1763). Principal secrétaire d'État. Premier lord de la Trésorerie (1782). Il donna sa démission en 1783. Jusqu'à sa mort (1804), il resta l'ami de la France et fut hostile à la politique de Pitt.

j'ai vu M. Hastings[1], le docteur Price[2], le docteur Priestley[3], et où je me suis lié avec M. Canning[4], M. Romilly[5], M. Robert Smith, M. Dumont[6], M. Bentham[7] et avec le fils même de lord

1. Francis Rawdon, connu successivement sous les noms de comte de de Huntingdon, comte de Moira et marquis de Hastings, né en 1754, d'une famille normande établie en Irlande. Membre de la Chambre des lords en 1782, il siégea toujours dans les rangs des whigs, fut gouverneur général des Indes orientales, puis gouverneur de Malte, et mourut en 1816.

2. Richard Price, né en 1723, philosophe et écrivain politique anglais. Il s'occupa de finances, et proposa en 1772 un nouveau mode d'amortissement qui fut appliqué avec succès par Pitt. Très lié avec le parti philosophique français, notamment avec Turgot, il se montra favorable à la Révolution. Il mourut en 1791. C'est par erreur que M. de Talleyrand affirme l'avoir vu à son passage à Londres puisqu'il n'y vint que plusieurs mois après sa mort.

3. Joseph Priestley, illustre savant et philosophe anglais, né en 1733, Ses opinions politiques et religieuses le contraignirent à émigrer en Amérique où il mourut en 1804. Il avait été nommé citoyen français et membre d'honneur de la Convention.

4. George Canning, né à Londres en 1770 d'une famille d'origine irlandaise. En 1792 il était déjà un orateur de club distingué et un des membres les plus marquants du parti whig. En 1793, il changea subitement de foi politique, entra aux Communes en 1794 et devint un des plus ardents lieutenants de Pitt. Il fut ministre des affaires étrangères en 1807, se démit en 1809, à la suite d'un duel retentissant avec son collègue Castlereagh. Ambassadeur à Lisbonne (1814). Ministre des affaires étrangères (1822), il mourut en 1827.

5. Samuel Romilly, célèbre jurisconsulte anglais, né en 1757. Il vint souvent en France et se lia avec les principaux écrivains et hommes d'État du temps. Député aux Communes en 1815, il protesta hautement contre la captivité de Napoléon. Il mourut en 1818.

6. Pierre Dumont, publiciste suisse né à Genève en 1759. Il était ministre protestant. Forcé, par suite de troubles civils, de quitter sa patrie il passa en Russie, puis en Angleterre et en France en 1788. Là, il se trouva en rapport avec les principaux personnages de la Révolution, notamment avec Mirabeau, sur qui il a laissé des Mémoires curieux (Genève 1831) et Talleyrand. Il revint à Genève en 1814 et mourut en 1829.

7. Jérémie Bentham, publiciste et moraliste anglais (1747-1832).

Lansdowne, lord Henry Petty[1], qui était alors une des espérances de l'Angleterre. Tous les amis de M. Fox[2] avec lequel, à plusieurs époques, j'avais eu des relations intimes, cherchèrent à me rendre le séjour de Londres agréable. Je passais mes matinées à écrire, et j'ai été fort étonné lorsqu'à mon retour d'Amérique en France on m'a renvoyé toutes les notes que j'avais faites à cette époque, de voir qu'elles ne me fussent bonnes à rien pour l'ouvrage que j'essaie de faire aujourd'hui. Il me serait impossible de raconter les événements de cette époque ; je ne les sais pas : le fil en est perdu pour moi.

D'ailleurs, mon éloignement de France pendant les plus terribles années de la Révolution, m'a laissé ignorer les détails de ces événements ; j'ai pu à peine, de loin, en saisir les grands traits. Puis, j'ai trop souvent cherché à détourner les yeux de ces scènes hideuses, où tant d'abjection se mêlait à tant de férocité, pour pouvoir les peindre. Nous avons encore présent tout le règne d'Henri IV, tout le règne de Louis XIV, et

---

1. Henry Petty, marquis de Lansdowne, fils de William Petty, comte de Shelburne et marquis de Lansdowne, né en 1780, fut député aux Communes en 1802, chancelier de l'Échiquier en 1806, membre de la Chambre des lords en 1809. En 1827, il fut nommé ministre de l'intérieur dans le cabinet Canning, et peu après ministre des affaires étrangères dans le court ministère de lord Goderich. Il rentra aux affaires en 1830 comme président du conseil, se retira en 1834, revint au pouvoir l'année suivante et y resta jusqu'en 1841. En 1846 il devint encore une fois ministre président du conseil. Il se retira définitivement en 1852.

2. Charles Fox, né en 1748, fils de lord Holland, ministre sous Georges II. Député aux Communes à dix-neuf ans, et lord de la Trésorerie. Destitué en 1774, il devint par son éloquence le chef du parti whig. Ministre des affaires étrangères (1782). Il fut toujours favorable à la France et à la Révolution et hostile à la politique de Pitt. De nouveau ministre des affaires étrangères (1806), il mourut la même année.

les faits d'hier deviennent problématiques pour les hommes mêmes qui y ont eu quelque part; par leur rapidité successive, ils se sont presque détruits les uns les autres. Peut-être aussi y a-t-il une légèreté d'empreinte attachée à tout ce qui émane du peuple; ses actions laissent après elles une trace passagère, et la nature des hommes qu'il emploie n'aide point à la mémoire. Inconnus jusqu'au jour où ils paraissent sur la scène, ils rentrent dans l'obscurité dès que leur rôle est fini.

J'avoue que c'est sans aucune peine que je verrais se perdre les détails de cette grande calamité; ils n'ont aucune importance historique. Quelles leçons les hommes auraient-ils à tirer d'actes sans plan, sans but, produits spontanément par des passions effrénées?

C'est plutôt dans la connaissance des faits antérieurs à la catastrophe qu'il y a pour les hommes des leçons de tout genre, et tous les matériaux existent; c'est là que l'on démêlera les causes nombreuses et puissantes de la Révolution; c'est là le spectacle des choses humaines qu'il est utile de présenter, parce qu'il instruit et les souverains, et les grands, et les peuples. J'ai déposé dans cet écrit tout ce qui, sur ce sujet, était à ma connaissance particulière; j'invite mes contemporains à faire de même, et sûrement ils feront mieux. A mes yeux, le retour sur ces événements anciens a un avantage inappréciable, celui de prémunir contre toute intolérance. A la vue des vingt dernières années de la monarchie, il n'y a pas un homme ayant quelque élévation et quelque bonne foi, qui, en se rappelant, ou ce qu'il a fait, ou ce qu'il a dit, ou ce qu'il a écrit, ce qu'il a blâmé, ce qu'il a approuvé, ne se trouve quelque tort; il a eu une influence quelconque : je dirais presque que personne ne sait tous les exemples qu'il a donnés. Aussi je refuse à tous les hommes que j'ai connus, princes ou particuliers, le pouvoir de dégager entièrement leur responsabilité.

Je ne veux pas dire que l'imprévoyance de chacun ait été également nuisible, mais il n'est donné à personne de pouvoir, avec certitude, déterminer les reproches que chacun mérite. L'époque où l'on agit, les circonstances dans lesquelles on est placé, changent, ou du moins modifient le caractère de toutes les actions. Ce qui est simple, excusable, peut-être, un jour, est blâmable tel autre. Aussi, je n'insiste sur cet appel à la conscience de tous les Français, que pour tâcher de détruire tout sentiment de haine et d'intolérance, et de rappeler les penchants doux, bannis depuis si longtemps de notre belle patrie.

Je n'avais pas le projet de rester longtemps en Angleterre. Quoique je fusse mis nominativement en France hors la loi, je ne voulus pas me placer moi-même dans la catégorie des émigrés à laquelle je n'appartenais pas. Mais le ministre anglais crut qu'il signalerait son zèle pour la cause commune en satisfaisant d'abord quelque haine de l'émigration, et pour cela, il profita de l'*Alien-Bill*[1] qu'il avait obtenu du parlement pour me donner l'ordre de quitter l'Angleterre dans vingt-quatre heures. Si je n'avais écouté que ma première impulsion, je serais parti sur-le-champ, mais ma dignité me commandait de protester contre la persécution injuste qu'on exerçait sur

---

1. *Alien-Bill*, loi des étrangers, est le nom donné en Angleterre à toute loi relative à la police des étrangers. La première date de 1782. En 1793, lord Grenville fit rendre une loi qui mettait les réfugiés français sous la surveillance de la police, et permettait de les expulser. C'est cette loi qui fut appliquée à Talleyrand en janvier 1794.

moi. Je m'adressai, en conséquence, successivement à M. Dundas[1], à M. Pitt[2], au roi lui-même; mes demandes ayant été rejetées, je dus me soumettre, et je fus coucher à bord d'un vaisseau que l'on me dit être le premier qui devait faire voile pour les États-Unis d'Amérique. Les vents contraires et quelques affaires qu'avait le capitaine, nous retinrent près de quinze jours dans la Tamise. Je ne voulus pas me rendre aux sollicitations d'un ami de M. Dundas, qui vint à bord me presser de descendre dans une maison qu'il possédait près du rivage.

Tous les refus que je faisais alors me plaisaient; une persécution bien injuste a ses douceurs. Je ne me suis jamais bien rendu compte de ce que j'éprouvais, mais il était de fait que j'étais dans une sorte de contentement. Il me semble que dans ce temps de malheur général, j'aurais presque regretté de ne pas avoir aussi été persécuté.

Nous partîmes enfin. Le second jour, à peine sortis de la Tamise, nous éprouvâmes une tempête violente. J'étais alors entre la France et l'Angleterre. C'était assurément une des plus critiques situations dans laquelle on pût se trouver. Je

---

1. H. Dundas (lord Melvil), né en 1741 d'une famille noble d'Écosse. Député d'Édimbourg au parlement il défendit constamment la politique de Pitt. Président du contrôle pour l'Inde 1783. Ministre de l'intérieur 1791. Ministre de la guerre. Lord du sceau privé. Premier lord de l'amirauté en 1804. Il mourut en 1811.

2. William Pitt, deuxième fils de lord Chatam, né en 1759. Député au parlement à vingt-deux ans. Chancelier de l'Échiquier à vingt-huit, il se démit en 1783, mais revint aux affaires à la fin de la même année comme premier lord de la Trésorerie. Pitt fut l'âme des coalitions contre la France. Le traité de Lunéville en 1801 le força à se retirer, mais la rupture de la paix d'Amiens le rappela au pouvoir. Il suscita la troisième coalition (1805) et mourut en 1806.

voyais la France... ma tête y était proscrite... Retourner en Angleterre... ma sûreté n'y était pas menacée, mais il était par trop pénible de demander un asile à un gouvernement qui avait voulu me blesser.

Heureusement, notre danger vu de la côte, engagea quelques mariniers de Falmouth à braver les fureurs de la mer pour nous porter secours. Nous pûmes gagner le port. Pendant qu'on réparait notre vaisseau qui avait souffert dans tous ses agrès, une particularité assez remarquable vint ajouter une impression d'un nouveau genre à toutes celles que je devais éprouver durant ce voyage. L'aubergiste chez qui nous faisions des vivres, me dit qu'un général américain demeurait chez lui. Je cherchai à le voir. Après un échange de politesses ordinaires, je lui fis sur son pays quelques questions qui, dès la première, me parurent l'importuner. Après avoir essayé inutilement plusieurs fois de relever la conversation qu'il laissait toujours tomber, je lui demandai s'il voulait me donner des lettres pour l'Amérique. — « Non », me dit-il; et après quelques moments de silence, voyant mon étonnement, il ajouta : « Je suis peut-être le seul Américain qui ne puisse pas vous donner des lettres pour son pays... toutes mes relations y sont rompues... je ne dois jamais y rentrer. » — Il n'osait pas dire son nom. C'était le général Arnold [1] ! Je dois convenir qu'il me fit une grande pitié, que les puritains politiques blâmeront peut-être, mais que je ne me reproche pas, car j'assistais à son supplice.

Nous quittâmes Falmouth. Le vent était bon; chacun des

---

1. Le général Arnold avait été condamné à mort pendant la guerre de l'indépendance des États-Unis, pour avoir livré aux Anglais des informations sur la situation de l'armée américaine.

passagers, sur le pont du vaisseau, les yeux tournés vers le rivage, disait avec une expression de plaisir : « Je vois encore la terre ». Seul, je me sentis soulagé en ne la voyant plus. La mer avait un grand charme pour moi en ce moment; les sensations que j'en recevais convenaient à ma disposition.

Après quelques semaines de navigation, je fus un matin réveillé par le cri que je redoutais de : *Terre! Terre!* Le capitaine, l'équipage et les passagers, tous montraient la joie la plus impatiente. En montant sur le pont, j'aperçus en même temps et le pilote qui venait pour nous faire remonter la *Delaware*, et un vaisseau qui quittait les caps. Je demandai au pilote quelle était la destination du bâtiment que je voyais. Il me dit qu'il faisait voile pour Calcutta. J'envoyai sur-le-champ au capitaine de ce navire une barque, pour lui faire demander s'il voulait prendre encore un passager. La destination du bâtiment m'importait peu; le voyage devait être long, et ce que je voulais, c'était ne pas quitter la mer. Le nombre des passagers se trouvant complet, il fallut me laisser conduire à Philadelphie.

J'y arrivai plein de répugnance pour les nouveautés qui, généralement, intéressent les voyageurs. J'eus bien de la peine à rappeler en moi un peu de curiosité. Je retrouvai à Philadelphie un Hollandais que j'avais connu à Paris, M. Casenove, homme d'un esprit assez éclairé, mais lent et timide, d'un caractère fort insouciant. Il me devint très utile par ses qualités et par ses défauts. Comme il ne me pressait pour rien, et que lui-même, il s'intéressait à peu de chose, je n'eus point à lui résister. Ne rencontrant point d'opposition, point de conseils, point de direction, mon instinct seul me conduisait, et j'arrivai insensiblement à regarder avec plus d'attention, le grand tableau que j'avais devant les yeux.

Il n'y avait que douze ans que l'Amérique septentrionale avait cessé d'être une colonie, et les premiers temps de sa liberté avaient été perdus pour sa prospérité, par l'insuffisance de la première constitution qu'elle s'était donnée. Les bases de la foi publique n'y ayant pas été posées, un papier monnaie plus ou moins décrié avait excité toutes les cupidités, avait encouragé la mauvaise foi, jeté du trouble dans toutes les transactions, et avait fait perdre de vue les institutions que réclamaient les premières années de l'indépendance. Ce n'est qu'en 1789, à l'époque de la nouvelle constitution fédérale, que la propriété a pris une consistance véritable dans les États-Unis, que des garanties sociales et tranquillisantes pour les relations du dehors ont été données, et que le gouvernement a commencé à prendre rang parmi les puissances.

C'est là, la date des États-Unis.

Mon attrait pour la mer me poursuivait encore, et c'était à peine l'avoir quittée, que de se trouver au milieu de cet immense pays qui ne me rappelait rien.

Je songeai à m'éloigner de Philadelphie. Je voulais essayer de me fatiguer; je proposai à M. de Beaumetz[1] et à un Hollandais, nommé M. Heydecoper de voyager dans l'intérieur des terres avec moi. Ils acceptèrent, et je dois convenir que dès les premiers jours mon entreprise me plut. J'étais frappé d'étonnement; à moins de cinquante lieues de la capitale, je ne vis plus de traces de la main des hommes; je trouvai une nature toute brute et toute sauvage; des forêts

---

1. M. de Beaumetz, né en 1769, membre du conseil souverain d'Artois. Député aux états généraux, il vota avec le parti constitutionnel. Il émigra en 1792, passa en Angleterre, aux États-Unis, enfin aux Indes où il mourut.

aussi anciennes que le monde; des débris de plantes et d'arbres morts de vétusté, jonchant le sol qui les avait produits sans culture; d'autres croissant pour leur succéder et devant périr comme eux; des lianes qui souvent s'opposaient à notre passage; les bords des rivières tapissés d'une verdure fraîche et vigoureuse; quelquefois de grands espaces de prairies naturelles; en d'autres lieux des fleurs nouvelles pour moi; puis des traces d'ouragans anciens qui avaient renversé tout ce qu était sur leur passage. Ces longs abatis de bois dans une direction régulière attestent l'étonnant pouvoir de ces terribles phénomènes. Si l'on atteint une petite élévation, l'œil s'égare à perte de vue de la manière la plus variée et la plus agréable Les cimes des arbres, les ondulations du terrain qui seules rompent la régularité d'espaces immenses, produisent un effet singulier. Notre imagination s'exerçait alors dans cette vaste étendue; nous y placions des cités, des villages, des hameaux; les forêts devaient rester sur les cimes des montagnes, les coteaux être couverts de moissons, et déjà des troupeaux venaient paître dans les pâturages de la vallée que nous avions sous les yeux. L'avenir donne aux voyages dans de pareils pays un charme inexprimable. Tel était, disais-je, il y a peu de temps, l'emplacement où Penn[1] et deux mille expatriés jetèrent les fondements de Philadelphie, où quatre-vingt mille habitants déployent aujourd'hui tout le luxe de l'Europe.

---

1. William Penn, né à Londres en 1644. Il était le fils de l'amiral Penn. Il se fit quaker, ce qui lui attira des persécutions nombreuses; il fut emprisonné trois fois. Ayant hérité d'une créance de quatre cent mille francs sur l'État, il reçut en échange la propriété du pays de l'Amérique du nord situé à l'ouest de la Delaware. Il y fonda en 1681 une colonie qui prit son nom (Pennsylvanie), bâtit Philadelphie, et donna à ses États une constitution qui devint la base de celle des États-Unis. Il revint en Angleterre et y mourut en 1718.

Telle était, il y a peu d'années, la jolie petite ville de Bethléem[1], dont les Moraves qui l'habitent font déjà admirer la propreté des maisons, ainsi que l'étonnante fertilité du territoire qui l'entoure. Après la paix de 1783, la ville de Baltimore n'était qu'une bourgade de pêcheurs; aujourd'hui, des maisons vastes et élégantes y sont élevées de tous côtés, et disputent le terrain aux arbres dont les souches n'ont pas eu le temps de disparaître. On ne fait pas un pas, sans se convaincre que la marche irrésistible de la nature veut qu'une population immense anime un jour cette masse de terres inertes, et qui n'attendent que la main de l'homme pour être fécondées. Je laisse à d'autres le plaisir de faire des prédictions sur cet état de choses. Je me borne à constater que, dans aucune direction, on ne peut s'éloigner de quelques milles des villes maritimes sans apprendre que les campagnes riantes et fertiles que l'on admire, n'étaient, il y a dix ans, il y a cinq ans, il y a deux ans, qu'une forêt inhabitée. Les mêmes causes doivent produire les mêmes effets, surtout quand elles agissent avec une force toujours croissante. La population fera donc, chaque jour, des conquêtes sur ces espaces vagues, qui sont encore hors de proportion avec la partie cultivée de l'Amérique septentrionale.

Après m'être rassasié de ces idées ou plutôt de ces impressions, n'ayant la tête ni assez vide ni assez active pour avoir le besoin de faire un livre, je me rapprochai des

---

1. Bethléem, petite ville de Pennsylvanie, à quatre-vingts kilomètres de Philadelphie. Elle fut fondée en 1741 par les frères Moraves. On connaît cette association religieuse qui remonte au XVe siècle, et dont les membres sont les descendants des anciens Hussites. Opprimés et persécutés en Europe, une partie d'entre eux était venue chercher asile aux États-Unis.

villes, en faisant des vœux pour qu'une partie considérable des capitaux qui venaient se mettre à l'abri en Amérique, y fussent employés à des défrichements et à la grande agriculture.

Un peuple nouveau et dont les mœurs, sans avoir passé par toutes les lenteurs de la civilisation, se sont modelées sur celles déjà raffinées de l'Europe, a besoin de rechercher la nature dans sa grande école; et c'est par l'agriculture que tous les États doivent commencer. C'est elle, et je le dis ici avec tous les économistes, qui fait le premier fond de l'état social, qui enseigne le respect pour la propriété, et qui nous avertit que notre intérêt est toujours aveugle quand il contrarie trop l'intérêt des autres; c'est elle, qui, de la manière la plus immédiate, nous fait connaître les rapports indispensables qui existent entre les devoirs et les droits de l'homme; c'est elle, qui, en attachant les laboureurs à leur champ, attache l'homme à son pays; c'est elle, qui, dès ses premiers essais, fait sentir le besoin de la division du travail, source de tous les phénomènes de la prospérité publique et privée; c'est elle, qui entre assez dans le cœur et dans l'intérêt de l'homme pour lui faire appeler une nombreuse famille sa richesse; c'est elle aussi, qui, par la résignation qu'elle enseigne, soumet notre intelligence à cet ordre suprême et universel qui gouverne le monde; et de tout cela, je conclus que c'est elle seule, qui sait finir les révolutions, parce qu'elle seule emploie utilement toutes les forces de l'homme, le calme sans le désintéresser, lui enseigne le respect pour l'expérience au moyen de laquelle il surveille les nouveaux essais; puis, parce qu'elle offre toujours aux yeux les grands résultats de la simple régularité du travail; enfin, parce qu'elle ne hâte et ne retarde rien.

Dans les temps de révolutions, on ne trouve d'habileté que dans la hardiesse, et de grandeur que dans l'exagération. Veut-on les terminer, la circonspection doit succéder à l'audace, et alors la grandeur n'est plus que dans la mesure, l'habileté n'est plus que dans la prudence. C'est donc vers ce qui modère qu'un gouvernement qui veut être libre et qui ne veut point inquiéter le monde, doit porter ses principaux efforts. L'agriculture n'est point envahissante : elle établit. Le commerce est conquérant: il veut s'étendre.

Après la Révolution française, le commerce extérieur rencontra trop d'obstacles pour être l'industrie première de la France, et par conséquent pour influer sur les mœurs du pays; mais si les idées, par une suite de l'agitation et des chimères restées dans les esprits, se portent, comme cela n'est que trop à craindre, vers les spéculations dans les fonds publics, le mal sera dangereux, parce que dans ce genre de combinaisons la ruse est trop employée, et que la fortune et la ruine sont trop rapides.

Le gouvernement américain s'est trop laissé entraîner par sa position géographique; il a trop encouragé l'esprit d'entreprise, car, avant d'avoir des habitants, il a fallu à l'Amérique la Louisiane ; il lui faut maintenant les Florides. Le commerce veut des ports et des rades depuis la rivière Sainte-Croix, près du fleuve Saint-Laurent, jusqu'au golfe du Mexique, et cependant les neuf-dixièmes des cinq cents millions d'acres de terre qui composent l'Amérique septentrionale sont encore incultes. Trop d'activité se tourne vers les affaires et trop peu vers la culture; et cette première direction donnée à toutes les idées du pays, place un porte-à-faux dans son établissement social. Il ne faut pas faire trente lieues dans l'intérieur du pays, pour y voir, dans le même lieu, faire des échanges en nature et tirer des traites sur les premières places de l'Europe : c'est trop disparate; il y a là une maladie sociale [1].

J'ai vu, à soixante milles de Boston, six mille pieds de planches s'échanger contre un bœuf, et à Boston même un chapeau de paille de Florence se payer vingt-cinq louis.

Près de Frenchman-Bay, à l'extrémité des provinces de l'est, forcé par un violent orage de m'arrêter à Machias [2], je faisais quelques questions à l'homme chez lequel je demeurais. Il occupait la meilleure maison de l'endroit et c'était, comme on dit dans le pays, *un homme d'une grande respectabilité*. Le chapitre de la qualité des terres et de leur prix étant épuisé, je lui demandai s'il avait été à Philadelphie. Il me dit que non, pas encore; c'était un homme de quarante-cinq ans environ. J'osais à peine lui demander s'il connaissait le général Washington. — Je ne l'ai jamais vu, me dit-il. — Si vous allez à Philadelphie, vous serez bien aise de le voir? — Oh! oui, certainement, mais, je voudrais surtout, ajouta-t-il avec l'œil animé, je voudrais voir M. Bingham, que l'on dit être si riche.

J'ai trouvé dans toute l'Amérique cette même admiration

---

1. Il ne faut pas perdre de vue que c'est en 1794 que l'auteur voyageait aux États-Unis, par conséquent bien longtemps avant le grand mouvement d'émigration qui a conduit tant d'agriculteurs allemands et irlandais en Amérique, pour y remplir le rôle que M. de Talleyrand indiquait aux Américains. (*Note de M. de Bacourt.*)

2. Machias, petit port de commerce de l'État du Maine.

pour l'argent, et souvent, aussi grossièrement exprimée. Le luxe y est arrivé trop vite. Quand les premiers besoins de l'homme sont à peine satisfaits, le luxe est choquant. Je me souviens d'avoir vu dans le salon de madame Robert-Morris le chapeau fabriqué dans le pays du maître de la maison, posé sur un guéridon élégant de porcelaine de Sèvres, qui avait été acheté à Trianon par un Américain. C'est à peine si un paysan européen aurait voulu poser le chapeau sur sa tête. — Sur les bords de l'Ohio, M. Smith habitait une espèce de maison connue dans le pays sous le nom de *log-house*. Les murs de ce genre de maisons sont formés avec des arbres non équarris. Il y avait dans le salon un forte-piano orné des plus beaux bronzes. M. de Beaumetz l'ouvrit : « N'essayez point d'en jouer, lui dit M. Smith, notre accordeur qui est à cent milles d'ici, n'est pas venu cette année[1]. »

[1]. J'éprouvai dans ce voyage des choses qui sont restées dans ma mémoire. Quand on a l'esprit un peu actif, et que l'on craint les nouvelles de son pays, perdre son temps n'est pas chose aussi facile qu'on le pense. Les émotions que l'on a ne peuvent être que matérielles. — S'égarer dans un grand bois où il n'y a pas de chemin, y être à cheval au milieu de la nuit, s'appeler pour être sûrs que l'on est ensemble : cela fait éprouver quelque chose que je ne saurais définir, parce qu'au moindre incident, il se mêle une sorte de gaîté qui porte sur soi-même. — Quand je criais : « X..., êtes-vous là ? » et qu'il me répondait : « Oh, mon Dieu oui, Monseigneur, j'y suis », il m'était impossible de ne pas rire de notre position. Cet : « Oh! mon Dieu, oui » si piteux, et ce « Monseigneur », tiré de l'évêché d'Autun, ne pouvait pas ne pas me faire rire. — Une fois, dans le fond du Connecticut, après une marche très longue, nous nous arrêtâmes dans une maison où l'on voulut bien nous donner à coucher, et même à souper. Il y avait un peu plus de provisions ce jour-là qu'il n'y en a ordinairement dans une maison américaine. La famille dans laquelle nous étions était composée d'un vieillard, d'une femme d'environ cinquante ans, de deux grands jeunes gens et d'une jeune fille. On nous offrit du poisson fumé, du jambon, des pommes de terre, de la bière forte et de l'eau-de-vie. En bien peu de temps, la bière forte et l'eau-de-vie ani-

Pour nous autres, vieux Européens, il y a quelque chose de maladroit dans tout ce que veut faire le luxe de l'Amérique. Je conviens que notre luxe montre souvent notre imprévoyance, notre frivolité, mais en Amérique le luxe ne fait voir que des défauts qui prouvent qu'aucune délicatesse, ni dans la conduite de la vie, ni même dans ses légèretés, n'a encore pénétré dans les mœurs américaines. Quand je parle de l'Amérique, on doit me pardonner quelque longueur. J'y étais si seul, qu'une foule de choses que j'aurais jetées dans la conversation viennent aujourd'hui se placer sous ma plume.

Je profitai des deux hivers que je passai, soit à Philadel-

---

mèrent la conversation. Les deux jeunes gens, qui étaient un peu échauffés, parlèrent de leur départ ; ils allaient pour plusieurs semaines à la chasse aux castors ; ils en parlaient d'une manière si animée et si curieuse, qu'après quelques verres d'eau-de-vie, M. de Beaumetz, M. Heydecoper et moi, mourions d'envie de nous joindre à eux. C'était une manière nouvelle d'employer ou de perdre plusieurs semaines. A chaque question que nous faisions, on nous donnait à boire. J'ai retenu de cette longue soirée que la fourrure des castors n'était bonne que dans l'arrière-saison ; qu'on les tue à l'affût ; qu'on leur tend des piques amorcées avec du bois fendu ; qu'on attaque leur cabane lorsqu'il gèle, qu'alors ils s'enfuient sous l'eau, mais comme ils ne peuvent pas y rester longtemps, ils viennent respirer à des ouvertures qu'on pratique à la glace, et alors on les saisit au pied. Toute cette petite guerre nous intéressait assez pour que Beaumetz, plus chasseur ou plus gai que les autres, proposât à ces messieurs de nous admettre avec eux dans leur petite entreprise. Ils y consentirent. Nous voilà enrôlés dans la société des chasseurs du Connecticut. Les paroles données, on fut tant bien que mal chercher son lit. Le matin arriva ; l'effet de l'eau-de-vie avait cédé au sommeil ; nous commençâmes à trouver que tout ce qu'il fallait prendre avec soi était un peu lourd. Je crois, en vérité, que le poids des provisions était près de quarante livres ; nous trouvions que deux mois à passer dans les bois ou dans les marais, étaient un peu longs, et nous cherchâmes à revenir sur l'engagement que nous avions pris la veille. Quelques dollars que nous laissâmes dans la maison nous firent rendre notre parole, et nous continuâmes notre route, ou plutôt notre voyage, un peu honteux de ce que nous avions fait la veille.

(*Note du prince de Talleyrand*)

phie, soit à New-York, pour voir les principaux personnages dont la révolution d'Amérique a placé les noms dans l'histoire, et particulièrement le général Hamilton [1] qui, par son esprit et son caractère, me parut être, du vivant même de M. Pitt et de M. Fox, à la hauteur des hommes d'État les plus distingués de l'Europe.

J'avais, comme je l'ai dit plus haut, remarqué dans mon voyage que l'agriculture était peu favorisée, que le commerce l'était davantage, que le gouvernement lui-même, entre ces deux sources de prospérité, avait jeté un grand poids dans la balance en faveur du commerce, et récemment encore, en augmentant les moyens réels du pays, de tous les moyens fictifs que donnent les établissements de banques publiques, dont toute l'Amérique est couverte, et qui tournent tous exclusivement au profit du commerce. Cette direction une fois prise, la vanité et la cupidité devaient bientôt classer parmi les vues étroites tout ce qui portait un caractère de sagesse, de modération et de simple probité. Les États-Unis d'Amérique, en renversant les barrières élevées autrefois par la métropole qui concentrait dans son sein les produits de ses colonies, et réglait par des bornes qu'elle prescrivait elle-même leurs spéculations, usent avec succès des avantages de leur position et du pouvoir que leur donne leur affranchissement.

1. Alexandre Hamilton, né en 1757, dans l'île de Nevis (Antilles), d'une famille écossaise. Tout jeune encore, il prit une part active à la guerre de l'indépendance des États-Unis et fut nommé colonel. L'État de New-York l'envoya au congrès de 1787 qui fit la constitution. Hamilton fut un des plus chauds défenseurs du système fédéral. En 1789, Washington le nomma ministre des finances. Il se retira volontairement en 1795. En 1798, quand la guerre faillit éclater avec la France, Hamilton fut nommé général. Il fut tué six ans après (1804) dans un duel avec le colonel Burr, vice-président des États-Unis.

Ils jettent sur tous les marchés de l'ancien monde, des masses de denrées inattendues. Celles-ci, en changeant immédiatement tous les prix, occasionnent dans le commerce des perturbations impossibles à éviter. La principale cause de tous ces désordres tient à la grande distance qui existe entre les ports de l'est et ceux du sud de l'Amérique, d'où partent à la même époque de l'année des milliers de bâtiments chargés des mêmes produits pour tous les ports de l'Europe. Aussi le commerce du nouveau monde avec l'Europe sera-t-il encore longtemps livré au hasard.

Pendant mes longues soirées, pleines de retours vers ma malheureuse patrie dont les troubles actuels m'affligeaient si douloureusement, je me laissais souvent aller à songer à son avenir. Et alors, je cherchais les moyens de détruire ou du moins de diminuer les difficultés qui s'opposaient à des relations commerciales réciproquement avantageuses entre la France et l'Amérique.

Je sentais fort bien tout ce qu'il y avait de chimérique dans les recherches que je laissais faire à mon imagination ; mais elles me plaisaient. C'était trop éloigner ses espérances que de remettre, comme la raison l'indiquait, à former des conjectures, au moment où les différends déjà prévus et indiqués, de l'Espagne avec ses colonies, seraient terminés d'une manière quelconque[1], car ce ne peut être véritablement qu'alors, que les rapports maritimes et commerciaux des grandes nations pourront prendre une marche régulière. Aussi mes espérances d'ordre étaient chaque jour dérangées par tout ce que j'avais sous les yeux.

---

1. Cette solution fut l'émancipation des colonies espagnoles. Le soulèvement commença en 1810 par le Mexique. En 1824, l'Espagne ne possédait plus rien sur tout le continent américain.

En 1794, je fus témoin du retour de la première expédition américaine qui eût été au Bengale ; les armateurs firent des bénéfices immenses, et dès l'année suivante, quatorze bâtiments américains partirent de différents ports pour aller, dans l'Inde, disputer à la compagnie anglaise ses riches profits. La concurrence de l'Amérique, par ses brusques apparitions, a quelque chose d'hostile. Elle multiplie à l'infini les chances du commerce, et les résultats sont rarement la récompense d'une habile combinaison. Et cela, dans un temps où la population va s'accroissant dans tous les pays civilisés, et où les besoins que cet accroissement fait naître ajoutent à tout ce que les passions humaines ont déjà de si actif.

Toutes ces considérations rendent l'avenir bien difficile à prévoir, et sûrement presque impossible à diriger.

Mais rien n'embarrasse un homme qui, jeté loin de sa patrie, est dans une auberge ou dans un mauvais appartement : tout paraît plus difficile à celui qui est paisiblement assis sous son propre toit. Je profitai donc de la disposition où ma petite chambre mettait mon esprit, pour faire de la grande politique et arranger le monde. Après avoir fait, en bon membre de l'Assemblée constituante, une abstraction du caractère des hommes, je recourais à l'esprit philosophique, et je demandais un nouveau code général du droit des gens, qui, après avoir balancé les intérêts des peuples et des hommes, les rapprocherait dans l'intérêt politique et réciproque des États, et établirait dans leurs rapports habituels une libérale égalité. Il me semble même que j'étais au moment de réaliser le système des économistes sur la liberté absolue du commerce, et la suppression des douanes, qu'il fallait bien faire entrer dans mes idées spéculatives, lorsque, tout à coup, parut précisément un nouveau tarif pour les douanes, adopté par le congrès américain, sur la proposition de mon ami Hamilton. Les premières conversations que j'eus avec celui-ci roulèrent sur cette partie de l'administration américaine. « Vos économistes ont fait un beau rêve, me disait-il; c'est l'exagération chimérique de gens bien intentionnés. Peut-être, ajoutait-il, pourrait-on combattre théoriquement leur système et en montrer la fausseté ; mais laissons-les dans leurs douces illusions; l'état présent des affaires du monde suffit pour prouver que l'exécution de leur plan doit être, au moins ajournée ; tenons-nous-en là. » Je défendais peu les économistes, mais j'avais bien de la peine à abandonner l'idée qu'il pût exister quelques combinaisons libérales, d'où il ne résultât pas des avantages pour tous les peuples commerçants. Les idées philanthropiques viennent en foule, quand on est hors de la loi dans son pays.

M. Hamilton me parut rejeter moins péremptoirement la possibilité de voir un jour le monde se partager toute l'industrie d'une manière fixe et permanente.

L'Europe, lui disais-je, possède et cultive avec succès tous les arts de luxe, et tout ce qui tend à augmenter les agréments de la vie.

Le nouveau monde a une richesse qui lui est propre et particulière, des cultures qui rivaliseront toujours avec succès avec celles du même genre qu'on tenterait d'établir en concurrence.

La distribution entre ces deux genres d'emplois des facultés humaines ne pourrait-elle pas servir, du moins pour longtemps, de base et de mesure dans les rapports qui doivent s'établir nécessairement entre des peuples, dont les uns auront un besoin chaque jour renouvelé, de recevoir à un prix modéré les choses les plus usuelles de la vie, et les autres, le désir de jouir de ce qui concourt à la rendre plus agréable et plus douce ?

Cette combinaison naturelle ne fournirait-elle pas une base immense d'échanges bien entendus qui, pouvant être réglés par des conventions entre les puissances, formeraient les rapports commerciaux entre les différents États ?

« Pour que votre idée soit pratique, disait M. Hamilton, il faut attendre le moment, et peut-être n'est-ce pas dans un avenir bien éloigné, où de grands marchés s'établiront dans le nouveau monde, comme il en existait autrefois dans l'ancien. Vous en aviez quatre où s'échangeaient toutes les productions de la terre : celui de Londres, qui longtemps encore sera le premier, malgré nos succès commerciaux ; celui d'Amsterdam, dont Londres s'emparera, si les choses restent en Hollande comme elles sont ; celui de Cadix, dont nous, nord ou midi, nous hériterons ; et celui de Marseille que les Échelles du Levant rendaient très florissant, mais que vous êtes à la veille de perdre.

» Nous n'en avons besoin que de deux, mais ils nous sont indispensables, un pour le nord de l'Amérique, et un autre pour le sud. Ces grands marchés une fois établis, le commerce pourra reprendre une route régulière ; les entreprises commerciales ne seront plus livrées aux seuls hasards, parce que chaque marché étant tenu par son intérêt de rendre publics et les prix et les qualités de tout ce qui y serait apporté, empêcherait les trop grandes variations, et tiendrait ainsi, dans des bornes prévues, les avantages et les pertes de toutes les spéculations. C'est alors que les navigateurs des différentes parties du monde, pourraient se présenter avec confiance dans tous les ports. »

J'admirais l'esprit d'ordre général qui se mêlait toujours aux vues particulières de M. Hamilton pour la prospérité de son pays. Je ne sais si elles se réaliseront, mais ce ne sera sûrement que le jour où le désir d'empiéter, d'envahir, cessera d'altérer les rapports généraux des Américains avec les autres peuples, et où, par un retour sur leur propre intérêt, ils chercheront à faire sur eux-mêmes des conquêtes, qui aboutiront à créer sur leur territoire des valeurs proportionnées à la vaste étendue des terres qui composent le continent qu'ils habitent.

J'étais à peu près au bout de ce que je voulais apprendre en Amérique ; je venais d'y passer près de trente mois[1], sans autre but que de n'être ni en France, ni en Angleterre, et sans autre intérêt que celui de voir et de connaître ce grand pays dont l'histoire commence.

L'incertitude dans laquelle les nouvelles d'Europe laissaient mon avenir, m'engagea à me livrer à une spéculation qui, conduite avec habileté et économie, pouvait m'être fort avantageuse. Je devais aller moi-même aux grandes Indes sur un bâtiment que j'avais frété, et dans la cargaison duquel plusieurs grandes maisons de Philadelphie et quelques capitalistes hollandais avaient pris un intérêt. Mon bâtiment était chargé ; j'étais au moment de partir, lorsque je reçus un décret

---

[1]. C'est pendant ces trente mois, ainsi que durant le temps qu'il avait passé précédemment à Londres, que M. de Talleyrand entretint avec madame de Staël la correspondance qui a été publiée récemment par M. le duc de Broglie. (Voir dans la *Revue diplomatique* de janvier et d'avril 1890 : *Lettres de M. de Talleyrand à madame de Staël extraites des archives du château de Broglie.*)

de la Convention qui m'autorisait à rentrer en France. Il avait été rendu sans [aucune sollicitation de ma part, à mon insu, sur la proposition de MM. Chénier[1] et Daunou[2] que je connaissais à peine, et pour lesquels, quelque différentes que puissent être nos opinions, je conserverai toujours de la reconnaissance[3]. Il fallait en profiter, ou dire à la France un éternel adieu. M. de Beaumetz, que j'avais associé avec moi dans ma grande spéculation, fit à ma place le voyage de l'Inde où il est mort. Je me séparai avec peine de M. de la Rochefoucauld[4] à qui j'étais fort attaché, et de M. Hamilton qui tiendra toujours une grande place dans mes souvenirs. Je m'embarquai sur un assez mauvais vaisseau danois qui faisait voile pour Hambourg.

1. Marie-Joseph Chénier, né à Constantinople, en 1764 ; il était le frère cadet d'André. D'abord militaire, il se consacra ensuite aux lettres, et composa plusieurs tragédies républicaines et révolutionnaires qui le rendirent célèbre. Député de Seine-et-Oise à la convention, il vota la mort du roi. Président de l'Assemblée en août 1795. Député aux Cinq-Cents. Membre du tribunat après le 18 brumaire. Sous l'empire, il fut inspecteur des études, fut destitué en 1806 et mourut en 1811.

2. Pierre Daunou, né en 1761, était entré dans la congrégation de l'Oratoire, mais cessa d'exercer toute fonction ecclésiastique, lorsqu'en 1792, il fut envoyé à la Convention par le Pas-de-Calais. Il protesta contre la mise en jugement du roi, et vota pour le bannissement. Arrêté le 31 octobre 1792 avec soixante-treize de ses collègues, il resta un an en prison. Président de la Convention, après le 9 thermidor. Député aux Cinq-Cents. Membre du tribunat, il en fut éliminé en 1802 et vécut dans la retraite sous l'empire. Député sous la Restauration, il fut nommé pair de France en 1839 et mourut en 1840.

3. Le décret de la Convention autorisant M. de Talleyrand à rentrer en France fut, comme il le dit, proposé par MM. Chénier et Daunou, mais à la sollicitation de beaucoup de ses amis, entre autres de madame de Staël.

4. Le duc de La Rochefoucauld-Liancourt.

Je voulais, avant de rentrer en France, savoir ce qui s'y passait. Madame de Flahaut[1], qui était à Hambourg, me parut peu disposée à me l'apprendre, car elle m'envoya, lorsque j'étais encore dans l'Elbe, un message, dont M. de Riccé eut la simplicité de se charger, pour m'engager à ne pas descendre à terre et à retourner en Amérique. Son motif, disait-elle, était qu'elle passait pour m'avoir été fort attachée, et elle craignait que, par cette raison, je ne fusse un obstacle à son mariage avec M. de Souza, ministre de Portugal. Je crus pouvoir sans indélicatesse résister aux singulières raisons que M. de Riccé me donnait, et je restai un mois à Hambourg, entouré de personnes qui ne nuisirent pas plus que moi au mariage qu'elle contracta depuis avec le bon M. de Souza. Je revis là aussi madame de Genlis, que je retrouvai toute semblable à ce que je l'avais connue à Sillery, à Bellechasse et en Angleterre. La fixité dans les natures composées tient à leur souplesse.

De Hambourg, je me rendis à Amsterdam où je restai quinze jours, et de là à Bruxelles, où je m'arrêtai assez pour n'arriver à Paris, comme j'en avais le projet, qu'au mois de septembre 1796.

On avait formé à Paris un institut national des sciences

---

[1]. Adélaïde Filleul, née à Paris en 1761, épousa très jeune le comte de Flahaut, maréchal de camp, qui fut guillotiné en 1793. Elle avait émigré en 1792. Après le 9 thermidor, elle voulut revenir en France mais dut s'arrêter à Hambourg. C'est là qu'elle connut le marquis José de Souza-Bothelo, qui était alors ministre de Portugal en Danemark. Madame de Flahaut l'épousa en 1802 au moment où il venait d'être nommé ministre à Paris. M. de Souza fut destitué peu après, mais demeura à Paris jusqu'à sa mort. (1825). Madame de Souza a publié plusieurs romans qui ont fait sa réputation. Elle mourut en 1836.

et des arts [1] : l'organisation seule de cet institut suffisait pour faire juger de l'esprit qui régnait en France. On l'avait divisé en quatre classes. Celle des sciences physiques tenait le premier rang. Celle des sciences politiques et morales n'était qu'au second. On m'avait nommé membre de cette classe en mon absence. Pour payer mon tribut d'académicien, je lus à deux différentes séances publiques, peu éloignées l'une de l'autre, deux mémoires qui attirèrent assez l'attention. L'Amérique septentrionale était le sujet du premier, et le besoin de colonies pour la France, le sujet du second [2]. Je m'étais occupé d'un troisième sur l'influence de la société en France. L'ouvrage pris un peu trop dans mes souvenirs, parut à mes amis ne pas être adapté à un temps où la France était gouvernée par le directoire. Je le laissai donc là.

Ma dette littéraire une fois payée, n'apercevant aucun élément d'ordre, aucun principe de durée dans les différents partis

1. Toutes les académies avaient été supprimées en 1793. La Convention inséra dans la constitution de l'an III, qu'il serait fondé un institut national « chargé de recueillir les découvertes et de perfectionner les arts et les sciences ». Une loi de 1795 organisa cet institut qui fut divisé en quatre classes, comprenant cent quarante-quatre membres et cent quarante-quatre associés. On ne revint à l'ancien nom d'académie qu'en 1816.

2. Ces deux mémoires ont été publiés dans le *Recueil des mémoires de l'institut*, classe des sciences morales et politiques, (t. II, première série, 1799). — Le premier, *sur les Relations commerciales de l'Angleterre et des États-Unis* (5 germinal, an V), tend à prouver que l'Angleterre n'a rien perdu à la déclaration d'indépendance de ses colonies, et qu'elle conservera toujours en Amérique, une véritable colonie d'exploitation et de peuplement. — Le second *sur les Avantages à retirer des colonies nouvelles*, fut lu le 25 messidor an V. L'idée dominante est qu'à la suite d'une révolution, il est nécessaire, si l'on veut en conserver les résultats, de détourner les forces vives du pays vers un nouveau champ d'activité, et que, dans l'état actuel des choses en France, le gouvernement devrait s'efforcer d'offrir aux éléments d'agitation et aux mécontents de tous les partis, de vastes territoires à coloniser.

que je voyais s'agiter, je mis du soin à me tenir loin des affaires. Madame de Staël qui avait déjà repris une certaine influence, me pressait vivement d'aller avec elle chez Barras [1], l'un des membres du directoire. Je m'y refusai d'abord ; je ne pouvais pas aller chez un membre du directoire, sans demander à voir tous ceux qui le composaient et particulièrement les deux directeurs qui avaient été membres de l'Assemblée constituante [2]. Les motifs de refus que je donnais ne parurent pas valables. Ils passaient de plus par madame de Staël, qui, désirant un rapprochement entre Barras et moi, conduisit les choses de manière à ce que je reçus de Barras un billet, par lequel il m'engageait à aller dîner, tel jour, chez lui à Suresnes. Il fallut accepter. J'arrivai à Suresnes vers trois heures. Dans la salle à manger, qu'on traversait pour arriver dans le salon, je vis cinq couverts. Madame de Staël à mon grand étonnement n'était pas invitée. Un frotteur me montra une armoire, dans laquelle il y avait quelques livres dépareillés et me dit que le directeur (c'est le titre qu'on donnait à Barras dans son intérieur) n'arrivait ordinairement que vers quatre heures et demie. Pendant que je lisais je ne sais quel ouvrage, deux jeunes gens vinrent regarder à la pendule du salon, et voyant qu'il n'était que trois heures et demie, se dirent l'un à l'autre : « Nous avons le temps d'aller nous baigner. » Il n'y avait pas vingt minutes qu'ils étaient partis, que l'un d'eux

---

1. Le comte Paul de Barras, né à Fox-Emphoux (Var), était capitaine en 1789. Député à la Convention, il vota la mort du roi. Président de la Convention (février 1795). Membre du directoire depuis sa création jusqu'au 18 brumaire. Après le coup d'État, il disparut de la scène politique, et mourut en 1829.

2. La Réveillère-Lépeaux et Rewbell.

revint demander vite du secours ; je me joignis à tout ce qu'il y avait dans la maison pour aller au bord de la rivière. En face du jardin, entre le grand chemin et l'île, il y a dans la Seine une espèce de tourbillon, dont un des jeunes gens avait approché et où il avait disparu. Les bateliers arrivaient de toutes parts ; deux avaient fort courageusement plongé jusqu'au fond de la rivière. Tous les efforts pour sauver ce jeune homme furent inutiles. Je revins à la maison.

On ne retrouva le corps de ce malheureux jeune homme que le lendemain, à plus de trois cents toises et enfoncé dans des herbes. Il s'appelait Raymond ; il était de Lodève. Barras l'aimait beaucoup ; il l'avait élevé et, depuis qu'il était directeur, il l'avait fait son aide de camp. J'étais seul dans le salon, ne sachant trop ce que je devais faire. Qui apprendra à Barras le malheur qui vient d'arriver? Je ne l'avais jamais vu. J'étais véritablement dans une situation fort pénible. On entend une voiture. Le jardinier en ouvrant la porte dit : « M. Raymond vient de se noyer ; oui, citoyen directeur, il vient de se noyer. » — Barras traverse la cour, monte chez lui, jetant les hauts cris. Après quelques moments, un de ses gens lui dit que j'étais dans le salon. Il me fait prier de l'excuser s'il ne descend pas, et m'engage à me mettre à table. Le secrétaire qu'il avait amené reste avec lui. Ainsi me voilà tout seul à table dans la maison de Barras. Au bout d'un quart d'heure, on vint de sa part me prier de monter chez lui. Je lui sus gré d'avoir supposé que le dîner qu'on me servait était une importunité pour moi. J'étais fort troublé. En entrant dans sa chambre, il me prit les mains et m'embrassa ; il pleurait. Je lui dis toutes les choses douces que la situation dans laquelle je le voyais, et dans laquelle j'étais moi-même, pouvait m'inspirer. L'espèce d'embarras qu'il éprouvait avec moi qu'il ne connaissait pas, disparut peu à peu, et l'intérêt que je lui témoignais parut lui faire du bien. Il me pria de revenir avec lui à Paris; je l'accompagnai. Depuis ce temps, je n'ai eu qu'à me louer de Barras. C'était un homme passionné, tout de mouvement, d'entraînement; il n'y avait pas deux heures que je le connaissais, que j'aurais pu croire que j'étais, à peu de chose près, ce qu'il aimait le mieux.

Quelque temps après, le directoire voulut faire un changement dans le ministère[1]. Barras y consentit, mais à la condition que son nouvel ami serait ministre des relations extérieures. Il soutint violemment sa proposition, la fit adopter, et à dix heures du soir, à un *Club* nommé le *Salon des étrangers*, un gendarme vint me demander et m'apporter le décret qui venait d'être rendu.

Le caractère absolu que portaient tous les actes du directoire, les instances pressantes de madame de Staël, et plus que tout cela, le sentiment que l'on a en soi, qu'un peu de bien n'est pas impossible à faire, éloignèrent de moi toute idée de refus. Je me rendis donc le lendemain au Luxembourg pour y remercier Barras, et de là au ministère des relations extérieures.

Sous mon prédécesseur, Charles de Lacroix[2], les affaires

---

1. Pendant l'été de 1797, le ministère fut entièrement modifié. Talleyrand entra aux affaires étrangères, Lambrecht à la justice, Letourneux à l'intérieur, le général Schérer à la guerre, l'amiral Pléville le Pelley à la marine, Sotin à la police générale. Ramel resta aux finances.

2. Charles de Lacroix de Constant, né en 1754, était en 1789 chef de bureau au contrôle général. Député à la Convention, il vota la mort du roi. Député au conseil des anciens. Ministre des affaires étrangères (1796). Ambassadeur en Hollande (1797). Préfet des Bouches-du-Rhône (1800), puis de la Gironde. Il mourut en 1808. Il est le père du peintre Eugène Delacroix

arrivaient à ce département, toutes décidées par le directoire. Comme lui, je n'avais qu'à en surveiller l'expédition, mais souvent je la retardais, ce qui me permettait, le premier à-coup directorial passé, d'adoucir la rédaction. Il ne me restait guère ensuite qu'à donner des passeports et à signer des visas. On tenait d'ailleurs loin de moi toutes les affaires de l'intérieur. J'ennoblissais cette singulière situation en disant aux autres, et un peu à moi-même, que tout progrès vers l'ordre véritable serait impossible au dedans, tant qu'on n'aurait pas la paix au dehors, et que, puisqu'on m'appelait à concourir à son rétablissement, je devais y donner tous mes soins.

J'ai su que quelques personnes, non à cette époque, mais depuis la Restauration, trouvèrent que c'est un tort d'accepter des emplois dans un temps de crise et de révolution, où le bien absolu est impossible à faire. Il m'a toujours paru qu'il y avait quelque chose de très superficiel dans cette manière de juger. Dans les affaires de ce monde, il ne faut pas s'arrêter seulement au moment présent. *Ce qui est*, presque toujours est fort peu de chose, toutes les fois que l'on ne pense pas que *ce qui est* produit *ce qui sera*; et, en vérité, pour arriver, faut-il bien se mettre en route? Quand, sans préjugés et surtout sans envie, on y fait attention, on voit bien que ce n'est pas toujours par calcul personnel que les hommes acceptent des emplois, et je pourrais dire qu'en fait de sacrifice, on en fait un bien grand, lorsqu'on consent à être l'éditeur responsable des œuvres d'autrui. L'égoïsme et la crainte ont moins d'abnégation; mais encore une fois, il faut bien se dire que dans les jours de bouleversement, refuser son action, c'est donner à ceux qui veulent détruire, une facilité de plus. On accepte, non pour servir des hommes ou des choses qui déplaisent, mais pour les faire servir au profit de l'avenir. « *En toute chose il faut considérer la fin,* » a dit le bon La Fontaine, et cela n'est pas une simple maxime d'apologue. Je dois ajouter que l'amiral Bruix[1] dont j'aimais et estimais le caractère, l'esprit et le talent, devait être nommé ministre de la marine, ce qui faisait que j'arrivais aux affaires avec quelqu'un d'aussi étranger que moi aux façons du directoire, et avec qui je pouvais m'entendre et sur le bien que l'on pouvait faire et sur le mal que l'on pouvait empêcher.

Pour donner une idée claire de ce que j'appelle ici les façons du directoire, je crois qu'il suffira de raconter ce qui se passa à la première séance à laquelle j'assistai. Une querelle s'engagea entre Carnot[2] et Barras; ce dernier accusait son collègue d'avoir supprimé une lettre qui aurait dû être mise sous les yeux du directoire. Ils étaient debout l'un et l'autre. Carnot, en levant la main dit : « Je jure sur ma parole d'honneur que cela n'est pas vrai! — Ne lève pas la main, lui répond Barras, il en dégoutterait du sang. » Voilà les hommes qui gouvernaient, et c'est avec eux qu'il fallait essayer de faire rentrer la France dans la société européenne. Je me jetai dans cette grande entreprise.

Presque tous les ennemis qu'avait eus la France depuis le

---

1. Eustache Bruix, né à Saint-Domingue en 1759, était lieutenant de vaisseau en 1789. Contre-amiral et ministre de la marine en 1798. Il mourut en 1805.

2. Lazare Carnot, né à Nolay (Côte-d'Or) en 1753, était officier d'artillerie en 1789. Député à l'Assemblée législative, puis à la convention, où il vota la mort du roi. Membre du Comité de salut public, il fut chargé de la préparation et de la direction de la guerre. Élu au conseil des Anciens par quatorze départements, il fut nommé directeur. Proscrit au 18 fructidor, il se réfugia à Genève. Sous le consulat, il fut ministre de la guerre, puis membre du tribunat. En 1814, il fut nommé général de division et gouverneur d'Anvers. Ministre de l'intérieur sous les Cent jours, il fut exilé à la Restauration et mourut à Magdebourg en 1823.

début de la Révolution, avaient dû chercher leur salut dans une paix que la plupart avaient acheté par des cessions de territoire, ou par des contributions pécuniaires [1]. L'Autriche, battue en Italie, battue en Allemagne, voyant son territoire envahi de deux côtés, et sa capitale menacée par le général Bonaparte, avait déjà signé avec lui des préliminaires de paix à Leoben, et négociait le traité définitif qui fut celui de Campo-Formio. C'est entre les préliminaires et la signature du traité que je devins ministre des relations extérieures [2]. Le général Bonaparte, en apprenant ma nomination, écrivit au directoire pour lui en faire compliment, et m'adressa à cette occasion une lettre fort obligeante. A dater de cette époque, une correspondance suivie s'établit entre lui et moi [3].

1. Voici la liste chronologique des traités qui mirent fin à la guerre de la première coalition. Traité avec le grand-duc de Toscane (Paris, 9 février 1795); avec la Prusse (Bâle, 5 avril 1795); avec l'Espagne (Bâle, 22 juillet 1795); avec la Hesse-Cassel (Bâle, 28 août 1795); avec la Sardaigne (Paris, 15 mai 1796); avec le Wurtemberg (Paris, 7 août 1796); avec le margrave de Bade (Paris, 22 août 1796); avec le roi des Deux-Siciles (Paris, 11 octobre 1796); avec Parme (Paris, 5 novembre 1796), avec le pape (Tolentino, 19 février 1796); avec Venise (Milan, 16 mai 1797); avec le Portugal (20 août 1797); avec l'empereur (Campo-Formio, 17 octobre 1797).

2. 18 juillet 1797.

3. Voici la lettre par laquelle Talleyrand entama ses relations avec Bonaparte :

Paris, 24 Juillet 1797.

J'ai l'honneur de vous annoncer, général, que le directoire exécutif m'a nommé ministre des relations extérieures. Justement effrayé des fonctions dont je sens la périlleuse importance, j'ai besoin de me rassurer par le sentiment de ce que votre gloire doit apporter de moyens et de facilité dans les négociations. Le nom seul de Bonaparte est un auxiliaire qui doit tout aplanir. Je m'empresserai de vous faire parvenir toutes les vues que le directoire me chargera de vous transmettre, et la renommée, qui est votre organe ordinaire, me ravira souvent le bonheur de lui apprendre la manière dont vous les aurez remplies. (*Correspondance inédite et officielle de Napoléon Bonaparte avec le directoire, les ministres*, etc. Paris, 1819, 7 vol. in-8.)

Je trouvais dans ce jeune vainqueur, dans ce qu'il faisait, disait ou écrivait, quelque chose d'assez nouveau, d'assez fort, d'assez habile et d'assez entreprenant pour attacher à son génie de grandes espérances. Au bout de quelques semaines, il signa le traité de Campo-Formio (17 octobre 1797).

De son côté, l'Angleterre avait envoyé en France un plénipotentiaire (lord Malmesbury), pour y parler de paix ; mais cette démarche n'était pas sincère. Le ministère anglais avait alors besoin de simuler une négociation pour se tirer de ses embarras intérieurs [1].

Telle était, au dehors, la situation de la France quand j'entrai dans le ministère.

Au dedans, un parti travaillait à changer l'ordre de choses existant, pour y substituer quoi ? c'est ce qu'on n'a jamais su et ce qu'on ne pourra jamais savoir ; car ce parti, peu nombreux, était composé de républicains, de constituants et de conventionnels, qui pouvaient être réunis par des haines, mais qui, certainement, ne pouvaient l'être par aucun projet.

Ce qui se montra avec évidence, c'était la faiblesse de ce parti, qui fut renversé d'un souffle, et dont les chefs véritables ou prétendus furent, dans l'espace de quelques heures, saisis pour la plupart, accusés, condamnés sans être

---

1. Dès 1796, Pitt avait fait des ouvertures de paix et envoyé Malmesbury à Paris. Les négociations furent rompues le 19 décembre 1796. L'année suivante, Malmesbury revint à Lille (4 juillet) et de nouveaux pourparlers furent entamés ; ils n'aboutirent pas davantage.

James Harris, comte de Malmesbury, était né en 1746. Secrétaire d'ambassade en 1768. Ministre à Berlin, 1771 ; à Pétersbourg, 1777 ; à La Haye, 1783 ; membre de la Chambre des lords, 1788. Sa vie publique se termina avec ses missions en France. Il mourut en 1820.

entendus, et transportés à Cayenne, par ce que l'on appelait alors une loi[1].

La guerre civile continuait à désoler les campagnes de l'ouest, car les républicains étaient maîtres de presque toutes les villes. Cette guerre, dont les chefs ont laissé à leurs familles le beau titre de Vendéen, remplacé et gâté plus tard par celui de Chouan, était maintenue alors dans des limites hors desquelles on essayait en vain de l'étendre. Elle était devenue pour le gouvernement plus importune que dangereuse.

Les mots de République, de Liberté, d'Égalité, de Fraternité, étaient inscrits sur toutes les murailles, mais les choses que ces mots expriment n'étaient nulle part. Depuis les autorités les plus élevées jusqu'à celles de l'ordre le plus inférieur, à peine y en avait-il une seule qui ne fût arbitraire par sa formation, sa composition et son action. Tout était violent et, par conséquent, rien ne pouvait être durable.

Le jeune général Bonaparte, qui, depuis deux années, occupait avec tant d'éclat la scène du monde, ne voulait pas aller se perdre dans la foule des simples généraux; il voulait tenir en haleine la renommée, et continuer d'attirer sur lui les regards. Il redoutait d'ailleurs une situation où il serait sans défense contre les dangers qui naîtraient de sa gloire même. Assez ambitieux pour désirer le rang suprême, il n'était pas assez aveugle pour croire à la possibilité d'y parvenir en France, à moins d'un concours d'événements qui

---

1. C'est le coup d'État du 18 fructidor, an V (4 septembre 1797), dirigé par le directoire assisté de l'armée contre les conseils, où les élections du mois de mai avaient envoyé une majorité contre-révolutionnaire. La plupart des élections furent cassées, et soixante-cinq députés envoyés à Cayenne.

ne pouvait alors être regardé comme prochain, ni même comme probable.

L'Angleterre, au temps de Cromwell, n'avait qu'une seule armée. Cromwell, qui en avait choisi tous les officiers, n'avait parmi eux que des créatures. Hors de l'armée, il n'avait point de rivaux de gloire. Deux heures de fanatisme habilement employées lui suffisaient pour mettre les troupes qu'il commandait dans la disposition où il voulait. Enfin le long parlement qui avait concentré dans son sein tous les pouvoirs était usé [1] ; il exerçait une dictature qui avait lassé tous les partis ; tous désiraient sa fin.

Ces circonstances manquaient à Bonaparte. Mais s'il n'avait point encore de chances de dominer, comme Cromwell, dans son propre pays, en revanche, il n'était pas impossible qu'il pût se faire ailleurs une souveraineté, pourvu que la France lui en fournît les premiers moyens.

Après avoir signé à Campo-Formio la paix avec l'Autriche, et s'être montré un moment à Rastadt, lieu convenu pour traiter de la paix avec l'empire [2] (car, à l'exemple des anciens Romains, la république française avait pris pour maxime de ne point comprendre deux de ses ennemis dans une même paix), il vint à Paris proposer au directoire la conquête de l'Égypte.

---

1. Le long parlement est le nom donné en Angleterre au dernier parlement convoqué par Charles Ier. Assemblé en 1640, il dura plus de vingt ans. En 1648, Cromwell en fit sortir tous les membres hostiles à sa politique, et, en 1653, le chassa entièrement. Rappelé en 1659 et désigné sous le sobriquet de *parlement-croupion*, il se sépara en 1660.

2. Depuis le traité de Campo-Formio, un congrès s'était réuni à Rastadt (grand-duché de Bade), pour régler les questions encore en litige (navigation du Rhin, indemnités aux princes dépossédés, etc.). Réuni au commencement de 1798, il fut brusquement interrompu par la guerre au début de l'année suivante.

Je ne l'avais jamais vu. Au moment de ma nomination au ministère des relations extérieures, il m'avait écrit, comme je l'ai déjà dit, une lettre longue, faite avec soin, et dans laquelle il voulait que j'aperçusse un homme autre que celui qu'il avait semblé être jusqu'alors sur le théâtre des affaires. Cette lettre est assez curieuse pour que je désire qu'elle soit placée à la suite de ces *Mémoires*[1]. Le soir de son arrivée à Paris, il m'envoya un aide de camp pour me demander à quelle heure il pourrait me voir. Je répondis que je l'attendais ; il se fit annoncer pour le lendemain à onze heures du matin. Je le fis dire à madame de Staël, qui, à dix heures, était dans mon salon. Il y avait aussi quelques autres personnes que la curiosité y avait amenées. Je me rappelle que Bougainville[2] s'y trouvait. On annonça le général, j'allai au-devant de lui. En traversant le salon, je lui nommai madame de Staël à laquelle il fit peu d'attention ; il ne remarqua que Bougainville à qui il dit quelques mots obligeants.

Au premier abord, il me parut avoir une figure charmante ; vingt batailles gagnées vont si bien à la jeunesse, à un beau regard, à de la pâleur, et à une sorte d'épuisement. Nous entrâmes dans mon cabinet. Cette première conversation fut, de sa part, toute de confiance. Il me parla avec beaucoup de bonne grâce de ma nomination au ministère des relations extérieures, et insista sur le plaisir qu'il avait eu à corres-

1. Cette lettre n'a pas été retrouvée dans les papiers du prince de Talleyrand.

2. Louis-Antoine de Bougainville, né en 1729, fut d'abord secrétaire d'ambassade, puis officier de dragons. Il n'entra dans la marine qu'à trente-quatre ans. En 1766, il entreprit un voyage de circumnavigation qui dura trois ans. Il quitta la marine en 1790, entra à l'Institut (1796), fut sénateur sous l'empire, et mourut en 1814.

pondre en France avec une personne d'une autre espèce que les directeurs. Sans trop de transition, il me dit : « Vous êtes neveu de l'archevêque de Reims, qui est auprès de Louis XVIII. » (Je remarquai, qu'alors, il ne dit point du comte de Lille[1]); et il ajouta : « J'ai *aussi* un oncle qui est archidiacre en Corse[2]; c'est lui qui m'a élevé. En Corse, vous savez qu'être archidiacre, c'est comme d'être évêque en France ». Nous rentrâmes bientôt dans le salon qui s'était rempli, et il dit à haute voix : « Citoyens, je suis sensible à l'empressement que vous me montrez; j'ai fait de mon mieux la guerre, et de mon mieux la paix. C'est au directoire à savoir en profiter, pour le bonheur et la prospérité de la république ». Puis nous allâmes ensemble au directoire.

Les irrésolutions et les jalousies du directoire rendirent à Bonaparte les premières semaines qu'il passa à Paris un peu difficiles. Je lui donnai une fête pour célébrer ses victoires d'Italie et la belle paix qu'il venait de faire. Je ne négligeai rien pour la rendre brillante et populaire; et cela avait quelque difficulté, parce qu'il fallait se tirer de ce qu'avaient de trop commun les femmes des directeurs, qui, comme de raison, occupaient le premier rang. On avait orné avec

---

1. C'était sous ce nom que Louis XVIII s'était fait appeler en émigration.

2. Joseph Fesch, né en 1763, à Ajaccio. Il était en 1789, archidiacre du chapitre de cette ville. Ayant protesté contre la constitution civile, il abandonna le chapitre, quitta l'habit ecclésiastique, et devint commissaire des guerres à l'armée d'Italie (1795). Après le 18 brumaire, Fesch reprit ses fonctions sacerdotales, fut archevêque de Lyon (1802), cardinal, ambassadeur à Rome (1804). Il fut rappelé en 1808. Pair de France sous les Cent-jours, il se retira à Rome à la Restauration et mourut en 1839.

autant de luxe que possible les appartements où on était réuni ; chacun m'en faisait compliment. « *Cela a dû vous coûter gros, citoyen ministre* », me dit madame Merlin, femme du directeur [1]. — « *Pas le Pérou, Madame* », repris-je sur le même ton. — Une foule d'autres quolibets, presque tous vrais, remplirent Paris le lendemain.

Le directoire projetait alors une expédition en Irlande [2] ; le commandement avait été d'abord destiné à Hoche qui mourut dans les entrefaites [3] : on voulut alors le donner au général Bonaparte, auquel cela ne convenait sous aucun rapport. Cette entreprise, soit qu'elle réussît, soit qu'elle échouât, devait nécessairement être de courte durée, et à son retour, il ne tarderait pas à se retrouver dans la situation qu'il voulait éviter. L'armée qu'il aurait conduite en Irlande ne serait pas un instrument dont il pourrait disposer pour ses propres vues, et enfin l'Irlande n'était pas un pays où il pût espérer de se faire un établissement solide.

Il ne pensait pas davantage à s'en faire un en Égypte, ni en général dans aucun pays qu'il aurait conquis à la tête d'une armée française. Il ne se flattait pas encore que cette armée

---

1. Merlin de Douay (1754-1838), ancien membre de l'Assemblée constituante et de la Convention. En 1795, il devint ministre de la justice, puis de la police générale, enfin directeur après le 18 fructidor ; sous l'empire, il fut premier président de la Cour de cassation.

2. Le directoire avait voulu attaquer l'Angleterre chez elle. L'Irlande avait paru un terrain propice ; on pouvait espérer un soulèvement des populations. Une première tentative de débarquement avait échoué en janvier 1797. Une deuxième expédition partit en août. Le général Humbert débarqua avec 1 100 hommes dans le golfe de Sligo, fut vainqueur à Killala et à Castebar, mais fut vaincu à Ballinamuck et contraint de capituler.

3. Hoche mourut subitement le 18 septembre 1797. Il était alors général en chef des armées de Sambre-et-Meuse et de Rhin-et-Moselle.

consentît à n'avoir vaincu que pour lui, et lui laissât prendre une couronne, ou la lui mît sur la tête. Il s'en flattait d'autant moins, que, les troupes sur lesquelles il avait le plus d'ascendant, et que par cette raison, il désirait le plus emmener, étaient celles qui venaient de faire sous ses ordres les campagnes d'Italie; or, lui-même avait pris soin de nourrir, et d'exalter en elles le fanatisme républicain. Mais, qu'elles servissent à le mettre en position d'apparaître aux chrétiens d'Orient et à tous les Grecs comme un libérateur prêt à briser leurs fers, c'était là tout ce qu'il demanderait d'elles, comptant pour le reste sur le nombre, l'énergie et la reconnaissance de ces mêmes Grecs, et, surtout, sur des chances imprévues.

De telles espérances, s'il les eût laissé apercevoir, n'auraient pas été propres à faire réussir sa négociation auprès du directoire. Aussi ne paraissait-il occupé que des intérêts de la France. Il montrait l'Égypte comme une colonie valant, à elle seule, toutes celles que la France avait perdues, et comme un point d'où l'on pouvait porter de grands coups à la puissance des Anglais dans l'Inde. Cependant la fougue de son imagination et sa loquacité naturelle l'emportant hors de toute prudence, il parlait quelquefois de revenir en Europe par Constantinople, ce qui n'était pas trop le chemin de l'Inde; et il ne fallait pas une grande pénétration pour deviner que s'il arrivait à Constantinople en vainqueur, ce ne serait pas pour laisser subsister le trône de Sélim, ni pour substituer à l'empire ottoman une *république une et indivisible*.

Mais il paraissait si utile au directoire de se débarrasser d'un homme qui lui faisait ombrage, et qu'il n'était pas en mesure de contenir, qu'il finit par céder aux instances de Bonaparte, ordonna l'expédition d'Égypte, lui en donna le commandement, et prépara ainsi les événements qu'il avait le plus à cœur de prévenir.

Je dois rappeler ici sommairement dans quelle situation était l'Europe à l'égard de la France, au moment du départ de Bonaparte.

L'impératrice Catherine de Russie s'était prononcée la première contre la Révolution française, mais toute sa politique s'était bornée à donner de l'éclat à ses opinions dans des dépêches qu'avaient ordre de montrer ses ministres dans les différentes cours. J'en ai vu un grand nombre entre les mains de M. le prince de Nassau [1]. Elle s'était bien gardée de prendre part à une guerre qui devait nécessairement avoir pour résultat l'affaiblissement de ses voisins, et, par conséquent, l'augmentation de sa puissance relative. Ne craignant point pour ses États la contagion des principes français, et bien plus inquiète des efforts que la Pologne venait de faire pour sortir de son anarchie, elle avait saisi le moment où la France, la Prusse et l'Autriche étaient aux prises, pour compléter le démembrement de ce royaume qu'elle s'était approprié en partie, laissant le reste à l'Autriche et à la Prusse [2]. Bientôt après, elle mourut (17 novembre 1796).

1. Le prince Othon de Nassau-Siegen, né en 1745, accompagna Bougainville dans son voyage autour du monde (1766-1769). A son retour, il entra au service de la France, passa ensuite en Espagne où il reçut la grandesse et le grade de général. En 1787, il alla en Russie, fut nommé chef d'escadre, et chargé de diverses missions diplomatiques à Vienne, Versailles et Madrid. Vice-amiral en 1790, il fut battu par le roi Gustave III. Il rentra alors dans la vie privée, vint à Paris en 1802 et mourut en 1809.

2. C'est le troisième et dernier partage de la Pologne (11 février 1795)

On ne peut dire ce que son successeur Paul Ier, qui avait hérité de la maladie de son père Pierre III, aurait fait, sans l'invasion de l'Égypte par la France. Mais cette invasion devint pour lui un motif déterminant et péremptoire.

Depuis le temps de Pierre Ier, la Russie n'avait cessé de considérer la Turquie européenne comme une proie qui lui était dévolue, mais qu'elle devait dévorer peu à peu, ne pouvant l'engloutir tout d'un coup. Cette proie lui serait échappée pour toujours, si, par une révolution, la Grèce eût été rendue à l'indépendance; et cette révolution, l'invasion de l'Égypte, non seulement la lui faisait craindre, mais la lui montrait comme inévitable.

Paul Ier, d'ennemi naturel des Turcs, devint immédiatement leur allié; il se ligua avec l'Angleterre. L'Autriche se joignit à eux et rentra d'autant plus facilement dans la lice, qu'elle n'en était sortie que malgré elle, et que, depuis la paix de Campo-Formio, la France lui avait donné de justes sujets d'alarmes.

Des discussions entre les Vaudois et le sénat de Berne, leur souverain, avaient servi de prétexte au directoire pour faire pénétrer des deux côtés des troupes en Suisse, et changer la confédération en une *république une et indivisible* [1].

Sous d'autres prétextes, les États romains avaient été envahis par l'armée française, le pape Pie VI traîné captif à la chartreuse de Florence, et ensuite à Valence, en Dauphiné, où

---

1. Les cantons suisses n'étaient pas alors comme aujourd'hui, tous indépendants. Le canton de Vaud, notamment, était soumis à Berne. Il se souleva et fut battu. Beaucoup de Vaudois se réfugièrent en France. Tous représentèrent la Suisse comme asservie au parti fédéraliste que dominait l'Autriche, et sollicitèrent l'intervention du directoire. La Suisse fut envahie (février 1798), et la république du Léman fut proclamée, avec une constitution analogue à celle de la France.

il mourut; son gouvernement remplacé par celui que l'on appelait alors *républicain* [1].

Le roi de Naples, effrayé et non sans raison, mais à qui la prudence commandait de se tenir tranquille et d'attendre, ayant fait témérairement, et contre l'avis de la cour de Vienne, une levée de boucliers avec des troupes sans expérience et sans discipline, avait dû chercher un asile en Sicile, abandonnant son royaume de Naples, que le directoire français métamorphosa bientôt en république parthénopéenne [2].

Si à cette époque le directoire eût voulu faire de l'Italie un boulevard pour la France, il le pouvait, en appelant tout ce beau pays à ne former qu'un seul État. Mais bien loin de cette pensée, il frémit en apprenant qu'on s'occupait secrètement en Italie de la fusion des nouvelles républiques en une seule, et il s'y opposa autant qu'il était en lui. Il voulait des républiques, ce qui le rendait odieux aux monarchies, et il ne voulait que de petites républiques faibles pour pouvoir occuper militairement leur territoire, sous prétexte de les défendre, mais en réalité, afin de les dominer et de nourrir ses troupes à leurs dépens, ce qui le rendait odieux à ces mêmes républiques.

Tous ces bouleversements, opérés dans le voisinage de l'Autriche, changeaient trop sa situation relative pour qu'elle en demeurât paisible spectatrice.

1. Le 27 décembre 1797, une émeute avait éclaté à Rome; le général Duphot avait été tué. Le 10 février suivant, le général Berthier s'empara de la ville. Cinq jours après, la république romaine était proclamée par le peuple à l'instigation du directoire.

2. Janvier 1799. Le roi de Naples était alors Ferdinand IV, fils du roi d'Espagne, Charles III. Il avait épousé Marie-Caroline, fille de l'impératrice Marie-Thérèse.

Son premier intérêt, en reprenant les armes, était de faire rompre les négociations de Rastadt : elle y réussit ; mais il est fâcheux pour elle, qu'à cette rupture se joignit l'assassinat des plénipotentiaires français[1]. Après cet événement, on dut s'attendre à un renouvellement furieux de la guerre.

Le directoire avait, pour la faire, assez de soldats ; mais depuis la proscription de Carnot (au 18 fructidor), il ne lui restait plus personne en état d'en diriger les opérations ; et de tous les généraux à grande renommée, il n'y avait plus en France que Moreau[2]. Mais il était accusé, sinon d'avoir pris part aux projets contre-révolutionnaires de son ami Pichegru[3], du moins de les avoir connus, et de ne les avoir révélés qu'après coup. Il était tombé à cause de cela dans la disgrâce des républicains, à tel point que le directoire, même avec le désir de lui confier un commandement, ne l'aurait pas osé.

1. MM. Roberjot, Bonnier et Debry : seul le troisième survécut à ses blessures.

2. Victor Moreau, né à Morlaix en 1763, était en 1787, prévôt de l'école de droit de Rennes. Engagé en 1792, il était général l'année suivante et commanda successivement l'armée du Rhin (1796), l'armée d'Italie (1799), puis de nouveau l'armée du Rhin (1800). Très hostile au premier consul, il fut accusé de complicité dans la conspiration de Cadoudal, et condamné à deux ans de prison. Bonaparte commua cette peine en un exil. En 1813, Moreau, revenu d'Amérique, servit dans l'armée russe comme feld-maréchal et fut mortellement blessé à Dresde (26 août).

3. Charles Pichegru (1761-1804), était sous-officier d'artillerie en 1789. En 1793, il fut nommé général en chef de l'armée du Rhin, passa à l'armée du Nord en 1794, et s'empara de la Hollande. Il se laissa gagner par le parti royaliste et noua des relations avec les chefs de l'armée de Condé. Devenu suspect au directoire, il fut destitué en 1796. Élu en 1797 au conseil des Cinq Cents, il devint le chef du parti contre-révolutionnaire. Aussi fut-il, au 18 fructidor, arrêté et déporté en Guyane. Il s'évada peu après, passa en Angleterre, entra en 1803 dans la conspiration de Cadoudal, fut arrêté à Paris et s'étrangla dans sa prison.

Il crut beaucoup faire en permettant à Moreau d'aller comme simple volontaire à l'armée d'Italie.

Sa présence à cette armée ne l'empêcha pas d'être battue complètement et mise en déroute dès la première action. Macdonald[1], qui accourait du fond de l'Italie pour se joindre à elle avec trente-cinq mille hommes, fut abîmé à la Trébia[2].

Tous ces fantômes de républiques que le directoire avait élevés, disparurent au premier revers de l'armée française, et pas un Français ne serait resté en Italie, sans la précaution que le directoire avait prise de se faire remettre en dépôt toutes les places fortes du Piémont. Moreau, en ralliant dans ces places et autour d'elles les débris des armées battues put arrêter les progrès de l'ennemi.

Lorsque le directoire avait révolutionné la Suisse, il ne se doutait pas qu'il rouvrait une route fermée depuis des siècles, par laquelle les étrangers devaient un jour pénétrer en France, et y opérer le grand changement que les révolutionnaires redoutaient. Il fut sur le point d'en faire lui-même l'expérience, mais l'archiduc Charles[3], en quittant la Suisse pour aller faire l'inutile siège de Philipsbourg, et ne laissant dans ce pays qu'un corps de Russes, prépara à

---

1. Alexandre Macdonald (1765-1840), issu d'une famille irlandaise, s'engagea dans le régiment irlandais de Dillon, devint général de division en 1795 et gouverneur des États romains en 1798. Il fut disgracié en 1804, reprit du service en 1809 et devint maréchal et duc de Tarente après Wagram. En 1814, il fut nommé membre de la Chambre des pairs, puis grand chancelier de la Légion d'honneur (1816).

2. 17, 18 et 19 juin 1799.

3. L'archiduc Charles (1771-1847), était le fils de l'empereur Léopold. Feld-maréchal de l'empire en 1796, ministre de la guerre (1802). Généralissime des armées de l'Autriche en 1805 et 1809, l'archiduc fut un des premiers généraux de son temps et le plus redoutable adversaire de Napoléon.

Masséna la victoire de Zurich[1], qu'on exalta d'autant plus à Paris, qu'elle était plus nécessaire au salut de la France.

Il était arrivé au directoire ce qui arrive toujours aux despotes. Tant que rien ne résista aux armées dont il disposait, on le haïssait, mais on le craignait. Dès que ses armées furent battues, on le méprisa. On l'attaqua dans les journaux, dans les pamphlets, partout enfin. On n'épargna pas naturellement ses ministres; cela me procura la facilité que j'attendais de quitter mon poste. J'avais bien reconnu qu'il ne m'était possible d'y empêcher que trop peu de mal, et que ce ne serait que plus tard qu'il y aurait du bien réel à y faire.

Le projet que j'avais depuis longtemps de me retirer, m'avait fait prendre une précaution. J'avais confié mes dispositions au général Bonaparte avant son départ pour l'Égypte; il avait approuvé les motifs de ma retraite, et s'était prêté avec plaisir à demander pour moi au directoire l'ambassade de Constantinople, s'il y avait moyen de traiter avec la Turquie, ou l'autorisation d'aller le rejoindre au Caire, où l'on pouvait supposer qu'il y aurait des négociations à suivre avec les agents de la Porte ottomane[2].

---

[1]. Masséna était alors général en chef de l'armée d'Helvétie. La bataille de Zurich, où l'armée russe fut détruite, est du 26 août 1799.

[2]. Sur cette question des rapports de Talleyrand et de Bonaparte avant le départ pour l'Égypte, voici ce que Napoléon en a dit plus tard : « Il avait été convenu avec le directoire et avec Talleyrand, qu'aussitôt après le départ de l'expédition d'Egypte, des négociations seraient ouvertes sur son objet avec la Porte. Talleyrand devait même être le négociateur *et partir pour Constantinople vingt-quatre heures après que l'expédition d'Egypte aurait quitté le port de Toulon.* Cet engagement, formellement exigé et positivement consenti, avait été mis en oubli; non seulement Talleyrand était resté à Paris, mais aucune négociation n'avait eu lieu. » (*Mémoires de Napoléon dictés à Saint-Hélène au général Gourgaud*, t. Ier, p. 62.)

Muni de cette autorisation, après avoir donné ma démission, je me retirai à la campagne, près de Paris, attendant les événements [1].

Les grands démagogues, qui depuis quelque temps avaient relevé la tête, s'agitaient et menaçaient d'un nouveau règne de la terreur. Mais ce n'était pas de leurs clubs qu'ils avaient rouverts, et que Fouché [2] ferma dès qu'il le voulut, que devait venir le renversement du directoire; c'était du directoire même.

Siéyès en avait été nommé membre pendant qu'il remplissait à Berlin les fonctions d'envoyé extraordinaire et de ministre plénipotentiaire de la république. Le temps qui lui était indispensable pour prendre congé, se mettre en route et arriver à Paris, avait paru au directoire d'une insupportable longueur, tant on l'attendait avec impatience. On ne doutait pas qu'il n'eût pour les maux du dedans et du dehors, des remèdes tout prêts et infaillibles. Il est à peine descendu de voiture qu'on les lui demande. Les membres les plus influents des deux conseils assurent qu'il n'a qu'à parler, et que, dans tout ce qui exigera leur concours, ils le seconderont avec ardeur. Avant de rien proposer, Siéyès veut voir par ses propres yeux, examiner, réfléchir. Le résultat de ses réflexions est, qu'avec les collègues qu'il a, rien n'est faisable. Aussitôt on le débarrasse de trois d'entre eux. Des successeurs qu'on leur donne, deux sont des hommes nuls, et le troisième lui est

---

1. 20 juillet 1799.

2. Fouché avait été nommé ministre de la police par l'entremise de Barras.

dévoué[1]. Alors ce n'est plus des hommes qu'il se plaint, c'est des institutions, qu'il est absolument nécessaire de modifier. C'est trop de cinq gouvernants ; trois suffisent. Le nom de directoire est devenu odieux ; il y faut en substituer un autre. Il est surtout indispensable de placer dans le gouvernement un militaire, en qui les armées aient confiance, car, sans la certitude d'avoir les armées pour soi, on ne peut rien faire.

Moreau, que l'on fait sonder, ne veut point prendre de fonctions civiles. On jette les yeux sur le général Joubert et, pour donner à sa réputation l'éclat qui paraît désirable et qui lui manque encore, on l'envoie commander en Italie. En y arrivant, il livre imprudemment la bataille de Novi[2], et dès le commencement de l'action il est tué, ce qui renverse toutes les espérances que l'on avait fondées sur lui. On retombe dans les mêmes embarras ; et Dieu sait comment on en serait sorti, sans un événement auquel il est vraisemblable que le directoire s'attendait peu.

Bonaparte, après la conquête de l'Égypte, avait poursuivi l'exécution de son plan en tentant celle de la Syrie. Mais trois assauts très meurtriers n'avaient pu le rendre maître de Saint-Jean d'Acre qu'il s'était opiniâtré à attaquer, quoiqu'il eût perdu son artillerie de siège. Il avait envoyé cette artillerie d'Égypte en Syrie, par mer, et les Anglais s'en étant emparés, il se trouva contraint de ramener son armée en

---

1. C'est le coup d'État du 30 prairial (mai 1799), dirigé par les conseils contre le directoire. Le directeur Treilhard fut destitué et remplacé par Gohier. La Reveillère-Lépeaux et Merlin furent sommés de donner leur démission, et on nomma à leur place Moulins et Roger Ducos. C'est ce dernier qui était tout dévoué à Siéyès.

2. 15 août 1799.

Égypte où les Anglais encore le menaçaient d'un débarquement. Il voyait ainsi s'évanouir ses magnifiques espérances ; celle même de pouvoir se maintenir en Égypte était plus qu'incertaine. Il était poursuivi par l'affreuse idée d'être réduit à n'en pouvoir sortir que par une capitulation qui ne lui laisserait que la réputation d'un aventurier. Les revers des Français en Italie vinrent le tirer de cette perplexité, en lui donnant la hardiesse de faire ce qu'autrement il n'aurait jamais osé risquer. Il se dérobe à son armée, en laissant le commandement à Kléber, et échappant à la croisière anglaise, il aborde à Fréjus[1].

Ainsi qu'il l'avait prévu, les divers partis virent en lui, non un homme à qui il fallait demander compte de sa conduite, mais celui que les circonstances rendaient nécessaire et qu'il fallait gagner.

Quelques personnes crurent dans le premier moment que Barras, l'auteur de sa fortune, qui, seul des anciens directeurs, était toujours en place, avait assez présumé de son influence sur lui, et l'avait assez mal connu pour se flatter de lui faire jouer le rôle de Monck ; mais Bonaparte, qui ne l'aurait pas voulu, s'il l'eût pu, n'était réellement pas, à cette époque, en mesure de jouer ce rôle.

Il ne pouvait donc pas être longtemps incertain, entre une pareille proposition, en supposant qu'on la lui soumît, et l'offre qu'on lui faisait d'ailleurs, non pas du pouvoir suprême, mais d'une situation qui lui permettait d'y aspirer.

Parmi ses partisans un grand nombre aurait, sans doute, préféré qu'il devînt simplement membre du directoire ; mais,

1. 9 octobre 1799.

au point où l'on en était, il fallait vouloir ce qu'il voulait ; la nature même des choses le rendait maître de la négociation. La qualité de membre du directoire ne le menait à rien.

On convint donc qu'au directoire on substituerait trois consuls provisoires qui, conjointement avec deux commissions des conseils, prépareraient une constitution nouvelle, laquelle serait soumise à l'acceptation des assemblées primaires, car la souveraineté du peuple était un dogme que personne, alors, ne songeait à contester [1].

---

1. Quelques jours avant la journée du 18 brumaire, il survint chez moi une petite scène qui n'emprunte son intérêt que des circonstances. Le général Bonaparte, qui logeait rue Chantereine, était venu un soir causer avec moi des préparatifs de cette journée. J'habitais alors une maison rue Taitbout, qui a porté depuis le numéro 24, je crois. Elle était située au fond d'une cour, et, du premier étage, on communiquait par des galeries à des pavillons qui donnaient sur la rue. Nous étions dans le salon éclairé par quelques bougies et très animés dans notre conversation ; il était une heure du matin, lorsque nous entendîmes un grand bruit dans la rue ; à un roulement de voitures se mêlaient les piétinements d'une escorte de cavalerie. Les voitures s'arrêtèrent tout à coup devant la porte de ma maison. Le général Bonaparte pâlit, et je crois bien que j'en fis autant. Nous pensâmes, au même instant, qu'on venait nous arrêter par ordre du directoire. Je soufflai sur les bougies, et je me rendis à petits pas, par la galerie, vers un des pavillons qui donnait sur la rue, et d'où on pouvait voir ce qui s'y passait. Je fus quelque temps sans pouvoir me rendre compte de tout ce mouvement, qui, bientôt cependant, s'expliqua d'une façon assez grotesque. Comme à cette époque, les rues de Paris étaient fort peu sûres pendant la nuit, quand les maisons de jeu se fermaient au Palais Royal, on rassemblait tout l'argent qui avait servi à tenir le jeu, on le portait dans des fiacres, et le banquier des jeux avait obtenu de la police, qu'une escorte de gendarmes qu'il payait accompagnerait chaque nuit les fiacres jusqu'à son domicile qui était rue de Clichy, ou près de là. Cette nuit-là, quelque chose avait cassé à un des fiacres précisément devant ma porte, et c'était ce qui avait motivé le temps d'arrêt qu'on y faisait, et qui dura un quart d'heure environ. Nous rîmes beaucoup, le général et moi, de notre panique qui n'était toutefois que bien naturelle, quand on connaissait, comme nous, les dispositions du directoire et les extrémités auxquelles il était capable de se porter. (*Note du prince de Talleyrand.*)

Ce plan arrangé, le conseil des Anciens, en vertu de la prérogative que la constitution lui donnait, et sous prétexte de l'agitation qui régnait dans Paris, transféra le Corps législatif à Saint-Cloud. On se flattait par là de prévenir tout obstacle au plan concerté. On avait pour soi les deux membres les plus influents du directoire (Siéyès et Barras), la grande majorité du conseil des Anciens, et une partie du conseil des Cinq-Cents. La garde directoriale, Augereau qui en était le chef depuis le 18 fructidor, une foule d'officiers généraux et de militaires de tout grade, et quelques amateurs au nombre desquels j'étais, se portèrent à Saint-Cloud, le 18 brumaire (9 novembre 1799).

Malgré cet appareil de forces, on rencontra dans le conseil des Cinq-Cents une opposition telle, qu'il s'en fallut peu qu'elle ne fît tout échouer. Il n'était pourtant question que de substituer un mode de *polygarchie* à un autre. (Il me faut toujours en revenir à ce mot barbare, à défaut de son synonyme.) Qu'on juge donc ce qui serait arrivé à celui qui aurait imaginé de jouer le rôle de Monck, et qui aurait eu contre lui presque tous ceux qui concoururent de manière ou d'autre au succès du 18 brumaire. Enfin, moitié persuasion, moitié terreur, on l'emporta. Le directoire fut dissous; Siéyès, Roger Ducos[1] et Bonaparte furent nommés consuls, et il ne resta des conseils que les commissions qui devaient travailler au projet de constitution.

---

1. Le comte Roger Ducos, né en 1754, avait été député à la Convention où il avait voté la mort du roi. Député au conseil des Anciens. Président de ce conseil en 1796. Il fut nommé directeur au 30 prairial. Au 18 brumaire, il seconda activement Bonaparte, devint consul provisoire, puis sénateur sous l'empire. En 1814, il adhéra à la déchéance, fut néanmoins pair de France pendant les Cent-jours. Exilé en 1815, il mourut à Ulm en 1816.

A dix ou douze jours de là, je repris le portefeuille des affaires étrangères.

Parmi les puissances étrangères amies de la France, il n'y en avait aucune à qui le renversement du directoire ne dût être agréable ou tout au moins indifférent. Un changement de disposition de leur part n'étant pas à craindre, on n'avait point de démarches à faire pour le prévenir. Quant aux puissances hostiles, c'était par de nouvelles victoires seulement qu'on pouvait espérer de les ramener à des sentiments pacifiques. Mais si l'on n'avait point à négocier avec le dehors, on suivait au dedans la plus importante et la plus délicate des négociations, à laquelle, bien que je ne fusse point appelé à intervenir officiellement, je ne pouvais être ni étranger ni indifférent. Il fallait rétablir la monarchie ou avoir fait en vain le 18 brumaire, et ajourner l'espérance de son rétablissement à une époque incertaine et peut-être indéfinie. Rétablir la monarchie n'était pas relever le trône. La monarchie a trois degrés ou formes : elle est élective à temps, ou élective à vie, ou héréditaire. Ce qu'on appelle le trône ne peut appartenir à la première de ces trois formes, et n'appartient pas nécessairement à la seconde. Or, arriver à la troisième, sans passer successivement par les deux autres, à moins que la France ne fût au pouvoir de forces étrangères, était une chose absolument impossible. Elle aurait pu, il est vrai, ne l'être pas, si Louis XVI eût vécu, mais le meurtre de ce prince y avait mis un insurmontable obstacle.

Le passage de la polygarchie à la monarchie héréditaire ne pouvant pas être immédiat, il s'ensuivait par une conséquence nécessaire, que le rétablissement de celle-ci, et le rétablissement de la maison de Bourbon ne pouvaient pas être simultanés. Ainsi, c'était une nécessité de travailler au rétablissement de la monarchie, sans s'occuper de la maison de Bourbon que le temps pourrait ramener, s'il arrivait que celui qui aurait occupé le trône, s'en montrât indigne et méritât de le perdre. Il fallait faire un souverain temporaire, qui pût devenir souverain à vie, et enfin monarque héréditaire. La question n'était pas si Bonaparte avait les qualités les plus désirables dans un monarque; il avait incontestablement celles qui étaient indispensables pour réaccoutumer à la discipline monarchique la France, encore infatuée de toutes les doctrines révolutionnaires, et nul ne possédait ces qualités au même degré que lui.

La vraie question était comment on ferait de Bonaparte un souverain temporaire. Si on proposait de le nommer seul consul, on trahissait des vues que l'on ne pouvait voiler avec trop de soin. Si on lui donnait des collègues qui lui fussent égaux en titre et en pouvoir, on restait dans la polygarchie.

On restait dans la polygarchie, si on établissait un corps législatif ou permanent, ou devant se réunir à des époques déterminées sans convocation, et s'ajourner lui-même. Si ce corps, fût-il partagé en deux assemblées distinctes, pouvait seul faire des lois, on restait dans la polygarchie. Enfin, on restait dans la polygarchie si les administrateurs principaux et les juges surtout, devaient continuer à être nommés par les assemblées électorales. Le problème à résoudre était, on le voit, très compliqué et hérissé de tant de difficultés, qu'il était presque impossible d'éviter l'arbitraire. Aussi ne l'évita-t-on pas.

On créa, non pas trois consuls égaux, mais un premier, un second et un troisième consul, avec des attributions respectives telles, qu'à peu de choses près, le premier avec quelques interprétations que Bonaparte, mieux que personne, savait donner lorsqu'il s'agissait de son propre pouvoir, se trouva seul investi par le fait, de la part d'autorité qui, dans les monarchies tempérées ou constitutionnelles est exercée par le monarque. La seul différence essentielle était, qu'au lieu de se borner à lui laisser la sanction des lois, on lui en attribuait aussi l'initiative, cumulation de rôles qui lui devint funeste à lui-même.

Pour rendre le pouvoir du premier consul plus effectif encore, je fis le jour même de son installation une proposition qu'il accepta avec empressement. Les trois consuls devaient se réunir tous les jours, et les ministres de chaque département rendre compte devant eux des affaires qui étaient dans leurs attributions. Je dis au général Bonaparte que le portefeuille des affaires étrangères, qui, de sa nature est secret, ne pouvait être ouvert dans un conseil, et qu'il fallait qu'il se réservât à lui seul le travail des affaires étrangères, que le chef seul du gouvernement devait avoir dans les mains et diriger. Il sentit l'utilité de cet avis; et comme au moment de l'organisation d'un nouveau gouvernement, tout est plus facile à régler, on établit, dès le premier jour, que je ne travaillerais qu'avec le premier consul.

Le premier acte du général Bonaparte, en qualité de premier consul, fut d'écrire au roi d'Angleterre une lettre où il exprimait le vœu d'une prompte réconciliation entre les deux pays. Il fit une démarche semblable envers l'empereur d'Autriche. Ces deux tentatives n'amenèrent point de réconciliation, et ne pouvaient point en amener, mais elles eurent une influence heureuse sur la paix intérieure, parce qu'elles annonçaient des dispositions qui devaient être agréables au peuple, en lui révélant un homme d'État habile dans le grand général devenu chef du gouvernement. Cela fait, les refus des deux cabinets étant bien constatés par le manque de réponse à ces lettres, qui n'eurent pas même l'honneur d'un accusé de réception[1], Bonaparte ne songea plus qu'à se mettre en mesure d'aller chercher l'ennemi sur un champ de bataille où il ne devait plus trouver que des Autrichiens.

Paul Ier, mécontent de l'Autriche par laquelle il croyait avoir été trompé[2], avait rappelé ses troupes de l'Allemagne. Le premier consul, saisissant cette circonstance, fit réunir le peu de prisonniers russes qui se trouvaient en France, ordonna qu'on les habillât à neuf, et les renvoya chez eux sans rançon. Il chargea un des officiers qui les commandaient d'offrir à l'empereur Paul l'épée de la Valette trouvée à Malte. On sait que l'empereur de Russie avait pris l'ordre de

---

1. Lord Grenville et M. de Thugut répondirent tous deux à M. de Talleyrand pour repousser les propositions du premier consul.

2. Souwaroff venait de s'emparer du Piémont, et, d'après les ordres de son maître, avait écrit au roi de Sardaigne pour l'inviter à rentrer dans ses États. L'Autriche, qui convoitait toute l'Italie du nord, s'émut de cette conduite, et le conseil aulique qui avait la direction des opérations militaires se débarrassa de cet allié gênant en l'envoyant en Suisse. L'armée russe souffrit cruellement en traversant les Alpes, et fut détruite à Zurich. L'empereur Paul et Souwaroff furent profondément irrités contre l'Autriche qu'ils accusaient de ce désastre, et les troupes russes furent rappelées.

Malte sous sa protection spéciale [1]. Touché de ces procédés délicats, l'empereur Paul qui se passionnait aisément fit faire à la France, par le général de Sprengtporten [2], des ouvertures de paix, qui suivies, par M. de Kalitcheff, menèrent à un traité définitif que je négociai et signai avec M. de Markoff [3].

1. L'intervention du czar Paul dans les affaires de l'ordre de Malte est une des singularités de l'histoire de ce temps. Les rapports entre les deux puissances datent de 1795. L'ordre possédait de grands biens en Pologne. Ces biens étant englobés dans les territoires échus à la Russie à la suite du partage de 1795, le grand maître prince de Rohan chercha à négocier un arrangement avec Catherine. L'empereur Paul, étant sur ces entrefaites monté sur le trône, prit l'affaire à cœur, entra en relations avec Malte, et s'éprit d'une vive admiration pour les vieilles et glorieuses traditions des chevaliers de Saint-Jean. Le 4 janvier 1797, fut signé un acte aux termes duquel les biens de l'ordre de Pologne étaient érigés en grand prieuré de Russie. Soixante-douze commanderies furent créées en un an. Le czar et son fils devinrent chevaliers de Malte. Après la prise de l'île par les Français, le czar, sur la demande de ce grand prieuré, se déclara protecteur de l'ordre (septembre 1798), et deux mois après, la place de grand maître étant devenu vacante, une fraction de l'ordre eut l'idée de l'offrir au czar. Paul accepta solennellement sa nouvelle dignité. Bonaparte profita habilement de ces circonstances pour se rapprocher de la Russie et la détacher de l'Angleterre. C'est alors qu'il envoya au czar, soit l'épée du grand maître La Valette, trouvée à Malte, soit, d'après une autre autorité, l'épée du grand maître Villiers de l'Ile-Adam, que Léon X aurait donnée à cet illustre guerrier, en souvenir de sa belle défense de Rhodes. Lorsque Malte fut prise par les Anglais, Paul la réclama en qualité de grand maître (septembre 1800). Mais ceux-ci refusèrent formellement de céder ce poste important, et une rupture s'ensuivit. La mort de Paul (mars 1801) termina ce curieux épisode. Son successeur, Alexandre, ne réclama pas l'île, et l'affaire en resta là. (Consulter les *Mémoires de l'abbé Georgel*).

2. Le baron Joram de Sprengtporten, général suédois, l'un des auteurs de la révolution de 1772, passé ensuite au service de la Russie. Il devint gouverneur de la Finlande, après la conquête de ce pays par la Russie et mourut dans l'oubli.

3. 8 octobre 1801. — Arcadi Ivanovitch, comte Markoff, était, sous le règne de Catherine, premier conseiller aux affaires étrangères. Tombé en disgrâce sous Paul Ier, il fut rappelé par Alexandre et nommé ambassadeur à Paris en 1801. Il encourut l'inimitié de Bonaparte qui demanda et obtint son remplacement. De retour en Russie, Markoff fut souvent chargé de missions diplomatiques importantes. Il mourut à un âge très avancé.

M. de Markoff avait débuté dans les affaires sous le règne de l'impératrice Catherine, et avait été envoyé plus tard à Paris, comme un des plus habiles hommes d'affaires de Russie. Il me parut un homme d'humeur, sans instruction, mais spirituel. Son humeur portait alors sur son propre gouvernement, ce qui est fort commode pour le ministre des affaires étrangères d'un autre pays. Tant que l'empereur Paul vécut, les communications d'affaires étaient faciles et même agréables, mais à l'avènement de l'empereur Alexandre, M. de Markoff devint arrogant et insupportable. C'est avec lui que je traitai la grande affaire des sécularisations en Allemagne[1].

Le général Carnot, membre du directoire, échappé de Cayenne où il avait été si cruellement exilé avec tant d'autres au 18 fructidor, était depuis quelque temps placé au ministère de la guerre. Son premier soin, en rentrant dans les affaires, fut de rassembler deux armées, l'une sur le Rhin, l'autre au pied des Alpes. Le général Moreau eut le comman-

---

[1]. Il faudrait faire un volume, et peut-être le ferai-je, pour bien rendre compte de cette importante question. M. le marquis de Lucchesini l'a essayé, mais dans son ouvrage, il ne s'est occupé que de justifications personnelles. Triste manière d'écrire l'histoire de son temps, car elle modifie rarement l'opinion des contemporains. Lorsqu'on est appelé à régler des questions politiques, d'une grande importance, il faut laisser à ceux dont les intérêts privés ont été sacrifiés à l'intérêt général, la consolation de s'en prendre aux négociateurs et de les calomnier sans scrupule. Jusqu'à présent ce qui a paru de plus exact sur cette époque, c'est l'ouvrage de M. le baron de Gagern, homme d'esprit, attaché à la maison de Nassau. (*Note du prince de Talleyrand.*)

Le marquis Jérôme de Lucchesini (1752-1825), diplomate prussien, fut ambassadeur à Paris en 1802. L'ouvrage dont il est fait mention ci-dessus : *Sulle cause e gli effeti della confederazione rhenana*, fut publié en italien sous le voile de l'anonyme (Florence 1829).

Le baron Jean de Gagern (1766-1852) fut ministre du prince de Nassau à Paris sous le consulat. Il a laissé de nombreux ouvrages d'histoire et de politique contemporaine.

dement de la première, Bonaparte avec la seconde, s'élance sur l'Italie par une route nouvelle, et passe sans perdre un canon le grand Saint-Bernard (20 mai 1800.) Il tombe à l'improviste sur les Autrichiens, et, après plusieurs combats heureux, il leur livre le 14 juin à Marengo une bataille à la fin de laquelle, la fortune aidée par le général Desaix [1] et le général Kellermann [2], se déclare pour lui, quand lui-même ne l'espérait plus. L'armistice qui en fut la suite, le rendit de nouveau maître de l'Italie. Averti par les craintes qu'il avait eues d'une défaite, il sut alors profiter de la victoire sans en abuser. Il sentit le besoin d'affermir son pouvoir avant de l'accroître, et sachant bien que la gloire militaire serait son principal titre à la puissance à laquelle il aspirait, il redoutait les victoires dont la France ne lui serait pas redevable, presque autant que des revers qu'il essuierait lui-même. Aussi se hâta-t-il de poser par son armistice les bases d'une nouvelle paix dans laquelle l'empire d'Allemagne serait compris, ce qui rendit presque inutile la victoire d'Hohenlinden [3], qui avait ouvert le chemin de Vienne au général Moreau.

---

1. Louis-Antoine Désaix, issu d'une famille noble originaire d'Ayat, près de Riom, et connue avant la Révolution sous le nom de Des Aix de Veygoux. Né en 1768, Désaix était en 1789, sous-lieutenant au régiment de Bretagne. Il devint commissaire des guerres en 1791 et général de division en 1794. Il se lia intimement avec Bonaparte, le suivit en Égypte, revint en Europe après le traité d'El Arisch, et fut tué à Marengo, 14 juin 1800.

2. François-Étienne Kellermann (1770-1835) était le fils du vieux maréchal Kellermann, duc de Valmy. Il était général de brigade à Marengo où il décida la victoire à la tête de sa cavalerie. Il devint pair de France sous les Cent-jours, fut exclu de la Chambre par Louis XVIII et n'y rentra qu'en 1830.

3. Village de Bavière à 30 kilomètres à l'est de Munich. La victoire de Moreau sur l'archiduc Jean est du 3 décembre 1800.

Le traité entre la France et l'Autriche stipulant pour elle-même et pour l'empire, devait être négocié à Lunéville, et le comte Louis de Cobenzl[1] avait été désigné comme plénipotentiaire par l'empereur qui l'avait autorisé à se rendre à Paris avant l'ouverture des négociations. La cour de Vienne l'avait choisi, parce qu'il avait traité à Campo-Formio avec Bonaparte, qui n'était alors que général de l'armée d'Italie, et qu'il s'était établi entre eux des rapports de familiarité dans lesquels le comte de Cobenzl croyait aisément rentrer, mais que le premier consul fit bientôt disparaître. Il se passa à ce sujet une scène assez curieuse.

Bonaparte lui donna une première audience à neuf heures du soir aux Tuileries. Il avait ordonné lui-même la disposition de la pièce dans laquelle il voulait le recevoir; c'était dans le salon qui précède le cabinet du roi. Il avait fait mettre dans l'angle une petite table devant laquelle il était assis; tous les sièges avaient été enlevés; il ne restait, et c'était loin de lui, que des canapés. Sur la table se trouvaient des papiers et une écritoire; il y avait une seule lampe; le lustre n'était pas allumé. M. de Cobenzl entre: je le conduisais. L'obscurité de la chambre; la distance qu'il fallait parcourir pour arriver près de la table où était Bonaparte, qu'il apercevait à peine; l'espèce d'embarras qui en était la suite; le mouvement de Bonaparte qui se leva et se rassit; l'impossibilité pour M. de Cobenzl de ne pas rester debout, mirent immédiatement chacun à sa place, ou du moins à la place que le premier consul avait voulu fixer.

---

1. Louis, comte de Cobenzl (1753-1808), ambassadeur d'Autriche à Copenhague, à Berlin et à Pétersbourg, plénipotentiaire à Campo-Formio, à Rastadt et à Lunéville. Chancelier d'État et ministre des affaires étrangères en 1802.

Après les conférences tenues à Lunéville entre Joseph Bonaparte et le comte de Cobenzl, on signa bientôt le traité[1], et la paix générale se trouva ainsi à peu près rétablie sur le continent.

Peu de temps auparavant, une convention faite avec les États-Unis, signée à Mortefontaine aussi par Joseph Bonaparte, avait terminé tous les différends qui existaient entre la république française et cette puissance[2].

L'Angleterre, sans alliés au dehors, et éprouvant quelques embarras au dedans, sentit elle-même le besoin de la paix. Les préliminaires, après des débats assez curieux par tout ce qu'il y eut d'esprit employé pour et contre un armistice maritime, en furent conclus à Londres entre M. Addington[3] et M. Otto[4]. C'est à Amiens, que lord Cornwallis[5] et Joseph

1. 9 février 1801.

2. Le commerce américain avait eu grandement à souffrir, des mesures que la Convention avait prises contre les neutres. Les États-Unis ayant signé avec l'Angleterre un traité qui donnait à cette puissance le droit de confisquer tout navire transportant des marchandises ennemies (novembre 1794), la Convention riposta par une mesure identique et rompit toute relation avec le cabinet américain. De son côté, le congrès annula tous les traités passés avec la France. On marchait à une rupture ouverte lorsque Bonaparte, arrivant au pouvoir, abolit les décrets de la Convention. Un traité signé le 30 septembre 1800 aplanit toutes les difficultés, et les rapports entre les deux pays reprirent leur cours normal.

3. Henry Addington, vicomte Sidmouth, né en 1755. Député aux Communes en 1782. Chancelier de l'Échiquier en 1801, il contribua activement à la paix d'Amiens. Il se démit en 1804, rentra un instant aux affaires en 1806. En 1812 il fut nommé ministre de l'intérieur, poste qu'il occupa jusqu'en 1822. Il mourut en 1844.

4. Guillaume Otto, comte de Mosloy (1754-1817) était ministre à Londres en 1800. Il devint ministre à Munich, conseiller d'État, ambassadeur à Vienne (1809), ministre d'État en 1813.

5. Charles Cornwallis, homme d'État et général anglais né en 1738, membre de la Chambre des lords, 1762, gouverneur de l'Inde, 1786, gouverneur d'Irlande, 1793. En 1801 il fut un des plénipotentiaires à Amiens. De nouveau gouverneur de l'Inde en 1805, il mourut en arrivant à son poste.

Bonaparte signèrent le traité définitif. La France qui avait perdu toutes ses colonies, les recouvra toutes, sans qu'elle eût elle-même rien à restituer. Peut-être son honneur eût-il à souffrir de ce qu'elle laissa tout le poids des compensations à la charge de l'Espagne et de la Hollande, ses alliées, qui n'avaient été engagées dans la guerre que pour elle et par elle[1]. Mais c'est là une de ces observations que peu de gens font, et qui ne s'offrent jamais d'elles-mêmes à l'esprit de la multitude, accoutumée à prendre les succès de la mauvaise foi pour de l'habileté.

Je ne dois pas omettre qu'un des articles du traité d'Amiens stipulait l'abandon de Malte par les Anglais. Bonaparte qui, en s'emparant de cette île célèbre, avait changé le sort de la Méditerranée, mettait un grand prix à la faire restituer à ses anciens maîtres, et détestait de m'entendre dire que j'aurais volontiers laissé Malte aux Anglais en toute propriété, pourvu que le traité eut été signé par M. Pitt ou par M. Fox, au lieu de l'être par M. Addington.

Antérieurement à ces traités, une espèce de convention ou d'accord avait mis fin à la guerre civile, rallumée dans la Vendée et les provinces de l'ouest[2].

Lors de la bataille de Marengo un lien secret se forma entre Bonaparte et la cour de Rome[3]. Il avait eu à Milan plusieurs

1. L'Espagne perdait l'île de la Trinité, et la Hollande Ceylan.

2. Une suspension d'armes avait été signée en décembre 1799. Le 18 janvier 1800, M. d'Autichamp mit bas les armes au nom des provinces de la rive gauche de la Loire, Le 20, M. de Châtillon en fit autant au nom de la rive droite. En Bretagne, M. de Bourmont se rendit le 24 janvier, et Georges Cadoudal le 27. Le pays ne tarda pas à se pacifier entièrement.

3. Bonaparte avait engagé des négociations avec la cour de Rome dès juin 1800, par l'intermédiaire du cardinal Martiniane évêque de Verceil.

conférences avec un envoyé du pape Pie VII, élu à Venise comme successeur de Pie VI : ces conférences ont été le point de départ du concordat, signé plus tard à Paris par le cardinal Consalvi[1]. Cet accord et sa ratification immédiate réconcilièrent la France avec le Saint-Siège, sans autre opposition que celle de quelques militaires, fort braves gens d'ailleurs, mais dont l'esprit ne s'élevait pas jusqu'à une conception de ce genre.

C'est après cette grande réconciliation avec l'Église, à laquelle j'avais puissamment contribué, que Bonaparte obtint du pape un bref pour ma sécularisation. Ce bref est daté de Saint-Pierre de Rome le 29 juin 1802[2].

Il me semble que rien n'exprime mieux l'indulgence de Pie VII à mon égard, que ce qu'il disait un jour au cardinal Consalvi, en parlant de moi : « M. de Talleyrand!! ah! ah! Que Dieu ait son âme, mais moi je l'aime beaucoup!! »

---

1. Le concordat fut signé le 15 juillet 1801. Le cardinal Consalvi était secrétaire d'État de la cour de Rome.

2. ACTE DU GOUVERNEMENT

ARRÊTÉ DU 2 FRUCTIDOR, AN X.

Les consuls de la République; vu le bref du pape Pie VII donné à Saint-Pierre de Rome le 29 juin 1802;
Sur le rapport du conseiller d'État chargé de toutes les affaires concernant les cultes ;
Le conseil d'État entendu ;
Arrêtent :
Le bref du pape Pie VII donné à Saint-Pierre de Rome, le 29 juin 1802, par lequel le citoyen Charles-Maurice de Talleyrand, ministre des relations extérieures de France, est rendu à la vie séculière et laïque, aura son plein et entier effet.

Le premier consul : BONAPARTE.

Le secrétaire d'État : H.-B. MARET.

La Suisse, que le directoire, dirigé par MM. La Harpe [1] et Ochs [2], avait voulu transformer en une république une et indivisible, était redevenue, comme elle désirait de l'être, une confédération avec les anciennes ligues; et cela, en vertu d'un acte appelé acte de médiation parce que la France avait servi de médiatrice entre tous les cantons anciens et nouveaux [3].

L'Espagne, par le traité de Bâle, avait rétrocédé la Louisiane à la France qui la rendit aux États-Unis (30 avril 1803). Ceux-ci retinrent une partie du prix comme indemnité pour les pertes commerciales que les Américains avaient éprouvées, à la suite des absurdes décrets de la Convention.

La Porte ottomane, le Portugal, les Deux-Siciles avaient renoué leurs anciens liens d'amitié et de commerce avec la France [4].

La distribution des territoires sécularisés en Allemagne

1. Frédéric-César de La Harpe (1754-1838), né dans le canton de Vaud, avait pris une part active aux troubles qui éclatèrent dans ce pays. Proscrit à la suite de la victoire du canton de Berne, et réfugié en France, il provoqua l'intervention du directoire; il fut nommé directeur au moment de la proclamation de la république helvétique (1798).

2. Pierre Ochs (1749-1824) était également un réfugié suisse compromis à la suite de la révolte du canton de Vaud. Il fut membre du sénat helvétique et directeur en 1798.

3. L'intervention du directoire en Suisse n'avait fait qu'accroître le désordre. Aussi lorsqu'en 1802, Bonaparte proposa sa médiation, fut elle aussitôt accueillie. Tous les cantons envoyèrent à Paris des députés qui entrèrent en conférence avec MM. Barthélémy, Fouché et Rœderer. L'acte de médiation fut signé le 19 février 1803. Il fixait pour chaque canton une constitution spéciale, et organisait un pouvoir fédéral. Le 19 octobre suivant, un traité d'alliance intervint entre la France et la Suisse.

4. Traité avec la Turquie, 25 juin 1802; avec le Portugal, 29 septembre 1801; avec les Deux-Siciles, 28 mars 1801. Ces deux dernières puissances promettaient de fermer leurs ports aux Anglais.

se faisait sous la double médiation de la France et de la Russie[1].

On peut le dire sans la moindre exagération, à l'époque de la paix d'Amiens, la France jouissait au dehors, d'une puissance, d'une gloire, d'une influence telles, que l'esprit le plus ambitieux ne pouvait rien désirer au delà pour sa patrie. Et ce qui rendait cette situation plus merveilleuse encore, c'était la rapidité avec laquelle elle avait été créée. En moins de deux ans et demi, c'est-à-dire du 18 brumaire (9 novembre 1799) au 25 mars 1802, date de la paix d'Amiens, la France avait passé de l'avilissement où le directoire l'avait plongée, au premier rang en Europe.

Tout en s'occupant des affaires du dehors, Bonaparte n'avait pas négligé celles de l'intérieur. Son incroyable activité suffisait à tout. Il avait donné de nouveaux règlements à l'administration qu'il avait rendue le plus possible mo-

---

1. Avant les guerres de la Révolution, la rive gauche du Rhin était couverte de principautés séculières et ecclésiastiques. Les traités de Campo-Formio et de Lunéville, en cédant à la France tous ces territoires, avaient stipulé que les princes laïques seraient indemnisés avec les biens du clergé sécularisés. Il s'agissait maintenant d'appliquer ce principe. L'empereur, qui aurait dû prendre cette affaire en main, se laissa devancer par le premier consul, qui, sollicité par plusieurs des princes intéressés, n'eut garde de ne pas profiter de cette occasion. Il s'assura du concours de la Prusse, en lui promettant un accroissement considérable (traité secret du 23 mai 1802). L'empereur Alexandre, que des alliances de famille unissaient aux maisons de Bavière, de Bade et de Wurtemberg, entra dans ses vues, et se déclara protecteur des princes dépossédés (convention du 11 octobre 1802). Aussitôt des traités secrets intervinrent entre la France d'une part, le Wurtemberg, le margrave de Bade, la Bavière, la Hesse Cassel de l'autre, qui assurèrent leur lot à chacun de ces États. Le tout fut soumis à la Diète, qui adopta l'ensemble du plan d'indemnités (recès du 25 février 1803), et l'empereur, après de longues hésitations, ratifia cette décision le 27 avril suivant. (Voir LEFEBVRE, *Histoire des cabinets de l'Europe*, t. Ier, ch. VI).

narchique. Il avait habilement rétabli l'ordre dans les finances. Les ministres du culte étaient honorés. Non content de comprimer les partis, il avait cherché à se les attacher, et il y avait, jusqu'à un certain point réussi. La qualité d'ancien émigré, ni celle d'ancien jacobin n'étaient pour rien des titres d'exclusion. Afin d'isoler davantage Louis XVIII et lui ôter, comme il disait, l'air de roi qu'une nombreuse émigration lui donnait, il avait permis à beaucoup d'émigrés de rentrer en France. Il employait les uns et les autres, il en approchait de sa personne. Les jacobins oubliaient leur aversion pour l'autorité d'un seul ; les émigrés étaient amenés à regretter moins que cette autorité eût passé en d'autres mains[1].

Malgré les troubles prolongés de la Révolution, les arts industriels avaient pris en France un grand essor. Beaucoup de capitaux avaient suivi cette direction. Pour atteindre un haut point de prospérité intérieure, il ne fallait que de la sécurité, et l'opinion générale de la France était que Bonaparte l'avait donnée.

Ainsi ceux qui avaient concouru à le porter au pouvoir, avaient lieu de s'en féliciter. Il avait usé de son autorité de manière à la rendre utile, même à la faire aimer. On pouvait croire qu'il venait de mettre un terme à la Révolution. En réhabilitant le pouvoir, il était devenu l'auxiliaire

---

1. Je me rappelle qu'un jour, où je parus étonné de voir sortir du cabinet du premier consul, un des jacobins les plus déhontés de la Révolution, il me dit : « Vous ne connaissez pas les jacobins. Il y en a de deux espèces : des *sucrés* et des *salés*. Celui que vous venez de voir est un jacobin salé. De ceux-là, je fais ce que veux. Il n'y a personne de meilleur à employer pour soutenir toutes les hardiesses d'un pouvoir nouveau. Quelquefois il faut les arrêter, mais avec un peu d'argent, c'est bientôt fait. Mais les jacobins sucrés ! ah ! ceux-là sont indécrottables ! Avec leur métaphysique ils perdraient vingt gouvernements. » (*Note du prince de Talleyrand.*)

de tous les trônes. L'influence salutaire qu'il avait acquise donnait au consulat, en Europe, la consistance d'un gouvernement ancien. Des conspirations, à l'une desquelles il avait miraculeusement échappé, avaient fortifié les sentiments que lui portaient les amis de l'ordre. Aussi, lorsque ses deux collègues proposèrent à la France, réunie en assemblées primaires de le nommer premier consul à vie, cette proposition reçut-elle la presque unanimité des suffrages[1].

De leur côté les députés de la république cisalpine se rendirent à Lyon, afin d'obtenir du premier consul une organisation définitive pour leur pays[2]. Quoique les affaires qui devaient être traitées à Lyon ne fussent pas dans mes attributions, Bonaparte se servit beaucoup de moi pour les conduire. J'avais dû le précéder dans cette ville, pour y voir les membres de la députation. Il ne s'en rapportait pour des affaires aussi délicates, ni à ce que faisait, ni à ce que disait M. Chaptal[3],

---

1. 2 août 1802.

2. La république cisalpine, proclamée en 1797, détruite en 1799, rétablie après Marengo, n'avait pas vu en 1800 réorganiser son gouvernement. Bonaparte, d'accord avec les principaux personnages du pays, lui donna une constitution définitive. Il y eut trois collèges électoraux, nommés à vie : celui des grands propriétaires, celui des commerçants, celui des gens de lettres et des ecclésiastiques, en tout sept cents électeurs. Ceux-ci élisaient une *commission de censure* chargée de nommer tous les corps de l'État, savoir : un *sénat* de huit membres, un *conseil d'État* et un *corps législatif*, lesquels avaient les mêmes attributions qu'en France. A la tête de la république étaient un président et un vice-président. En janvier 1802, Bonaparte réunit à Lyon une grande *consulte* de près de cinq cents membres pour approuver la constitution. Il s'y fit décerner la présidence.

3. Antoine Chaptal né en 1756, était déjà un savant illustre lorsqu'il entra dans les carrières publiques. Il devint conseiller d'État et ministre de l'intérieur après le 18 brumaire, puis sénateur et comte de Chanteloup en 1804, ministre et pair de France durant les Cent-jours; Louis XVIII le rappela à la Chambre des pairs en 1819. Il mourut en 1832.

son ministre de l'intérieur, qu'il trouvait lourd, vain, sans esprit et qu'il ne gardait alors que pour ne pas faire trop de peine à Cambacérès[1] qui le protégeait. En arrivant à Lyon, je vis M. de Melzi[2] que je connaissais depuis longtemps, et je m'ouvris à lui, non pas sur ce que le premier consul désirait, mais sur ce qu'il fallait que la république cisalpine demandât. En peu de jours je parvins à mon but. Au moment où Bonaparte arriva à Lyon, tout était préparé. Dès le second jour, les principaux Milanais le pressèrent d'accepter la présidence à vie, et par *reconnaissance*, il consentit à substituer au nom de *république cisalpine* celui de *royaume d'Italie*[3] et à nommer vice-président M. de Melzi, qui, lui ayant présenté les clefs de Milan lors de la première invasion, se trouvait assez compromis envers l'Autriche pour que Bonaparte osât lui donner toute sa confiance.

Jusqu'à la paix d'Amiens, Bonaparte avait pu commettre bien des fautes, car quel homme en est exempt? Mais il

---

1. Jean-Jacques Régis de Cambacérès, né à Montpellier en 1753 d'une vieille famille de robe. Conseiller à la cour des comptes de Montpellier. Député de l'Hérault à la Convention, il vota la mort du roi avec cette restriction, que le décret ne devrait être mis à exécution que si la France se trouvait envahie par l'ennemi. Il fut président de la Convention après le 9 thermidor, puis membre et président du conseil des Cinq-Cents. Ministre de la justice en 1798. Il fut nommé deuxième consul après le 18 brumaire. En 1804, Cambacérès devint prince, archichancelier d'empire et duc de Parme. Exilé en 1815, il mourut en 1824.

2. François Melzi d'Eril (1753-1816) avait été dès l'origine un des plus ardents défenseurs de la république cisalpine. Il devint dans la suite duc de Lodi, grand chancelier et garde des sceaux du vice-roi Eugène.

3. Il y a ici une erreur dans le texte. Le *royaume* d'Italie ne date que de 1805 (le sacre à Milan est du 26 mai). M. de Talleyrand aura évidemment voulu dire qu'en 1802 la dénomination officielle de *république italienne* fut substituée à celle de *république cisalpine*.

n'avait point manifesté de desseins à l'exécution desquels un Français, ami de son pays, pût faire difficulté de concourir. On pouvait n'être pas toujours d'accord avec lui sur les moyens, mais l'utilité du but ne pouvait être contestée, dans le temps où, évidemment, il n'était autre que de finir la guerre extérieure, d'une part ; et de finir, d'autre part, la révolution par le rétablissement de la royauté, qu'il était alors, je l'affirme, impossible de rétablir au profit des héritiers légitimes du dernier roi.

La paix d'Amiens était à peine conclue, que la modération commença à abandonner Bonaparte ; cette paix n'avait pas encore reçu sa complète exécution, qu'il jetait déjà les semences de nouvelles guerres qui devaient après avoir accablé l'Europe et la France, le conduire lui-même à sa ruine.

Le Piémont aurait dû être restitué au roi de Sardaigne immédiatement après la paix de Lunéville : il n'était qu'en dépôt entre les mains de la France. Le restituer aurait été à la fois un acte de justice rigoureuse et de très sage politique. Bonaparte, au contraire, le réunit à la France. Je fis de vains efforts pour le détourner de cette mesure. Il croyait qu'elle était dans son intérêt personnel, son amour-propre lui paraissait la réclamer, et il prévalut contre tous les conseils de la prudence[1].

1. Le 9 décembre 1798, le roi Charles-Emmanuel, vaincu et dépossédé, avait renoncé au trône pour lui et ses descendants, ordonnant à ses sujets d'obéir désormais aux autorités françaises. Le Piémont fut dès lors administré directement par les généraux français. En 1800, avant Marengo et Hohenlinden, Bonaparte, dans ses premières propositions de paix, avait offert de rendre le Piémont au roi de Sardaigne. La victoire le rendit plus exigeant, et au traité de Lunéville, il refusa de prendre aucun engagement de ce côté. Le 19 avril 1801, le Piémont fut divisé en six départements et érigé en division militaire ; le 4 septembre 1802, il fut incorporé à la France.

Quoiqu'il eût par ses victoires contribué à l'agrandissement de la France, aucun des territoires dont elle s'était récemment agrandie n'avait pourtant été conquis par les armées qu'il avait commandées. C'était sous la Convention que le comtat d'Avignon, la Savoie, la Belgique, la rive gauche du Rhin avaient été réunis à la France; et Bonaparte ne pouvait personnellement réclamer aucune de ces conquêtes comme venant de lui. Régner, et régner héréditairement, comme il aspirait à le faire sur un pays agrandi par des chefs autrefois ses égaux, et qu'il voulait avoir pour sujets, lui paraissait presque humiliant, et pouvait d'ailleurs amener des oppositions qu'il tenait à éviter. C'est ainsi que, pour justifier ses prétentions au titre souverain, il jugea nécessaire d'ajouter à la France des possessions qu'elle tînt de lui. Il avait été le conquérant du Piémont en 1796, ce qui lui semblait désigner ce pays comme propre à remplir ses vues. Il en fit donc prononcer par le Sénat la réunion à la France, n'imaginant pas que personne lui demandât raison d'une violation aussi monstrueuse de ce que le droit des gens a de plus sacré. Son illusion ne devait pas être de longue durée.

Le gouvernement anglais, qui n'avait fait la paix que par nécessité, sorti des embarras intérieurs qui la lui avaient rendue presque indispensable, n'ayant point encore restitué Malte, et désirant la garder, saisit l'occasion que lui offrait la réunion du Piémont à la France, et reprit les armes [1].

Cet événement hâta la résolution de Bonaparte de transformer le consulat à vie en monarchie héréditaire. Les Anglais

---

1. 16 mai 1803.

avaient jeté sur les côtes de Bretagne quelques émigrés dévoués et très entreprenants. Bonaparte profita de cette conspiration dans laquelle il s'était flatté d'envelopper à la fois, Dumouriez [1], Pichegru et Moreau, ses trois rivaux de gloire, pour se faire donner par le Sénat le titre d'empereur. Mais ce titre, qu'avec de la modération et de la sagesse il aurait également obtenu, quoique peut-être plus tard, devint le prix de la violence et du crime. Il monta sur le trône, mais sur un trône souillé du sang de l'innocence, et d'un sang que d'antiques et glorieux souvenirs rendaient cher à la France.

La mort violente et inexpliquée de Pichegru, les moyens employés pour obtenir la condamnation de Moreau, pouvaient être mis sur le compte de la politique; mais l'assassinat du duc d'Enghien [2], commis uniquement pour s'assurer, en se plaçant dans leurs rangs, ceux à qui la mort de Louis XVI faisait craindre toute espèce de pouvoir ne venant pas d'eux, cet assassinat, dis-je, ne pouvait être ni excusé ni pardonné, et il ne l'a jamais été; aussi Bonaparte a-t-il été réduit à s'en vanter [3].

---

1. Charles-François Duperrier-Dumouriez, né à Cambrai en 1739, entra à l'armée à seize ans. En 1763 il abandonna les armes pour la diplomatie et devint l'un des agents secrets les plus actifs du roi. Sous Louis XVI, il fut nommé gouverneur de Cherbourg, puis maréchal de camp. Il entra en 1792 dans le cabinet girondin comme ministre des affaires étrangères, (15 mars) et fut trois mois après nommé général en chef de l'armée du Nord. Vainqueur à Valmy et à Jemmapes, mais battu à Nerwinde, sur le point d'être décrété d'accusation, il engagea des pourparlers avec le prince de Cobourg, livra aux Autrichiens les commissaires de la Convention qui venaient l'arrêter, et passa lui-même à l'ennemi. Il vécut à l'étranger jusqu'à sa mort (1823), souvent mêlé aux intrigues et aux conspirations des émigrés.

2. 21 mars 1804.

3. M. de Talleyrand a consacré à l'affaire du duc d'Enghien, un chapitre spécial qui sera publié dans un des volumes suivants.

La nouvelle guerre dans laquelle Bonaparte se trouvait engagé avec l'Angleterre exigeant l'emploi de toutes ses ressources, il ne fallait que la prudence la plus vulgaire pour ne rien entreprendre qui pût exciter les puissances du continent à faire cause commune avec son ennemie. Mais la vanité l'emporta encore. Il ne lui suffisait plus d'avoir été proclamé sous le nom de Napoléon, empereur des Français, il ne lui suffisait pas d'avoir été sacré par le Souverain Pontife ; il voulait encore être roi d'Italie, pour être empereur et roi, aussi bien que le chef de la maison d'Autriche. En conséquence il se fait couronner à Milan, et, au lieu de prendre simplement le titre de roi de Lombardie, il choisit le titre plus ambitieux, et par cela même plus alarmant de roi d'Italie, comme si son dessein était de soumettre l'Italie entière à son sceptre ; et pour qu'il y eut moins de doute sur ses intentions, Gênes et Lucques [1], où ses agents avaient assez habilement répandu l'effroi, lui envoyèrent des députations par l'organe desquelles, l'une se donne à lui, l'autre demande un souverain de son nom ; et toutes deux sous des formes différentes, font dès lors partie de ce que pour la première fois, on commença à appeler le grand empire.

Les conséquences de cette conduite furent telles qu'il était naturel de le prévoir. L'Autriche arme, et la guerre continentale devient imminente. Alors Napoléon essaye des négociations de tout côté. Il tente d'attirer la Prusse dans son

---

1. Depuis les conventions du 10 octobre 1796 et du 6 juin 1797, la république de Gênes, transformée en république ligurienne, était l'alliée de la France. C'est le 3 juin 1805, que le sénat et le doge sollicitèrent la réunion de leur ville à la France, laquelle fut immédiatement ordonnée. Quant à Lucques, elle fut attribuée à Élisa Bonaparte, princesse de Piombino. (24 juin 1805).

alliance [1] en lui offrant le Hanovre, et quand la chose est sur le point de réussir, il la fait échouer en envoyant à Berlin le général Duroc [2] qui, par sa rudesse maladroite, détruisit les bons effets des démarches faites précédemment d'après mes instructions, par M. de la Forest [3] qui y était ministre de France.

L'empereur fut plus heureux avec les électeurs de Bavière, de Wurtemberg et de Bade, qu'il maintint cette fois dans son alliance.

Le camp de Boulogne qu'il forma à cette époque, dans le but de menacer les côtes d'Angleterre eut pour premier résultat de populariser la guerre dans ce pays, et d'y faire créer, chose inouïe, une nombreuse armée permanente. Et c'est pendant que Napoléon paraissait absorbé par les travaux de ce camp, que les Autrichiens passaient l'Inn, traversaient la Bavière, occupaient le centre de la Souabe, et déjà arrivaient sur les bords du Rhin. Ce fut toutefois cette précipitation des Autrichiens qui le préserva de la position plus que critique où il aurait été, s'ils eussent attendu l'arrivée de l'empereur Alexandre et des cent mille Russes qui étaient en marche pour se joindre à eux, car la Prusse aurait été alors infailliblement entraînée

---

1. De 1803 à 1805, Napoléon d'une part, l'Autriche et la Russie de l'autre, se disputèrent l'alliance de la Prusse : le roi Frédéric-Guillaume n'osa prendre aucun parti. Toutefois, en 1805, il signa avec la France une simple convention de neutralité.

2. Duroc était depuis 1796 l'aide de camp préféré de Napoléon. Né en 1772, il devint sous l'empire général de division, grand maréchal du palais et duc de Frioul. Il fut tué à Wurtschen le 22 mai 1813.

3. Antoine comte de La Forest (1756-1846). Ministre à Munich, (1801) à a diète de Ratisbonne, (1802) ; à Berlin, (1803) ; ambassadeur à Madrid en 1807. Ministre et pair de France sous la restauration.

dans la coalition ; mais les Autrichiens voulaient montrer que seuls, ils étaient en état d'engager la lutte et de triompher.

Napoléon sut profiter de cette faute avec le génie militaire et la célérité qui font sa gloire. En quelques semaines, on pourrait dire en quelques jours, il transporta la grande armée du camp de Boulogne aux bords du Rhin pour la conduire à de nouvelles victoires.

Je reçus l'ordre de l'accompagner à Strasbourg, pour être prêt à suivre son quartier général selon les circonstances (septembre 1805). Un accident de santé qu'eut l'empereur au début de cette campagne m'effraya singulièrement. Le jour même de son départ de Strasbourg, j'avais dîné avec lui ; en sortant de table, il était entré seul chez l'impératrice Joséphine ; au bout de quelques minutes il en sortit brusquement ; j'étais dans le salon, il me prit par le bras et m'amena dans sa chambre. M. de Rémusat[1], premier chambellan, qui avait quelques ordres à lui demander, et qui craignait qu'il ne partît sans les lui donner, y entra en même temps. A peine y étions-nous, que l'empereur tomba par terre ; il n'eut que le temps de me dire de fermer la porte. Je lui arrachai sa cravate parce qu'il avait l'air d'étouffer ; il ne vomissait point, il gémissait et bavait. M. de Rémusat lui donnait de l'eau, je l'inondais d'eau de Cologne. Il avait des espèces de convulsions qui cessèrent au bout d'un quart d'heure ; nous le mîmes sur un fauteuil ; il commença à parler, se rhabilla, nous recommanda

---

1. Auguste, comte de Rémusat, né en 1762, était en 1789 avocat près la cour des comptes d'Aix. Il resta en France durant toute la Révolution. En 1802 il devint préfet du palais, puis premier chambellan en 1804 et surintendant des théâtres. En 1815 il fut nommé préfet de la Haute-Garonne puis du Nord. Destitué en 1821, il mourut en 1823.

le secret et une demi-heure après, il était sur le chemin de Carlsruhe. En arrivant à Stuttgard, il m'écrivit pour me donner de ses nouvelles; sa lettre finissait par ces mots : « Je me porte bien. Le duc (de Wurtemberg) est venu au-devant de moi jusqu'en dehors de la première grille de son palais; c'est un homme d'esprit. » — Une seconde lettre de Stuttgard du même jour portait : « J'ai des nouvelles de ce que fait Mack; il marche comme si je le conduisais moi-même. Il sera pris dans Ulm, comme un vilain [1]. »

On a cherché à répandre depuis que Mack avait été acheté; cela est faux; c'est leur présomption seule qui perdit les Autrichiens. On sait comment leur armée battue partiellement sur plusieurs points et refoulée vers Ulm, fut obligée d'y capituler; elle y resta prisonnière de guerre, après avoir passé sous les fourches caudines.

En m'annonçant sa victoire, Napoléon m'écrivit quelles étaient, dans sa première idée, les conditions qu'il voulait imposer à l'Autriche, et quels territoires il voulait lui enlever. Je lui répondis que son véritable intérêt n'était point d'affaiblir l'Autriche, qu'en lui ôtant d'un côté, il fallait lui rendre de l'autre, afin de s'en faire un allié. Le mémoire dans lequel j'exposais mes raisons le frappa assez pour qu'il mît la chose en délibération dans un conseil qu'il tint à Munich où j'étais allé le rejoindre, et pour qu'il inclinât à suivre le plan que

---

1. Charles, baron de Mack de Lieberich, né en 1752, engagé comme simple soldat, devint général en 1792. Il fut mis plusieurs fois à la tête d'armées autrichiennes, mais fut constamment battu. Il signa la capitulation d'Ulm le 19 octobre. Traduit peu après devant un conseil de guerre, il fut condamné à mort, mais l'empereur François commua sa peine en une détention qui ne dura que quelques années. Il mourut dans l'oubli en 1828.

je lui avais proposé, et que l'on peut retrouver encore dans les archives du gouvernement[1]. Mais de nouveaux avantages remportés par une de ses divisions d'avant-garde, exaltant son imagination, ne lui laissèrent plus que le désir de marcher sur Vienne, de courir à de nouveaux succès et de dater des décrets du palais impérial de Schœnbrunn.

Maître en moins de trois semaines de toute la haute-Autriche et de toute la partie de la basse qui est au midi du Danube, il passe ce fleuve et s'engage dans la Moravie. Si alors soixante mille Prussiens fussent entrés en Bohême, et que soixante mille autres, venus par la Franconie, eussent occupé la route de Lintz, il est douteux qu'il eût pu parvenir à échapper de sa personne. Si l'armée austro-russe qu'il avait en tête, et qui était forte d'environ cent vingt mille hommes, eût seulement évité toute action générale et donné à l'archiduc Charles le temps d'arriver avec les soixante-quinze mille hommes qui étaient sous ses ordres, au lieu de dicter des lois, Napoléon aurait été dans la nécessité d'en subir. Mais loin d'arriver avec son armée, la Prusse envoya un négociateur, qui, soit folie, soit crime, ne fit rien de ce qu'il était chargé de faire, et

---

[1] Ce mémoire a été récemment publié dans les *Lettres inédites de Talleyrand à Napoléon*, par Pierre Bertrand. (Paris, 1889, 1 vol. in-8°, p. 156.) Prévoyant que le dessein de l'empereur était déjà d'écraser l'Autriche pour tendre tôt ou tard la main à la Russie, Talleyrand cherche à l'en détourner et recommande chaudement l'alliance autrichienne. Il veut faire de l'Autriche le boulevard de l'Europe contre la Russie, et dans ce but, la mettre en contact et en rivalité avec cet empire, en lui cédant la Moldavie, la Valachie, la Bessarabie et une partie de la Bulgarie. En échange, on pourrait alors lui enlever toutes ses possessions en Italie et en Souabe. Ce système aurait d'ailleurs un autre avantage ; c'est en supprimant tout contact entre l'empire de Napoléon et celui des Habsbourg, de supprimer par cela même tout prétexte de guerre. Dès lors l'alliance franco-autrichienne, solide et durable, serait la sauvegarde de toute l'Europe occidentale.

creusa le précipice où son pays devait être lui-même prochainement englouti[1].

L'empereur Alexandre, qui s'ennuyait à Olmütz et qui n'avait encore vu aucune bataille, voulut en avoir l'amusement; et malgré les représentations des Autrichiens, malgré les avis que le roi de Prusse lui avait adressés, il livra la bataille connue sous le nom de bataille d'Austerlitz et la perdit complètement, trop heureux de pouvoir se retirer par journées d'étapes, comme l'armistice qui en fut la suite lui en imposait l'humiliante obligation. Jamais fait militaire n'eut plus d'éclat. Je vois encore Napoléon rentrant à Austerlitz le soir de la bataille. Il logeait dans une maison du *prince de Kaunitz*; et là, dans sa chambre, oui *dans la chambre même du prince de Kaunitz*, arrivaient à tous les instants des drapeaux autrichiens, des drapeaux russes, des messages des archiducs, des messages de l'empereur d'Autriche, des prisonniers portant les noms de toutes les grandes maisons de l'empire.

Au milieu de tous ces trophées, je n'ai pas oublié qu'un courrier entra dans la cour, apportant des lettres de Paris, et le portefeuille mystérieux dans lequel M. de la Valette[2]

---

1. Le roi de Prusse avait fini par céder aux instances de l'empereur de Russie, et avait signé avec lui une convention (3 nov. 1805), aux termes de laquelle il s'engageait à proposer sa médiation armée; et si elle n'était pas acceptée par Napoléon le 15 décembre, à lui déclarer la guerre. Le comte d'Haugwitz, chargé de la négociation, ne fut reçu par Napoléon que le 13 décembre à Schœnbrunn, et là, effrayé des menaces de l'empereur, au lieu d'agir conformément à ses instructions, il se laissa imposer un traité d'alliance dont le Hanovre était le prix (15 décembre).

2. Marie Chamans, comte de La Valette (1769-1830), était alors directeur général des postes de France. Il était d'abord entré à l'armée et était devenu capitaine et l'aide de camp de confiance de Bonaparte. Condamné à mort en 1815, il fut sauvé grâce au dévouement de sa femme, mademoiselle Émilie de Beauharnais, nièce de l'impératrice Joséphine.

déposait le secret des lettres particulières décachetées qui avaient quelque importance, et les rapports de toutes les polices françaises. A la guerre, l'arrivée d'un courrier est un événement d'une douceur extrême. Napoléon, en faisant immédiatement distribuer les lettres, délassait et récompensait son armée.

Il survint alors un incident assez piquant qui peint trop bien le caractère de Napoléon et ses opinions pour que j'omette d'en faire mention. L'empereur qui, à cette époque, était fort en confiance avec moi, me dit de lui faire la lecture de sa correspondance. Nous commençâmes par les lettres déchiffrées des ambassadeurs étrangers à Paris; elles l'intéressaient peu, parce que toutes les nouvelles de la terre se passaient autour de lui. Nous en vînmes ensuite aux rapports de police; plusieurs parlaient des embarras de la banque, occasionnés par quelques mauvaises mesures du ministre des finances, M. de Marbois [1]. Le rapport qu'il remarqua davantage fut celui de madame de Genlis; il était long, et écrit tout entier de sa main.

---

1. François, comte, puis marquis de Barbé-Marbois (1745-1837), ancien député au conseil des Anciens directeur, puis ministre du trésor public en 1802; plus tard premier président de la Cour des comptes de 1808 à 1837. Il avait été révoqué de ses fonctions de ministre en 1806, à la suite d'une crise financière dont il fut considéré comme responsable. Il avait accordé à certains fournisseurs de l'État, groupés en société sous le nom de *négociants réunis*, des facilités de payement singulières qui supprimaient presque tout contrôle de la part du trésor. Cette société avait abusé de la confiance du ministre; elle avait compromis les finances de l'État dans des spéculations hasardeuses. Le résultat le plus clair fut qu'en octobre 1805, la banque de France n'avait en caisse qu'un million cinq cent mille francs contre quatre-vingt-douze millions de valeurs immédiatement exigibles. Une panique s'en était suivie, et durant plusieurs mois, le marché s'en était fortement ressenti. A son retour (janvier 1806), l'empereur remplaça M. de Barbé-Marbois par M. Mollien.

Consulter sur ce point M. Thiers, *le Consulat et l'Empire* (tome VI, page 30 et suiv., 187 et suiv., 375), et les *Mémoires* de M. Mollien.

Elle y parlait de l'esprit de Paris, et citait quelques propos offensants tenus, disait-elle, dans les maisons que l'on appelait alors le *faubourg Saint-Germain*; elle nommait cinq ou six familles, qui jamais, ajoutait-elle, ne se rallieraient au gouvernement de l'empereur. Des expressions assez mordantes que rapportait madame de Genlis, mirent Napoléon dans un état de violence inconcevable; il jura, tempêta contre le *faubourg Saint-Germain*. « Ah! ils se croient plus forts que moi, disait-il, *Messieurs du faubourg Saint-Germain; nous verrons! nous verrons!* » Et ce *nous verrons!* venait quand?... après quelques heures d'une victoire décisive remportée sur les Russes et sur les Autrichiens. Tant il reconnaissait de force et de puissance à l'opinion publique et surtout à celle de quelques nobles, dont la seule action se bornait à s'écarter de lui. Aussi, en revenant plus tard à Paris, crut-il avoir fait une nouvelle conquête quand mesdames de Montmorency [1], de Mortemart [2] et de Chevreuse [3] vinrent remplir des places de dames du palais de l'impératrice, et anoblir madame de Bassano [4] qui avait été nommée avec elles.

Au bout de vingt-quatre heures, je quittai Austerlitz. J'avais passé deux heures sur ce terrible champ de bataille; le maréchal Lannes m'y avait mené, et je dois à son honneur, et peut-

---

1. Valentine de Harchies, mariée à Anne, comte de Montmorency, (1787-1858).

2. Éléonore de Montmorency, née en 1777, mariée à Victor de Rochechouart, marquis de Mortemart. Elle fut dame de l'impératrice en 1806.

3. Françoise de Narbonne-Pelet, mariée en 1802 à Charles-André d'Albert, duc de Luynes et de Chevreuse. Elle fut dame du palais de l'impératrice en 1807, et mourut en 1813.

4. Madame Maret, femme du ministre de l'empereur.

être à l'honneur militaire en général, de dire que ce même homme qui, la veille, avait fait des prodiges de valeur, qui avait été d'une valeur inouïe tant qu'il avait eu des ennemis à combattre, fut au moment de se trouver mal, quand il n'eut plus devant ses yeux que des morts et des estropiés de toutes les nations; il était si ému que, dans un moment où il me montrait les différents points d'où les attaques principales avaient été faites : « Je n'y puis plus tenir, me dit-il, à moins que vous ne vouliez venir avec moi assommer tous ces misérables juifs qui dépouillent les morts et les mourants. »

Les négociations, dont avant cette grande bataille il n'y avait eu qu'un vain simulacre, devinrent alors sérieuses. Elles commencèrent à Brünn en Moravie et se terminèrent à Presbourg[1] où le général Giulay[2] et le loyal prince Jean de Lichtenstein[3] s'étaient rendus avec moi.

Pendant que j'étais dans la première de ces villes, l'empereur Napoléon dictait à Duroc, et le comte d'Haugwitz, mi-

1. 26 décembre 1805. L'Autriche perdait toutes ses possessions italiennes qui étaient réunies au nouveau royaume d'Italie. Le Tyrol et le Vorarlberg, la principauté d'Eichstedt, la ville d'Augsbourg et diverses autres seigneuries étaient attribuées à la Bavière. Le comté de Hohenberg, le landgraviat de Nellenbourg, une partie du Brisgau et sept autres villes importantes étaient donnés au Wurtemberg. L'électeur de Bade reçut l'Ortenau, le reste du Brisgau et Constance. Enfin le titre de roi fut reconnu aux électeurs de Bavière et de Wurtemberg, et celui de grand-duc à l'électeur de Bade.

2. Le comte Ignace Giulay (1763-1831) était devenu général en 1800. Il prit part à toutes les guerres de son temps, devint feld-maréchal en 1813, puis commandant supérieur de la Bohême en 1823, et président du conseil aulique, 1830.

3. Jean de Lichtenstein, prince souverain d'Allemagne, né à Vienne en 1766, général dans l'armée autrichienne en 1794. En 1814, il se retira dans sa principauté qu'il administra jusqu'à sa mort. (Principauté de Lichtenstein, entre le Tyrol et la Suisse, 8 000 habitants, ch.-l. Vaduz.)

nistre de Prusse, signait un traité (15 décembre 1805), où étaient mentionnées les cessions qui seraient exigées de l'Autriche, et par lequel la Prusse cédait Anspach et Neufchâtel, en échange du Hanovre qu'elle recevait. Napoléon avait des succès de tous les genres; et il en abusa sans aucune mesure, surtout en datant de Vienne, peu de temps après [1], l'insolent décret dans lequel il déclarait que Ferdinand IV, roi des Deux-Siciles, avait cessé de régner, et donnait à Joseph Bonaparte, l'aîné de ses frères, le royaume de Naples qu'il conquit facilement, et celui de Sicile, sur lequel son imagination seule a jamais régné.

Le système que Napoléon adopta alors, et dont le décret duquel je parle fut le premier acte, doit être compté parmi les causes de sa chute. Je ferai connaître plus tard, avec des applications particulières à chacun des nouveaux rois qu'il fabriquait, tout ce qu'il y avait d'impolitique et de destructeur dans cette manière de renverser des gouvernements, pour en créer d'autres qu'il ne tardait pas à abattre encore, et cela sur tous les points de l'Europe.

L'Autriche, dans l'état de détresse où elle était réduite, ne pouvait que subir les conditions imposées par le vainqueur. Elles étaient dures, et le traité fait avec M. d'Haugwitz rendait pour moi impossible de les adoucir, sur d'autres articles que sur celui des contributions. Je fis du moins en sorte que les conditions ne pussent être aggravées par aucune fallacieuse interprétation. Maître de la rédaction sur laquelle Napoléon, à la distance où j'étais de lui, ne pouvait pas influer, je m'appliquai à la rendre exempte de toute équivoque; aussi, quoiqu'il

---

1. Avril 1805.

eût obtenu tout ce qu'il était possible d'obtenir, le traité ne lui plut pas. Il m'écrivit à quelque temps de là : « Vous m'avez fait à Presbourg un traité qui me gêne beaucoup. » Ce qui cependant ne l'empêcha pas de me donner, peu de temps après, une grande marque de satisfaction en me faisant prince de Bénévent, dont le territoire était occupé par ses troupes. Je dis avec plaisir que, par là, ce duché que j'ai conservé jusqu'à la Restauration, a été mis à l'abri de toute espèce de vexation, et même de la conscription.

Le comte d'Haugwitz aurait assurément mérité de payer de sa tête le traité qu'il avait osé faire sans pouvoirs, et contre ce qu'il savait parfaitement bien être le vœu de son souverain ; mais le punir aurait été s'attaquer à Napoléon lui-même. Le roi de Prusse n'osa le désavouer ; il eut même la faiblesse de résister aux nobles sollicitations de la reine ; et cependant, honteux de donner son approbation à un pareil acte, il ne ratifia d'abord le traité que conditionnellement. Mais à la ratification conditionnelle que Napoléon rejeta, il fallut, sous peine de l'avoir pour ennemi, en substituer une pure et simple qui constitua la Prusse en guerre avec l'Angleterre[1].

Napoléon, depuis qu'il était empereur, ne voulait plus de république, surtout dans son voisinage. En conséquence, il changea le gouvernement de la Hollande, et finit par se faire demander un de ses frères pour être roi du pays[2]. Il ne soupçonnait pas alors que son frère Louis, qu'il avait choisi, était

1. Traité définitif d'alliance du 15 février 1806, ratifié par le roi de Prusse le 9 mars.

2. Louis Bonaparte fut proclamé roi de Hollande le 5 juin 1806.

un trop honnête homme pour accepter le titre de roi de Hollande, sans devenir parfaitement Hollandais.

La dissolution de l'empire germanique était déjà implicitement opérée par le traité de Presbourg, puisqu'il avait reconnu comme rois les électeurs de Bavière et de Wurtemberg, et l'électeur de Bade comme grand-duc. Cette dissolution fut consommée par l'acte qui forma la confédération du Rhin [1], acte qui coûta l'existence à une foule de petits États conservés par le recès de 1803, et que j'essayai encore une fois de sauver. Mais je réussis pour un très petit nombre, les principaux confédérés ne voulant accepter cet acte qu'autant qu'ils seraient agrandis.

Murat, l'un des beaux-frères de Napoléon, à qui les pays de Clèves et de Berg avaient été donnés en souveraineté, fut compris dans cette confédération, avec le titre de grand-duc; il l'échangea plus tard pour celui de roi, qu'il eût mieux valu pour lui ne jamais obtenir.

Pendant que le roi de Prusse se brouillait avec l'Angleterre en occupant le Hanovre, celle-ci songeait à traiter avec la France. M. Pitt étant mort [2], M. Fox qui n'était pas destiné

---

1. Le vieil empire germanique n'existait plus que de nom en 1806, Napoléon lui porta le dernier coup le 12 juillet 1806, par la convention qu'il signa avec treize princes allemands, dont les principaux étaient le baron de Dalberg, archevêque de Mayence, prince primat de Germanie, les rois de Bavière et de Wurtemberg, le grand-duc de Bade, le landgrave de Hesse-Darmstadt, etc. Aux termes de cette convention, les princes contractants se séparaient de l'empire, et se constituaient en *confédération du Rhin*, reconnaissaient pour *protecteur* l'empereur Napoléon, et signaient avec lui un traité d'alliance offensive et défensive. L'empereur François ne put que reconnaître les faits accomplis : le 6 août suivant, il déclara l'empire germanique dissous, abdiqua le titre d'empereur d'Allemagne et prit celui d'empereur d'Autriche.

2. 23 janvier 1806.

à lui survivre beaucoup, était devenu, à force de talent et malgré la répugnance du roi, principal secrétaire d'État pour les affaires étrangères dans le cabinet dont lord Grenville [1] était le chef nominal. Personne ne détestait plus que M. Fox l'oppression du gouvernement de Napoléon; mais, soit pour ne pas mettre sa conduite en contradiction avec le langage qu'il avait tenu pendant tant d'années comme chef de l'opposition, soit désir réel de la paix, il crut devoir faire des démonstrations pacifiques. Il m'écrivit [2] pour m'informer d'une tentative d'assassinat contre la personne de l'empereur (ou du chef des Français, ainsi qu'il le nommait dans sa lettre), qui lui avait été révélée par un des misérables auteurs du complot.

Je saisis avidement cette occasion, et, en le remerciant au nom de l'empereur, j'exprimai des dispositions qui furent bientôt suivies d'ouvertures faites par l'entremise de lord Yarmouth. Après deux ou trois conférences, M. Fox, pour être agréable à lord Grenville, adjoignit lord Lauderdale [3] à lord Yarmouth.

De son côté, l'empereur Alexandre envoya à Paris M. d'Oubril, pour y ménager un raccommodement. Je l'ame-

---

1. William Wyndham, lord Grenville (1759-1834). Secrétaire d'État à l'intérieur, puis aux affaires étrangères (1791). Il se retira en 1801.

2. 20 février 1806.

3. James Maitland, comte de Lauderdale, né en 1759, pair d'Ecosse en 1789. Il vint en France à cette époque, et se lia avec les principaux girondins. Toujours partisan de la France, il combattit la politique de Pitt, devint, en 1806, conseiller privé, garde du sceau d'Ecosse, ambassadeur extraordinaire à Paris. En 1816, il protesta hautement contre la détention de Napoléon. Il mourut dans la retraite en 1839.

nai à faire un traité qu'il négocia avec M. Clarke [1]. L'empereur de Russie, qui ne voulait pas encore aller aussi loin, refusa de le ratifier et disgracia celui qui l'avait signé.

Quant à la négociation qui avait été bien entamée par lord Yarmouth, et gâtée par lord Lauderdale, elle n'aboutit qu'à venger l'Angleterre de la Prusse, beaucoup plus que l'Angleterre elle-même ne l'aurait voulu.

La paix entre l'Angleterre et la France était moralement impossible sans la restitution du Hanovre; et Napoléon ayant disposé de ce pays contre des équivalents, dont il avait aussi disposé, la restitution était de même moralement impossible. Mais l'empereur, qui ne tenait pour réelles que les difficultés que la force ne pouvait pas surmonter, n'hésita point à admettre cette restitution comme l'une des bases de l'arrangement à intervenir. Il se disait : « La Prusse qui a reçu par peur le Hanovre, le rendra par peur ; et, quant aux équivalents qu'elle a donnés, je les compenserai par des promesses qui suffiront à l'amour-propre du cabinet, et dont le pays sera forcé de se contenter. »

La Prusse ne pouvait pas ignorer longtemps cette perfidie ; les Anglais étaient intéressés à la lui faire savoir, et pour surcroît, elle en avait encore une autre à essuyer.

Dans les entretiens que le comte d'Haugwitz avait eus, tant à Vienne qu'à Paris, avec l'empereur Napoléon, celui-ci lui avait parlé de son projet de dissoudre l'empire germanique et d'y substituer deux confédérations, l'une du midi, l'autre du nord. Il ne voulait, disait-il, avoir d'influence que sur

---

1. 20 juillet 1806. Le général comte Clarke (1765-1818), devenait l'année suivante (1807) ministre de la guerre et duc de Feltre. Sous la Restauration, il fut nommé maréchal de France.

la première; la Prusse serait à la tête de la seconde. Le cabinet prussien se laissa séduire par ce projet, mais lorsqu'on voulut procéder à la démarcation des deux confédérations, Napoléon déclara que la Prusse ne pouvait pas comprendre dans sa part, ni les villes hanséatiques ni la Saxe, c'est-à-dire les seuls pays qui ne fussent pas déjà sous l'influence et la protection de la Prusse. Celle-ci, se voyant jouée, ne prit conseil que de l'irritation qui régnait dans toutes les classes de la nation et courut aux armes.

Ce n'était pas sans une secrète inquiétude que l'empereur allait pour la première fois se mesurer contre elle. L'ancienne gloire de l'armée prussienne lui imposait; mais après une action de quatre heures seulement, le fantôme s'évanouit, et la bataille d'Iéna[1], mit la monarchie prussienne complètement à la merci d'un vainqueur, d'autant plus dur que les torts étaient de son côté, et que, de plus il avait eu quelque crainte, et qu'on le savait.

Napoléon était déjà à Berlin, quand il reçut une proclamation imprudente du prince de la Paix qui semblait annoncer une prochaine défection de l'Espagne[2]. Il jura dès lors de détruire à tout prix la branche espagnole de la maison de

1. 14 octobre 1806.

2. En 1806, le gouvernement espagnol eut un instant la pensée de rompre avec la France. Les longs déboires de sa lutte avec l'Angleterre, l'inquiétude que lui avait causée la dépossession du roi Ferdinand, tout contribuait à le pousser dans cette voie. Le prince de la Paix, qui dirigeait alors la politique du cabinet, saisit le moment où Napoléon était aux prises avec la Prusse, et lança, non pas au nom du roi, mais en son nom personnel, une proclamation assez ambiguë où, sans désigner personne, il invitait le peuple espagnol à se préparer à la guerre. Après la victoire d'Iéna, le prince de la Paix, épouvanté, capitula immédiatement, et fit répandre le bruit que le seul ennemi de l'Espagne était l'Angleterre, mais personne ne prit le change, Napoléon moins que tout autre.

Bourbon; et moi, je jurai intérieurement de cesser, à quelque prix que ce fût, d'être son ministre, dès que nous serions de retour en France. Il me confirma dans cette résolution par la barbarie avec laquelle, à Tilsitt, il traita la Prusse, quoiqu'il ne m'en fît pas l'instrument. Cette fois, il ne s'en rapporta pas à moi pour traiter des contributions de guerre et de l'évacuation des territoires par ses troupes. Il en chargea le maréchal Berthier [1]. Il trouvait qu'à Presbourg, je m'en étais acquitté d'une manière trop peu conforme à ce qu'il croyait être ses véritables intérêts; mais j'anticipe sur les événements.

Nous ne restâmes que peu de jours à Berlin. M. de Zastrow, aide de camp de confiance du roi, et M. de Lucchesini avaient eu la permission de s'y rendre. M. de Lucchesini passait en Prusse pour être fort capable, et surtout très fin. Sa finesse m'a souvent rappelé à moi, le mot de Dufresni : *Trop d'esprit, c'est-à-dire pas assez*. Ces deux plénipotentiaires venaient pour négocier un armistice que peut-être ils auraient obtenu, s'ils n'avaient pas été informés trop tard de la capitulation de Magdebourg. L'armée russe, il est vrai, était encore intacte, mais elle était si peu nombreuse ! et d'ailleurs les Prussiens étaient complètement découragés, toutes les places fortes avaient ouvert leurs portes, et enfin des députations polonaises accouraient de tous les côtés au-devant de Napoléon. Il n'en fallait pas

---

1. Le maréchal Alexandre Berthier, né en 1753, était major général de la grande armée et grand veneur. En 1807, il allait devenir vice-connétable, puis prince de Neufchâtel et prince de Wagram. En 1814, il se rallia à Louis XVIII qui le nomma pair de France et capitaine des gardes. Durant les Cent-jours, il se retira à Bamberg (Bavière), où il mourut le 1er juin dans des circonstances restées mystérieuses.

tant pour qu'il se décidât à renvoyer tous les négociateurs, à quitter Berlin, et à marcher rapidement par Posen sur Varsovie.

Quel singulier spectacle que de voir Napoléon sortir du cabinet du grand Frédéric où il venait d'écrire un bulletin pour son armée, passer dans la salle à manger pour faire dîner avec lui Mollendorf [1] qui était prisonnier, et Müller [2] qui était l'historiographe de la monarchie prussienne; offrir à l'un et à l'autre leurs appointements, qu'ils acceptèrent, puis monter en voiture et partir pour Posen!

Il s'y était fait précéder par le général Dombrowski [3] et par le comte Wybicki qui, l'un et l'autre, avaient servi sous ses ordres dans les campagnes d'Italie. C'est de Posen qu'ils datèrent une espèce d'appel à toute la Pologne en annonçant son rétablissement. Cette pièce, qui leur avait été remise à Berlin, montrait et cachait assez l'autorisation de Napoléon pour qu'il pût l'avouer ou la désavouer, selon que les circonstances favoriseraient ou arrêteraient son entreprise. A Posen, on le reçut avec transport. Une députation ménagée par Murat, qui déjà était à Varsovie, et composée

---

1. Le feld-maréchal comte de Mollendorf, ancien lieutenant de Frédéric II, et l'un des meilleurs généraux de l'armée prussienne; il avait été blessé grièvement à Auerstædt (1725-1816).

2. Jean de Müller, historien allemand, né à Schaffouse en 1752, fut conseiller aulique à Mayence, puis à Vienne. Il vint à Berlin en 1795, et Frédéric-Guillaume le nomma conseiller intime et historiographe de sa maison. Napoléon le vit en 1806, se l'attacha et l'employa comme ministre d'État du nouveau royaume de Westphalie. Il mourut en 1809.

3. Jean Dombrowski, célèbre général polonais, l'un des héros de l'insurrection de 1794. En 1795, il avait offert ses services au directoire, qui l'avait autorisé à lever une légion polonaise au service de la France. Il la commanda jusqu'en 1814.

d'hommes assez considérables pour que l'on pût croire qu'ils parlaient au nom de la nation, était le lendemain de l'arrivée de Napoléon à la porte du palais qu'il occupait. Cette députation était nombreuse ; les noms qui sont restés dans ma mémoire sont ceux de MM. Alexandre Potocki, Malachowski, Gutakowski, Dzialinski. Dans le discours qu'ils adressèrent à l'empereur, ils lui offrirent toutes les forces du pays. Napoléon saisissant cette offre, et s'expliquant peu sur le reste de leurs demandes, leur répondit : « Quand vous aurez une armée de quarante mille hommes, vous serez dignes d'être une nation ; et alors vous aurez droit à toute ma protection. » La députation retourna promptement à Varsovie pleine d'espérance.

C'est à Posen que l'empereur traita avec l'électeur de Saxe, jusque-là allié de la Prusse. L'électeur accéda à la confédération du Rhin et prit le titre de roi[1]. A cette occasion, Napoléon reçut la liste des tableaux que M. Denon[2] l'engageait à prendre dans la galerie de Dresde. Il la lisait lorsque j'entrai dans son cabinet et me la montra. « — Si Votre Majesté, lui dis-je, fait enlever quelques-uns des tableaux de Dresde, elle fera plus que le roi de Saxe ne s'est jamais permis de faire, car il ne se croit pas le pouvoir d'en faire placer aucun dans son palais. Il respecte la galerie comme une propriété nationale. — Oui, dit Napoléon, c'est un excellent homme ; il ne faut pas lui faire de la peine. Je vais donner l'ordre de ne toucher à rien. Nous verrons plus tard. »

---

1. 11 décembre 1806.

2. Le baron Denon (1747-1825) était directeur général des musées.

L'empereur, sûr d'avoir un nouveau corps d'armée d'au moins quarante mille Polonais, partit peu de jours après pour Varsovie. Un accident grave qu'éprouva le général Duroc à Kutno ne retarda pas son voyage d'un quart d'heure; il le vit tomber, passa auprès de lui, continua sa route et ne réfléchit qu'à deux lieues de là qu'il devait envoyer savoir de ses nouvelles. Murat seul était instruit du moment de son arrivée à Varsovie; il y entra au milieu de la nuit. A six heures du matin, les autorités nouvelles, toutes créées par l'influence des officiers français qui appartenaient au corps d'armée de Murat, reçurent l'ordre de se rendre au palais où elles allaient être présentées à l'empereur. Il accueillit avec une distinction marquée les hommes les plus ardents parmi ceux qui vinrent là : c'étaient de ces patriotes toujours prêts à courir au-devant d'un changement quel qu'il soit dans l'organisation de leur pays. Il se montra plus que sévère envers les autres, et particulièrement envers le prince Joseph Poniatowski[1] qu'il blâma très amèrement de n'avoir consenti à reprendre son grade dans l'armée, que sur un ordre positif qui lui en avait été donné par Murat au nom de l'empereur. En méritant ce reproche fait à sa fidélité, le prince Joseph prit une place à part dans l'estime de l'empereur, qui, au moment où il donna à la Pologne un gouvernement provisoire, lui confia le ministère de la guerre.

Le premier séjour de Napoléon à Varsovie fut fort court. Dans toutes les conversations qu'il avait eues en arrivant

---

1. Le prince Joseph Poniatowski, neveu du dernier roi de Pologne, maréchal de France en 1813. Il se noya dans l'Elster le lendemain de la bataille de Leipzig. En 1806, il se mit à la tête de l'armée polonaise, après avoir exigé et obtenu que cette armée gardât sa nationalité et son autonomie, et ne fût pas incorporée dans les rangs français.

avec les personnes les plus influentes du pays, il avait annoncé que son intention était de marcher bientôt sur Grodno, et que, les obstacles étant faibles, il aurait en peu de temps détruit ce qu'il appelait déjà les débris de l'armée russe, et rejeté, comme il disait, ces nouveaux Européens dans leurs anciennes limites. Les boues de Pultusk[1] arrêtèrent quelque temps ses projets, sans cependant le faire changer totalement de langage. Il annonça, en rentrant à Varsovie, qu'il venait d'avoir de grands succès, mais qu'il ne voulait pas profiter des avantages que la saison rendait très pénibles pour ses troupes, et qu'il allait prendre ses quartiers d'hiver.

Il employa ce temps de repos qui, au reste, ne fut pas long, à organiser la Pologne de manière à ce qu'elle lui devînt d'un grand secours à l'ouverture de la campagne. Et comme il savait que l'imagination seule gouverne dans ce singulier pays, il mit tous ses soins pendant les trois semaines qu'il passa à Varsovie, à exalter l'esprit militaire de la nation, à donner des fêtes, des bals, des concerts, à témoigner du mépris pour les Russes, à étaler un grand luxe et à parler de Jean Sobieski. Il mit aussi publiquement sa gloire aux pieds d'une belle Polonaise, madame Anastase Walewska, qui le suivit à Osterode et à Finkenstein où il se rendit, pour, de là, visiter tous ses cantonnements.

Je dus rester à Varsovie, où se trouvait une espèce de corps diplomatique; j'y étais entouré de ministres allemands dont les maîtres, dans ces temps de destruction, avaient le courage de penser à obtenir des agrandissements de territoire. L'Autriche, par des motifs différents, y avait envoyé M. le

---

1. Pultusk, ville de la Pologne russe sur la Narew (4 800 habitants). Victoire de Lannes sur Benningsen en 1807.

baron de Vincent [1]. Il était uniquement chargé de veiller à ce qu'on ne troublât point l'ordre dans les possessions autrefois polonaises, qui appartenaient à l'empereur d'Autriche depuis le dernier partage de la Pologne, et qui se trouvaient voisines du théâtre de la guerre. J'entrai dans ses vues, et je l'aidai de tous mes moyens à bien remplir sa mission.

Napoléon avait nommé gouverneur de Varsovie un homme si parfaitement incapable, qu'il me chargea, en son absence, des détails qui étaient naturellement dans les attributions de ce gouverneur. Ainsi, je faisais habiller des troupes, j'en faisais partir, j'achetais des vivres, je visitais les hôpitaux, j'assistais au pansement des blessés, je distribuais des gratifications, et je devais même aller jusqu'à indiquer au gouverneur ce qu'il fallait mettre dans ses ordres du jour. Ce genre d'occupations, qui était hors de mes habitudes, aurait été fort pénible, si je n'avais trouvé dans la maison du prince Poniatowski et de madame la comtesse Vincent Tyszkiewicz, sa sœur, des aides et des secours de tout genre. Les marques, d'abord d'intérêt, ensuite d'affection, que j'ai reçues dans cette excellente et noble famille, ont laissé dans mon cœur d'ineffaçables souvenirs de reconnaissance. Je quittai Varsovie avec peine. Mais la bataille d'Eylau venait d'être un peu gagnée [2], et Napoléon, cherchant à entamer quelques négo-

---

1. Le baron Ch. de Vincent, né en Lorraine, entra au service de l'empire; il fut employé dans les négociations avec Pichegru; fut un des signataires du traité de Campo-Formio, devint, en 1814, gouverneur des Pays-Bas pour le compte des alliés, puis ambassadeur à Paris. Les provinces dont, en 1807, il avait mission de sauvegarder les intérêts, étaient les palatinats de Cracovie, de Sandomir et de Lublin dont la frontière était tracée par le Boug.

2. 8 février 1807.

ciations, m'avait rappelé près de lui. Toutes les tentatives qu'il fit dans ce sens restèrent inutiles ; il fallait encore se battre, et au bout de quelques jours il le comprit. La prise de Dantzig[1] avait remonté ce que l'on appelle le *moral* de l'armée, un peu abattu par les difficultés que l'on avait éprouvées à Pultusk, par la bataille d'Eylau, par le climat et par une absence de leur pays trop prolongée pour des Français. L'empereur, avec tout ce qu'il avait réuni de troupes, marcha vers Heilsberg, où il remporta une première victoire[2] ; de là, poursuivant les Russes, il les battit de nouveau à Gutstadt et enfin à Friedland[3].

La terreur que cette dernière affaire avait répandue parmi les Russes, leur fit vivement désirer de finir cette grande lutte. Une entrevue au milieu du Niémen, proposée par l'empereur Alexandre, était si romanesquement conçue, et pouvait être si magnifiquement ordonnée, que Napoléon qui y voyait un brillant épisode pour le poème de sa vie, l'accepta. On y posa les bases de la paix. On se rendit ensuite à Tilsitt où je fus chargé, non pas de négocier avec les plénipotentiaires prussiens, le général Kalkreuth[4] et M. de Goltz[5], mais de signer avec eux le traité qui contenait les cessions territoriales de la Prusse, telles qu'elles avaient été conve-

---

1. 26 mai 1807.

2. 11 juin 1807.

3. 14 juin 1807.

4. Frédéric-Adolphe, comte de Kalkreuth (1737-1818). Engagé en 1752, il devint feld-maréchal en 1807, puis gouverneur de Berlin.

5. Auguste-Frédéric, comte de Goltz (1765-1832), entra en 1787 dans la diplomatie au service de la Prusse, fut ministre à Copenhague, à Mayence, à Stockholm, à Pétersbourg. Il devint, en 1814, maréchal de la cour, puis député de la Prusse à la diète et conseiller d'État.

nues entre l'empereur Napoléon et l'empereur Alexandre [1]. Celui-ci ne se borna point à faire la paix, mais il devint, par un traité que je négociai et signai avec le prince Kourakin [2] l'allié de Napoléon et, par cela même, l'ennemi de ses anciens alliés [3]. L'empereur Alexandre, satisfait de ne rien perdre, de gagner même quelque chose (ce que les historiens, s'ils sont bienveillants, n'aimeront pas à dire), et d'avoir mis ainsi les intérêts de son amour-propre à couvert à l'égard de ses sujets, crut avoir rempli tous les devoirs de l'amitié envers le roi de Prusse, en lui conservant nominalement la moitié de son royaume ; après quoi il partit, sans même prendre la précaution de s'assurer si la moitié que le roi devait conserver lui serait promptement rendue, si elle le serait pleinement, et s'il ne serait pas obligé de la racheter encore par de nouveaux sacrifices. On pouvait le craindre

1. 9 juillet 1807. Ce traité ne faisait que reproduire certains articles du traité avec la Russie, car Napoléon, par un surcroît de dédain pour la Prusse, voulait paraître n'avoir consenti à l'existence de cet État que *par considération pour l'empereur Alexandre* ; aussi avait-il exigé que les stipulations concernant la Prusse parussent avoir été débattues entre l'empereur de Russie et lui. — La Prusse perdait tout ce qu'elle possédait entre l'Elbe et le Rhin, y compris Magdebourg, et presque toutes ses provinces polonaises. Elle était réduite de neuf millions d'habitants à quatre millions.

2. Le feld-maréchal prince Kourakin avait été ministre et vice-chancelier de Russie. Après la paix de Tilsitt, il fut ambassadeur à Paris.

3. Le traité avec la Russie est du 7 juillet 1807. L'empereur Alexandre reconnaissait le nouvel état de choses survenu en Occident, ainsi que tous les royaumes récemment créés par Napoléon. En outre, fut signé le même jour un traité secret d'alliance. La Russie promettait de déclarer la guerre à l'Angleterre le 1er décembre suivant. En revanche, la France promettait sa médiation et au besoin son alliance contre la Turquie, et un plan de partage de l'empire ottoman fut arrêté. Il fut également parlé d'une expédition vers l'Inde. Déjà, dans l'hiver précédent, Napoléon avait envoyé en Perse le général Gardanne pour préparer les voies.

après la question brutale que Napoléon fit un jour à la reine de Prusse : « Comment avez-vous osé me faire la guerre, madame, avec d'aussi faibles moyens que ceux que vous aviez? — Sire, je dois le dire à Votre Majesté, la gloire de Frédéric II nous avait égarés sur notre propre puissance. » Ce mot de *gloire*, si heureusement placé, et à Tilsitt dans le salon de l'empereur Napoléon, me parut superbe. Je répétai assez souvent cette belle réponse de la reine, pour que l'empereur me dît un jour : « Je ne sais pas ce que vous trouvez de si beau à ce mot de la reine de Prusse; vous feriez tout aussi bien de parler d'autre chose. »

J'étais indigné de tout ce que je voyais, de tout ce que j'entendais, mais j'étais obligé de cacher mon indignation. Aussi, serai-je toute ma vie reconnaissant de ce que la reine de Prusse, reine d'un autre temps, voulut bien s'en apercevoir. Si, dans les retours que je fais sur ma vie, plusieurs nécessairement sont pénibles, je me rappelle du moins avec une grande douceur les choses qu'alors elle eut la bonté de me dire, et celles qu'elle m'a presque confiées : « Monsieur le prince de Bénévent, me dit-elle la dernière fois que j'eus l'honneur de la conduire à sa voiture, il n'y a que deux personnes qui regrettent que je sois venue ici : c'est moi et vous. Vous n'êtes pas fâché, n'est-ce pas, que j'emporte cette opinion? » Les larmes d'attendrissement et d'orgueil que j'avais dans les yeux furent ma réponse.

Les efforts que fit cette noble femme restèrent inutiles près de Napoléon; il triomphait et alors il était inflexible. Les engagements qu'il avait fait rompre et ceux qu'il avait fait prendre, l'avaient enivré. Il se plaisait aussi à croire que, de l'empereur de Russie, il avait fait une dupe; mais le temps a prouvé que la véritable dupe, c'était lui-même.

Par le traité de Tilsitt, le plus jeune de ses frères, Jérôme Bonaparte avait été reconnu roi de Westphalie. Son royaume était composé de plusieurs des provinces cédées par la Prusse, de la majeure partie de l'électorat de Hesse et du duché de Brunswick-Wolfenbüttel, conquis mais non pas cédés. Napoléon aurait bien désiré y joindre encore les principautés d'Anhalt, de la Lippe et de Waldeck. Mais, profitant de l'embarras réel, et dont cependant il ne convenait pas, où il s'était trouvé après la bataille de Pultusk, j'avais fait admettre ces principautés ainsi que celles de Reuss et de Schwarzbourg dans la confédération du Rhin, et il n'osait point encore attenter, comme il l'a fait plus tard, à l'existence des princes qu'il y avait admis. Le traité de Tilsitt, signé et ratifié, on put enfin retourner en France.

L'agitation dans laquelle je venais de passer près d'une année me fit éprouver un bien-être inexprimable en passant par Dresde. J'y restai plusieurs jours. Les habitudes nobles et tranquilles de la cour de Saxe, les vertus publiques et privées du roi Frédéric Auguste[1], la bienveillance et la sincérité que l'on voyait partout, m'ont fait conserver un souvenir particulier de ce séjour à Dresde.

Napoléon, en arrivant à Paris, créa pour le maréchal Berthier la place de vice-connétable, et pour moi celle de vice-grand

---

1. Frédéric-Auguste Ier, né en 1750, électeur de Saxe à la mort de son frère, en 1763, marié à Amélie, princesse de Deux-Ponts. Il prit le titre de roi en 1806, et resta fidèle à Napoléon jusqu'en 1813. Le congrès de Vienne lui rendit une partie de ses États. Il mourut en 1827, laissant le trône à son frère Antoine.

électeur[1]. Ces places étaient des sinécures honorables et lucratives. Je quittai alors le ministère, comme je le voulais[2].

Pendant tout le temps que j'ai été chargé de la direction des affaires étrangères, j'ai servi Napoléon avec fidélité et avec zèle. Longtemps, il s'était prêté aux vues que je me faisais un devoir de lui présenter. Elles se réglaient sur ces deux considérations : Établir pour la France des institutions monarchiques, qui garantiraient l'autorité du souverain, en la maintenant dans de justes limites ; — ménager l'Europe pour faire pardonner à la France son bonheur et sa gloire. En 1807, Napoléon s'était depuis longtemps déjà écarté, je le reconnais, de la voie dans laquelle j'ai tout fait pour le retenir, mais je n'avais pu, jusqu'à l'occasion qui s'offrit alors, quitter le poste que j'occupais. Il n'était pas si aisé qu'on pourrait le penser, de cesser des fonctions actives près de lui.

A peine revenu de Tilsitt, Napoléon se livra tout entier à l'exécution de ses desseins contre l'Espagne. L'intrigue de cette entreprise est si compliquée que j'ai cru devoir la traiter à part[3]. Je dois dire seulement ici que l'empereur, tenant à faire croire que j'approuvais ses projets, choisit précisément ma terre de Valençay, pour en faire la prison de Ferdinand VII, de son frère et de leur oncle. Mais, ni ces princes, ni le public ne s'y trompèrent. Il ne réussit pas plus à cela qu'à conquérir l'Espagne.

1. En 1804, Napoléon avait créé les charges de connétable et de grand électeur. Il avait conféré la première à Louis Bonaparte et la seconde à Joseph. Ces deux princes étant devenus, l'un roi de Hollande et l'autre roi de Naples, l'empereur avait dû les remplacer à Paris, par un vice-connétable et un vice-grand-électeur.

2. 9 août 1807.

3. Voir la quatrième partie.

Quand l'empereur Alexandre et lui s'étaient séparés à Tilsitt, ils s'étaient promis de se revoir bientôt. C'était une promesse que Napoléon n'avait aucune envie de tenir, à moins que l'état de ses affaires ne lui en fît une nécessité. Mais lorsque le général Junot eut été chassé de Portugal par les Anglais[1]; que le général Dupont eut été forcé de capituler à Baylen[2], et que l'insurrection générale de l'Espagne eut annoncé une résistance qui pouvait être de longue durée, il commença à craindre que l'Autriche ne voulût profiter de ces conjonctures, et il sentit le besoin de s'assurer davantage la Russie. Alors il désira revoir l'empereur Alexandre, et le fit inviter à un rendez-vous dont on fixa le lieu à Erfurt[3]. Il voulut, quoiqu'il fût déjà très froidement avec moi, que je l'y accompagnasse ; il s'était persuadé que cela pourrait lui être utile, et cela lui suffisait. Les nombreux et piquants détails de cette entrevue, forment un épisode à part : j'ai cru devoir en faire aussi un morceau séparé[4]. L'intention de Napoléon doit cependant trouver une place ici. Son but était d'amener l'empereur

---

1. Le général Andoche Junot, duc d'Abrantès, avait été mis à la tête de l'armée de Portugal. D'abord vainqueur (1807), il fut, le 21 août 1808, battu à Vimeiro par l'armée anglo-portugaise, et forcé de signer, à Cintra, une capitulation aux termes de laquelle il devait évacuer le Portugal.

2. Le général Pierre Dupont de l'Etang (1765-1830), avait été, en 1808, mis à la tête de l'armée d'Andalousie. Le 22 juillet, assailli par des forces supérieures, commandées par le général espagnol Castanos, il capitula en rase campagne près de Baylen. Huit mille soldats français furent désarmés et internés sur les rochers de Cabrera (Baléares), où ils périrent en grande partie de maladie et de misère. Le général Dupont, revenu en France, fut traduit en conseil de guerre et condamné à une détention perpétuelle. Il sortit de prison en 1814, et fut ministre de la guerre sous la première Restauration.

3. Ville du royaume de Saxe (aujourd'hui réunie à la Prusse), sur la Géra.

4. Voir la cinquième partie.

Alexandre à faire avec lui une alliance spéciale contre l'Autriche. Celle qu'il avait conclue à Tilsitt, quoique générale, était particulièrement dirigée contre l'Angleterre. S'il eût réussi à Erfurt, il aurait, sous quelque prétexte facile à imaginer, cherché querelle à l'Autriche, et après quelques succès militaires, il aurait tâché d'en faire ce qu'il avait fait de la Prusse.

La coopération pleine et entière de la Russie ne l'aurait que trop mis en état de parvenir à son but. Ayant une très petite idée du génie et du caractère de l'empereur Alexandre, il se flattait de réussir. Il se proposait d'abord de l'intimider, et ensuite d'attaquer à la fois sa vanité et son ambition; et véritablement il était à craindre que de ces trois côtés, l'empereur de Russie ne se montrât trop accessible. Mais la fortune de l'Autriche voulut que M. de Caulaincourt[1], que l'on s'est acharné à mal juger, eût inspiré à l'empereur Alexandre de la confiance, et lui en eût fait prendre en moi. Je l'avais vu plusieurs fois en particulier à Tilsitt. Je le vis presque tous les jours à Erfurt. Des conversations d'abord générales sur l'intérêt commun qui existait entre les grandes puissances de l'Europe, sur les conditions dans lesquelles les liens qu'il était important de conserver entre elles devaient se rompre, sur l'équilibre de l'Europe en général, sur les conséquences probables de sa destruction; — des conversations plus particulières ensuite sur les États dont l'existence était nécessaire à cet équilibre, sur l'Autriche enfin, — mirent l'empereur dans une telle disposition d'esprit, que les caresses, les offres et les emportements

---

1. Louis de Caulaincourt, né en 1773, à Caulaincourt (Aisne), d'une famille noble. Sous l'empire, il devint général de division, grand écuyer et duc de Vicence, puis ambassadeur en Russie (1807), et ministre des affaires étrangères (1813). Il mourut en 1827.

de Napoléon furent en pure perte, et qu'avant de quitter Erfurt, l'empereur Alexandre écrivit de sa propre main à l'empereur d'Autriche pour le rassurer sur les craintes que l'entrevue d'Erfurt lui avait inspirées. C'est le dernier service que j'ai pu rendre à l'Europe tant que Napoléon a continué de régner, et ce service-là, dans mon opinion, je le rendais à lui-même.

Après avoir donné beaucoup de fêtes et fait une espèce de traité essentiellement différent de celui qu'il avait dans la tête en venant à Erfurt, l'empereur retourna à Paris, et M. de Champagny[1], depuis ce moment, eut sans partage la direction du département des affaires étrangères. Je repris de mon côté, les habitudes insignifiantes d'un grand dignitaire.

A tout hasard, j'avais fait ce qui dépendait de moi pour obtenir la confiance de l'empereur Alexandre, et j'y avais réussi, assez même pour que, dès ses premières difficultés avec la France, il m'envoyât le comte de Nesselrode, conseiller de l'ambassade de Russie à Paris, qui, en entrant dans ma chambre, me dit : « J'arrive de Pétersbourg ; je suis officiellement employé près du prince Kourakin, mais c'est auprès de vous que je suis accrédité. J'ai une correspondance particulière avec l'empereur, et je vous apporte une lettre de lui. »

1. Jean-Baptiste Nompère de Champagny, duc de Cadore (1756-1834), ancien député de la noblesse aux états généraux, devenu, en 1800, conseiller d'État, puis ambassadeur à Vienne (1801) et ministre de l'intérieur, avait, en 1807, succédé à Talleyrand aux affaires étrangères.

FIN DE LA TROISIÈME PARTIE

QUATRIÈME PARTIE

AFFAIRES D'ESPAGNE

(1807)

AFFAIRES D'ESPAGNE

(1807)

Napoléon étant à Finkenstein[1] disait un jour, dans un moment de gaîté : « Je sais, quand il le faut, quitter la peau du lion pour prendre celle du renard. »

Il aimait à tromper, il aurait voulu tromper pour le seul plaisir de le faire, et, au défaut de sa politique, son instinct lui en aurait fait une sorte de besoin. Pour l'exécution des projets qu'il allait sans cesse roulant dans sa tête, l'artifice ne lui était guère moins nécessaire que la force. C'était surtout, à l'accomplissement de ses vues sur l'Espagne, qu'il sentait bien que la force ne pouvait pas suffire.

Napoléon, assis sur l'un des trônes de la maison de Bourbon, considérait les princes qui occupaient les deux autres, comme

---

1. Quartier général de l'empereur Napoléon, dans la campagne de 1807, en Pologne.

des ennemis naturels que son intérêt était de renverser. Mais c'était une entreprise où il ne pouvait échouer sans ruiner ses propres desseins, et, peut-être, se perdre lui-même. Il ne la fallait donc tenter qu'avec une entière certitude de réussir.

La première condition du succès était de n'avoir à craindre aucune diversion sur le continent.

A la fin de 1807, Napoléon disposait en maître de l'Italie entière[1], et de la partie de l'Allemagne comprise entre le Rhin et l'Elbe[2]. Il avait, sous le nom de duché de Varsovie, relevé une partie de l'ancienne Pologne s'étendant de la Silésie au Niémen[3]; ce pays lui était dévoué. La Prusse était presque anéantie. L'Autriche, affaiblie par les pertes de tout genre qu'elle avait faites, n'était point en état de rien entreprendre seule, et il avait fait facilement goûter à la Russie des plans d'ambition, qui, en lui donnant deux guerres à soutenir, devaient occuper longtemps toutes ses forces[4]. L'Espagne lui parut alors aussi complètement isolée qu'il le pouvait désirer. Mais en l'attaquant à force ouverte, il avait deux dangers à craindre.

Depuis la paix de Bâle entre la France et l'Espagne, c'est-

---

1. Le traité de Presbourg avait cédé Venise au royaume d'Italie. Joseph régnait à Naples. Il n'y avait donc plus alors que les États de l'Église qui ne dépendissent pas directement de l'empereur.

2. Jérôme Bonaparte régnait en Westphalie. Murat à Berg. Les rois de Bavière et de Wurtemberg, le grand-duc de Bade et les autres princes de la confédération du Rhin étaient alors entièrement dévoués à la France.

3. Le grand-duché de Varsovie, formé des provinces polonaises enlevées à la Prusse, avait été donné au roi de Saxe.

4. La première contre la Suède, pour s'emparer de la Finlande; et l'autre contre la Turquie, dans l'espoir de prendre les principautés danubiennes.

à-dire depuis onze ans, l'Espagne était l'alliée de la France et son alliée fidèle. Argent, vaisseaux, soldats, elle avait tout mis à sa disposition, elle lui avait tout prodigué. A cette époque-là même, vingt mille hommes d'élite de ses troupes et les meilleurs de ses généraux servaient dans les rangs des Français, à l'autre extrémité de l'Europe. Comment lui déclarer la guerre? Quel prétexte alléguer? Pouvait-il avouer les motifs de son ambition dynastique? En les faisant connaître, il s'exposait à soulever contre lui les sentiments de ses propres sujets; et tout son mépris pour l'espèce humaine ne l'empêchait pas de comprendre qu'il devait compter pour quelque chose la puissance de l'opinion publique.

En déclarant la guerre, il provoquait l'Espagne à la résistance; mille circonstances imprévues pouvaient survenir, et, quelque heureuse et quelque courte que pût être cette guerre, elle ne laisserait pas moins à la famille royale d'Espagne les moyens et le temps de se transporter dans ses possessions d'outre-mer. L'Espagne, dans ce cas, devenait pour lui une possession précaire et difficile à gouverner, car la nation qui était attachée à la famille royale l'aurait suivie de ses vœux, et aurait toujours tendu à se réunir aux colonies d'Amérique; c'était laisser ainsi à la maison de Bourbon un espoir, une chance favorable de rentrer en Espagne. De plus, la séparation des colonies espagnoles d'avec leur métropole entraînait pour le commerce français des pertes très sensibles, de sorte que Napoléon se trouvait avoir blessé l'un des plus chers intérêts de ses peuples.

Il devait, en conséquence, mettre tout son art à prévenir ces deux dangers. S'il lui était impossible de voiler l'odieux de son entreprise, du moins, connaissant les dispositions des hommes à pardonner les crimes heureux, il pouvait se flatter que l'impression de celui qu'il méditait serait fort affaiblie, s'il était déjà consommé quand on viendrait à le connaître.

Pour conquérir l'Espagne sans coup férir, il n'y avait qu'un seul moyen : c'était d'y introduire sous les dehors de l'amitié des forces suffisantes pour prévenir ou comprimer partout la résistance. Il fallait un prétexte. Le refus du Portugal de rompre avec l'Angleterre le fournit. Napoléon avait eu soin de se ménager ce prétexte à Tilsitt, dans son traité d'alliance avec la Russie, en stipulant que le Portugal, s'il restait en paix avec l'Angleterre, serait traité comme ennemi. Au lieu donc de déclarer la guerre à l'Espagne, il fit avec elle une nouvelle alliance dirigée contre le Portugal[1]. Ce royaume, après avoir été conquis, devait être, en partie, réuni à la monarchie espagnole, en partie servir à l'infante Marie-Louise et à son fils d'indemnité pour le royaume d'Etrurie qui était cédé à Napoléon[2], et enfin une portion du Portugal devait former une principauté pour le prince de la Paix. C'est par cet appât qu'il avait déterminé cet homme à faire signer le traité à son roi.

L'empereur m'avait entretenu plusieurs fois de son projet

---

1. Traité de Fontainebleau, 27 octobre 1807.

2. Le traité de Lunéville avait donné le grand-duché de Toscane à Louis, duc de Parme, gendre du roi d'Espagne Charles IV, en échange de ses Etats qui étaient réunis au royaume d'Italie. La Toscane prit alors le nom de royaume d'Étrurie. Le roi Louis étant mort en 1803, son fils Louis II fut proclamé sous la régence de sa mère, l'infante Marie-Louise. Le traité secret de Fontainebleau (oct. 1807) déposséda le roi d'Etrurie dont les Etats furent incorporés à l'empire français, et lui promit en compensation, le royaume futur de Lusitanie, qui devait être créé aux dépens du Portugal.

de s'emparer de l'Espagne. Je combattis ce projet de toutes mes forces en exposant l'immoralité et les dangers d'une pareille entreprise. Il finissait toujours par se retrancher dans le péril que pourrait lui faire courir une diversion du gouvernement espagnol aux Pyrénées, le jour où il éprouverait des embarras sur les bords du Rhin ou en Italie, et me citait la malencontreuse proclamation du prince de la Paix, à l'époque de la bataille d'Iéna. J'avais bien souvent réfuté cette objection, en rappelant qu'il serait souverainement injuste de rendre la nation espagnole responsable de la faute d'un homme qu'elle détestait et méprisait, et qu'il lui serait plus aisé de renverser le prince de la Paix du pouvoir que de s'emparer de l'Espagne. Mais il me répondait que l'idée du prince de la Paix pourrait être adoptée par d'autres, et qu'il n'aurait jamais de sécurité sur ses frontières des Pyrénées. C'est alors que, poussé à bout par les argumentations artificieuses de son ambition, je lui proposai un plan qui lui présentait les garanties de sécurité qu'il prétendait chercher du côté de l'Espagne. Je lui conseillai de faire occuper la Catalogne jusqu'à ce qu'il parvienne à obtenir la paix maritime avec l'Angleterre. Vous déclarerez, lui disais-je, que vous garderez ce gage jusqu'à la paix, et par là vous tiendrez le gouvernement espagnol en bride. Si la paix tarde, il est possible que la Catalogne, qui est la moins espagnole de toutes les provinces de l'Espagne, s'attache à la France : il y a déjà des traditions historiques pour cela ; et, peut-être alors, pourrait-elle être réunie définitivement à la France. Mais tout ce que vous ferez au delà de cela ne pourra que vous causer un jour d'amers regrets. Je ne le convainquis point, et il se tint en méfiance de moi sur cette question.

Ainsi que je viens de le dire, il tenta la cupidité et l'ambition du prince de la Paix par un traité de partage du Portugal.

Ce traité fut négocié secrètement et signé le 27 octobre 1807, à Fontainebleau, par M. le général Duroc et M. le conseiller Izquierdo[1] (homme de confiance du prince de la Paix), à l'insu de M. de Champagny, ministre des relations extérieures, et aussi à mon insu, quoiqu'en ce moment je fisse les fonctions d'archichancelier d'État[2], et que je me trouvasse à Fontainebleau.

Par suite du traité de Fontainebleau, une armée de trente mille Français devait traverser l'Espagne pour aller concourir, avec une armée espagnole, à la conquête du Portugal. Une seconde armée de quarante mille hommes devait être rassemblée sur la frontière des Pyrénées pour être prête à appuyer, au besoin, la première, qui était commandée par le maréchal Junot.

Cette seconde armée passa la frontière sous divers prétextes, et occupa les places fortes du nord de l'Espagne et de la Catalogne. C'était prendre un pied solide dans le pays, qui, d'ailleurs, était totalement dépourvu d'armée, les seules troupes vraiment bonnes ayant été envoyées au service de la France. Ces troupes, au nombre de vingt mille hommes, commandées par le marquis de La Romana, avaient été trans-

---

1. Don Eugenio Izquierdo de Ribera y Lezaun, né à Saragosse, était un agent secret de la diplomatie espagnole, lorsqu'en 1797, il obtint, grâce à la protection de Godoï, la charge de conseiller d'État. Il fut chargé de diverses missions confidentielles, notamment sous le directoire, et plus tard en 1807. Il mourut en 1813.

2. Une des prérogatives de l'archichancelier d'État était d'apposer son visa à tous les traités.

plantées sur les confins du Danemark. Napoléon, on le voit, ne négligeait aucune précaution [1].

La seule chose que Napoléon parût avoir encore à craindre, c'était que le roi et sa famille, venant à prendre l'alarme, ne se retirassent dans une province éloignée, ne donnassent de là le signal de la résistance, ou ne passassent les mers.

Je vais raconter par quelles ruses odieuses Napoléon amena toute cette malheureuse famille à se livrer entre ses mains.

Au mois de mars 1807, le prince des Asturies, qui était en correspondance secrète et suivie avec Don Juan de Escoïquiz [2], archidiacre et chanoine de Tolède, son ancien précepteur, lui envoya à Tolède, où il résidait, une personne de sa confiance particulière nommée Don José Maurrique. Le prince l'avait chargé d'une lettre destinée à être remise en main propre à M. d'Escoïquiz. Il y parlait de ses soupçons sur les intentions ambitieuses du prince de la Paix qui, obtenant chaque jour du roi et de la reine quelque faveur, devenait plus puissant. Il commandait, avec le titre de géné-

---

1. En 1807, Napoléon, voulant punir le cabinet de Madrid de la démonstration hostile qu'il avait faite si mal à propos au moment de la rupture avec la Prusse (proclamation du prince de la Paix) et affaiblir l'armée espagnole, exigea l'envoi d'un corps de 15 000 hommes, destiné à être employé dans le nord de l'Europe. Le marquis de La Romana, lieutenant général, le commandait. Il était cantonné en Fionie, lorsqu'arriva la nouvelle des événements de 1808. La Romana entra aussitôt en relations avec l'escadre anglaise qui croisait au large, et fit embarquer ses troupes qui furent transportées en Espagne. A leur tête, La Romana lutta énergiquement contre les Français. Il était membre de la Junte suprême lorsqu'il mourut (1811).

2. Don Juan de Escoiquiz, né en 1762, chanoine à Saragosse, fut nommé par le prince de la Paix précepteur du prince des Asturies, sur qui il prit la plus grande influence. Il devint conseiller d'État en 1808. Il suivit le prince à Valençay, fut interné à Bourges, revint à Madrid en 1814, fut nommé ministre, mais n'eut plus aucune action politique.

ralissime et d'amiral, tout ce qui appartenait à l'armée de ligne, à la milice et à la marine : déjà l'on annonçait que le roi Charles IV, souvent malade, fatigué par les affaires, lui destinait la régence du royaume. Une fois régent, la mort du roi ouvrait une nouvelle carrière à son ambition à laquelle on ne connaissait point de bornes. Le caractère du prince de la Paix, son mariage, qui l'avait rapproché du trône [1], effrayaient tous ceux qui étaient attachés à la famille royale. M. d'Escoïquiz, alarmé par la lettre du prince des Asturies, se persuada, comme un bon homme qu'il était, qu'il ne fallait que détromper le roi et la reine sur le compte du prince de la Paix. Il crut au pouvoir qu'aurait une lettre remise par le prince des Asturies à la reine sa mère, dans laquelle il montrerait le danger que courait la famille royale par la confiance aveugle que le roi accordait au prince de la Paix. Cette lettre, trop pleine de raison et de vérités, effraya le prince des Asturies, qui n'osa pas la remettre ; il se contenta de la conserver, copiée de sa main. Un peu honteux de son manque de résolution, il écrivit à M. d'Escoïquiz qu'il jugeait impossible que la reine fût désabusée, et qu'il serait plus facile d'éclairer le roi, s'il pouvait un jour parvenir à lui parler tête à tête.

Le bon chanoine de Tolède rédigea une note qu'il adapta de son mieux aux faiblesses du roi, et il l'envoya au prince des Asturies qui attendit inutilement un moment où il pourrait la lui remettre. Cette pièce, comme la première, fut copiée par le prince lui-même, et, comme la première aussi,

---

1. Le prince de la Paix avait épousé une princesse espagnole, Doña Marie-Theresa de Bourbon, fille de l'infant Don Luis et cousine germaine du roi.

serrée dans son bureau où on la trouva lorsqu'on vint saisir ses papiers.

Le prince de la Paix, qui soupçonnait que la conduite du prince des Asturies cachait quelque projet peu favorable à ses vues, chercha les moyens de s'emparer de l'intérieur du prince, et lui fit proposer par la reine de le marier avec Doña Maria-Thérésa, sa belle-sœur, seconde fille de l'infant Don Luis. Cette princesse avait une belle figure, était ambitieuse, et déjà avait montré peu d'éloignement pour la galanterie. Le prince, qui ne connaissait d'elle que son esprit et son visage, avait donné son consentement à ce mariage. Mais, depuis quelques mois, l'ambition du prince de la Paix ayant pris plus de confiance et de hardiesse, on ne parlait plus de ce mariage.

M. d'Escoïquiz, voyant que tous les moyens de faire parvenir la vérité au roi et à la reine lui manquaient, et que les propositions de mariage avec Doña Maria-Thérésa n'avaient pas eu de suite, s'arrêta à l'idée qu'un intérêt étranger et puissant serait le seul appui véritable pour le prince dans la situation critique où il se trouvait, et il eut la pensée de le marier avec une fille de la famille de Napoléon [1].

A cette époque, le mariage avec une nièce de Napoléon paraissait devoir assurer au prince des Asturies le trône ébranlé de l'Espagne, et mettre ce beau et généreux pays à l'abri des déchirements. On pouvait, sans faiblesse, préférer ce résultat à celui que des événements inattendus ont amené.

---

1. Ce projet eut un instant quelque consistance. Napoléon, pressenti à cet égard, avait paru répondre favorablement (lettre de l'empereur au prince des Asturies, 16 avril 1808, *Correspondance*, t. XVII). On avait mis en avant une fille de Lucien Bonaparte, mais ce plan n'eut aucune suite. Il est probable que l'empereur n'avait jamais eu la pensée de le faire aboutir.

M. d'Escoïquiz s'attachait chaque jour davantage au plan qu'il avait adopté. Des bruits inquiétants pour la famille royale prenaient de jour en jour plus de consistance et se répandaient dans toutes les classes. Ne pouvant plus tenir à l'éloignement dans lequel il était, à Tolède, de son ancien élève, il voulut se rapprocher du théâtre des affaires et se rendit à Madrid. Il y fit connaissance avec le comte d'Orgaz, bon Espagnol, attaché particulièrement au prince des Asturies. Il lui communiqua une partie de ses craintes et de ses projets. Dans une de leurs conversations, M. d'Orgaz lui apprit que Don Diégo Godoï, frère du prince de la Paix, répandait de l'argent dans la garnison de Madrid, et s'était assuré par ce moyen d'un grand nombre d'officiers subalternes : un colonel de dragons, Don Thomas Jauregui, qui faisait partie de la garnison, le tenait au courant de tous les efforts que l'on faisait pour le corrompre. Il n'y avait pas un officier un peu marquant à qui quelque agent du prince de la Paix n'eût dit : « Vous voyez l'état misérable de l'Espagne ; la dynastie des Bourbons est absolument dégénérée ; le roi est sur le point de mourir ; le prince est un imbécile ; il faut prendre des mesures ; vous êtes bon Espagnol, nous comptons sur vous. » Mille propos de cette espèce étaient tenus ouvertement, et par des hommes qui inspiraient de la confiance par leur réputation et les places qu'ils occupaient. Don Luis Viguri, intendant de l'armée, et qui avait conservé des relations avec les principaux officiers, était un des plus actifs. Dans les écoles, dans les académies, dans tous les établissements publics, on tenait le même langage. L'abbé Stala, bibliothécaire de San-Isidro, avait même été assez imprudent pour répandre des écrits, dont l'objet était de montrer à lanation espagnole, que, dans la crise qui se préparait, il ne pouvait y avoir de salut qu'en plaçant une confiance entière dans le prince de la Paix. M. d'Escoïquiz sentit qu'il n'y avait pas un moment à perdre, et qu'il fallait que tous les amis du trône se concertassent et fissent une ligue pour sa défense. Dans ce but, il demanda au prince des Asturies une lettre de créance, pour qu'il pût s'expliquer confidentiellement avec le duc de l'Infantado, jeune homme d'une grande naissance, d'un beau caractère, d'une figure avantageuse et bien placé dans l'opinion. Muni de cette lettre, écrite de la main du prince, le chanoine chercha le duc de l'Infantado[1], et lui parla avec la plus grande franchise. Leurs principes ne leur permettant pas d'adopter aucune mesure qui pût être contraire à la fidélité qu'ils devaient au roi, ils s'attachèrent uniquement à employer des moyens de précaution pour le moment où le roi, dont la santé paraissait chaque jour s'affaiblir davantage, viendrait à mourir. Il était au pouvoir du prince de la Paix de cacher pour quelques moments la mort du roi. La défiance et la haine qu'il avait habilement inspirées à la reine pour le prince, son fils, l'autorisaient à entourer et à remplir le château de troupes à sa dévotion. Etayé de l'étiquette, il aurait pu, et c'était son dessein, faire arriver le prince des Asturies auprès du lit du roi, que l'on supposerait vivre encore ; là, s'emparer de lui et de toute la famille

1. L'Infantado était une ancienne seigneurie de Castille, ainsi nommée parce qu'elle avait été autrefois l'apanage habituel des infants d'Espagne. Le duc dont il est fait ici mention appartenait à la famille Silva, qui, depuis deux siècles, avait acquis ce duché. Né en 1771, il devint l'ami du prince des Asturies; en 1808 il reconnut d'abord le roi Joseph, mais se sépara bientôt de lui et se mit à la tête d'un corps d'armée espagnol. Président du conseil de Castille en 1820, il se retira en 1826 et mourut dans la retraite en 1836.

royale et leur faire signer, par force, tous les ordres nécessaires pour mettre l'autorité entre ses mains, sauf à prendre à l'égard des princes une détermination ultérieure.

Le duc de l'Infantado et M. d'Escoïquiz jugèrent que le seul moyen de prévenir cet attentat serait d'avoir d'avance un acte donné par le nouveau roi, qui mettrait l'autorité militaire suprême entre les mains du duc de l'Infantado. Cet acte aurait aussi mis sous ses ordres absolus toutes les autorités ; même celle du prince de la Paix, dans toute l'étendue de la Castille nouvelle, et particulièrement à Madrid et dans toutes les résidences royales. Muni de cet ordre, le duc de l'Infantado, à la première nouvelle qu'il aurait des approches de la mort du roi, devait préparer la notification de ses pouvoirs, prendre le commandement suprême de toutes les forces militaires, paraître dans la ville et dans les maisons royales avec l'uniforme de généralissime, et même faire arrêter le prince de la Paix s'il donnait motif à la moindre inquiétude. M. d'Escoïquiz rédigea l'acte en question, et l'envoya au prince, en lui expliquant l'esprit et l'objet de cette mesure ; il l'engageait à l'écrire de sa propre main, à le signer et à y apposer son sceau. Le prince adopta tout ce qui lui était proposé. L'acte fut remis au duc de l'Infantado qui devait le garder soigneusement jusqu'au moment où il serait appelé à en faire usage.

Cet acte était conçu en ces termes :

« Nous, Ferdinand septième, par la grâce de Dieu, roi de Castille, etc...

» La Providence ayant daigné rappeler à elle notre cher et bien-aimé père, le roi Charles IV, que Dieu ait en sa sainte garde, et, en conséquence, étant nous-même monté sur le trône d'Espagne, comme son naturel et légitime héritier; sachant que dans les premiers moments de suspension des autorités, qui est une conséquence inévitable de la mort des rois, il peut arriver qu'il y ait des personnes qui veuillent en profiter pour troubler la tranquillité publique, comme la voix publique même l'indique ; et considérant que le meilleur moyen de réprimer la malveillance, si elle ose former quelques projets de cette espèce, est de mettre toutes les forces militaires qui nous entourent entre les mains d'une personne de toute notre confiance, et qui ajoute au talent, au courage, à une naissance illustre, toute la force de l'opinion publique en sa faveur ; trouvant en vous, duc de l'Infantado, mon cousin, toutes ces qualités réunies, nous avons cru devoir vous conférer, et nous vous conférons par ce décret, le commandement suprême de toutes les forces militaires séant dans la Castille nouvelle et dans toutes les résidences royales, tant d'infanterie que de cavalerie, d'artillerie, de milice, etc., sans aucune exception, pas même celle des gardes du corps et des troupes qui composent notre maison royale, ni de celles qui forment la garde du généralissime ; afin que vous vous en serviez de la façon que vous jugerez utile ou nécessaire pour réprimer tout complot, pour dissiper tout attroupement, pour faire évanouir tout projet séditieux, ou contraire à notre personne, à la famille royale, ou capable de troubler la tranquillité publique en quelque façon que ce soit. Notre volonté étant de suspendre, comme nous suspendons, toute autorité, tous pouvoirs militaires qui ne soient pas sous vos ordres, même celui du prince de la Paix, comme généralissime, de même que celui du capitaine général de la Nouvelle-Castille, et nous ordonnons que tous les chefs militaires de quelque classe, dans quelque rang qu'ils soient, obéissent exactement à vos ordres, comme si c'était aux nôtres mêmes, pour tout ce qui pourra conduire à l'objet de la tranquillité publique dont nous vous rendons responsable. Et nous déclarons assujettis aux peines des traîtres et des ennemis de la patrie, tous ceux qui, par une ignorance affectée ou par malice, s'opposeront à vos ordres ou ne vous obéiront pas avec l'exactitude qu'ils vous doivent.

» Nous ordonnons aussi, à tous les tribunaux civils et militaires, à tous les magistrats de quelque classe qu'ils soient, de concourir à l'exécution de vos ordres dans tout ce qui leur appartiendra, sous les mêmes peines pour les contrevenants.

» Nous vous donnons aussi toute l'autorité nécessaire pour vous assurer par la force, et pour emprisonner, s'il est nécessaire, toutes les personnes, de quelque classe, condition ou rang qu'elles soient, sans aucune exception, qui seront soupçonnées de vouloir troubler la tranquillité publique, ou qui la troubleraient effectivement, pour leur procès leur être fait dans les formes.

» Telle est notre volonté, comme aussi que ce décret, quoique non revêtu de la sanction ordinaire d'un des ministres, à cause de l'urgence des circonstances où nous nous trouvons, soit observé et exécuté, comme s'il était muni de la signature d'un de nos ministres, étant écrit, signé et scellé comme il l'est, par notre propre main. Le tout devant être exécuté sous les peines, contre les opposants, de haute trahison. »

Fait à....., le....., de l'an....

Signé : YO EL RÉ.

Ce décret avait sa date en blanc; elle devait être remplie, au moment de la mort du roi, par le duc de l'Infantado.

Vers le milieu du mois de juin 1807, M. d'Escoïquiz reçut une nouvelle lettre du prince des Asturies, dans laquelle Son Altesse Royale lui disait que, par l'intermédiaire de don Juan Manuel de Villena, son premier écuyer, il lui avait été remis un billet que celui-ci tenait de don Pedro Giraldo, colonel du génie et précepteur de l'infant don Francisco [1], que ce billet destiné à parvenir à Son Altesse Royale en mains propres, était écrit par un individu qui se disait attaché à la légation française. Le contenu annonçait une communication très secrète que désirait faire à Son Altesse Royale l'ambassadeur de France, M. de Beauharnais [2]. M. d'Escoïquiz, consulté par le prince pour savoir ce qu'il avait à répondre, l'engagea à dire aux personnes qui lui avaient donné le billet, qu'il ne se mêlait d'aucune affaire et qu'il ne donnait point de rendez-vous particuliers. Il offrit au prince de chercher à savoir exactement si ce message était bien de l'ambassadeur de France, ou non. Une certitude à cet égard pouvait être fort utile, parce que, si le message était faux, le but ne pouvait être que de tendre à Son Altesse Royale un piège qu'il était important de découvrir; et que, s'il était vrai, il était de la plus grande conséquence, pour les intérêts du prince, de ne pas laisser échapper cette occasion de pénétrer les intentions de Napoléon, tant par rapport à la position du

1. L'infant don Francisco était le troisième fils du roi Charles IV.

2. François, marquis de Beauharnais, beau-frère de l'impératrice Joséphine. Né en 1756, il fut député aux états généraux, émigra en 1792 et servit dans l'armée de Condé. Revenu en France en 1800, il fut nommé ambassadeur près le roi d'Étrurie en 1805, puis à Madrid. Il fut rappelé en 1808 et exilé en Sologne. Pair de France sous la Restauration, il mourut en 1823.

prince de la Paix à l'égard de l'empereur, qu'on ne connaissait pas suffisamment, que par rapport au mariage du prince des Asturies avec une des nièces de Napoléon, mariage sur lequel des bruits vagues avaient déjà circulé. La réponse de M. d'Escoïquiz renfermait les raisons d'utilité, et même de sûreté que donnerait au prince l'appui de Napoléon, si ce mariage convenait à son ambition ou à sa vanité.

A cette lettre, qui par la suite devint une des pièces du procès de l'Escurial, le prince des Asturies répondit par une approbation complète. Alors M. d'Escoïquiz vit le duc de l'Infantado, et après lui avoir fait part de cette nouvelle intrigue, il lui demanda de l'introduire sous quelque prétexte plausible auprès de l'ambassadeur de France de qui il n'était pas connu. On choisit le prétexte de présenter à M. l'ambassadeur, qu'en Espagne on supposait amateur de belles-lettres, un ouvrage intitulé : *le Mexique conquis*, poème épique composé par M. d'Escoïquiz. L'ambassadeur, sans paraître trop étonné de sa réputation littéraire, répondit à M. de l'Infantado qu'il recevait avec plaisir le livre et l'auteur. Après quelques mots du *Mexique conquis*, et quelques questions ou observations qui se rapprochaient peu à peu de l'objet de sa visite, M. d'Escoïquiz s'ouvrit à l'ambassadeur sur le message qu'on lui attribuait, et sur le désir que le prince des Asturies avait de savoir franchement la vérité.

M. de Beauharnais montra de l'embarras, tergiversa au sujet du message, en se bornant à dire qu'une pareille démarche de sa part ne serait pas convenable envers l'héritier du trône, mais en ajoutant immédiatement que son estime pour le prince des Asturies était telle, qu'il serait charmé d'avoir des occasions particulières de faire sa cour à Son Altesse Royale.

M. d'Escoïquiz vit clairement que l'ambassadeur convenait plus qu'il ne niait. Enhardi par l'indécision de M. de Beauharnais, il s'expliqua d'une manière plus précise et amena par là l'ambassadeur à lui dire qu'une lettre du prince entre ses mains, lui donnerait assez de confiance pour qu'il lui parlât de choses du plus grand intérêt pour Son Altesse Royale. A quoi M. d'Escoïquiz répondit en riant, qu'il lui paraissait que les diplomates consommés aimaient à pouvoir nier les messages, mais qu'un signe convenu d'avance pouvait produire les mêmes effets, et donner le même degré de confiance. Il fut donc arrêté entre eux que la cour devant venir deux ou trois jours après à Madrid, l'ambassadeur se présenterait, suivant l'usage, à la tête du corps diplomatique chez Son Altesse Royale, et que là, le prince lui demanderait s'il avait été à Naples; qu'en quittant l'ambassadeur et passant à un autre ministre étranger, il tirerait son mouchoir de sa poche et le garderait un moment dans sa main.

Le 1ᵉʳ du mois de juillet, les ambassadeurs se présentèrent chez les princes, et Son Altesse Royale fit le signe convenu. Deux jours après, M. d'Escoïquiz informé de ce qui s'était passé, alla chez l'ambassadeur de France, qui lui donna les assurances les plus positives de l'affection que Napoléon portait au prince des Asturies, de la disposition où il était de le favoriser dans tout ce qui dépendrait de lui, et du peu d'estime qu'il avait pour le prince de la Paix. Quelque vagues que fussent toutes ces protestations, M. d'Escoïquiz, un peu exalté par le nouveau rôle qu'il jouait, et toujours tourmenté par les inquiétudes que lui causait la position du prince, aborda la question du mariage, et alla même jusqu'à dire que le prince laissait à Napoléon le choix de celle de ses nièces qu'il jugerait devoir lui donner. Le secret fut recommandé de part et d'autre. M. de Beauharnais écrivit sur-le-champ à Paris, et demanda les autorisations nécessaires pour faire près du roi Charles IV des démarches qui empêchassent le prince des Asturies d'être compromis aux yeux de son père.

La surveillance exercée par le prince de la Paix sur tout ce qui tenait à l'ambassade de France, avait déterminé M. de Beauharnais et M. d'Escoïquiz à choisir pour leur première entrevue un endroit écarté dans le jardin du Retiro. Au bout de vingt jours, M. d'Escoïquiz reçut un avertissement pour se rendre au lieu convenu, à deux heures après midi, lorsque la grande chaleur éloignait tout le monde de la promenade. La réponse que l'ambassadeur avait reçue était assez insignifiante; elle ne renfermait pas un mot sur la proposition de mariage. M. de Beauharnais attribua ce silence à ce qu'il n'y avait rien eu par écrit d'officiel de la part du prince, et il conseilla à M. d'Escoïquiz de l'engager à écrire directement à Napoléon. M. d'Escoïquiz trouva cette démarche sujette à trop d'inconvénients, pour oser la proposer, et il engagea de son côté l'ambassadeur à faire comprendre dans sa première dépêche, que la position du prince ne permettait pas une démarche aussi délicate, tant que les choses ne seraient pas plus avancées. On peut douter d'après le langage vague de M. de Beauharnais, qu'il eût des instructions positives; mais, soit qu'il agît pour servir l'intérêt des Beauharnais, ou pour servir l'intérêt des Bonaparte [1], il créait une intrigue avec le prince des Asturies; et une intrigue placée là ne pouvait qu'être utile aux vues

---

1. Les Beauharnais désiraient que le prince des Asturies épousât une nièce de l'impératrice Joséphine, tandis que les Bonaparte voulaient lui faire épouser une fille de Lucien. L'empereur ne voulait que ce qui serait utile à ses projets. (*Note du prince de Talleyrand.*)

de l'empereur. Quoi qu'il en soit, M. de Beauharnais promit d'écrire de nouveau et de faire parvenir à M. d'Escoïquiz, qui était obligé de retourner à Tolède, la réponse qu'il recevrait de Napoléon.

Les choses restèrent dans cet état pendant tout le mois d'août et pendant presque tout le mois de septembre. C'est le 30 septembre 1807 seulement, que M. d'Escoïquiz reçut à Tolède une lettre de l'ambassadeur de France dans laquelle se trouvaient comme extraits de la lettre de Napoléon, les mots suivants soulignés : « ..... *Je n'achète point, je ne vends point, je ne fais rien sans garantie. Avez-vous reçu quelque lettre, quelques mots officiels sur cette affaire?* » Les termes de brutale franchise employés dans cette lettre engagèrent M. d'Escoïquiz à se rendre à Madrid. Il y vit M. de Beauharnais au Retiro. Dans ce rendez-vous, l'ambassadeur se plaignit de ce que le prince n'avait pas eu de confiance dans sa première proposition ; et il la lui renouvela plus fortement, disant que rien n'était faisable si Son Altesse Royale n'écrivait pas elle-même. M. d'Escoïquiz, qui croyait depuis longtemps que l'appui de Napoléon était le seul moyen pour le prince d'échapper aux dangers qu'il courait, se laissa entraîner. Il rédigea un projet de lettre, et après avoir su de M. de Beauharnais que les termes qu'il employait conviendraient à Paris, il l'envoya au prince des Asturies qui l'adopta, en fit la copie de sa propre main et la renvoya à M. d'Escoïquiz pour la remettre à l'ambassadeur. Il y joignit un billet, par lequel il continuait à désigner M. d'Escoïquiz comme le seul homme qui eût toute sa confiance dans cette affaire. La lettre du prince des Asturies fait trop bien connaître l'esprit général qui dominait à cette époque, pour ne pas la rapporter dans son entier.

Le prince des Asturies à l'empereur Napoléon :

« A l'Escurial, le 11 octobre 1807.

» Sire,

» Je regarde comme le jour le plus heureux de ma vie, celui auquel j'ai occasion d'exprimer à Votre Majesté Impériale et Royale, à un héros destiné par la Providence pour rétablir la tranquillité, l'ordre et le bonheur dans l'Europe menacée d'un bouleversement total, et pour affermir les trônes ébranlés, les sentiments d'estime, d'admiration et de respect que ses brillantes qualités m'inspirent. J'aurais eu, il y a longtemps, cette satisfaction et celle d'assurer Votre Majesté Impériale et Royale des vifs désirs que j'ai de voir s'accroître l'amitié de nos deux maisons, et de voir l'alliance, si avantageuse aux deux nations, devenir chaque jour plus étroite par le moyen d'un mariage qui m'unît à une princesse de la famille de Votre Majesté. Mais les circonstances où je me trouve m'ont obligé à garder le silence, et ce n'a été qu'en conséquence des explications de M. de Beauharnais, et de la connaissance qu'il m'a donnée de la volonté de Votre Majesté Impériale, que je m'y suis déterminé.

» Je crains que cette démarche, si innocente dans les termes où je la fais et dans la position où je me trouve, ne soit représentée comme un crime si elle vient à être découverte.

» Votre Majesté Impériale et Royale sait bien mieux que moi que les meilleurs rois sont les plus exposés à être les victimes des artifices des hommes ambitieux et intrigants qui les entourent. Notre cour n'en manque point, et le bon cœur, la droiture même de mes chers et respectables parents, les exposent davantage à être surpris par leurs trames déloyales. Je crains donc qu'ils ne les aient prévenus en faveur de quelque autre projet de mariage pour moi, plus à propos pour leurs intérêts particuliers, et je prends la liberté de demander les bons offices de Votre Majesté pour ouvrir les yeux à mes chers parents, et leur faire adopter l'alliance que j'ai l'honneur de lui demander.

» La moindre insinuation de Votre Majesté suffira pour faire évanouir toutes les idées et pour détruire tous les projets de ces malins égoïstes, auprès de Leurs Majestés mes augustes parents, qui l'aiment bien sincèrement.

» Quant à moi, rempli de respect et d'obéissance filiale envers Leurs Majestés, je ne pourrai jouer qu'un rôle passif dans cette affaire, qui sera celui de me refuser à toute autre alliance qui n'aura pas l'approbation de Votre Majesté, et j'attendrai de ses bons offices le bonheur de mes chers parents, celui de ma patrie, et le mien, par le mariage avec la princesse que j'espère recevoir de leurs mains et de celles de Votre Majesté impériale et royale.

» Je suis, etc.

» *Signé :* FERDINAND,
Prince des Asturies. »

Le prince de la Paix eut connaissance, par les intelligences qu'il avait dans la maison de M. de Beauharnais, de ce qui se passait, et il fit écrire sur-le-champ par le roi une lettre que son ambassadeur, le prince Masserano[1], eut ordre de porter

1. Carlo Ferrero-Fieschi, prince Masserano, capitaine des gardes de Charles III, ambassadeur à Paris en 1805, puis grand maître des cérémonies du roi Joseph. Il mourut en 1837.

immédiatement à Napoléon, dans quelque lieu qu'il fût. Cette lettre, arrivée trois jours avant le courrier de M. de Beauharnais, parvint à l'empereur à Fontainebleau. Le roi d'Espagne s'y plaignait fort vivement à Napoléon de ce qu'il entretenait avec son fils des relations secrètes, et il y parlait de la lettre que Napoléon avait dû recevoir du prince des Asturies.

Pendant quelques semaines, les affaires restèrent en suspens en Espagne; mais elles prirent tout à coup un aspect nouveau par l'entrée imprévue d'une armée française dans plusieurs des provinces du royaume. Le but apparent de cette disposition singulière était, on l'a vu plus haut, de contraindre la cour de Portugal à séparer sa cause de celle de l'Angleterre. C'était à la suite des communications faites par le prince des Asturies et des plaintes adressées contre lui par son père à Napoléon, que celui-ci parvint, moitié par terreur, moitié par ambition, à faire consentir le prince de la Paix aux stipulations des deux traités du 27 octobre 1807, que nous croyons devoir insérer ici, à cause de leur importance dans la question qui nous occupe. Nous avons déjà dit que ces traités avaient été négociés à Fontainebleau dans le plus grand mystère, entre M. Izquierdo, l'agent secret du prince de la Paix, et M. le maréchal Duroc, c'est-à-dire Napoléon lui-même.

Voici les traités :

« Sa Majesté l'empereur des Français, roi d'Italie, etc., et Sa Majesté Catholique le roi d'Espagne, désirant de leur plein mouvement régler les intérêts des deux États, et déterminer la condition future du Portugal d'une manière conforme à la politique des deux nations, ont nommé pour leurs ministres plénipotentiaires, savoir : Sa Majesté l'empereur des Français, le général de division Michel Duroc, grand maréchal du palais, et Sa Majesté Catholique le roi d'Espagne, don Eugène Izquierdo de Ribera y Lezaun, son conseiller d'État honoraire, etc., lesquels, après avoir échangé leurs pleins pouvoirs, sont convenus de ce qui suit :

» Article premier. — Les provinces entre Minho et Duero, avec la ville d'Oporto[1], seront données en toute propriété et souveraineté à Sa Majesté le roi d'Étrurie, sous le titre de roi de Lusitanie septentrionale.

» Article II. — Le royaume d'Alentejo et le royaume des Algarves[2] seront donnés en toute propriété et souveraineté au prince de la Paix, pour en jouir sous le titre de prince des Algarves.

» Article III. — Les provinces de Beira, Tras-os-montes et l'Estramadure portugaise[3] resteront en dépôt jusqu'à la paix générale, où il en sera disposé conformément aux circonstances, et de la manière qui sera alors déterminée par les hautes parties contractantes.

» Article IV. — Le royaume de la Lusitanie septentrionale sera possédé par les descendants héréditaires de Sa Majesté le roi d'Étrurie, conformément aux lois de succession adoptées par la famille régnante de Sa Majesté le roi d'Espagne.

» Article V. — La principauté des Algarves sera héréditaire dans la descendance du prince de la Paix, conformément aux lois de succession adoptées par la famille régnante de Sa Majesté le roi d'Espagne.

---

1. C'est-à-dire la partie nord du Portugal, moins la province de Tras-os-montes.

2. Toute la partie méridionale du Portugal, située au sud du Tage, soit six cent mille habitants environ.

3. Toute la partie centrale du Portugal située entre le Tage et le Douro, et en outre la province de Tras-os-montes, soit près de la moitié du royaume.

» Article VI. — A défaut de descendant ou héritier légitime du roi de Lusitanie septentrionale, ou du prince des Algarves, ces pays seront donnés par forme d'investiture à Sa Majesté le roi d'Espagne, à la condition qu'ils ne seront jamais réunis sur une tête, ni réunis à la couronne d'Espagne.

» Article VII.— Le royaume de la Lusitanie septentrionale et la principauté des Algarves reconnaissent aussi comme protecteur Sa Majesté Catholique le roi d'Espagne, et les souverains de ces pays ne pourront, dans aucun cas, faire la guerre ou la paix sans son consentement.

» Article VIII. — Dans le cas où les provinces de Beira, Tras-os-montes et l'Estramadure portugaise, tenues sous le séquestre, seraient à la paix générale rendues à la maison de Bragance, en échange pour Gibraltar, la Trinité et d'autres colonies que les Anglais ont conquises sur les Espagnols et leurs alliés, le nouveau souverain de ces provinces serait tenu envers Sa Majesté le roi d'Espagne aux mêmes obligations qui liaient vis-à-vis d'elle, le roi de la Lusitanie septentrionale et le prince des Algarves.

» Article IX. — Sa Majesté le roi d'Étrurie cède en toute propriété et souveraineté le royaume d'Étrurie à Sa Majesté l'empereur des Français, roi d'Italie.

» Article X. — Lorsque l'occupation définitive des provinces de Portugal aura été effectuée, les princes respectifs qui en seront mis en possession, nommeront conjointement des commissaires pour fixer les limites convenables.

» Article XI. — Sa Majesté l'empereur des Français, roi d'Italie, garantit à Sa Majesté Catholique le roi d'Espagne la possession de ses États sur le continent de l'Europe, au midi des Pyrénées.

Article XII. — Sa Majesté l'empereur des Français, roi d'Italie, consent à reconnaître Sa Majesté Catholique le roi d'Espagne, comme empereur des deux Amériques, à l'époque qui aura été déterminée par Sa Majesté Catholique pour prendre ce titre, laquelle aura lieu à la paix générale, ou au plus tard dans trois ans.

» Article XIII. — Il est entendu entre les deux hautes parties contractantes qu'elles se partageront également les îles, colonies, et autres possessions maritimes du Portugal.

» Article XIV. — Le présent traité sera tenu secret. Il sera ratifié, et les ratifications seront échangées à Madrid, vingt jours au plus tard après la date de la signature.

» Fait à Fontainebleau, le 27 octobre 1807.

» DUROC.   » E. IZQUIERDO. »

CONVENTION SECRÈTE DU MÊME JOUR

« Sa Majesté l'empereur des Français, roi d'Italie, etc., et Sa Majesté Catholique le roi d'Espagne, désirant régler les bases d'un arrangement relatif à la conquête et à l'occupation du Portugal, en conséquence des stipulations du traité signé cejourd'hui, ont nommé, etc., lesquels, après avoir échangé leurs pleins pouvoirs, sont convenus des articles suivants :

» Article premier. — Un corps de vingt-cinq mille hommes d'infanterie et de trois mille de cavalerie, des troupes de Sa Majesté Impériale, entrera en Espagne pour se rendre directement à Lisbonne ; il sera joint par un corps de huit mille hommes d'infanterie espagnole et trois mille de cavalerie, avec trente pièces d'artillerie.

» Article II. — En même temps une division de dix mille

hommes de troupes espagnoles prendra possession de la province d'Entre-Minho-Duero et la ville d'Oporto, et une autre division de six mille hommes de troupes espagnoles prendra possession de l'Alentejo et du royaume des Algarves.

» ARTICLE III. — Les troupes françaises seront nourries et entretenues par l'Espagne, et leur solde sera fournie par la France pendant le temps de leur marche à travers l'Espagne.

» ARTICLE IV. — Dès l'instant où les troupes combinées auront effectué leur entrée en Portugal, le gouvernement et l'administration des provinces de Beira, Tras-os-montes et de l'Estramadure portugaise (qui doivent rester en état de séquestre), seront mises à la disposition du général commandant les troupes françaises, et les contributions qui en proviendront seront levées au profit de la France. Les provinces qui doivent former le royaume de la Lusitanie septentrionale et la principauté des Algarves seront administrées et gouvernées par les divisions espagnoles qui en prendront possession, et les contributions y seront levées au profit de l'Espagne.

» ARTICLE V. — Le corps central sera sous les ordres du commandant des troupes françaises, auquel pareillement, les troupes espagnoles attachées à cette armée seront tenues d'obéir. Néanmoins dans le cas où le roi d'Espagne ou bien le *prince de la Paix* jugeraient convenable de joindre ce corps, les troupes françaises, ainsi que le général qui les commandera, seront soumises à leurs ordres.

» ARTICLE VI. — Un autre corps de quarante mille hommes de troupes françaises sera réuni à Bayonne le 20 novembre prochain au plus tard, pour être prêt à entrer en Espagne, à l'effet de se rendre en Portugal, dans le cas où les Anglais y enverraient des renforts ou le menaceraient d'une attaque.

Néanmoins, ce nouveau corps n'entrera en Espagne que lorsque les deux hautes parties contractantes auront été mutuellement d'accord sur ce point.

Article VII. — La présente convention sera ratifiée et les ratifications seront échangées en même temps que celles du traité de ce jour.

» Fait à Fontainebleau, le 27 octobre 1807.
» DUROC.   » IZQUIERDO. »

L'entrée des troupes françaises en Espagne fut considérée de diverses manières, suivant les différents intérêts qui divisaient alors ce malheureux pays.

Le prince de la Paix la regarda comme un moyen de mettre à exécution ses vues sur la souveraineté d'une partie du Portugal, qui lui avait été assurée par le traité de Fontainebleau.

Les personnes attachées au prince des Asturies y virent un moyen employé par Napoléon pour en imposer au prince de la Paix, que l'on supposait porté à mettre obstacle au mariage du prince et à l'abdication du roi Charles, qui devait en être la suite.

La masse du peuple espagnol regardait l'empereur Napoléon comme un protecteur désintéressé, qui allait soustraire la nation à l'oppression du prince de la Paix, et établir avec le pays des rapports qui seraient avantageux pour la France et pour l'Espagne.

Peu de mois après, toutes ces chimères s'évanouirent. On arrêta d'abord le prince des Asturies comme coupable de lèse-majesté, dès la fin du mois d'octobre. Plus tard le prince de la Paix manqua de périr dans une émeute, et n'échappa à la mort que pour être, à son tour, jeté en prison. Quant au peuple espagnol, qui avait aussi désiré l'arrivée des Français, et qui les regardait comme des libérateurs, il eut à éprouver de leur part, à Burgos et surtout à Madrid, des rigueurs auxquelles il ne s'attendait pas.

C'est le jour même où l'on signait le traité de Fontainebleau, le 27 octobre 1807 à dix heures du soir, que l'héritier de la couronne d'Espagne était arrêté à l'Escurial. On l'accusait, ce sont les termes du décret : *d'avoir voulu détrôner son père et d'avoir voulu le faire assassiner*. Le même décret portait que *le roi avait reçu cet avis d'une main inconnue*, et que l'affaire serait jugée devant un tribunal, composé du gouverneur de Castille, don Arias Mon, de don Dominigo Fernandez de Campomanès, et de don Sébastien de Torrès; le greffier devait être l'alcade de cour, don Benito Arias de Prada. Par égard pour la personne du prince, on chargea le gouverneur de Castille et le ministre de la justice, le marquis de Cavallero[1], de recevoir ses déclarations. Les personnes accusées comme complices étaient : M. d'Escoïquiz, le duc de l'Infantado, le marquis d'Orgaz, le comte de Bornos, don Juan Emmanuel de Villena, don Pedro Giraldo. Emprisonnés dans les cellules de l'Escurial, on les priva de toute communication entre elles et avec le dehors. Aux trois juges que je viens de nommer, et à leur demande, après deux mois et demi d'instruction, on adjoignit huit autres juges tirés du conseil de Castille. Le nombre des juges se trouva ainsi porté à onze. Ils déclarèrent à l'unanimité,

---

1. Joseph, marquis de Cavallero, né à Saragosse en 1760, fiscal du conseil suprême de la guerre (1794) ministre de la justice (1798). Il fut destitué en 1803, mais resta conseiller d'État et chef du conseil des finances. Président de la section de justice au conseil d'État sous le roi Joseph, il se réfugia en France en 1814, revint en Espagne en 1820 et mourut en 1821.

le 11 janvier 1808, que le prince et les autres accusés n'étaient pas coupables. La sentence fut envoyée au roi qui ne la fit point publier et qui, peu de jours après, exila dans divers endroits toutes les personnes contre lesquelles l'accusation avait été dirigée. Le prince des Asturies resta consigné dans son palais.

Pendant l'instruction du procès, le nombre des troupes françaises entrées dans le royaume augmentait, et elles prenaient des positions rapprochées de Madrid, telles que celles de Ségovie, Avila[1], Olmedo et Aranda de Duero. Ces positions qui n'étaient pas dans la direction qu'indiquait une expédition venant de France pour aller en Portugal, et la manière dont on s'empara de Pampelune et de Barcelone[2] pouvaient faire croire à quelques intentions menaçantes pour l'Espagne elle-même. Des explications entre les deux gouvernements dissipèrent un moment les inquiétudes, mais pas assez cependant pour que le prince de la Paix ne crût pas devoir donner l'ordre aux troupes espagnoles qui marchaient vers le Portugal, sous le commandement du lieutenant général Solano[3], de faire un mouvement rétrograde. L'ambassadeur de France eut l'air de l'ignorer, et reçut au bout de quelques jours l'ordre de dire que le gouvernement espagnol par le mouvement qu'il venait

---

1. Ségovie et Avila ne sont situées qu'à environ 80 kilomètres nord-ouest de Madrid.

2. Ces deux villes furent enlevées de vive force et par surprise par les troupes françaises.

3. Don Francisco Solano, marquis del Socorro (1770-1808). Fervent admirateur et partisan de la France, il servit comme simple soldat dans l'armée de Moreau. Nommé plus tard capitaine-général de l'Andalousie, il chercha à prévenir puis à apaiser l'insurrection, et fut assassiné à Cadix dans une émeute.

de faire faire à ses troupes, manquant aux dispositions convenues et nécessaires pour l'occupation du Portugal, l'empereur se trouvait obligé pour le succès de l'expédition, de faire entrer en Espagne des forces plus considérables que celles dont le traité autorisait l'introduction. Dans la crainte d'un contre-ordre du gouvernement espagnol à ses troupes qui, en effet, arriva peu de temps après, Napoléon fit faire aux siennes des marches forcées, et il occupa en peu de jours d'autres places frontières de Catalogne, de Navarre et de Guipuscoa, telles que Figuière, Saint-Sébastien, etc.

La cour d'Espagne voulait paraître rassurée; les communications entre les deux gouvernements suivaient l'ordre ordinaire, pendant que le pays était envahi, sans rien comprendre à de si graves événements. Le prince de la Paix commença toutefois à perdre un peu de la confiance qu'il avait dans Napoléon, et songea à se diriger, avec la famille royale, vers le port de Cadix. Sans oser d'abord avouer tous ses projets, il se borna à proposer un voyage en Andalousie. Le 13 mars 1808, il en fit la proposition au roi qui adopta le plan, et donna cette nuit-là même les ordres nécessaires au marquis de Mos, grand maître du palais, au premier secrétaire d'État, Don Pedro Cevallos[1], et au marquis de Cavallero, ministre de la justice. Ce départ, d'abord fixé à un jour très proche, fut remis au 16 mars, ce qui donna le temps au marquis de Cavallero de s'opposer à un projet qu'il désapprouvait. Son avis particulier était que le

---

1. Don Pedro Cevallos, né en 1764, était ministre des affaires étrangères. Très attaché au prince des Asturies, il fut constamment l'adversaire du roi Joseph, et devint le chef de la Junte nationale. Au retour de Ferdinand, il rentra au ministère et fut ensuite nommé ambassadeur à Naples, puis à Vienne. Il fut disgracié en 1820, et mourut en 1840. Il avait épousé une nièce du prince de la Paix.

roi devait attendre à Madrid ou à Aranjuez l'arrivée de Napoléon, pour prendre avec lui une détermination sur les affaires politiques des deux pays. Les raisons données par le marquis de Cavallero au roi, en présence de la reine, produisirent assez d'impression pour faire révoquer l'ordre du départ, qui commençait à n'être plus un secret. Les réquisitions faites pour se procurer des voitures et des chevaux de transport, le départ de madame Tudo[1] qui avait traversé Aranjuez en voiture de voyage menant avec elle ses enfants; toutes ces circonstances rapprochées avaient causé de l'agitation dans le peuple.

Un décret mal rédigé dont l'objet était de rassurer et qui produisit un effet contraire, accrut l'indignation déjà si forte contre le prince de la Paix. On l'accusa hautement d'avoir conseillé au roi d'abandonner Madrid. Ce conseil, disait-on, ne pouvait venir que d'un homme qui avait cherché à faire passer dans l'âme du roi ses craintes personnelles; le moment est venu, ajoutait-on, de délivrer le pays de son oppresseur. Les gardes du corps qui, depuis plusieurs mois n'avaient pas reçu leur solde, se montraient mécontents d'un déplacement onéreux pour eux; les domestiques du palais, dont les gages étaient également en retard, et qui trouvaient quelques secours à Madrid et à Aranjuez, étaient dans la plus grande inquiétude. Leurs craintes se répandirent dans le bas peuple; l'agitation se manifestait depuis plusieurs jours; la haine que le peuple portait au prince de la Paix était encore augmentée par les instigations de ceux qui, craignant son retour et ses vengeances, l'auraient vu, sans peine, succomber dans une émeute. Les mouvements populaires sont bien commodes pour

---

1. Doña Josefa Tudo était la maîtresse du prince de la Paix.

les intrigants ; les fils s'y rompent, et les recherches deviennent impossibles. Aucune mesure de précaution n'avait été prise ; il n'y avait à Aranjuez que le nombre de troupes nécessaire pour le service ordinaire ; et encore n'avait-on pas choisi celles sur lesquelles on pouvait compter davantage. Deux régiments suisses, fidèles et disponibles, avaient été laissés et presque oubliés à Madrid.

Dans cet état de choses, le plus léger événement pouvait avoir des suites incalculables. La nuit du 17 au 18 mars avant minuit, une querelle, dans laquelle il y avait eu quelques coups de pistolet tirés entre une patrouille de carabiniers et des gardes du corps, devint le signal de l'insurrection. Le peuple parut en foule ; sa passion le porta vers la maison du prince de la Paix ; il en enfonça les portes. Les gardes du corps qui étaient à Aranjuez et les gardes espagnoles et wallones, ne consultant que leur devoir, accoururent pour arrêter le désordre. Malgré tous leurs efforts, la maison fut pillée ; on n'y trouva pas le prince qui s'était réfugié dans les combles, à une place que, par prévoyance, il avait fait préparer, et que chaque année de son administration avait rendue plus nécessaire. Le peuple, au milieu de ce tumulte, s'attacha à témoigner par les cris de : « A bas Godoï ! vive le roi ! vive la reine ! vive le prince des Asturies ! » quel était véritablement l'objet de sa haine ; il donna même des marques d'égards à la princesse de la Paix que l'on conduisit au palais avec la duchesse d'Alcudia, sa fille. L'effervescence dura toute la nuit, et au point du jour, le peuple, voulant montrer au roi son respect et son attachement, se porta à la place du palais, demandant à voir le roi qui vint sur le balcon avec toute la famille royale ; et là, à plusieurs reprises, ils furent applaudis et accueillis par les plus vives démonstrations d'amour et de fidélité. Quelques signes de bonté et de sensibilité du roi, et la condescendance qu'il eut de déclarer lui-même qu'il ôtait au prince de la Paix les emplois de généralissime et d'amiral, suffirent pour faire retirer cette multitude et pour rétablir ce jour-là la tranquillité.

Les troupes, rassurées sur les dispositions du peuple envers le roi, virent avec plaisir l'humiliation du prince de la Paix. On le croyait en fuite, et la foule qui d'abord ne semblait vouloir qu'en être délivrée, se retirait et paraissait satisfaite. Le 19, le bruit se répandit dans la ville que le prince était caché dans sa maison; il y avait été découvert par un factionnaire qui s'était refusé à lui donner les moyens de s'échapper. On accourut de toutes parts. Le prince, apercevant quelques troupes dans la rue, s'y élança; avant de parvenir aux gardes du corps qui l'entourèrent, il reçut plusieurs coups à la tête. Le roi, informé de ce qui se passait, pensant que le prince des Asturies aurait plus de crédit sur le peuple que lui-même, engagea son fils à aller annoncer à cette foule immense qui était près du palais, que le prince de la Paix serait jugé. Le prince des Asturies exécuta promptement les ordres de son père; il s'adressa à ceux qui paraissaient les plus animés et leur promit, s'ils se retiraient, que le prince serait conduit en prison et jugé suivant toute la rigueur des lois. Ces promesses, le chemin que l'on faisait peu à peu, les soins des gardes du corps firent arriver le prince de la Paix à la caserne des gardes. On ferma les portes, et il fut conduit dans une chambre qui, par un de ces hasards destinés à donner aux hommes de grandes leçons, se trouva être la même que celle qu'il occupait lorsqu'il était simple garde du corps.

Dans le premier moment, le roi résolut d'envoyer le prince de la Paix à Grenade, au château de l'Alhambra; on renonça bientôt à ce projet, parce qu'on craignit que le peuple ne montrât du mécontentement, en voyant s'éloigner et peut-être s'évader celui dont il demandait le châtiment.

L'irrésolution dans laquelle l'absence du prince de la Paix laissait le roi, les inquiétudes qui agitaient son esprit, le peu de confiance qu'il avait en lui-même, la vie toute matérielle qu'il avait menée depuis beaucoup d'années, tout enfin lui fit penser que sa santé était assez affaiblie pour que, dans des circonstances aussi difficiles, il pût, sans déshonneur, abdiquer la couronne. Peut-être fut-il aussi déterminé par la crainte qu'il avait, ainsi que la reine, de voir massacrer sous leurs yeux l'homme qui, depuis si longtemps et avec tant d'empire, jouissait de leur confiance et de toute leur faveur; mais enfin, cette détermination, quel qu'en soit le motif, fut prise sans avoir consulté personne. Le roi fit appeler M. de Cevallos et lui ordonna de rédiger dans les formes un acte d'abdication. M. de Cevallos était déjà prévenu de cette résolution du roi par les membres du corps diplomatique que Sa Majesté avait vus le matin, et devant qui Elle avait formellement déclaré que les circonstances l'engageaient à mettre à exécution un projet, que son âge et ses infirmités lui avaient fait concevoir depuis longtemps, et qu'Elle allait remettre la couronne en des mains plus jeunes et plus capables d'en soutenir le fardeau. Le roi, adressant ensuite directement la parole à M. de Strogonoff[1], ministre de Russie, lui dit, avec un air de satisfaction, que jamais il n'avait pris une résolution qui lui fût plus

---

1. Grégoire Alexandrowitch, comte Strogonoff, ambassadeur de Russie à Constantinople, puis à Madrid et à Londres. Il mourut en 1857.

agréable. Son langage resta le même pendant tout le jour avec les personnes qu'il eut occasion de voir, et particulièrement avec ses ministres, le capitaine des gardes du corps et le colonel des gardes wallones.

Le 19 au soir, l'acte d'abdication étant signé et revêtu de toutes les formalités nécessaires, le roi ordonna au prince des Asturies de se rendre auprès de lui, le lui communiqua, et le fit publier. Le prince, immédiatement après avoir baisé la main du roi son père reçut par son ordre les félicitations et les hommages de la maison de Sa Majesté et de toute la cour. Le nouveau roi, voulant que le premier acte de son règne fut agréable au roi son père, prit sur-le-champ, les mesures qu'il jugea les plus propres à arrêter les mouvements du peuple, qui, à Madrid, se dirigeaient contre les parents et les amis du prince de la Paix. Les ministres du roi Charles IV furent conservés dans leurs emplois, à l'exception de M. Solar, qui, partisan du prince de la Paix avait été obligé dans les premiers moments des troubles d'Aranjuez de se tenir à l'écart. On le remplaça par M. d'Azanza[1], ancien vice-roi du Mexique : le duc de l'Infantado, auquel l'opinion publique était favorable, devint président du conseil de Castille et colonel des gardes espagnoles. Le prince de la Paix fut transféré à Pinto sous la garde du lieutenant général, marquis de Castellar.

1. Don Joseph Miquel de Azanza, né en 1746, fut d'abord chargé d'affaires en Russie puis en Prusse. Il entra ensuite dans l'armée, fut nommé ministre de la guerre en 1795, puis vice-roi du Mexique. Revenu en Espagne en 1799, il devint ministre des finances à l'avènement de Ferdinand (1808). Il fut un des premiers à se rallier au roi Joseph, devint ministre de la justice, puis des affaires étrangères. Exilé en 1814, il se réfugia en France où il mourut.

Ces premières dispositions prises, le nouveau roi crut qu'il était convenable qu'il se rendît à Madrid, et qu'il y passât quelque temps. Cette résolution, à laquelle il fut porté par les instances du peuple de la capitale, et peut-être aussi par le secret désir qu'il avait de voir donner une sanction générale aux actes brusques et importants qui s'étaient passés à Aranjuez, peut avoir eu une influence majeure sur les destinées de l'Espagne, puisque par cette démarche, Ferdinand se fermait le chemin de l'Andalousie. Cette réflexion échappa sans doute au grand-duc de Berg[1] qui informé du projet du roi, engagea M. de Beauharnais à se rendre à Aranjuez, pour dissuader Sa Majesté de venir à Madrid, tant que les troupes françaises y seraient. Le roi, en refusant d'accéder à la proposition que lui faisait l'ambassadeur, mit en avant les engagements qu'il avait pris avec sa capitale.

L'arrivée du roi à Madrid annoncée par une proclamation, eut l'effet de rétablir l'ordre dans la ville. Les habitants de toutes les classes se portèrent à sa rencontre, et avec les expressions les plus vives et les plus sensibles, lui témoignèrent leur allégresse, et montrèrent les espérances que le nouveau règne leur inspirait.

L'objet, qui dans ce moment remplissait toutes les têtes et occupait uniquement, ne laissait pas apercevoir dans quelle situation se trouvait le pays. A peine si quelques habitants de Madrid, savaient que la ville était entourée de soixante mille Français; et le 23 mars, lorsque le grand-duc de Berg, suivi de son état-major, était entré dans Madrid, il avait étonné la plus

---

1. Murat, grand-duc de Berg, était alors lieutenant de l'empereur en Espagne, et résidait à Madrid.

grande partie des habitants qui ignoraient son arrivée dans le royaume, et il n'avait effrayé personne. L'espèce d'étourderie révolutionnaire qui agitait les esprits, portait la multitude à croire qu'il n'y avait pas de dangers dont ne pouvaient triompher les hommes qui avaient abattu la puissance du prince de la Paix.

Le lendemain de l'arrivée du roi Ferdinand VII à Madrid, les ministres étrangers, à l'exception de l'ambassadeur de France, du ministre de Hollande et du chargé d'affaires de Saxe[1], se présentèrent au palais pour avoir l'honneur de faire leur cour au nouveau roi.

M. de Beauharnais, l'ambassadeur de France, le vit en particulier, et lui annonça la prochaine arrivée de l'empereur en Espagne. Les relations qu'il avait eues précédemment avec le roi, l'autorisaient à croire qu'il pouvait lui conseiller d'aller au-devant de Napoléon. Il l'engagea même à poursuivre son voyage jusqu'à Bayonne, l'assurant que l'empereur, sensible à cette preuve de confiance, ne tarderait pas un moment à le reconnaître comme roi d'Espagne, et à lui accorder en mariage une de ses nièces. L'ambassadeur ajouta ensuite qu'il était convenable que le roi prît les précautions nécessaires pour mettre la vie du prince de la Paix hors de tout danger, et donnât des ordres pour qu'on suspendît la procédure commencée contre lui. Le grand-duc de Berg qui vit deux fois le roi Ferdinand VII chez la reine d'Etrurie, lui tint le même langage, avec cette différence qu'en parlant du prince

---

1. Le ministre de Hollande était M. de Verhuel, et le chargé d'affaires de Saxe, le baron de Forell. — On sait que Louis Bonaparte était alors roi de Hollande et que le roi de Saxe était entièrement dévoué à Napoléon, ce qui explique la réserve des deux diplomates.

de la Paix, ses expressions étaient moins mesurées, que celles de M. de Beauharnais. L'un et l'autre, en adressant la parole au roi, ne se servirent que du titre d'Altesse Royale; ils mirent même quelque affectation à répéter cette qualification. Le roi ne prit avec eux aucun engagement; ses réponses furent polies, et un peu d'embarras l'aida à les rendre fort laconiques.

Les circonstances difficiles dans lesquelles se trouvait le roi Ferdinand l'engagèrent à se former immédiatement un conseil particulier. Il le composa de MM. de l'Infantado, d'Escoïquiz, de San Carlos[1], de Cevallos, Cavallero, Olaguer et Gil de Lemos. Le duc de San Carlos eut la place de grand maître de la maison du roi, le marquis de Mos qui la remplissait ayant été destitué. Le roi chargea particulièrement M. d'Escoïquiz de suivre toutes les affaires que le cabinet devait avoir à traiter avec l'ambassadeur de France et le grand-duc de Berg. Le choix de M. d'Escoïquiz avait été déterminé par l'idée que l'ambassadeur de France, dans la position duquel on croyait voir une sorte de gêne, serait plus à son aise, ou, ce qui était également instructif, plus embarrassé avec M. d'Escoïquiz qu'avec aucun autre membre du conseil.

La première conférence de M. d'Escoïquiz avec l'ambassa-

1. Don Joseph Michel de Carvajal, duc de San Carlos, né en 1771, fut maréchal de camp, puis chambellan du prince des Asturies et gouverneur de ses enfants. Vice-roi de Navarre en 1807, il fut compromis dans le complot de l'Escurial et disgracié en 1808. Ferdinand le rappela dans son conseil. Le duc suivit son maître à Valençay, mais fut bientôt après interné à Lons-le-Saunier. Il revint en Espagne en 1814, fut nommé ministre d'État, puis ambassadeur à Vienne (1815) et à Londres (1817). Lors de la révolution de 1820, il se retira à Lucques où régnait une infante d'Espagne (la duchesse Marie-Louise, ancienne reine d'Étrurie) et fut nommée par elle ministre en France. Après le retour de Ferdinand il devint ambassadeur d'Espagne à Paris. Il mourut en 1828.

deur de France eut lieu peu de jours après; mais elle ne jeta aucun jour sur l'état des affaires. Le grand-duc de Berg y assistait ; leur langage fut le même. A travers la volubilité menaçante de Murat, et les paroles douces, vagues et réservées de M. de Beauharnais, M. d'Escoïquiz crut voir que l'intérêt véritable des deux personnages principaux que l'on supposait agir par ordre direct de Napoléon, portait spécialement sur le voyage de Ferdinand, VII à Bayonne, où il devait trouver l'empereur, et sur la suspension du procès du prince de la Paix. M. de Beauharnais, contenu et dirigé dans cette conférence par le langage du grand-duc de Berg, s'aperçut qu'il n'avait pas été jusqu'alors dans le sens véritable de son gouvernement, et comme les gens qui changent d'opinion, non par réflexion mais uniquement par intérêt, il se jeta sans aucune réserve dans toutes les idées du grand-duc de Berg, à qui il n'inspira pas autant de confiance que son changement lui en fit perdre dans le parti du roi Ferdinand. Le grand-duc de Berg termina cette conférence en faisant observer à M. d'Escoïquiz qu'il était important de prendre des mesures pour faire cesser l'agitation, que commençait à produire dans le peuple la présence d'un aussi grand nombre de Français à Madrid.

Ce changement de dispositions envers les Français venait de ce que le peuple croyait n'en avoir plus besoin. Il s'était délivré par ses propres efforts de l'oppression du prince de la Paix, et il était plein de confiance dans le nouveau roi; ainsi, ne regardant plus les Français comme des libérateurs, il les trouvait des hôtes fort chers et fort incommodes.

M. d'Escoïquiz rendit compte au conseil de sa conférence avec le grand-duc de Berg et l'ambassadeur de France. On lui adjoignit pour la suite des conférences le duc de l'Infantado ; et l'un et l'autre furent chargés par le roi de se rendre auprès de Murat, et de lui dire que l'intention du roi Ferdinand VII était d'aller à la rencontre de l'empereur, aussitôt qu'il aurait des nouvelles certaines de son arrivée sur la frontière, mais que les lettres de France n'apprenaient point encore son départ de Paris ; que, quant au prince de la Paix, il ne pouvait suspendre son procès, parce que la suite et la publicité de cet acte de justice étaient un de ses devoirs envers la nation, mais qu'il promettait que la sentence, quelle qu'elle fût, ne serait exécutée qu'après avoir été soumise à l'approbation de l'empereur. MM. de l'Infantado et d'Escoïquiz ajoutèrent qu'on venait de prendre les mesures les plus efficaces pour rétablir la tranquillité à Madrid, et, en effet, il avait été ordonné à tous les propriétaires de faire nuit et jour des patrouilles dans les quartiers qu'ils habitaient. La garnison de Madrid, sur la demande du grand-duc de Berg, avait été réduite à deux bataillons de gardes espagnoles et wallones et aux gardes du corps. Ce peu de troupes était employé à faire exécuter les ordres des magistrats de police, et à arrêter les querelles qui pouvaient s'élever entre les habitants de la ville et les Français.

Ces réponses ne satisfirent point Murat, qui, après avoir insisté avec la plus grande force, à l'égard du sursis du procès du prince de la Paix, se plaignit amèrement des retards qu'éprouvaient dans l'exécution et même dans les réponses, toutes les demandes qu'il faisait pour l'entretien de ses troupes. On put voir dans ces nouvelles plaintes des motifs d'action indépendante dont il se servirait suivant ses vues, et cette remarque eut, peu de jours après, son application. Un corps de troupes à cheval, sous le prétexte de chercher des fourrages, vint avec de l'artillerie occuper les hauteurs de Pinto. M. de Castellar instruisit le roi de cette nouvelle disposition. Après quelque altercation entre le grand-duc de Berg et le gouvernement espagnol à ce sujet, ce dernier décida que le prince de la Paix serait transféré de Pinto au château de Villa-Viciosa, situé à trois lieues de Madrid, et où il n'y avait pas de troupes françaises.

Le conseil du roi se croyait parfaitement en sûreté de ce côté, lorsque le grand-duc de Berg fit appeler chez lui M. de l'Infantado et M. d'Escoïquiz, et leur déclara qu'il avait reçu de nouveaux ordres de l'empereur pour demander que la personne du prince de la Paix fût remise entre ses mains. Il s'engageait à faire conduire le prince hors d'Espagne, et donna sa parole d'honneur que jamais il ne rentrerait dans le pays, ajoutant que la volonté de l'empereur était si précise, qu'il était de son devoir de s'emparer par la force du prince de la Paix, s'il ne lui était pas remis immédiatement. Le roi autorisa MM. de l'Infantado et d'Escoïquiz à répondre que l'arrivée de l'empereur était annoncée comme devant être très prochaine, et qu'elle serait si décisive pour les affaires intérieures de l'Espagne, dont il allait devenir l'arbitre, que l'on ne doutait pas que le grand-duc ne retardât jusqu'à ce moment les voies de fait qu'il avait menacé d'employer. Ils ajoutèrent que, si on recourait à la force pour enlever le prince de la Paix, sa sûreté serait certainement compromise par suite du mouvement populaire inévitable que provoquerait une pareille mesure.

Aux instances menaçantes de Murat se joignirent celles de

l'ambassadeur et du général Savary[1]. Ce dernier, en présentant les mêmes demandes au nom de l'empereur qu'il avait quitté depuis peu de jours seulement, apporta des nouvelles positives de son arrivée à Bordeaux. Il se plut à parler des dispositions de Napoléon pour Ferdinand VII, en employant toutes les formes qui devaient inspirer de la confiance. Ainsi, il assurait que le nouveau roi serait reconnu; que son mariage serait conclu; que l'intégrité de l'Espagne serait garantie à la première entrevue que le prince aurait avec l'empereur; et que, pour tant d'avantages, l'empereur voulait seulement entendre de la bouche du prince à qui il se confiait, que l'Espagne, sous son autorité, serait une alliée de la France aussi fidèle qu'elle l'avait été après le pacte de famille.

Les mêmes demandes, les mêmes réponses répétées pendant plusieurs jours laissèrent les choses dans le même état, jusqu'au 8 d'avril où le roi après avoir pris l'avis de son conseil, se décida à envoyer l'infant don Carlos[2] au-devant de Napoléon. Le prince devait aller jusqu'à Paris même, s'il ne le trouvait pas en chemin. Il était porteur d'une lettre du roi, son frère, dans laquelle, après avoir parlé du désir de faire avec l'empereur la plus étroite alliance, et lui avoir renouvelé la demande d'une

---

1. René Savary, né en 1774 à Marc près Vouziers, entra de bonne heure à l'armée et était colonel de gendarmerie en 1800. Très attaché à l'empereur, il devint général de division et duc de Rovigo, et fut nommé ambassadeur à Petersbourg en 1807. En 1808, il commanda un instant les troupes françaises en Espagne. Il devint ministre de la police en 1810. Condamné à mort par contumace en 1815, il revint en France et fit casser son jugement. Il vécut dans la retraite sous la Restauration. En 1831, il fut nommé gouverneur de l'Algérie, et mourut en 1833.

2. L'infant don Carlos, deuxième fils du roi Charles, était né en 1788. En 1808, il suivit Ferdinand à Valençay, et ne revint en Espagne qu'en 1814. A la mort du roi son frère, il réclama inutilement le trône au nom de la loi salique. Le parti carliste date de cette époque.

de ses nièces en mariage, il annonçait qu'il irait au-devant de Sa Majesté, dès qu'il la saurait près des frontières d'Espagne. Il terminait sa lettre en remettant à la décision équitable de Sa Majesté Impériale, l'affaire du prince de la Paix.

L'infant partit avec cette lettre le 9 avril. Il était accompagné de MM. le duc d'Hijar, Vallejo, Macanaz[1], et du marquis de Feria. A Bayonne, il trouva M. le duc de Frias, le duc de Médina-Cœli et le comte de Fernan-Nunès[2], déjà envoyés par le roi Ferdinand pour complimenter Napoléon, qui, peu de jours après arriva à Bayonne.

La nouvelle de son départ de Paris parvint à Madrid le 11 avril. Le roi Ferdinand, fatigué de toutes les demandes du grand-duc de Berg, des instances du général Savary, des conseils de M. de Beauharnais, prit la résolution de partir le 10 pour Burgos. Ses ministres le lui avaient unanimement conseillé. Ne voyant au roi, ni le moyen de négocier, ni le moyen de se défendre, ni celui de fuir, ils pensèrent qu'il n'y avait pour ce malheureux prince d'autre parti à prendre que de se remettre avec confiance dans les mains de Napoléon.

On ne pouvait pas négocier puisque Ferdinand VII n'était pas reconnu, que Napoléon n'avait répondu à aucune de ses lettres, et que l'on était fondé à soupçonner que les rapports

---

1. Don Pedro Macanaz, né en 1760, fut secrétaire d'ambassade en Russie. Il accompagna les princes d'Espagne en France, fut enfermé quelque temps à Vincennes, et gardé ensuite à Paris en surveillance. En 1814 il devint ministre de la justice, fut arrêté pour malversations et subit deux ans de prison. Il mourut peu après.

2. Le comte de Fernan-Nunès, né en 1778, était l'un des plus ardents partisans du prince des Asturies. Il accepta néanmoins la charge de grand-veneur à la cour du roi Joseph, mais, convaincu de trahison il dut s'enfuir. En 1815, il fut nommé par Ferdinand ambassadeur à Londres, puis à Paris en 1817. Il mourut en 1821.

fréquents qui avaient lieu entre le roi, la reine et le grand-duc de Berg, par l'entremise de la reine d'Étrurie, avaient pour objet d'engager le roi Charles IV à revenir sur son abdication. Cette négociation intérieure, qui avait eu M. de Monthion[1], adjudant général, pour messager, et la reine d'Étrurie pour instrument, produisit l'acte antidaté du 21 mars, dans lequel le roi Charles IV déclare :

« Je proteste et déclare que mon décret du 19 mars, par lequel j'abdique la couronne en faveur de mon fils, est un acte auquel j'ai été forcé pour prévenir de plus grands malheurs et l'effusion du sang de mes sujets bien-aimés. Il doit, en conséquence, être regardé comme de nulle valeur.

» Moi, LE ROI. »

La suite naturelle de cette protestation, qui n'était encore que soupçonnée par les ministres de Ferdinand VII, devait être un recours du roi Charles à Napoléon contre son fils rebelle et usurpateur.

On ne pouvait pas se défendre ; les forces essentielles du royaume étaient affaiblies par l'absence d'un corps de près de vingt mille hommes, qui combattait dans le nord de l'Europe avec les armées françaises, sous le commandement du marquis de La Romana. Ferdinand VII avait à peine trois mille hommes autour de lui ; le peuple était sans armes, et, lorsque sous un prétexte quelconque, on parlait de faire approcher de Madrid quelques bataillons, le grand-duc de

---

[1]. Le général Monthion avait été chargé par Murat de se rendre auprès de Charles IV, pour le déterminer à protester contre son abdication en faveur de Ferdinand. (Voir sur cet épisode les *Mémoires sur les affaires d'Espagne*, par l'abbé de Pradt.)

Berg s'y opposait avec toute la hauteur que pouvaient lui inspirer les cent cinquante mille hommes qu'il commandait.

On ne pouvait pas fuir; les moindres préparatifs en auraient dénoncé le projet; les inquiétudes de ce genre, qu'avait données Charles IV peu de jours auparavant, tenaient le peuple en grande observation. Le roi était entouré d'espions; peut-être y en avait-il dans le conseil même, quoique M. Cavallero et M. Olaguer n'en fussent plus membres et eussent été remplacés par MM. Penuelas et O'Farril[1]. D'ailleurs, se retirer sans armée, sans places fortes, sans argent, à Algésiras même, c'était un parti désespéré. Dans le conseil, il n'y avait point d'hommes forts.

On savait, en outre, que dans un traité ébauché à Paris vers le 20 mars par M. Izquierdo, Napoléon avait fait insérer parmi les bases d'un arrangement l'obligation, pour l'Espagne, de lui céder une portion de son territoire, en fixant à l'Èbre la limite des deux pays. Personne n'était révolté de cette idée; on trouvait pénible, il est vrai, la nécessité de faire ce sacrifice, mais on espérait qu'au moment du mariage, Napoléon abandonnerait ce projet et se bornerait à assurer la route militaire qui était nécessaire à la France pour communiquer avec le Portugal et à obtenir, pour le commerce français, l'introduction libre de droits en France des produits des colonies espagnoles.

Ferdinand VII, avant de quitter Madrid, chargea des soins

---

1. Don Gonzalo O'Farril, né en 1753 d'une famille irlandaise au service de l'Espagne, était lieutenant-général et inspecteur d'infanterie. Il devint en 1308 ministre de la guerre du roi Ferdinand. Après le départ du roi, il fit partie de la Junte de gouvernement présidée par l'infant Antonio. Toutefois, il reconnut le roi Joseph et le servit avec fidélité. Condamné à mort en 1814 il se réfugia en France où il mourut.

du gouvernement, pour le temps de son absence, une junte, présidée par l'infant don Antonio[1], son oncle, et composée de MM. Penuelas, O'Farril et Azanza. Il se fit accompagner de MM. de l'Infantado, San Carlos, Cevallos, d'Escoïquiz, Musquiz, Labrador[2], et d'une partie peu considérable de son service. Il n'avait avec lui qu'un seul escadron des gardes du corps. Deux compagnies des gardes espagnoles et wallones eurent ordre d'aller l'attendre à Burgos. Il mit trois jours pour s'y rendre. La détermination que l'on avait prise avait été précédée de tant d'irrésolution, que tous les motifs de lenteur convenaient à la disposition dans laquelle étaient le roi et sa suite. Le roi trouva les chemins couverts de troupes françaises de toutes armes, et il ne rencontra pas un seul soldat espagnol sur sa route. A Burgos, le maréchal Bessières était à la tête d'un corps d'environ dix mille hommes; il offrit au roi, pour se rendre à Vittoria, les relais préparés pour Napoléon; le roi en profita. Le général Savary qui, jusque-là, l'avait accompagné, prit les devants et se rendit à Bayonne, d'où il revint le 18 à Vittoria, avec de nouvelles instructions. Vittoria était occupée par la première brigade de la division du général Verdier, qui était composée d'environ quatre mille hommes. Le général Lefebvre avait amené la veille, de Burgos, deux cents dragons de la garde,

---

1. L'infant don Antonio, frère du roi Charles IV était né en 1755. Il avait épousé sa nièce, l'infante Marie-Amélie.

2. Pedro Gomes Kavelo, marquis de Labrador, né en 1775. Il était en 1807 ministre d'Espagne à Florence. Il suivit le roi Ferdinand à Valençay, fut en 1814 nommé conseiller d'État, ensuite ambassadeur à Paris et plénipotentiaire au congrès de Vienne. Il devint plus tard ambassadeur à Naples, puis à Rome, et mourut en 1850.

et le lieutenant-colonel Henri s'y trouvait avec cinquante gendarmes d'élite. Le 20, le maréchal Bessières devait s'y rendre avec quatre bataillons de la garde de Napoléon.

Le roi Ferdinand VII logea à l'hôtel de ville de Vittoria et s'y arrêta trois jours. Le général Savary lui apporta une lettre de Napoléon. Malgré l'obscurité que présentaient quelques expressions de cette lettre, les difficultés de la situation dans laquelle se trouvait le roi Ferdinand étaient telles, qu'on était porté à donner des interprétations favorables à tout ce qui venait de Napoléon, et cette disposition était la même parmi toutes les personnes attachées au roi, même parmi celles qui l'avaient précédé à Bayonne. M. de Fernan-Nunès, MM. d'Hijar, Vallejo et Macañaz mandaient qu'ils attendaient les plus heureux résultats de l'entrevue des deux souverains.

Le roi, tout décidé qu'il croyait être à se rendre à Bayonne, aimait à se faire donner des raisons pour continuer sa route. Plusieurs fois dans la journée, il prenait l'avis de son conseil, et quoique l'opinion fût toujours la même, il consultait encore. Les lenteurs occasionnées par l'inaction dans laquelle on resta pendant trois jours, donnaient des inquiétudes au général Savary, qui avait ordre d'amener les princes à Bayonne, de gré ou de force. Les dispositions étaient faites pour les enlever le 19, si dans la journée du 18 une dernière tentative, toute encore de persuasion, ne réussissait pas. L'hôtel de ville devait être entouré le 19, au matin, par l'infanterie du général Verdier; trois pièces de canon, chargées à mitraille, devaient être placées aux trois portes de la ville; le général Savary, à la tête de ses gendarmes, et soutenu par cent vélites, devait forcer le palais. Toutes ces dispositions devinrent inutiles : le roi annonça qu'il partirait le 19, à neuf heures du matin. Au moment de monter en voiture, un instinct populaire réunit une grande foule autour du carrosse du roi ; on coupa les traits des mules ; des cris de fureur se faisaient entendre de toutes parts. Ce tumulte aurait pu devenir fort sérieux, si le roi ne s'était décidé à faire sur-le-champ une proclamation dont l'effet sur le peuple fut remarquable : ses cris devinrent des larmes et, peu après, de l'abattement. Les voitures purent être attelées; les gardes du corps montèrent à cheval et on partit. A onze heures du soir, le roi arriva à Irun avec sa suite. Il descendit chez M. d'Olazabal, dans une maison qui était hors de cette petite ville. Il y était gardé par un bataillon du régiment du roi. Le général Savary n'arriva à Irun que le 20, à sept heures du matin. Des accidents arrivés à sa voiture avaient été cause de ce retard.

Ainsi, le roi et son conseil furent huit heures seuls, sans escorte française, dans une maison espagnole située sur le bord de la mer, où plusieurs barques étaient attachées à des pieux placés dans le jardin même. Le général Savary, en descendant de voiture, se rendit avec empressement et presque avec inquiétude à la maison où demeurait le roi, qu'il trouva endormi. A huit heures du matin, on partit pour Bayonne. Au moment où le roi arriva sur le territoire français, des détachements de la garde impériale entourèrent sa voiture. Leur nombre parut à quelques Espagnols trop considérable pour une simple escorte d'honneur. Cette réflexion, vague d'abord, se changea en un présage sinistre, lorsqu'en passant à Ogunna, on lut sur un arc de triomphe ces mots : *Celui qui fait et défait les rois est plus que roi lui-même.* Une telle inscription devenait pour les princes d'Espagne une menace effrayante, et leur disait, comme celle du Dante :

Lasciate ogni speranza, voi ch'entrate.

C'est alors que fut accompli le plus mémorable peut-être de tous les attentats de Napoléon. Les princes d'Espagne étaient hors du territoire espagnol, et l'empereur les tenait en son pouvoir.

Leur séjour à Bayonne n'a d'intérêt que par les formes différentes que l'imagination de Napoléon employa pour s'abuser lui-même, que son caractère et son esprit lui fournirent pour prolonger de quelques heures l'erreur de ses simples et malheureuses victimes, et pour exciter de gigantesques efforts de la part de la France, sans offrir à son avenir d'autre perspective que de voir un de ses frères placé sur le trône d'Espagne. Tout ce qui se passa alors se trouve avec détail, exactitude et intérêt dans l'ouvrage de M. de Pradt[1] ; aussi je ne prétends que suivre, comme un simple fil, les faits particuliers à chacun des jours que les princes passèrent à Bayonne, avant de se rendre à Valençay, où je dus avoir l'honneur de les recevoir, et où je fus assez heureux pour leur éviter peut-être des inquiétudes et des soucis.

---

1. Dominique Dufour de Pradt, né en 1759 à Allanches (Auvergne), d'une famille noble. Il fut d'abord officier, mais quitta la carrière des armes pour entrer dans les ordres. Vicaire général à Rouen, il fut ensuite député du clergé aux états généraux. Il émigra en 1791, rentra en France sous le consulat, et devint aumônier de l'empereur, puis évêque de Poitiers (1805). Napoléon se servit de lui en 1808 dans les affaires d'Espagne, et lui donna peu après l'archevêché de Malines. Il fut ambassadeur à Varsovie en 1812. En 1814, il fut nommé grand chancelier de la légion d'honneur. Il fut en 1817 élu député de Clermont-Ferrand. Il mourut en 1837. — M. de Pradt a beaucoup écrit. L'ouvrage dont il est fait mention ci-dessus : *Mémoires historiques sur la révolution d'Espagne*, fut publié à Paris en 1815.

Entre Vidante et Bayonne, le roi Ferdinand trouva l'infant Don Carlos, qui, accompagné de MM. de Frias, de Médina-Cœli, et de Fernan-Nunès, venait au-devant de son malheureux frère. Le roi les fit monter dans sa voiture, et là, il apprit d'eux, avec la plus grande surprise, que Napoléon leur avait déclaré la veille, à dix heures du matin, que jamais ils ne retourneraient à Madrid, et qu'un de ses frères à lui, Napoléon, allait occuper le trône d'Espagne. Je remarque l'heure à laquelle cette déclaration a été faite, parce qu'elle prouve qu'on avait eu dix-huit heures pour en faire parvenir la nouvelle à Irun; et à Irun, comme on l'a vu, le roi Ferdinand pouvait encore se soustraire à ses ravisseurs. A une lieue de Bayonne, il ne restait plus aux princes que la triste résignation, ou la confiance dans des raisons sur la force desquelles il aurait fallu bien de la simplicité pour compter.

Les voitures s'avançaient vers Bayonne; à midi et demi les princes y arrivèrent, et peu de moments après, le roi Ferdinand reçut la visite de Napoléon. Dans ce premier entretien tout fut insignifiant, hors le mot alarmant de *Elle* employé par Napoléon; et ce mot, expression ordinaire d'égards, se trouvait applicable au titre de Majesté comme à celui d'Altesse Royale. Ferdinand VII s'empressa ensuite de se rendre au palais pour présenter ses hommages à Napoléon qui lui avait fait la première visite. Napoléon l'invita à dîner au château de Marrac[1]; il fit engager aussi les ducs de San Carlos, de Médina-Cœli et de l'Infantado; le prince de Neufchâtel était le seul

---

1. Le château de Marrac, situé à un kilomètre au sud de Bayonne, fut construit en 1707 pour la reine douairière d'Espagne, veuve de Charles II, réfugiée en France. Napoléon l'acheta en 1807. Il fut détruit par un incendie en 1825.

Français qui se trouvât à ce dîner. On n'y parla point d'affaires. Le lendemain, Napoléon accorda des audiences particulières à MM. de San Carlos, de l'Infantado et d'Escoïquiz ; il leur dit qu'il était déterminé à changer la dynastie qui régnait sur le trône d'Espagne, et, oubliant qu'il avait répété mille fois que son existence à la tête de la France était incompatible avec celle d'un prince de la maison de Bourbon sur un des trônes de l'Europe, il donna avec ruse, pour date et pour motif à ses projets sur l'Espagne, la proclamation faite par le gouvernement espagnol à l'époque de la bataille d'Iéna. Elle avait, disait-il, été regardée en France, si ce n'est comme une déclaration, du moins comme une menace de guerre ; il annonça ensuite, d'une voix ferme, que rien ne pouvait le faire changer. Là, il s'arrêta, comme pour laisser tout leur effet aux paroles terribles qu'il venait de prononcer. Après un moment de silence, qu'il rompit par des expressions plus douces, il parla du malheur des jeunes princes, et dit, que sa politique étant véritablement en contradiction avec son cœur, il ne se refuserait à aucun des moyens de bonheur pour eux, qui seraient compatibles avec le système qu'il avait adopté. Il alla même jusqu'à offrir au roi Ferdinand, pourvu qu'il cédât ses droits à la couronne d'Espagne, l'Étrurie avec le titre de roi, une année de revenu de ce royaume pour y former son établissement, une de ses nièces en mariage, et dans le cas où il mourrait sans enfants, la succession établie dans la ligne masculine des princes ses frères.

Frappés de ce qu'ils venaient d'entendre, MM. de l'Infantado, de San Carlos et d'Escoïquiz essayèrent de combattre le système de Napoléon, qui, entrant dans leur situation, mais comme un homme dont les idées sont irrévocablement arrêtées, les engagea à ne rien omettre de ce qu'ils auraient pu se reprocher, en retournant près de leur maître, de ne pas lui avoir répondu. D'un commun accord, ils dirent que l'objet de l'empereur étant de s'assurer pour toujours l'alliance de l'Espagne, le caractère du jeune roi et son mariage avec une de ses nièces, étaient, pour le temps actuel, une garantie préférable à toutes les autres, et que, si l'on voulait porter ses idées vers un avenir éloigné, outre que dans les choses humaines la politique se perd en s'étendant si loin, les descendants d'un prince de la maison de Napoléon, à proportion de ce qu'ils s'éloigneraient de leur commune origine, deviendraient indifférents aux sentiments de famille, et pourraient même, dans l'occasion, supporter impatiemment le joug qu'imposerait une branche aînée plus puissante. Et avec une expression noble et touchante, ils ajoutèrent qu'il serait bien difficile à l'histoire, au burin de laquelle il avait fourni de si belles pages, de consigner les motifs du dépouillement d'un roi puissant, qui était venu avec confiance rendre des hommages à un souverain, son allié depuis dix ans. Puis entrant dans l'examen des conséquences politiques de la résolution de l'empereur, ils prédirent que les colonies espagnoles, dont la fidélité sous la dynastie actuelle n'était rien moins qu'assurée, deviendraient sous une autre dynastie une conquête de l'Angleterre ou une puissance indépendante; qu'alors l'Angleterre y verserait le produit de ses manufactures, et que ce nouveau et grand débouché lui assurerait une supériorité commerciale écrasante pour les autres puissances du monde. Ces raisons qui avaient plus l'air d'un acquit de conscience que d'une argumentation dont on pût attendre quelque avantage, furent données avec de grands développements. Napoléon les écouta sans montrer aucune impatience, mais il dit que, depuis longtemps, il avait considéré la question actuelle sous toutes ses faces, que MM. d'Escoïquiz, de San Carlos et de l'Infantado ne lui avaient rien indiqué de nouveau et qu'il persistait inébranlablement dans le système qu'il avait adopté.

MM. de l'Infantado, d'Escoïquiz et de San Carlos se retirèrent et rendirent compte aux personnes qui avaient accompagné Ferdinand VII, et qui avaient quelque part dans sa confiance, de la conversation qu'ils avaient eue avec Napoléon, et ils dirent — croyant faire un acte de courage — qu'il ne fallait point se refuser à ses offres. Ils établissaient cette opinion sur la situation du roi et de l'infant qui se trouvaient entre les mains de Napoléon, sur le nombre des armées françaises actuellement en Espagne, sur les positions qu'elles y occupaient, sur la nullité de l'armée espagnole peu nombreuse et dispersée dans tout le pays, enfin sur la faiblesse du roi Charles IV qui se prêterait à tout ce que Napoléon voudrait. M. de Cevallos, seul d'un avis contraire, appuya son opinion sur des considérations très fortes, et proposa, pour la suite de la négociation, de refuser toute communication verbale et d'employer les formes par écrit, tout comme si Napoléon était à Paris, le roi Ferdinand à Madrid, les troupes françaises en Allemagne, et les armées espagnoles occupant toutes les places fortes et réunies sur les frontières. Il accusa de faiblesse et même de lâcheté, les membres du conseil qui montraient une opinion différente de la sienne ; il soutint qu'il ne fallait entendre à aucun arrangement dont la cession de la couronne serait la base, et il demanda que tous les membres du conseil, ayant à répondre de leur opinion devant la nation espagnole, l'exprimassent par écrit.

Le courage leur vint, lorsqu'ils n'avaient plus besoin que de résignation. N'est-il pas remarquable que les mêmes hommes qui, en Espagne, n'avaient su résister ni au prince de la Paix, ni au grand-duc de Berg, ni au général Savary, crussent faire quelque chose, en établissant à Bayonne, par écrit, les droits des princes, les principes des abdications, les dangers que l'on courait au sujet des colonies, etc.?

MM. de l'Infantado et d'Escoïquiz furent chargés d'annoncer à Napoléon la détermination que les princes avaient prise de nommer un plénipotentiaire, qui serait autorisé à traiter par écrit les points qui étaient à régler. Napoléon, tout en disant que la résolution du conseil des princes ne lui paraissait pas propre à avancer les affaires, se prêta à nommer un plénipotentiaire. Il dit à MM. de l'Infantado et d'Escoïquiz qu'il donnerait ses pouvoirs à M. de Champagny, son ministre des relations extérieures. Il demanda ensuite quelle était la personne à laquelle les princes donneraient leurs pouvoirs. M. de l'Infantado dit qu'il était probable que ce serait parmi les Espagnols servant dans le département des affaires étrangères, que les princes choisiraient leur plénipotentiaire, et il nomma comme attachés à cette carrière, MM. de Cevallos, de Labrador, Musquiz, Vallejo et Macañaz. Au nom de M. de Labrador, Napoléon fit quelques réflexions qui, par leur désobligeance, honorent le caractère et l'esprit de ce ministre.

MM. de l'Infantado et d'Escoïquiz rendirent compte au conseil du roi de leur nouvelle conférence avec Napoléon. On proposa sur-le-champ de nommer un plénipotentiaire, et M. de Cevallos ne vit dans l'opinion de Napoléon sur M. de Labrador, qu'un motif de plus pour le proposer au conseil. Le roi se rendit à cet avis et désigna M. de Labrador. Celui-ci eut une conférence avec M. de Champagny qui lui demanda, comme acte préliminaire, la cession de la couronne d'Espagne. M. de Labrador déclara *qu'il n'en avait pas, et que par Dieu, il espérait n'en avoir jamais le pouvoir*. On rompit la conférence, et pendant que le conseil était à discuter la question de savoir si on donnerait ou ne donnerait pas les pouvoirs nécessaires pour continuer la négociation, Napoléon envoya chercher M. d'Escoïquiz et lui dit que si, avant onze heures du soir, il ne lui apportait pas la renonciation formelle du roi Ferdinand au trône d'Espagne et sa demande pour obtenir celui d'Étrurie, il traiterait avec le roi Charles IV, qui devait arriver le lendemain. M. d'Escoïquiz rendit compte au conseil du roi de la volonté de Napoléon. M. de Cevallos supplia le roi de se refuser nettement aux propositions qui lui étaient faites. Le jour suivant M. d'Escoïquiz hasarda de parler encore de la Toscane à Napoléon, qui, sans entrer en matière, lui dit : « — Mon cher, il n'est plus temps. »

Le 30, à quatre heures du soir, Charles IV et la reine arrivèrent à Bayonne. Napoléon avait envoyé un de ses chambellans les complimenter à Irun. Dans la voiture qui suivait celle du roi, était la duchesse d'Alcudia, fille du prince de la Paix. Des ordres avaient été donnés pour que l'entrée du roi et de la reine à Bayonne fût très brillante. Les princes, leurs enfants, avaient été au-devant d'eux, et rentrèrent à leur suite dans la ville. Le prince de la Paix, que les instances du grand-duc de Berg avaient arraché de Villa-Viciosa, quitta la maison particulière où il logeait, et vint demeurer avec le roi et la reine.

L'arrivée du roi Charles changea la marche des affaires. Il consentit à tout. Napoléon fit dire au roi Ferdinand, par M. d'Escoïquiz, que le roi Charles ayant protesté contre son abdication, le devoir du prince des Asturies était de lui rendre la couronne par une renonciation pure et simple. Le conseil engagea Ferdinand VII à annoncer sa soumission, mais à proposer de ne faire l'acte de renonciation qu'à Madrid.

Une lettre menaçante du roi Charles à son fils, la dureté avec laquelle il l'avait traité devant Napoléon, l'intention qu'il annonçait de faire juger comme rebelles, les conseillers du roi Ferdinand, tous ces moyens réunis produisirent l'effet que Napoléon en avait espéré; le prince envoya sa renonciation pure et simple au roi Charles, qui nomma immédiatement le grand-duc de Berg lieutenant général du royaume. Cette nomination mettait fin aux pouvoirs de l'infant don Antonio, laissé à Madrid par le jeune roi comme président de la Junte. Il avait été mandé à Bayonne par un ordre du roi Charles IV adressé au grand-duc de Berg, qui le lui intima et le fit exécuter immédiatement. L'infant, dans le commencement de sa courte administration, avait eu la douleur d'être forcé par le grand-duc de Berg, de remettre entre ses mains le prince de la Paix. Murat lui avait déclaré qu'il l'enlèverait par force, si on ne le lui livrait pas, et il avait ajouté que la vie des princes qui étaient à Bayonne répondait de celle du prince de la Paix. Don Antonio avait cru devoir céder, et un aide de camp du grand-duc de Berg avait été chargé d'escorter le prince de la Paix jusqu'à Bayonne, où il était arrivé le 25.

Sur la route, il avait couru quelques dangers, particulièrement à Tolosa, où le peuple, fort animé, avait, pour le retenir, dételé et renversé les charrettes sur le pont. Le prince n'avait dû son salut, dans cette circonstance, qu'au capitaine de cuirassiers qui commandait son escorte.

Le roi Charles IV et la reine, pendant leur voyage de Madrid à Bayonne, n'avaient reçu ni marques de haine ni marques d'attachement.

Murat, à l'arrivée des pouvoirs qui lui conféraient la qualité de lieutenant général du royaume, avait, comme on l'a vu, pressé le départ de l'infant don Antonio pour Bayonne. La reine d'Étrurie y arriva en même temps, avec l'infant don Francisco.

La renonciation pure et simple de Ferdinand VII ayant été envoyée au roi Charles, Napoléon crut que le moment était venu de proposer au prince des Asturies, à ses frères et à son oncle, de faire un traité de cession de tous leurs droits à la couronne d'Espagne. Il s'engageait à leur donner la terre de Navarre, et à leur faire toucher les revenus de leurs commanderies et de leurs apanages en Espagne. Les bases de ce traité, dont la rédaction fut confiée à M. d'Escoïquiz et à M. le général Duroc, étant arrêtées, les princes partirent pour Valençay où Napoléon les envoya jusqu'à ce que le château de Navarre fût habitable. Ils s'arrêtèrent deux jours à Bordeaux, et le 19 mai, firent leur entrée à Valençay. J'y étais depuis plusieurs jours quand les princes y arrivèrent. Ce moment a laissé dans mon âme une impression qui ne s'en effacera point. Les princes étaient jeunes, et sur eux, autour d'eux, dans leurs vêtements, dans leurs voitures, dans leurs livrées, tout offrait l'image des siècles écoulés. Le carrosse d'où je les vis descendre pouvait être pris pour une voiture de Philippe V. Cet air d'ancienneté, en rappelant leur grandeur, ajoutait encore à l'intérêt de leur position. Ils étaient les premiers Bourbons que je revoyais après tant d'années de tempêtes et de désastres. Ce n'est pas eux qui éprouvèrent de l'embarras : ce fut moi, et j'ai du plaisir à le dire.

Napoléon les avait fait accompagner par le colonel Henri, officier supérieur de la gendarmerie d'élite, et un de ces soldats de police qui croient que la gloire militaire s'acquiert en remplissant avec dureté une mission de ce genre. Je m'aperçus bientôt que cet homme affectait de montrer des soupçons et des craintes, qui devaient rendre le séjour de Valençay insupportable pour les princes. Je pris avec lui le ton de maître pour lui faire comprendre que Napoléon ne régnait ni dans les appartements ni dans le parc de Valençay. Cela rassura les princes, et ce fut ma première récompense. Je les entourai de respect, d'égards et de soins; je ne permis à personne de se présenter devant eux qu'après en avoir obtenu d'eux-mêmes la permission. On ne les approchait jamais qu'en habit habillé; je n'ai moi-même jamais manqué à ce que j'avais prescrit à cet égard. Toutes les heures de la journée étaient distribuées selon leurs usages : la messe, les heures de repos, les promenades, les prières, etc. Croirait-on qu'à Valençay, je fis connaître aux princes d'Espagne un genre de liberté et de plaisir qu'ils n'avaient jamais connu auprès du trône de leur père. Jamais, à Madrid, les deux princes aînés ne s'étaient promenés ensemble sans une permission écrite du roi. Être seuls, sortir dix fois par jour dans le jardin, dans le parc, étaient des plaisirs nouveaux pour eux; ils n'avaient pu jamais être autant frères.

Je ne puis dire pourquoi la chasse, l'exercice du cheval, la danse, leur avaient été interdits en Espagne. Je leur ai fait tirer leur premier coup de fusil; je les confiai, pour cela, à un ancien garde de monseigneur le prince de Condé, nommé Aubry, et qui avait appris à tirer à M. le duc de Bourbon. Ce vieux homme, plein de respect et d'affection, leur nommait à tout propos des personnes de leur famille. Je les fis monter à cheval avec Foucault, qui m'est attaché depuis longtemps. Élevé dans la grande écurie du roi, il avait particulièrement servi Madame Élisabeth de France; tous les exemples qu'il citait, tous ses souvenirs étaient encore tirés de leur maison. Boucher mit tout son art et tout son cœur à leur faire de mauvais ragoûts espagnols. La terrasse qui est en face du château devint notre salle de bal pour que les princes pussent rencontrer, comme par hasard, quelques-unes de ces danses qu'on appelle rondes, et auxquelles on peut se mêler sans savoir danser. Des guitares et entre autres, celle de Castro, se trouvaient dans tous les coins du jardin.

J'avais cherché à leur faire passer quelques heures dans la bibliothèque; là, je n'eus pas de grands succès, quoique le bibliothécaire, M. Fercoc, et moi, essayassions de tous les moyens que nous pouvions imaginer pour les y retenir. Ayant échoué par l'intérêt seul des livres, nous employâmes la beauté des éditions, puis les ouvrages qui renfermaient des gravures; nous descendîmes même jusqu'aux images; je n'ose dire à quel point tout fut inutile. Don Antonio, leur oncle, qui redoutait pour eux la grande partie des livres qui composent une bonne bibliothèque, imaginait bientôt quelque raison pour les engager à rentrer chez eux; et à cela il trouvait moins de résistance que quand il voulait leur faire quitter les exercices et les amusements qui font à la campagne le charme des soirées d'été. A ces distractions pour lesquelles chacun m'aidait, se joignaient pour eux les consolations de la religion ; la grande infortune rend la foi plus vive et l'âme plus sensible. La journée finissait par une prière publique à laquelle je faisais assister tout ce qui venait dans le château, les officiers de la garde départementale et même quelques hommes de la gendarmerie. Tout le monde sortait de ces réunions avec des dispositions douces; les prisonniers et leurs gardes priant à genoux, les uns près des autres, le même Dieu, paraissaient se moins regarder comme ennemis; les gardes n'étaient plus aussi farouches, les prisonniers n'avaient plus autant d'alarmes; peut-être même quelques signes d'intérêt leur faisaient-ils concevoir un peu d'espérance. Le cœur des princes voulait bien me rapporter les adoucissements qu'ils éprouvaient. Je ne me rappelle pas sans émotion la peine qu'ils ressentirent lorsque sur une lettre de Napoléon, revenant de Bayonne, je dus me trouver à sa rencontre à Nantes et les quitter pour quelques jours.

L'empereur était blessé depuis longtemps de l'opinion que j'avais manifestée sur son entreprise d'Espagne ; de plus, il avait trouvé que les dispositions que j'avais prises, au moment de l'arrivée des princes à Valençay, avaient trop pour objet leur sûreté. Aussi, dès que nous nous revîmes à Nantes, nous eûmes des conversations, je pourrais dire des discussions assez irritantes. Une fois entre autres, prenant avec moi un ton goguenard, se frottant les mains, et se promenant dans la chambre en me regardant d'un air moqueur, il me dit : « Eh bien! vous voyez à quoi ont abouti vos prédictions sur les difficultés que je rencontrerais pour régler les affaires d'Espagne selon mes vues; je suis cependant venu à bout de ces gens-là; ils ont tous été pris dans les filets que je leur avais tendus, et je suis maître de la situation en Espagne, comme dans le reste de l'Europe. » — Impatienté de cette jactance si peu justifiée à mon sens, et surtout des moyens honteux qu'il avait employés pour arriver à ses fins, je lui répondis, mais avec calme, que je ne voyais pas les choses sous le même aspect que lui, et que je croyais qu'il avait plus perdu que gagné par les événements de Bayonne. « Qu'entendez-vous par là? répliqua-t-il. — Mon Dieu, repris-je, c'est tout simple, et je vous le montrerai par un exemple. Qu'un homme dans le monde y fasse des folies, qu'il ait des maîtresses, qu'il se conduise mal envers sa femme, qu'il ait même des torts graves envers ses amis, on le blâmera sans doute; mais s'il est riche, puissant, habile, il pourra rencontrer encore les indulgences de la société. Que cet homme triche au jeu, il est immédiatement banni de la bonne compagnie qui ne lui pardonnera jamais. » L'empereur pâlit, resta embarrassé, et ne me parla plus ce jour-là; mais je puis dire que c'est de ce moment que date la rupture qui, plus ou moins marquée, a eu lieu entre lui et moi. Jamais il ne prononça depuis le nom de l'Espagne, celui de Valencay, le mien, sans y joindre quelque épithète injurieuse que lui fournissait son humeur. Les princes n'avaient pas été trois mois à Valençay qu'il croyait déjà en voir sortir toutes les vengeances de l'Europe. Les personnes qui l'entouraient m'ont dit souvent qu'il ne parlait de Valençay qu'avec embarras, quand ses discours, ses questions portaient sur ce lieu. Mon absence fut de peu de jours; les princes me revirent et me reçurent avec une bonté extrême.

Une lettre de Napoléon, que je trouvai à mon retour, mérite d'être conservée; la voici littéralement :

« Le prince Ferdinand, en m'écrivant, m'appelle son cousin. Tâchez de faire comprendre à M. de San Carlos que cela est ridicule, et qu'il doit m'appeler simplement : *Sire*. »

Ajaccio et Sainte-Hélène dispensent de toute réflexion.

Je n'ai joint à ce récit que les pièces absolument nécessaires au sujet, les autres se trouvant dans les différents écrits qui sont déjà publiés, ou dans les dépôts qui ne sont pas à ma disposition.

Nos habitudes de château continuèrent quelques semaines encore, et ne finirent que lorsque le voyage d'Erfurt me rappela à Paris. A mon départ, les princes vinrent tous les trois me faire leurs adieux dans mon appartement, les larmes aux yeux; ils cherchaient ce qu'ils pouvaient me donner comme une marque d'amitié et de reconnaissance, car c'est ainsi qu'ils s'exprimaient. Chacun d'eux m'offrit le vieux livre de prières dont il se servait à l'église; je les reçus avec respect et avec une émotion que je n'aurai jamais la témérité d'exprimer.

J'ai osé rappeler le mot de reconnaissance dont ils voulurent bien se servir dans cette occasion, parce que cette expression est si rare chez les princes qu'elle honore ceux qui l'emploient. C'est pour échapper à cette noble dette que les anciennes dynasties placent leur origine dans le ciel; le *Par la grâce de Dieu* est un protocole d'ingratitude.

En quittant Valençay, je me rendis à Paris; je n'y passai que peu de jours avant de partir pour Erfurt, où Napoléon et l'empereur de Russie devaient se rencontrer. Les détails de cette entrevue auront un chapitre séparé. Les conversations fréquentes que j'eus alors avec Napoléon, me mirent dans le cas d'apprendre qu'il méditait le projet de faire tomber les princes d'Espagne dans un piège que son ministre de la police générale leur tendait par son ordre. Les suites pouvaient en être funestes pour eux ; je crus qu'il n'y avait pas un moment à perdre pour les en prévenir, et je fis partir immédiatement pour Paris M. Mornard, mon secrétaire, qui se rendit auprès du duc de San Carlos qui était alors dans cette ville, avec une rapidité extrême. Son zèle et son intérêt pour les princes le firent arriver en quatre jours.

Mon esprit, mon cœur, mes souvenirs étaient remplis d'intérêt pour les princes d'Espagne. J'ai encore présent l'effet produit sur moi, à la première entrevue à Erfurt, lorsque l'empereur de Russie, parmi les choses obligeantes qu'il dit à Napoléon, lui annonça qu'il avait reconnu son frère Joseph comme roi d'Espagne.

A dater de ce moment, l'existence des princes jusqu'à l'époque de leur retour en Espagne fut sans aucun mouvement; tout ce qu'on peut dire d'eux pendant ces cinq années, c'est qu'ils vécurent.

M. de La Forest vint négocier à Valençay le traité en vertu duquel le retour des princes en Espagne était consenti par l'empereur Napoléon, qui signa le 8 février 1814, à Nogent-sur-Seine, l'ordre de départ[1]. On voulut donner l'apparence d'un

---

1. Le traité de Valençay fut signé le 11 décembre 1813. L'intégrité de l'Espagne était promise. Les troupes françaises devaient évacuer le pays, les armées espagnoles et anglaises ne pas dépasser les Pyrénées. Enfin Ferdinand avait admis en principe l'idée d'un mariage avec la fille du roi Joseph. Le traité fut porté par le duc de San Carlos aux cortès, et Ferdinand quitta Valençay le 3 mars.

consentement libre à un ordre, qui était arraché par l'espoir d'empêcher l'armée des coalisés d'entrer en France par la frontière des Pyrénées. Les formes respectueuses, que M. de La Forest employa dans tous ses rapports avec les princes espagnols, durent être d'autant mieux appréciées par eux, que depuis plusieurs années, ils avaient eu à se préserver des mauvais procédés et des menées sourdes de MM. de Darberg, Henri, Kolli, et d'une foule d'autres agents qu'on avait placés près d'eux pour les garder et les espionner. Avant de quitter le territoire français, les princes eurent encore à subir une insulte provoquée par le duc de Feltre, qui, sans en avoir reçu l'ordre de Napoléon, mais dans l'espérance de lui plaire, fit arrêter sur la frontière l'un d'eux comme otage.

Si jamais le succès d'une entreprise dut paraître infaillible, c'était assurément celui d'une entreprise où la trahison avait tout combiné, de manière à ne laisser rien à faire à la force des armes. Il devait sembler impossible que l'Espagne, envahie avant de s'en douter, privée de son gouvernement et d'une partie de ses places fortes, avec une armée régulière médiocre en nombre, plus médiocre en qualité, sans concert entre ses provinces et presque sans moyen d'en établir un, pût songer un moment à faire résistance, ou à la tenter autrement que pour sa ruine. Ceux qui connaissaient l'Espagne et les Espagnols en jugeaient autrement, et ne se trompèrent point. Ils prédirent que la fierté espagnole ne calculerait ni son dénûment ni les dangers, et trouverait dans l'indignation et le désespoir une vigueur et des ressources sans cesse renaissantes.

Napoléon, en menaçant l'Angleterre d'une descente, l'avait forcée à se créer une armée de terre considérable, et avait ainsi, sans le prévoir, préparé des secours à la Péninsule. Dix-sept mille Anglais et quelques milliers de Portugais, firent évacuer le Portugal par les Français, qui depuis, y rentrèrent momentanément, mais sans pouvoir s'y établir. Les Portugais eurent bientôt une armée nombreuse, brave et disciplinée, et devinrent, avec les Anglais, les auxiliaires et les appuis de la résistance qui avait éclaté en même temps sur tous les points de l'Espagne, et qu'on n'aurait pu comprimer partout, qu'avec des armées immenses qu'il était impossible de maintenir dans ce pays, parce qu'il était impossible de les y nourrir. Le titre d'invincible que de continuelles victoires sur des armées régulières avaient attaché au nom de Napoléon, devint contestable, et c'est de l'Espagne que l'Europe apprit qu'il pouvait être vaincu, et comment il pouvait l'être. La résistance des Espagnols, en préparant par l'exemple celle que les Russes firent plus tard, amena la chute de l'homme qui s'était promis à lui-même la domination universelle. Ainsi se vérifia ce qu'avait dit Montesquieu des projets de monarchie universelle: *qu'ils ne pouvaient échouer sur un seul point qu'ils n'échouassent partout.*

Aux premiers indices qu'on eut en France des projets de Napoléon sur l'Espagne, quelques personnes dirent : Cet homme entreprend une chose qui, si elle échoue, le perdra; et si elle réussit, perdra l'Europe. Elle a assez échoué pour le perdre, et peut-être a-t-elle assez réussi pour perdre l'Europe.

Ferdinand VII, à Valençay, s'humilia sans mesure sous la main de son oppresseur, au point de le féliciter de ses victoires sur les Espagnols. A peine remonté sur le trône, sans distinguer ses sujets fidèles de ceux qui, portant dans les cortès l'esprit révolutionnaire, voulaient anéantir la puissance royale pour y substituer la leur propre, Ferdinand VII a condamné à l'exil, aux fers, à la mort même, ceux qui avaient enflammé pour sa défense leurs compatriotes, ceux dont la constance avait brisé ses fers à lui, ceux par qui il régnait. Tout ce qu'il avait montré d'abattement dans l'infortune, s'était changé en un amour furieux du pouvoir absolu. Les Anglais qui se vantent d'être les libérateurs de l'Espagne, qui auraient dû stipuler pour elle, qui le pouvaient, ne l'ont pas fait. Ils se sont bornés à faire des représentations dont il était aisé de prévoir l'inutilité, et au succès desquelles on est fondé à croire qu'ils étaient fort indifférents, car ils ne haïssent la tyrannie au dehors, que lorsque, comme sous Napoléon, elle menace leur existence, et ils se plaisent, n'en citons pas les exemples, à faire tourner l'asservissement des peuples au profit de leur orgueil ou de leur prospérité. Plus d'avenir dans l'esprit aurait inspiré d'autres vues au ministère qui gouvernait l'Angleterre à cette époque.

FIN DE LA QUATRIÈME PARTIE

CINQUIÈME PARTIE

ENTREVUE D'ERFURT

(1808)

ENTREVUE D'ERFURT

(1808)

L'empereur Napoléon, dans les conférences qui précédèrent le traité de Tilsitt, parlait souvent à l'empereur Alexandre de la Moldavie et de la Valachie comme de provinces qui devaient un jour être réunies à la Russie ; en ayant l'air de céder à un entraînement, et de se soumettre aux décrets de la Providence, il plaçait dans le nombre des choses inévitables le démembrement de la Turquie européenne. Il traçait alors, comme par inspiration, les bases générales d'un partage de cet empire, partage auquel l'Autriche devait être appelée, plutôt pour satisfaire son orgueil que son ambition. Des yeux exercés pouvaient s'apercevoir de l'effet que toutes ces chimères produisaient sur l'esprit de l'empereur Alexandre.

Napoléon l'observait avec soin, et au moment où il vit qu'il avait séduit son imagination, il annonça que des lettres de Paris pressaient son retour, et demanda que l'on s'occupât, sans perdre un moment, de la rédaction du traité. Mes instructions au sujet de ce traité, portaient que je ne devais y laisser rien introduire de relatif au partage de l'empire ottoman, ni même à la destination future des deux provinces de Valachie et de Moldavie; je les exécutai strictement. Ainsi Napoléon quitta Tilsitt, après s'être ménagé un avenir qu'il pouvait arranger à son gré, pour l'accomplissement de ses autres desseins. Il restait libre, tandis que par ses espérances de tout genre, il avait enlacé l'empereur Alexandre, et qu'il l'avait, en outre, placé, relativement à la Turquie, dans une situation équivoque, d'où le cabinet des Tuileries pouvait faire sortir de nouvelles prétentions laissées entières dans le traité.

Ce fut à un cercle de la cour, à Paris, dans le mois de janvier 1808, que Napoléon fit un premier essai pour tirer parti de cette position. Il s'approcha de M. de Tolstoï [1], alors ambassadeur de Russie, le prit à part, et tout au milieu d'une conversation où il faisait valoir les avantages de la Valachie et de la Moldavie pour la Russie, il hasarda de parler de compensations pour la France, et indiqua la Silésie comme la province qui lui conviendrait davantage. Dans cette occa-

---

1. Pierre comte Tolstoï, né en 1769, fit ses premières armes sous les ordres de Souwaroff, et devint général en 1805. Après Friedland, il fut employé dans les négociations, et en 1807, il fut nommé ambassadeur à Paris. Napoléon demanda et obtint peu après son rappel. En 1812, il commanda les milices de Moscou, et fit les campagnes de 1813 et 1814. Plus tard il devint directeur des colonies militaires, fit la campagne de Pologne en 1834, devint président du département des affaires militaires au conseil de l'empire, et mourut en 1844. Il était le frère du grand maréchal comte Tolstoï.

sion, comme dans toutes celles où il méditait quelque nouvel agrandissement, il se montra effrayé de l'ambition de l'Angleterre, qui, disait-il, ne voulait entendre à aucune proposition de paix, l'obligeait à recourir à tous les moyens commandés par la prudence, pour diminuer la force des puissances avec lesquelles on était fondé de lui croire des intelligences. Pour le moment, ajouta-t-il, il faut éloigner toute idée de partage de l'empire ottoman, parce que faire une entreprise sur la Turquie sans avoir de grands moyens maritimes, ce serait mettre ses possessions les plus précieuses à la merci de la Grande-Bretagne.

M. de Tolstoï, dont le rôle était d'écouter, et qui était peu propre à en remplir un autre, rendit compte à sa cour de l'insinuation qui lui avait été faite. Elle fut fort mal accueillie par l'empereur Alexandre, qui dit assez vivement à l'ambassadeur de France[1] : « Je ne puis croire ce que je viens de lire dans les dépêches de Tolstoï; veut-on déchirer le traité de Tilsitt? Je ne comprends pas l'empereur! Il ne peut pas avoir l'intention de me donner un embarras personnel. Il doit au contraire me dégager aux yeux de l'Europe, en mettant promptement la Prusse dans la situation qui a été déterminée par le traité. Ceci est réellement une affaire d'honneur pour moi. » Cet incident donna lieu à quelques explications qui ne se terminèrent que par une lettre de l'empereur Napoléon parvenue à Pétersbourg vers la fin de février 1808[2]. Cette lettre renfermait : 1° le désistement

---

1. Le général Caulaincourt, duc de Vicence.

2. Lettre du 2 février 1808. *(Correspondance de Napoléon Ier*, t. XVI, p. 498.

implicite de toute prétention sur la Silésie; 2° de nouvelles idées sur un partage de la Turquie; 3° un projet pour porter la guerre dans l'Inde; 4° la proposition, ou d'envoyer une personne sûre à Paris pour y traiter de ces grandes questions, si l'empereur Alexandre ne pouvait y venir lui-même, ou de convenir d'un lieu où les deux empereurs pourraient se rendre.

Il est à remarquer que la lettre de l'empereur Napoléon, en proposant un partage de la Turquie, ne spécifiait aucune des bases d'après lesquelles il devait être fait. Ainsi, à l'exception de la difficulté relative à la Silésie qui se trouvait levée, les choses restaient à peu près dans le même état d'incertitude. Cependant, l'empereur Alexandre se sentit si soulagé de n'avoir plus à lutter pour les intérêts particuliers du roi de Prusse, qu'il reçut cette lettre avec un plaisir extrême et se décida immédiatement à avoir une entrevue avec l'empereur Napoléon, auquel il l'écrivit dans sa réponse. Il demanda cependant cette entrevue, dans la pensée et sous la condition, qu'auparavant le partage serait réglé, et qu'elle n'aurait pour objet que de bien s'entendre sur les moyens d'exécution qui devaient être adoptés, et de rendre, par un engagement d'homme à homme, leur ratification plus inviolable. C'est dans ce sens que le chancelier, M. de Romanzoff[1] fut chargé d'entrer en conférence avec l'ambassadeur de France M. de Caulaincourt.

Il est essentiel de bien spécifier ici les dispositions diverses

---

1. Nicolas comte Romanzoff, né en 1750, était le fils du feld-maréchal de ce nom. Il débuta dans la diplomatie, devint plus tard ministre du commerce, puis ministre des affaires étrangères à l'avènement d'Alexandre. Il était ardent partisan de l'alliance française. Aussi dut-il se retirer en 1812. Il vécut dès lors dans la retraite jusqu'à sa mort (1826).

et les intentions particulières de l'empereur Napoléon, celles de l'empereur Alexandre, et celles aussi du comte de Romanzoff représentant l'opinion russe.

Le comte de Romanzoff voyait dans la destruction de l'empire ottoman un trophée de famille; il voulait consommer le grand œuvre commencé par son père. Aussi dans les conférences, s'il s'agissait d'un simple démembrement, tout lui paraissait difficile; mais s'il entrevoyait la possibilité d'un partage, rien ne l'embarrassait; il devenait d'une générosité excessive, en commençant par demander hardiment Constantinople et les Dardanelles pour la Russie. « Tout partage, disait-il dans une conférence, qui ne donnerait pas Constantinople et les Dardanelles à la Russie serait contre l'opinion de la nation, et la mécontenterait plus que la situation actuelle que tout le monde trouve mauvaise. » D'ailleurs il offrait tout pour obtenir cette conquête, des flottes, des armées, et la coopération de la Russie dans l'expédition de l'Inde; mais, cette coopération, il la refusait pour l'attaque de la Syrie et de l'Égypte, dans l'hypothèse d'un simple démembrement qui laisserait Constantinople aux Turcs. Si l'ambassadeur français proposait comme terme moyen, de fonder à Constantinople un gouvernement civilisé et indépendant, et s'il appuyait cette proposition sur l'intention précédemment manifestée à cet égard par l'empereur Alexandre, le chancelier éloignait cette idée en disant qu'elle avait cessé d'être celle de son souverain. Le comte de Romanzoff voulait Constantinople; c'est à cette acquisition qu'il attachait la gloire de son nom; après cela, il abandonnait le reste du monde à la France, il ne prétendait rien aux Indes, et consentait à ce que l'empereur Napoléon mît la couronne d'Espagne sur la tête d'un de ses frères, et fît soit à la France, soit au royaume d'Italie, toutes les réunions qui lui conviendraient.

L'empereur Alexandre se posait comme voulant à peine les deux provinces de Valachie et de Moldavie ; son ambition expirait sur les rives du Danube. « Encore, disait-il, c'est parce que je vois dans cet arrangement, un moyen de consolider notre alliance. Tout ce qui convient à l'empereur Napoléon me convient aussi ; je ne désire de nouvelles acquisitions que pour attacher ma nation au système français et justifier nos entreprises. » Si dans le cours des discussions, il s'élevait à de plus hautes prétentions, il paraissait seulement défendre les plans de son ministre et céder à de vieilles idées russes ; il semblait être moins dirigé par des vues politiques que par des maximes de philosophie. « C'est plus que jamais, dit-il un jour, le cas de donner aux projets que nous avions à Tilsitt, la couleur libérale que doivent avoir les actes de souverains éclairés. Notre siècle, encore plus que la politique, repousse les Turcs en Asie ; c'est une noble action que celle qui affranchira ces belles contrées. L'humanité veut que ces barbares ne soient plus en Europe ; la civilisation le demande, etc... » Je ne change rien aux expressions.

L'ambassadeur de France, organe fidèle de Napoléon, employa toute son influence et toute sa dextérité pour amener le cabinet russe à indiquer jusqu'où il portait ses vues, et à chaque rendez-vous impérial, on le vit exciter l'engouement pour Napoléon dans lequel était l'empereur Alexandre, de manière à le conduire à désirer une entrevue, comme seul moyen de bien s'entendre. Lorsqu'il discutait avec M. de Romanzoff, il se tenait habilement à côté de la question ; avec l'empereur, il critiquait les plans de M. de Romanzoff, mais toujours sans indiquer ceux de Napoléon; il refusait, et il ne demandait pas. Comme l'empereur Alexandre, il trouvait que les besoins du siècle étaient bien impérieux, mais il se montrait effrayé d'une aussi vaste entreprise que celle qui était proposée par M. de Romanzoff, et il indiquait sans cesse des difficultés qui ne pouvaient être aplanies que par les souverains eux-mêmes. Le vague qui existait dans l'esprit de l'empereur Alexandre le portait à en convenir, et l'entrevue fut fixée au 27 septembre 1808.

Le cabinet des Tuileries, de son côté, ne négligea pas un moyen de multiplier les incidents. On garantit à la Porte ottomane la prolongation de l'armistice, à l'insu de la Russie. On communiqua au ministère russe le rapport du général Sébastiani[1] fait à la suite de son voyage dans le Levant; et la conséquence de cette communication était de rendre problématique tout ce qui avait été dit et écrit relativement au démembrement de la Turquie, que l'on appelait toujours l'ancienne alliée de la France, et pour laquelle on montrait dans chaque occasion une sorte d'intérêt. On ne parlait plus de la Silésie, mais on prétendait retarder l'évacuation de la Prusse, et compenser ainsi la cession des deux provinces.

On voit que l'empereur Napoléon, appréciant la force de sa position après le traité de Tilsitt, voulait qu'il n'y eût en Europe aucun prétexte de mouvement jusqu'à ce que ses desseins sur l'Espagne fussent accomplis. Jusque-là, les pro-

---

1. Horace Sébastiani, né en 1772, près de Bastia, était lieutenant en 1789. Général de division en 1805, ambassadeur à Constantinople en 1806, où il se signala par son énergie lors de l'apparition de l'escadre anglaise dans le Bosphore. Il fut député sous la Restauration, ministre des affaires étrangères et ambassadeur sous Louis-Philippe, et maréchal de France en 1840. Il mourut en 1851.

jets de guerre dans l'Inde, les projets de partage de l'empire ottoman semblent des fantômes produits sur la scène pour occuper l'attention de la Russie. Aussi, pendant l'intervalle des deux entrevues de Tilsitt et d'Erfurt, toutes les questions agitées, soit à Paris, soit à Pétersbourg, paraissaient-elles tourner sur elles-mêmes. Il n'y avait pas un pas de fait. Cinq jours avant son départ pour Erfurt, ce que l'empereur Alexandre dit à l'ambassadeur de France, il aurait pu le dire cinq jours après le départ de Tilsitt : « Nous devons nous entendre et agir de concert pour obtenir de communs avantages; je serai toujours fidèle à ma parole, je l'ai toujours été; ce que j'ai dit à l'empereur, ce qu'il m'a dit est aussi sacré pour moi que les traités, etc... »

Les paroles étaient les mêmes : les choses étaient au même point le 27 septembre 1808, à l'exception de la conquête de la Finlande, d'un côté [1], et de l'envahissement de l'Espagne, de l'autre; mais à cet égard, aucune observation de quelque importance n'avait été faite par les cabinets respectifs. Ainsi, l'on pouvait presque regarder les deux souverains comme arrivant de Tilsitt à Erfurt.

La part que j'avais eue au traité de Tilsitt, les marques de bonté particulière que m'avait données l'empereur Alexandre, la gêne dans laquelle était l'empereur Napoléon avec M. de Champagny, qui, comme il le disait, arrivait tous les matins

---

1. Conformément au traité de Tilsitt, l'empereur Alexandre devait déclarer la guerre à la Suède, si cette puissance ne rompait pas avec l'Angleterre. La Suède ayant, par une convention en date du 8 février 1808, renoué son alliance avec le cabinet de Londres, Alexandre entra en campagne et envahit la Finlande. Le traité de Friedrichsham (5/17 septembre 1809) mit fin à la guerre. La Suède entrait dans le système continental, et cédait la Finlande à la Russie.

avec son zèle pour excuser ses gaucheries de la veille; ma liaison personnelle avec M. de Caulaincourt, aux qualités duquel il faudra bien que l'on rende un jour justice, tous ces motifs firent surmonter à l'empereur l'embarras dans lequel il s'était mis à mon égard, en me reprochant violemment le blâme que j'avais exprimé, à l'occasion de son entreprise sur l'Espagne.

Il me proposa donc de le suivre à Erfurt et de me charger de la négociation qu'on devait y faire, sauf à faire signer le traité qui pourrait en être le résultat par son ministre des relations extérieures. J'acceptai. La confiance qu'il me montra dans notre premier entretien devint pour moi une espèce de réparation. Il me fit donner toute la correspondance de M. de Caulaincourt, que je trouvai excellente. En peu d'heures il me mit au courant des affaires qui s'étaient faites à Pétersbourg, et je ne m'occupai plus que des moyens d'empêcher, autant qu'il était en moi, que l'esprit d'entreprise ne dominât trop dans cette singulière entrevue.

Napoléon voulait la rendre fort brillante; il était dans ses habitudes de parler continuellement aux personnes qui l'entouraient, de l'idée dominante qui l'occupait. J'étais encore grand chambellan; à tout moment il m'envoyait chercher, ainsi que le général Duroc, grand maréchal du palais, et M. de Rémusat qui était à la tête des spectacles. « Il faut que mon voyage soit très beau », nous répétait-il chaque jour. A un de ses déjeuners où nous assistions tous les trois, il me demanda quels seraient les chambellans de quartier. « Il me semble, dit-il, qu'il n'y a pas de grands noms; j'en veux: la vérité est qu'il n'y a que ceux-là qui sachent représenter dans une cour. Il faut rendre justice à la noblesse française; elle est admirable pour cela. — Sire, vous avez M. de

Montesquiou[1] — Bon. — Le prince Sapieha[2]. — Pas mauvais.
— Il me semble que deux suffisent ; le voyage étant court, Votre Majesté pourra les avoir toujours avec Elle. — A la bonne heure... Rémusat, il me faudra tous les jours un spectacle. Envoyez chercher Dazincourt[3] ; n'est-ce-pas lui qui est le directeur ? — Oui, Sire. — Je veux étonner l'Allemagne par ma magnificence. » Dazincourt était sorti ; les dispositions pour les spectacles furent remises au lendemain. « L'intention de Votre Majesté, dit Duroc, est sûrement d'engager quelques grands personnages à venir à Erfurt, et le temps presse. — Il y a un des aides de camp d'Eugène[4], reprit l'empereur, qui part aujourd'hui ; on pourrait lui faire

1. Pierre, comte de Montesquiou-Fezensac, né en 1764, était officier de cavalerie en 1789. Il se tint à l'écart durant la Révolution. En 1804, il fut nommé député au Corps législatif. Il remplaça M. de Talleyrand comme grand chambellan en 1808, devint président du Corps législatif en 1810, pair de France sous la première Restauration, de nouveau grand chambellan pendant les Cent-jours. En 1819, il rentra à la Chambre des pairs. Il mourut en 1834.

2. Alexandre, prince Sapieha, issu d'une vieille et illustre famille polonaise qui avait dû s'expatrier à la suite des revers de sa patrie. Né en 1773 à Strasbourg, le prince Alexandre s'adonna exclusivement à l'étude. Il devint chambellan de l'empereur, et mourut en 1812.

3. Joseph Albouis Dazincourt, né en 1747, à Marseille, fut d'abord bibliothécaire du maréchal de Richelieu. Il entra ensuite au théâtre français, et devint sociétaire en 1778. En 1808, il fut nommé professeur de déclamation au conservatoire, puis directeur des spectacles de la cour. Il mourut en 1809.

4. Eugène de Beauharnais, fils du général vicomte de Beauharnais et de l'impératrice Joséphine, était né en 1781. Il s'engagea en 1796, suivit Bonaparte en Italie et en Égypte, et devint général de brigade en 1804, puis prince français et archichancelier d'État (1er février 1805). En juin, il fut nommé vice-roi d'Italie. En 1814, il se retira en Bavière, où il mourut en 1824, sous le titre de duc de Leuchtemberg. Le prince Eugène avait épousé, en 1806, la princesse Amélie, fille du roi de Bavière. Sa fille aînée épousa le prince royal de Suède, fils de Bernadotte.

dire ce qu'il faudrait qu'il insinuât à son beau-père (le roi de Bavière); et si l'un des rois y vient, ils voudront tous y venir. Mais non, ajouta-t-il, il ne faut pas se servir d'Eugène pour cela; Eugène n'a pas assez d'esprit; il sait faire exactement ce que je veux, mais il ne vaut rien pour insinuer. Talleyrand vaut mieux ; d'autant, dit-il en riant, qu'il dira en critique de moi qu'on me ferait plaisir en y venant. Ce sera à moi, ensuite, à montrer qu'il m'était parfaitement égal qu'on y vînt et que cela m'a plutôt gêné. »

Au déjeuner du lendemain l'empereur fit appeler Dazincourt qui attendait ses ordres. Il avait dit à M. de Rémusat, au général Duroc et à moi de nous y trouver. « Dazincourt, vous avez entendu dire que j'allais à Erfurt. — Oui, Sire. — Je voudrais que la Comédie-Française y vînt. — Serait-ce pour jouer la comédie et la tragédie? — Je ne veux que des tragédies, nos comédies ne serviraient à rien; passé le Rhin, on ne les comprend pas. — Votre Majesté veut, sans doute, un très beau spectacle? — Oui, nos plus belles pièces. — Sire, on pourrait donner *Athalie*. — *Athalie!* fi donc! Voilà un homme qui ne me comprend pas. Vais-je à Erfurt pour mettre quelque Joas dans la tête de ces Allemands? *Athalie!* Que c'est bête! Mon cher Dazincourt, en voilà assez. Prévenez vos meilleurs acteurs tragiques qu'ils se disposent à aller à Erfurt, et je vous ferai donner mes ordres pour le jour de votre départ, et pour les pièces qui doivent être jouées. Allez. Que ces vieilles gens-là sont bêtes ! *Athalie!* Il est vrai aussi que c'est ma faute, pourquoi les consulter? Je ne devrais consulter personne. Encore s'il m'avait dit *Cinna*; il y a de grands intérêts en action, et puis une scène de clémence, ce qui est toujours bon. J'ai su presque tout

Cinna par cœur, mais je n'ai jamais bien déclamé. Rémusat, n'est-ce pas dans *Cinna* qu'il y a :

> Tous ces crimes d'État qu'on fait pour la couronne,
> Le ciel nous en absout, *lorsqu'il* nous la donne[1] ?

Je ne sais pas si je dis bien les vers ? — Sire, c'est dans *Cinna*, mais je crois qu'il y a : *Alors qu'il nous la donne*. — Comment sont les vers qui suivent ? Prenez un Corneille. — Sire, c'est inutile, je me les rappellerai :

> Le ciel nous en absout, alors qu'il nous la donne ;
> Et dans le sacré rang où sa faveur l'a mis,
> Le passé devient juste et l'avenir permis.
> Qui peut y parvenir ne peut être coupable ;
> Quoi qu'il ait fait ou fasse, il est inviolable.

— C'est excellent, et surtout pour ces Allemands qui restent toujours sur les mêmes idées, et qui parlent encore de la mort du duc d'Enghien : il faut agrandir leur morale. Je ne dis pas cela pour l'empereur Alexandre ; ces choses-là ne font rien à un Russe, mais c'est bon pour les hommes à idées mélancoliques dont l'Allemagne est remplie. On donnera donc *Cinna* ; voilà une pièce, ce sera pour le premier jour. Rémusat, vous chercherez quelles sont les tragédies que l'on pourrait donner les jours suivants, et vous m'en rendrez compte avant de rien arrêter. — Sire, Votre Majesté voudra qu'on laisse quelques acteurs pour Paris ? — Oui, des doublures, il faut emmener tout ce qu'il y a de bon, il vaut mieux en avoir de trop. » — L'ordre d'être rendu à Erfurt le 22 septembre fut immédiatement envoyé à Saint-Prix,

---

1. *Cinna*, acte V, scène II.

Talma, Lafont, Damas, Desprès, Lacave, Varennes, Dazincourt, mademoiselle Raucourt, madame Talma, mademoiselle Bourgoin, mademoiselle Duchesnois, mademoiselle Gros, mademoiselle Rose Dupuis et mademoiselle Patrat [1].

Le voyage étant annoncé dans le *Moniteur*, chacun se donna du mouvement pour en être. Les deux aides de camp de l'empereur, Savary et Lauriston[2] furent choisis les premiers. Le cortège militaire devait être fort brillant. L'empereur voulait paraître entouré de ceux de ses lieutenants dont le nom avait le plus retenti en Allemagne. Le maréchal Soult d'abord, le

---

1. On leur remit avant leur départ, la liste des pièces qui devaient être jouées : la première comme je l'ai déjà dit, devait être *Cinna*, ensuite *Andromaque*, *Britannicus*, *Zaïre*, *Mithridate*, *Œdipe*, *Iphigénie en Aulide*, *Phèdre*, *la Mort de César*, *les Horaces*, *Rodogune*, *Mahomet*, *Radamiste*, *Le Cid*, *Manlius*, *Bajazet*. (Note du prince de Talleyrand.)

Quelques-uns de ces artistes sont restés connus. Le premier d'entre eux était sans contredit Talma (1766-1826), le plus célèbre de nos acteurs tragiques ; on sait l'attrait particulier qu'avait pour lui Napoléon, et la protection dont il l'honora durant tout son règne. — Pierre Lafon, né en 1775, et entré au Théâtre-Français en 1800, lui disputait la première place : il excellait également dans la tragédie et la comédie. — Venait ensuite Saint-Prix (dont le vrai nom était Foucault), qui avait débuté en 1782, et joué successivement au théâtre Feydeau, à l'Odéon, enfin au Théâtre-Français en 1803. — Parmi les actrices, on se rappelle particulièrement les noms de mesdemoiselles Raucourt et Duchesnois. La première avait débuté en 1772 et avait eu, dès cette époque, les plus brillants succès : elle avait été longtemps emprisonnée sous la Terreur. Elle mourut en 1815, et ses obsèques donnèrent lieu à l'église Saint-Roch à des scènes tumultueuses. Mademoiselle Duchesnois entrée à seize ans au Théâtre-Français (1802), s'était placée en peu d'années au premier rang des tragédiennes.

2. Jacques Bernard Law, marquis de Lauriston, né à Pondichéry en 1768, était le petit-fils du fameux financier de la régence. Il s'engagea dans l'artillerie en 1793, devint colonel en 1795, et aide de camp de Bonaparte. Général de brigade en 1800, il fut, à plusieurs reprises, chargé de missions diplomatiques. En 1811, il fut nommé ambassadeur à Pétersbourg. Il se tint à l'écart durant les Cent-jours, fut pair de France sous la Restauration, puis ministre de la maison du roi, maréchal en 1823, grand-veneur et ministre d'État. Il mourut en 1828.

maréchal Davoust, le maréchal Lannes, le prince de Neufchâtel, le maréchal Mortier, le maréchal Oudinot, le général Suchet, le général Boyer, le général de Nansouty[1], le général Claparède[2], le général Saint-Laurent[3]. M. Fain[4] et M. de Méneval[5], ces deux derniers secrétaires du cabinet, reçurent ainsi que

---

1. Étienne Champion, comte de Nansouty, né en 1768 d'une famille originaire de Bourgogne, était en 1789 capitaine dans les hussards de Lauzun. Il fit toutes les campagnes de la Révolution et de l'empire, devint général de division en 1803 et eut en maintes occasions d'importants commandements de cavalerie. En 1804, il fut nommé premier chambellan de l'impératrice, puis premier écuyer de l'empereur (1808). Il mourut en 1815. Il avait épousé une nièce de Vergennes.

2. Le comte Claparède, né en 1774, servit dans les armées de la république et était chef de bataillon en 1798. Général de brigade en 1804, il prit part à toutes les guerres de son temps, et se signala notamment en 1809. Sous la Restauration, il fut nommé inspecteur général d'infanterie et pair de France. Il mourut en 1841.

3. Louis Saint-Laurent, né en 1763, était officier d'artillerie en 1789, devint général de division en 1807, baron de l'empire en 1810. Il quitta le service la même année, et mourut en 1832.

4. François Fain, né en 1778, entra dans l'administration en 1794, et durant douze ans occupa divers emplois dans les bureaux des comités de la Convention, puis dans ceux du directoire et de la secrétairerie d'État. En 1806, il fut attaché comme secrétaire au cabinet particulier de l'empereur. Il devint baron de l'empire et maître des requêtes en 1809. Il suivit Napoléon dans toutes ses campagnes. Il vécut dans la retraite sous la Restauration. En 1830, il fut nommé secrétaire du cabinet du roi, puis administrateur de la liste civile, et conseiller d'État. En 1834, il fut élu à la Chambre des députés. Il mourut en 1837. Le baron Fain a laissé divers ouvrages historiques sous le nom de *Manuscrits des années 1794-1795, 1812, 1813 et 1814*.

5. François de Méneval, né en 1778, fut d'abord secrétaire de Joseph Bonaparte. En 1802, il entra au cabinet de Napoléon en qualité de secrétaire du portefeuille, fonctions qu'il conserva jusqu'en 1815. En 1812, il devint baron de l'empire et maître des requêtes. Il a laissé des *Mémoires historiques sur Napoléon et Marie-Louise* (3 vol. in-8º).

M. Daru [1], M. de Champagny et M. Maret, l'ordre de se rendre à Erfurt. Le général Duroc désigna M. de Canouville pour faire les logements. « Menez aussi Beausset [2], lui dit l'empereur ; il faut bien quelqu'un pour faire au grand-duc Constantin [3] les honneurs de nos actrices ; d'ailleurs il fera au dîner son service de préfet du palais, puis, c'est un nom. »

Chaque jour il partait quelqu'un pour Erfurt. La route était couverte de fourgons, de chevaux de selle, de chevaux de carrosse, de gens à la livrée de l'empereur.

Le mois de septembre avançait. J'avais lu toutes les correspondances, mais l'empereur n'avait pas encore eu avec moi la conversation principale sur les affaires qu'il y aurait à traiter. Peu de jours avant celui qui avait été fixé pour mon départ, le grand maréchal m'écrivit que l'empereur me faisait dire de me rendre le soir aux grandes entrées. J'étais à peine dans le salon qu'il m'emmena chez lui.

1. Le comte Daru, né en 1767, fut d'abord lieutenant d'artillerie, puis commissaire des guerres. Arrêté en 1793, il resta en prison jusqu'au 9 thermidor. En 1796, il devint commissaire ordonnateur, puis, après le 18 brumaire, inspecteur aux revues. En 1800, il fut nommé secrétaire général du ministère de la guerre, entra au tribunat en 1802. En 1805, il devint intendant général de la maison de l'empereur et conseiller d'État, intendant général de la grande armée (1806), ministre à Berlin (1807), ministre secrétaire d'État (1811). Sous la Restauration, il entra à la Chambre des pairs ; il mourut en 1829.

2. Louis de Beausset, neveu du cardinal de ce nom, né en 1770, devint en 1805 préfet du palais impérial, et conserva cette charge jusqu'en 1815. Il suivit alors l'impératrice Marie-Louise à Vienne, et fut un instant grand maître de sa maison. Il a laissé des Mémoires sur l'empire.

3. Le grand-duc Constantin (1779-1831) était le frère cadet de l'empereur Alexandre. Il s'occupa toute sa vie des affaires militaires, mais n'obtint jamais de commandement important. En 1815, il fut nommé généralissime des armées du nouveau royaume de Pologne et conserva ces fonctions jusqu'à sa mort.

« Eh bien ! vous avez lu toute la correspondance de Russie, me dit-il, comment trouvez-vous que j'ai manœuvré avec l'empereur Alexandre ? » Et alors il repassa, en s'y délectant, tout ce qu'il avait dit et écrit depuis un an ; il finit en me faisant remarquer l'ascendant qu'il avait pris sur l'empereur Alexandre, quoique de son côté à lui, il n'eût exécuté que ce qui lui convenait du traité de Tilsitt. « Maintenant, ajouta-t-il, nous allons à Erfurt ; je veux en revenir libre de faire en Espagne ce que je voudrai ; je veux être sûr que l'Autriche sera inquiète et contenue, et je ne veux pas être engagé d'une manière précise avec la Russie pour ce qui concerne les affaires du Levant. Préparez-moi une convention qui contente l'empereur Alexandre, qui soit surtout dirigée contre l'Angleterre, et dans laquelle je sois bien à mon aise sur le reste ; je vous aiderai : le prestige ne manquera pas. » Je fus deux jours sans le voir. Dans son impatience, il avait écrit ce qu'il voulait que renfermassent les articles, et me l'avait envoyé, en me mandant de lui en apporter la rédaction le plus tôt possible. Je ne le fis pas attendre : peu d'heures après, je me rendis chez lui, avec le projet de traité rédigé tel qu'il l'avait conçu :

« Sa Majesté l'empereur des Français, etc...

» Et Sa Majesté l'empereur de toutes les Russies, etc...

» Voulant rendre de plus en plus étroite et à jamais durable, l'alliance qui les unit, et se réservant de s'entendre aussitôt que besoin sera sur les nouvelles déterminations à prendre et les nouveaux moyens d'attaque à diriger contre l'Angleterre, leur ennemie commune et l'ennemie du continent, ont résolu de poser dans une convention spéciale *les principes* qu'ils sont déterminés à suivre... (Ici, l'empereur m'interrompit et dit: « *Principes* est bien, cela n'engage point »)... invariablement, et qui les dirigeront dans toutes leurs démarches pour parvenir au rétablissement de la paix ;

» Ont, à cet effet, nommé pour leurs plénipotentiaires, etc... qui sont convenus des articles suivants :

» Article premier.— Sa Majesté l'empereur des Français et Sa Majesté l'empereur de Russie confirment, et, en tant que besoin, renouvellent l'alliance conclue entre eux à Tilsitt, s'engageant non seulement à ne faire avec l'ennemi commun aucune paix séparée, mais encore à n'entrer avec lui dans aucune négociation et à n'écouter aucune de ses propositions que d'un commun accord.

» Article II. — Résolues de rester inséparablement unies pour la paix comme pour la guerre, les hautes parties contractantes conviennent de nommer des plénipotentiaires pour traiter de la paix avec l'Angleterre, et de les envoyer, à cet effet, dans celle des villes du continent que l'Angleterre désignera.

» Article III. — Dans tout le cours de la négociation, si elle a lieu, les plénipotentiaires respectifs des deux hautes parties contractantes agiront invariablement avec le plus parfait concert; et il ne sera permis à aucun d'eux, non seulement d'appuyer, mais même d'accueillir ou d'approuver, contre l'avis de l'autre, aucune proposition ou demande du plénipotentiaire anglais.

» Article IV.— Les deux hautes parties contractantes s'engagent chacune à ne recevoir de la part de l'ennemi, pendant la durée des négociations, aucune proposition, offre ou communication quelconque, sans en faire immédiatement part aux plénipotentiaires respectifs.

» Article V.—Il sera proposé à l'Angleterre de traiter sur la base de l'*uti possidetis*, en y comprenant l'Espagne ; et la condition *sine quâ non* dont les hautes parties contractantes s'engagent à ne se départir jamais, sera que l'Angleterre reconnaisse, d'une part, la réunion de la Valachie, de la Moldavie et de la Finlande à l'empire russe, et de l'autre Joseph-Napoléon Bonaparte comme roi d'Espagne et des Indes.

» Article VI.—La Porte ottomane ayant éprouvé depuis le traité de Tilsitt plusieurs révolutions et changements qui semblent ne lui laisser aucune possibilité de donner, et ne laissent, par conséquent, aucune espérance d'obtenir d'elle, des garanties suffisantes pour les personnes et les biens des habitants de la Valachie et de la Moldavie ; et Sa Majesté l'empereur de Russie qui, depuis la même époque, a contracté envers eux des engagements particuliers, et qui, par une conséquence des révolutions susdites, s'est vu forcé à d'énormes dépenses pour garder ces provinces, étant, pour tous ces motifs, résolu de ne s'en point dessaisir, d'autant plus que leur possession seule peut donner à son empire une frontière naturelle et nécessaire, Sa Majesté l'empereur Napoléon *ne s'opposera point*, en tant que cela le concerne, à ce qu'elles soient réunies à l'empire russe, et Sadite Majesté se désiste de la médiation par elle offerte, et acceptée par la Russie dans le traité de Tilsitt.

(«— Je ne veux point de cet article-là ; il est trop positif.
— Cependant, Sire, *ne s'opposera point*, est certainement une des expressions qui engagent le moins ; de plus, l'article suivant est un grand correctif. »)

» Article VII. — Néanmoins, Sa Majesté l'empereur de toutes les Russies se bornera, quant à présent, à occuper, comme par le passé, la Valachie et la Moldavie, y laissant toutes choses sur le pied où elles sont aujourd'hui, et proposera même d'entamer, soit à Constantinople, soit dans une île du Danube, et sous la médiation de la France, une négociation afin d'obtenir à l'amiable la cession de ces deux provinces. Mais cette négociation ne devra réellement s'ouvrir que lorsque les négociations avec l'Angleterre auront eu une issue quelconque, afin de ne point donner lieu à de nouvelles discussions qui puissent éloigner la paix.

(« — Cet article-là est bon ; avec ma médiation, je reste le maître, et l'article précédent inquiétera l'Autriche qui est ma véritable ennemie. — Votre ennemie, Sire, momentanément peut-être ; mais au fond, sa politique n'est point en opposition avec celle de la France, elle n'est point envahissante, elle est conservatrice. — Mon cher Talleyrand, je sais que c'est là votre opinion ; nous parlerons de cela quand l'affaire d'Espagne sera finie. »)

» Article VIII. —Sa Majesté l'empereur Napoléon agira conjointement avec Sa Majesté l'empereur Alexandre pour obtenir de la Porte ottomane une cession amiable. Toutes les notes et toutes les démarches des deux cours alliées pour atteindre ce but seront faites de concert et dans le même esprit.

» Article IX.— Dans le cas où un refus de la Porte ottomane ferait reprendre les hostilités et continuer la guerre, l'empereur Napoléon n'y prendra aucune part, et se bornera à aider la Russie de ses bons offices. Mais, s'il arrivait que l'Autriche ou toute autre puissance fît cause commune avec la Porte ottomane dans ladite guerre, Sa Majesté l'empereur Napoléon ferait immédiatement cause commune avec la Russie, devant regarder ce cas comme étant celui de l'alliance générale qui unit les deux empires.

(« — Cet article-là est incomplet; toute mon idée n'y est pas; continuons; je vous dirai ce qu'il faut y ajouter. »)

» Article X. — Les hautes parties contractantes s'engagent d'ailleurs à maintenir l'intégrité des autres possessions de l'empire ottoman, ne voulant, à leur égard, rien déterminer et entreprendre elles-mêmes, ni souffrir qu'il soit rien entrepris par qui que ce soit, qu'elles n'en soient préalablement convenues.

» Article XI. — Dans les négociations avec l'Angleterre, Sa Majesté l'empereur Napoléon fera cause commune avec la Russie, pour faire reconnaître la réunion de la Valachie et de la Moldavie à l'empire russe, que la Porte ottomane y ait ou non consenti.

» Article XII. — En retour du désistement fait par l'empereur Napoléon dans l'article ci-dessus, Sa Majesté l'empereur Alexandre se désiste de l'engagement éventuel pris envers lui par le cinquième des articles secrets du traité de Tilsitt, et ledit article demeure nul et comme non avenu. »

« — C'est à peu de chose près tout ce que je vous ai dit; laissez-moi cela, je l'arrangerai. Il faut ajouter à un des derniers articles, à celui où je vous ai arrêté : Que dans le cas où l'Autriche donnerait des inquiétudes à la France, l'empereur de Russie, sur la première demande qui lui en serait faite, s'engage à se déclarer contre l'Autriche et à faire cause commune avec la France; ce cas étant également un de ceux auxquels s'applique l'alliance qui unit les deux puissances. — C'est là l'article essentiel, comment avez-vous oublié cela? Vous êtes toujours Autrichien ! — Un peu, Sire, mais je crois qu'il serait plus exact de dire que je ne suis jamais Russe, et que je suis toujours Français. — Faites vos dispositions pour partir : il faut que vous soyez à Erfurt un jour ou deux avant moi. Pendant le temps que durera le voyage, vous chercherez les moyens de voir souvent l'empereur Alexandre. Vous le connaissez bien, vous lui parlerez le langage qui lui convient. Vous lui direz qu'à l'utilité dont notre alliance peut être pour les hommes, on reconnaît une des grandes vues de la Providence. Ensemble, nous sommes destinés à rétablir l'ordre général en Europe. Nous sommes jeunes l'un et l'autre, il ne faut pas nous presser. Vous insisterez beaucoup sur cela, car le comte de Romanzoff est ardent dans la question du Levant. Vous direz qu'on ne fait rien sans l'opinion publique, et qu'il faut que, sans être effrayée de notre puissance réunie, l'Europe voie avec plaisir se réaliser la grande entreprise que nous méditons. La sûreté des puissances limitrophes, l'intérêt bien entendu du continent, sept millions de Grecs rendus à la liberté, etc… voilà un beau champ pour faire de la philanthropie; je vous donne sur cela carte blanche ; je veux seulement que ce soit de la philanthropie lointaine. Adieu.»

Je retournai chez moi, je mis mes papiers en ordre, j'emportai tous ceux dont je prévoyais que j'aurais besoin et je montai en voiture. J'arrivai à Erfurt le samedi 24 septembre à dix heures du matin. M. de Canouville m'avait logé dans une maison qui était près de celle que l'empereur devait occuper. Peu de moments après mon arrivée, M. de Caulaincourt vint chez moi. Cette première journée, que je passai avec lui, me fut fort utile. Nous parlâmes de Pétersbourg et de la disposition dans laquelle les deux empereurs venaient à l'entrevue. Nous mîmes en commun ce que nous savions, et bientôt nous fûmes parfaitement d'accord sur tous les points.

Je trouvai tout Erfurt en mouvement ; il n'y avait pas une maison passable qui n'eût à loger quelque souverain avec sa suite. L'empereur de Russie y arrivait avec le grand-duc Constantin, le comte Romanzoff, le comte Tolstoï, grand maréchal, le général Tolstoï, ambassadeur en France, le prince Wolkonski, le comte Oszarowski[1], le prince Troubetzkoï, le comte Ouwaroff[2], le comte Schouwaloff[3], le prince Gagarin, le prince Galitzin, M. Speransky, M. Labenski, M. Bethmann, le général Hitroff, le conseiller d'État Gervais, le conseiller d'État Creidemann, M. de Schröder, le prince Léopold de Saxe-Cobourg[4]. Je crois que je nomme là à peu près toutes les personnes qui avaient l'honneur d'accompagner l'empereur Alexandre. On l'attendait un jour plus tard que l'empereur Napoléon, parce

1. Le comte Adam d'Alkantara Oszarowski, issu d'une vieille famille polonaise ralliée à la Russie. Il était aide de camp de l'empereur Alexandre.

2. Le comte Théodore Ouwaroff, commandant en chef de la garde impériale, et premier aide de camp général de l'empereur. Il avait été au nombre des conjurés qui assassinèrent le czar Paul.

3. Le général comte Paul Schouwaloff (1775-1823), aide de camp de l'empereur, eut des commandements importants dans toutes les guerres de l'époque. Il fut, en 1814, un des commissaires chargés d'accompagner Napoléon à Fréjus.

4. Le prince Léopold de Saxe-Cobourg-Saafeld, né en 1790, fils de François duc de Saxe-Cobourg, et de Caroline comtesse de Reuss, entra tout jeune dans l'armée russe avec le grade de général. En 1810, il dut quitter le service russe sur l'injonction de Napoléon, rentra dans les rangs en 1813, fit les campagnes d'Allemagne et de France et entra à Paris avec les souverains alliés en 1814 et en 1815. L'année suivante, il épousa la princesse Charlotte, petite-fille du roi d'Angleterre George III et héritière de la couronne. Léopold fut naturalisé anglais, mais la princesse mourut l'année suivante. En 1830, il fut élu roi des Belges. Deux ans après, il épousa la princesse Louise d'Orléans, fille aînée du roi Louis-Philippe. Il mourut en 1865.

qu'il devait s'arrêter pendant vingt-quatre heures à Weimar.

Un chambellan du roi de Saxe vint me dire que son maître coucherait à Erfurt le 25, et qu'il était suivi de M. de Bose[1], ministre du cabinet, du comte Marcolini[2], grand écuyer, du baron de Funck[3], du baron de Gutschmidt, du major Thielemann, du chambellan de Gablenz, et de MM. de Marxhansky et de Schönberg. M. de Bourgoing[4], ministre de France à Dresde, avait eu aussi la permission de suivre le roi.

Il me semble que l'on sera bien aise de savoir tout de suite le nom des personnes considérables qui, d'heure en heure, arrivaient à Erfurt[5]. Le duc de Saxe-Gotha[6], accompa-

1. Frédéric-Guillaume, comte de Bose (1753-1809), fut ministre de Saxe à Stockholm, puis maréchal de la cour à Dresde, et grand chambellan. En 1806, il signa la paix avec Napoléon et devint ministre des affaires étrangères.

2. Le comte Marcolini (1739-1814) était grand chambellan et grand écuyer du roi de Saxe. Il devint ministre d'État en 1809. Partisan dévoué de l'alliance française, il nous resta fidèle jusqu'à sa mort.

3. Le baron de Funck, général saxon (1761-1828), prit une part active à la guerre de 1806. En 1812, il fit dans nos rangs la campagne de Russie à la tête de la cavalerie saxonne. En 1813, il fut chargé de missions diplomatiques au nom des souverains alliés, et fut ministre à Londres en 1818

4. Jean-François, baron de Bourgoing, né en 1748 à Nevers, fut d'abord officier, puis secrétaire d'ambassade. En 1787, il devint ministre de France à Hambourg, puis à Madrid (1791), et fut en 1795 chargé de négocier la paix de Bâle. Ministre à Copenhague, puis à Stockholm sous le consulat, il vint plus tard en Saxe et mourut en 1811.

5. Dans la longue énumération qui va suivre, il entre un grand nombre de personnages qui n'ont laissé aucune trace dans l'histoire, et sur lesquels nous n'avons pu nous procurer aucun renseignement. Nous n'avons relevé les noms que des plus marquants d'entre eux. Quant aux princes souverains, nous ne nous sommes occupés que de ceux qui, soit par leur notoriété, soit par leurs alliances de famille méritaient une mention particulière.

6. Auguste duc de Saxe-Gotha et Altembourg (1772-1822), membre de la confédération du Rhin (15 déc. 1806).

gné du baron de Thümmel, de M. de Studnitz, de M. de Zigesar, du baron de Herda, du baron de Wangenheim et de M. de Hoff[1]; le duc de Saxe-Weimar, avec le prince héréditaire[2], le baron d'Egloffstein[3], le baron d'Einsiedel, M. Goëthe et M. Wieland[4], l'un et l'autre conseillers intimes de Weimar; le duc d'Oldenbourg[5], avec le baron de Hammerstein[6] et le baron de Gall; le duc de Mecklembourg-Schwerin[7], le prince héréditaire de Mecklembourg-Strelitz[8], le prince de

---

1. Charles de Hoff (1771-1837), secrétaire d'ambassade au service du duc de Saxe-Gotha, puis conseiller aulique et ministre d'État. Il a laissé de nombreux ouvrages de politique et d'histoire.

2. Charles-Auguste de Saxe-Weimar (1757-1828), membre de la confédération du Rhin (15 déc. 1806). Son fils, le prince Charles-Frédéric, avait épousé la princesse Marie, fille du czar Paul.

3. Auguste baron d'Egloffstein (1771-1834), officier au service de la Prusse, puis du duc de Saxe-Weimar. En 1807, il devint général de brigade, et commanda le contingent saxon au service de la France, en Autriche, en Espagne, en Russie, et durant le siège de Dantzig (1814).

4. Christophe-Martin Wieland, né en 1733, devint en 1792 le précepteur des princes de Weimar, puis conseiller intime. Il était membre de l'académie de cette ville, qui comprenait alors les hommes les plus distingués, et les plus illustres savants de l'Allemagne. Il a laissé de nombreux ouvrages, des poèmes, des romans, des pièces de théâtre, etc. Il mourut en 1813.

5. Pierre Frédéric, prince de Lubeck, régent du duché d'Oldenbourg au nom de son cousin. Son fils, héritier présomptif du duché, avait épousé la grande-duchesse Catherine, fille du czar Paul.

6. Hans Detlef, baron de Hammerstein (1768-1826), ministre du duc d'Oldenbourg. Plus tard, il passa en Hanovre et devint membre du conseil privé de la guerre, et plénipotentiaire à la diète de Francfort.

7. Frédéric-François, duc de Mecklembourg-Schwerin, né en 1756. Son fils avait épousé la grande-duchesse Hélène, fille du czar Paul. Il eut d'un second mariage la princesse Hélène, qui épousa le duc d'Orléans.

8. Georges-Frédéric, né en 1779, succéda à son père en 1816. Il était le frère de la reine Louise de Prusse

Dessau[1], le prince de Waldeck, le prince de Hesse-Hombourg, le prince de Reuss-Greiz, le prince de Reuss-Ebersdorff, le prince de Reuss-Lobenstein[2], la duchesse de Saxe-Hildburghausen[3]; le prince de Schwarzburg-Rudolstadt[4], avec M. de Kettelhutt, M. de Weisse et M. de Gleichen; le prince et la princesse de la Tour et Taxis[5], avec M. de Leikam; le prince de Hesse-Rothenburg; le prince de Hohenzollern-Sigmaringen[6], avec le prince de Reuss-Schleiz et le major de Falkenstein; le duc Guillaume de Bavière; le prince primat[7] (M. de Dalberg) à qui chaque habitant de la ville offrait son logement; il en avait été gouverneur et s'y était fait aimer de tout le

---

1. Léopold prince d'Anhalt-Dessau (1740-1817), un des plus fidèles alliés de la France, membre de la confédération du Rhin.

2. La maison de Reuss était divisée en quatre branches régnantes : les Greitz, Ebersdorff, Lobenstein et Schleiz. Tous ces princes étaient entrés dans la confédération du Rhin (avril 1807).

3. Membre de la confédération du Rhin (15 décembre 1806).

4. Membre de la confédération du Rhin (avril 1807).

5. Charles-Alexandre prince de la Tour et Taxis, né en 1770, conseiller privé de l'empire d'Autriche. Il était grand maître des postes impériales, charge qui était dans sa maison depuis 1695. Il avait épousé en 1773 la princesse Thérèse, fille du grand-duc de Mecklembourg-Strelitz.

6. Antoine prince de Hohenzollern-Sigmaringen, né en 1762, membre de la confédération du Rhin (12 juillet 1806). Les princes des différentes branches de la maison de Hohenzollern ayant abdiqué en faveur de la branche des Hohenzollern-Brandenburg qui occupe le trône de Prusse, le roi de Prusse a réuni à sa couronne la souveraineté de ces principautés.

7. Charles, prince de Dalberg, né en 1744, entra dans les ordres, et devint en 1772 conseiller intime de l'électeur de Mayence, puis gouverneur d'Erfurt, coadjuteur de l'archevêque de Mayence, auquel il succéda en 1802. Il fut ensuite nommé archichancelier de l'empire. En 1806, il dut se démettre de cette dignité, fut en compensation nommé par Napoléon prince primat de la confédération du Rhin, prince souverain de Ratisbonne, grand-duc de Fulde et de Hanau. Il mourut en 1817.

monde; le prince de Hohenzollern-Hechingen[1], avec le prince héréditaire, M. de Hövel, M. de Bauer ; le prince héréditaire de Bade avec la princesse Stéphanie Napoléon[2], madame de Venningen et mademoiselle de Bourjolly; le baron de Dalberg, ministre de Bade à Paris[3], le prince de Reuss XLI, le prince héréditaire de Darmstadt[4], le comte de Keller[5], le prince Dolgorouki[6], le comte de Lerchenfeld, le prince de la Leyen[7],

1. Membre de la confédération du Rhin (12 juillet 1806).

2. Charles-Louis Frédéric, prince héréditaire de Bade, marié à Stéphanie Tascher de la Pagerie, cousine de l'impératrice Joséphine, et fille adoptive de Napoléon. Il devint grand-duc en 1811 et mourut en 1818. Il était membre de la confédération du Rhin.

3. Émeric-Joseph, baron de Dalberg, né en 1773, entra dans la diplomatie au service du prince primat, son oncle. En 1803, il devint ministre de Bade à Paris. C'est de cette époque que date sa liaison avec M. de Talleyrand. En 1809, il devint ministre des affaires étrangères de Bade, mais n'abandonna pas sa situation à Paris. La même année, il se fit naturaliser Français, fut créé par Napoléon duc et conseiller d'État avec une dotation de quatre millions. En 1814, il devint membre du gouvernement provisoire, puis pair de France et ministre d'État en 1815. Il mourut en 1833.

4. Il était le fils du prince Louis, qui prit le titre de grand-duc en entrant dans la confédération du Rhin (12 juillet 1806). Il succéda à son père en 1830, et abdiqua en 1840.

5. Louis-Christophe, comte de Keller (1757-1827), d'abord chambellan et conseiller d'ambassade du roi Frédéric II, ministre de Prusse à Stockholm (1779), à Pétersbourg, puis à Vienne. En 1811, il devint ministre du grand-duché de Francfort à Paris.

6. Il y avait alors plusieurs princes de la famille Dolgorouki. Celui qui apparaît ici est sans doute le prince Georges, général et diplomate russe, qui commanda en Finlande (1795), et à Corfou (1804), fut ambassadeur à Vienne et en Hollande; ou son cousin, le prince Michel, aide de camp de l'empereur, et général-major, tué peu après en Finlande.

7. Membre de la confédération du Rhin.

le prince Guillaume de Prusse [1], le comte de Goltz, ministre des affaires étrangères de Prusse, M. Le Cocq, M. de Dechen ; le roi de Westphalie Jérôme Napoléon avec la reine, née princesse de Wurtemberg ; le prince de Hesse-Philippsthal [2], le comte et la comtesse de Bucholz, le comte de Truchsess, le comte de Wintzingerode, le roi de Bavière [3], le baron de Montgelas [4], le comte de Wurtemberg, le comte de Reuss, le roi de Wurtemberg [5], le prince de Hohenlohe, la duchesse de Wurtemberg, le comte de Taube, le baron de Gorlitz, le baron de Moltke, le comte de Salm-Dyck [6].

1. Le prince Guillaume de Prusse, quatrième fils du roi Frédéric-Guillaume II, était général dans l'armée prussienne et prit une part active aux guerres de 1806, 1813, 1814. En 1831, il fut gouverneur des provinces rhénanes.

2. François de Hesse-Philippsthal, mort en 1810. Il était le frère de Louis de Hesse-Philippsthal, général au service du roi des Deux-Siciles qui soutint le mémorable siège de Gaëte en 1806.

3. Maximilien-Joseph (1756-1825), duc de Bavière en 1799, roi le 26 décembre 1805. Il était membre de la confédération du Rhin. Sa fille avait épousé le prince Eugène.

4. Maximilien Garnerin, baron de Montgelas (1759-1838), conseiller aulique de Bavière, ministre des affaires étrangères (1799), puis des finances et de l'intérieur (1806). Allié sincère de la France, il sut en profiter et obtenir de Napoléon de grands avantages pour son pays. Il se retira en 1814.

5. Frédéric (1754-1816), duc de Wurtemberg en 1797, électeur en 1803, roi en 1805, membre de la confédération du Rhin en 1806. Il avait épousé une princesse d'Angleterre. Une de ses filles, la princesse Frédérique-Sophie-Dorothée, épousa le roi Jérôme Napoléon.

6. Joseph comte de Salm-Reiferscheid-Dyck, issu d'une branche cadette de la maison de Salm. Ses États, situés près de Cologne, furent réunis à la France en 1801, puis à la Prusse en 1814. Il reçut en échange une pension de vingt-huit mille florins et le titre de prince (1816). Il avait épousé en premières noces Marie-Thérèse, comtesse de Hatzfeld, et en deuxièmes, Constance-Marie de Theis, fille d'un maître des eaux et forêts de Nantes. Celle-ci a laissé un nom connu dans les lettres.

J'oublie sûrement quelques personnes ; je leur en demande pardon.

Les pages de l'empereur étaient déjà arrivés et se promenaient dans la ville, en grande tenue. Le service militaire se faisait par un bataillon de grenadiers de la garde impériale, un détachement des gendarmes d'élite, le 6ᵉ régiment de cuirassiers, le 1ᵉʳ régiment de hussards, le 17ᵉ régiment d'infanterie légère.

L'empereur entra dans Erfurt le 27 septembre 1808, à dix heures du matin. Une foule immense entourait dès la veille les avenues de son palais. Chacun voulait voir, voulait approcher celui qui dispensait tout : trônes, misères, craintes, espérances. Les trois hommes qui ont reçu sur la terre le plus de louanges sont : Auguste, Louis XIV et Napoléon. Les époques et le talent ont donné à ces louanges des rédactions différentes ; mais, au fond, c'est la même chose. Ma place de grand chambellan me faisant voir de plus près les hommages forcés, simulés ou même sincères qui étaient rendus à Napoléon, leur donnait à mes yeux une proportion que je pourrais appeler monstrueuse. La bassesse n'avait jamais eu autant de génie ; elle fournit l'idée de donner une chasse sur le terrain même où l'empereur avait gagné la fameuse bataille d'Iéna. Une boucherie de sangliers et de bêtes fauves était là pour rappeler aux yeux du vainqueur les succès de cette bataille. Plusieurs fois j'ai été forcé de remarquer que plus on devait avoir de rancune contre l'empereur, plus on souriait à sa fortune, plus on applaudissait aux hautes destinées qui, disait-on, lui étaient départies par le ciel.

Je suis tenté de croire, et cette idée m'est venue à Erfurt, qu'il y a des secrets de flatterie révélés aux seuls princes, non pas descendus du trône, mais qui ont soumis leur trône à un protectorat toujours menaçant ; ils savent en faire l'emploi le plus habile, lorsqu'ils se trouvent placés autour de la puissance qui les domine et qui peut les détruire. J'ai souvent entendu citer ce vers de je ne sais quelle mauvaise tragédie :

> Tu n'as su qu'obéir, tu serais un tyran.

Je ne rencontrais pas un prince à Erfurt, que je ne trouvasse mieux de dire :

> Tu n'as su que régner ; tu serais un esclave.

Et cela s'explique. Les souverains puissants veulent que leur cour donne l'idée de la grandeur de leur empire. Les petits princes, au contraire, veulent que leur cour leur déguise les bornes étroites de leur puissance. Tout se grossit, ou plutôt s'enfle, autour d'un petit souverain : l'étiquette, les prévenances, les flatteries ; c'est par les flatteries, surtout, qu'il mesure sa grandeur ; il ne les trouve jamais exagérées. Cette habitude de juger lui devient naturelle, et il ne la change point lorsque la fortune change, de manière que, si la victoire fait entrer dans ses États, dans son palais, un homme devant lequel il ne sera plus lui-même qu'un courtisan, il se met devant le vainqueur aussi bas qu'il voulait voir ses sujets devant lui. Il ne sait pas se faire de la flatterie une autre idée. On connaît, dans les grandes cours, un autre moyen de se grandir : c'est de se courber ; les petits princes ne savent que se jeter à terre, et ils y restent jusqu'à ce que la fortune vienne les relever. Je n'ai pas vu, à Erfurt, une seule main passer noblement sur la crinière du lion.

Après des réflexions aussi sévères, faites sans prêter à aucune application, je suis heureux de pouvoir rentrer dans mon sujet. Le 28 septembre, l'empereur Alexandre fit annoncer son arrivée; il avait couché à Weimar. Napoléon, suivi de ses aides de camp et de ses généraux en grande tenue, monta à cheval pour aller au-devant de lui. A leur rencontre, ils se précipitèrent dans les bras l'un de l'autre de la manière la plus amicale. Napo'éon conduisit l'empereur Alexandre dans la maison qu'il devait occuper. Il regarda avec bonne grâce s'il avait autour de lui les choses qu'il savait être dans ses habitudes, et il le quitta.

J'étais au palais de l'empereur Napoléon, où j'attendais son retour. Il me parut fort content de la première impression, et il me dit qu'il augurait bien du voyage, mais qu'il ne fallait rien presser. « Nous sommes si aises de nous voir, ajouta-t-il, en riant, qu'il faut bien que nous en jouissions un peu. » A peine s'était-il habillé que l'empereur Alexandre arriva; il me présenta à lui. « C'est une vieille connaissance, dit l'empereur de Russie, je suis charmé de le voir; j'espérais bien qu'il serait du voyage. » Je me retirai. Napoléon, qui ne voulant parler d'aucune chose sérieuse était bien aise qu'il y eût un tiers, me fit rester; et alors les deux empereurs s'adressèrent, avec les formes du plus vif intérêt, des questions insignifiantes sur leurs familles réciproques; c'était l'impératrice Élisabeth [1] à laquelle on répondait par l'impératrice Joséphine; la grande-duchesse Anne [2] par la princesse

---

1. Louise-Élisabeth, fille de Charles-Louis, prince héréditaire de Bade, et de Amélie de Hesse-Darmstadt, née en 1779, mariée en 1793 à Alexandre, futur empereur de Russie.

2. Anne, fille du czar Paul, et de Sophie Dorothée, princesse de Wurtemberg, née en 1795, mariée en 1816 à Guillaume prince d'Orange, qui devint roi des Pays-Bas en 1840.

Borghèse[1], etc... Si le temps d'une première visite l'eût permis, il y aurait eu probablement un mot sur la santé du cardinal Fesch. Les deux empereurs, bien tranquilles sur l'état dans lequel ils avaient laissé leurs familles, se séparèrent. Napoléon reconduisit l'empereur Alexandre jusqu'à l'escalier, et moi, je l'accompagnai jusqu'à sa voiture; dans ce petit trajet, il me dit plusieurs fois : « *Nous nous verrons,* » et cela, avec une expression qui me prouvait que M. de Caulaincourt, qui avait été au-devant de lui, lui avait dit que j'étais au fait de tout ce qui devait se passer.

Je remontai chez l'empereur qui me dit : « J'ai fait des changements au projet de traité; je serre de plus près l'Autriche; je vous montrerai cela. » — Il n'entra pas dans plus de détails. — « L'empereur Alexandre me paraît disposé à faire tout ce que je voudrai; s'il vous parle, dites-lui que j'avais d'abord eu envie que la négociation se fît entre le comte de Romanzoff et vous, mais que j'ai changé et que ma confiance en lui est telle, que je crois qu'il vaut mieux que tout se passe entre nous deux. Quand la convention sera arrêtée, les ministres signeront; souvenez-vous bien, dans tout ce que vous direz, que tout ce qui retarde m'est utile; le langage de tous ces rois sera bon; ils me craignent; je veux, avant de commencer, que l'empereur Alexandre soit

---

1. Marie-Pauline Bonaparte, seconde sœur de l'empereur, née à Ajaccio en 1780; épousa en 1801 le général Leclerc, qui mourut à Saint-Domingue en 1802. Elle se remaria en 1803 avec le prince Borghèse, chef d'une des plus illustres familles de la noblesse romaine. La princesse Pauline avait été nommée par son frère duchesse de Guastalla (1806), mais ce pays fut peu après incorporé au royaume d'Italie. En 1814, elle accompagna l'empereur à l'île d'Elbe et, l'année suivante, se retira à Rome, où elle mourut en 1825.

ébloui par le spectacle de ma puissance; il n'y a point de négociation que cela ne rende plus facile. »

En rentrant chez moi, je trouvai un billet de la princesse de la Tour et Taxis qui me mandait qu'elle était arrivée. Je me rendis immédiatement chez elle; j'eus un grand plaisir à la revoir; c'est une excellente personne. Elle me dit qu'elle venait à Erfurt pour réclamer de l'empereur Alexandre quelques bons offices près des princes allemands, avec lesquels son mari, grand maître des postes de l'Allemagne, essayait de traiter depuis beaucoup d'années. Je n'étais pas chez elle depuis un quart d'heure, que l'on annonça l'empereur Alexandre; il fut très aimable, fort ouvert, demanda du thé à la princesse de la Tour, et lui dit qu'elle devait nous en donner tous les soirs après le spectacle; que c'était une manière de causer à son aise et de bien finir sa journée. Cela fut convenu, et rien d'intéressant ne marqua cette première soirée.

Cette entrevue d'Erfurt, sans que l'Autriche y eût été invitée, sans même qu'elle en eût été officiellement informée, avait alarmé l'empereur François, qui, de son propre mouvement, avait envoyé M. le baron de Vincent droit à Erfurt, porter une lettre à l'empereur Napoléon, et, je crois aussi, une lettre à l'empereur Alexandre. M. de Vincent était un gentilhomme lorrain, entré au service de l'Autriche longtemps avant la Révolution française, par suite des relations de sa famille avec la maison de Lorraine. Je le connaissais beaucoup; j'avais eu, depuis dix ans, de fréquents rapports avec lui; je pourrais ajouter qu'il n'avait eu qu'à s'en louer, car, dix-huit mois auparavant, je m'étais plu à rendre sa mission à Varsovie fort brillante, en lui garantissant que les moyens dont je pouvais disposer — et alors j'en avais d'immenses — seraient employés à décourager tous les mouvements prêts à éclater dans différentes parties de la Gallicie[1]. M. de Vincent me montra une copie de la lettre dont il était porteur; cette lettre était noble et ne laissait paraître aucune inquiétude de la part de son souverain. M. de Vincent avait l'ordre d'être confiant avec moi; je lui dis que sa mission me faisait beaucoup de plaisir, parce que je n'étais pas sans crainte sur les dispositions des deux empereurs. Plus haut on a vu, par les paroles mêmes de l'empereur Napoléon, qu'il me reconnaissait, et avec raison, pour partisan de l'alliance de la France avec l'Autriche. Je croyais, et je crois encore, que c'était là servir la France. J'assurai à M. de Vincent que je faisais et ferais de tous les côtés, ce que je croirais propre à empêcher qu'il ne sortît d'Erfurt quelque résolution préjudiciable aux intérêts de son gouvernement.

Napoléon, fidèle à son système momentané de lenteur, avait distribué les premières journées de manière à ce que l'on ne trouvât jamais le moment de parler d'affaires. Ses déjeuners étaient longs ; il y recevait du monde, il y causait volontiers. Venaient ensuite quelques visites aux établissements publics du pays, d'où l'on se rendait hors de la ville à des manœuvres, auxquelles l'empereur de Russie et le grand-duc, son frère, ne manquaient jamais de se trouver. Elles duraient jusqu'à ce qu'on n'eût que le temps de s'habiller pour le dîner, après lequel le spectacle prenait le reste de la journée.

J'ai vu plusieurs de ces déjeuners durer plus de deux

---

1. Voir page 313.

heures. C'est là que Napoléon faisait venir les hommes considérables et les hommes de mérite, qui s'étaient rendus à Erfurt pour le voir. Tous les matins, il lisait avec complaisance la liste des personnes nouvellement arrivées. Le jour où il y trouva le nom de M. Gœthe, il l'envoya chercher.

« Monsieur Gœthe, je suis charmé de vous voir. — Sire, je vois que quand Votre Majesté voyage, elle ne néglige pas de porter ses regards sur les plus petites choses. — Je sais que vous êtes le premier poëte tragique de l'Allemagne. — Sire, vous faites injure à notre pays; nous croyons avoir nos grands hommes : Schiller, Lessing et Wieland doivent être connus de Votre Majesté. — Je vous avoue que je ne les connais guère; cependant j'ai lu la *Guerre de Trente ans;* cela, je vous en demande pardon, ne m'a paru fournir des sujets de tragédie que pour nos boulevards. — Sire, je ne connais pas vos boulevards; mais je suppose que c'est là que se donnent les spectacles pour le peuple; et je suis fâché de vous entendre juger si sévèrement un des plus beaux génies des temps modernes. — Vous habitez ordinairement Weimar; c'est le lieu où les gens de lettres célèbres de l'Allemagne se réunissent ? — Sire, ils y sont fort protégés; mais nous n'avons dans ce moment-ci à Weimar d'homme connu dans toute l'Europe que Wieland, car Müller habite Berlin. — Je serais bien aise de voir M. Wieland ! — Si Votre Majesté me permet de le lui mander, je suis sûr qu'il se rendra ici immédiatement. — Parle-t-il le français? — Il le sait, et il a lui-même corrigé plusieurs traductions de ses ouvrages faites en français. — Pendant que vous êtes ici, il faut que vous alliez tous les soirs à nos spectacles. Cela ne vous fera pas de mal de voir représenter les bonnes tragédies françaises. — Sire, j'irai très volontiers, et je dois avouer à Votre Majesté que cela était mon projet; j'ai traduit, ou plutôt imité quelques pièces françaises. — Lesquelles? — *Mahomet* et *Tancrède*. — Je ferai demander à Rémusat si nous avons ici des acteurs pour les jouer. Je serai bien aise que vous les voyiez représenter dans notre langue. Vous n'êtes pas si rigoureux que nous dans les règles du théâtre. — Sire, les unités chez nous ne sont pas essentielles. — Comment trouvez-vous notre séjour ici? — Sire, bien brillant, et j'espère qu'il sera utile à notre pays. — Votre peuple est-il heureux? — Il espère beaucoup. — Monsieur Gœthe, vous devriez rester ici pendant tout le voyage, et écrire l'impression que fait sur vous le grand spectacle que nous vous donnons. — Ah! Sire, il faudrait la plume de quelque écrivain de l'antiquité pour entreprendre un travail semblable. — Êtes-vous de ceux qui aiment Tacite? — Oui, Sire, beaucoup. — Eh bien! pas moi; mais nous parlerons de cela une autre fois. Écrivez à M. Wieland de venir ici; j'irai lui rendre sa visite à Weimar où le duc m'a invité à aller. Je serai bien aise de voir la duchesse; c'est une femme d'un grand mérite. Le duc a été assez mal pendant quelque temps, mais il est corrigé[1]. — Sire, s'il a été mal, la correction a été un peu forte, mais je ne suis pas juge de pareilles choses; il protège les lettres, les sciences, et nous n'avons tous qu'à nous louer de lui. — Monsieur Gœthe, venez ce soir à *Iphigénie*.

1. Le grand duc de Saxe-Weimar avait pris parti pour la Prusse en 1806. Ses troupes avaient été écrasées à Iéna, et sa capitale, qui se trouvait sur la ligne de retraite de l'armée prussienne, avait beaucoup souffert.

C'est une bonne pièce ; elle n'est cependant pas une de celles que j'aime le mieux, mais les Français l'estiment beaucoup. Vous verrez dans mon parterre un bon nombre de souverains. Connaissez-vous le prince primat ? — Oui, Sire, presque intimement ; c'est un prince qui a beaucoup d'esprit, beaucoup de connaissances et beaucoup de générosité. — Eh bien ! vous le verrez, ce soir, dormir sur l'épaule du roi de Wurtemberg. Avez-vous déjà vu l'empereur de Russie ? — Non, Sire, jamais, mais j'espère lui être présenté. — Il parle bien votre langue; si vous faites quelque chose sur l'entrevue d'Erfurt, il faut le lui dédier. — Sire, ce n'est pas mon usage; lorsque j'ai commencé à écrire, je me suis fait un principe de ne point faire de dédicace, afin de n'avoir jamais à m'en repentir. — Les grands écrivains du siècle de Louis XIV n'étaient pas comme cela. — C'est vrai, Sire, mais Votre Majesté n'assurerait pas qu'ils ne s'en sont jamais repentis. — Qu'est devenu ce mauvais sujet de Kotzebue[1] ? — Sire, on dit qu'il est en Sibérie et que Votre Majesté demandera sa grâce à l'empereur Alexandre. — Mais savez-vous que ce n'est pas mon homme ? — Sire, il est fort malheureux et il a beaucoup de talent. — Adieu, monsieur Gœthe. »

---

1. Auguste de Kotzebue, né en 1761 à Weimar, entra au service de la Russie, devint secrétaire du gouvernement de Pétersbourg et président de justice de l'Esthonie. Il fut arrêté et déporté en Sibérie en 1800, comme l'auteur de pamphlets contre le czar Paul. Il revint l'année suivante, fut nommé conseiller aulique, vint ensuite à Paris de 1802 à 1806. Après la bataille d'Iéna, il se réfugia en Russie d'où il répandit de violents pamphlets contre la France et Napoléon. En 1813, il fut un des promoteurs du soulèvement national de l'Allemagne, mais changea de drapeau après 1815, et devint l'un des défenseurs les plus ardents de la politique de la sainte-alliance. Il fut assassiné en 1819.

Je suivis M. Gœthe et l'engageai à venir dîner chez moi. En rentrant, j'écrivis cette première conversation, et pendant le dîner, je m'assurai par les différentes questions que je lui fis, que telle que je l'écris ici, elle est parfaitement exacte. En sortant de table, M. Gœthe se rendit au spectacle; je mettais de l'intérêt à ce qu'il fût près du théâtre et cela était assez difficile, parce que les têtes couronnées occupaient sur des fauteuils le premier rang; les princes héréditaires pressés sur des chaises, remplissaient le second; et toutes les banquettes qui étaient derrière eux étaient couvertes de ministres et de princes médiatisés. Je confiai donc M. Gœthe à Dazincourt qui, sans blesser aucune convenance trouva le moyen de le bien placer.

Le choix des pièces de ces spectacles d'Erfurt avait été fait avec un grand soin et beaucoup d'art. Tous les sujets étaient pris dans les temps héroïques ou dans les grands événements de l'histoire. La pensée de Napoléon en faisant paraître les temps héroïques sur la scène, avait été de dépayser toute cette ancienne noblesse allemande au milieu de laquelle il était, et de la transporter par l'imagination dans d'autres régions, où passaient sous ses yeux des hommes grands par eux-mêmes, fabuleux par leurs actions, créateurs de leur race et prétendant tirer leur origine des dieux.

Dans les pièces tirées de l'histoire dont il avait ordonné la représentation, la politique de quelque principal personnage rappelait toujours des circonstances analogues qui se présentaient journellement, depuis qu'il avait apparu, lui, sur le théâtre du monde; et cela devenait le sujet d'une foule de flatteuses applications. La haine de Mithridate contre les Romains rappelait la haine de Napoléon contre l'Angleterre, et à ces vers :

> Ne vous figurez pas que de cette contrée,
> Par d'éternels remparts, Rome soit séparée ;
> Je sais tous les chemins par où je dois passer,
> Et si la mort bientôt ne vient me traverser, etc[1].

On répétait autour de lui à voix basse : « Oui, il sait tous les chemins par où il faut passer ; qu'on y prenne garde, oui, il les connait tous. »

Les idées d'immortalité, de gloire, de valeur, de fatalité, qui, dans *Iphigénie* reviennent continuellement, ou comme idée principale, ou comme idée accessoire, servaient sa pensée dominante qui était d'étonner sans cesse ceux qui l'approchaient.

Talma avait reçu l'ordre de prononcer doucement cette belle tirade :

> L'honneur parle, il suffit, ce sont là nos oracles.
> Les dieux sont de nos jours les maîtres souverains,
> Mais, seigneur, notre gloire est dans nos propres mains,
> Pourquoi nous tourmenter de leurs ordres suprêmes ?
> Ne songeons qu'à nous rendre immortels comme eux-mêmes,
> Et laissant faire au sort, courons où la valeur
> Nous promet un destin aussi grand que le leur, etc[2].

Mais la pièce de son choix, celle qui établissait le mieux les causes et la source de sa puissance, c'était *Mahomet*, parce que d'un bout à l'autre, il croyait remplir la scène.

---

1. *Mithridate*, acte III, scène I.

2. *Iphigénie*, acte I, scène II.

Dès le premier acte :

> Les mortels sont égaux, ce n'est point la naissance,
> C'est la seule vertu qui fait la différence.
> Il est de ces esprits favorisés des cieux
> Qui sont tout par eux-mêmes et rien par leurs aïeux.
> Tel est l'homme, en un mot, que j'ai choisi pour maître ;
> Lui seul dans l'univers a mérité de l'être ;
> Tout mortel à ses lois doit un jour obéir, etc[1].

Les yeux de toute la salle étaient fixés sur lui ; on écoutait les acteurs et c'était lui qu'on regardait. Et dans un autre endroit chaque prince allemand devait naturellement se faire l'application de ces vers dits par Lafont avec une voix sombre :

> Vois l'empire romain tombant de toutes parts,
> Ce grand corps déchiré dont les membres épars
> Languissent dispersés, sans honneur et sans vie ;
> Sur ces débris du monde élevons l'Arabie.
> Il faut un nouveau culte, il faut de nouveaux fers,
> Il faut un nouveau Dieu pour l'aveugle univers[2].

Là, le respect étouffait les applaudissements plus prêts encore de se faire jour, à ce vers :

> Qui l'a fait roi ? Qui l'a couronné ? La Victoire[3].

Puis, peut-être jouait-on l'attendrissement lorsque Omar ajoutait :

> Au nom de conquérant et de triomphateur
> Il veut joindre le nom de pacificateur[4].

---

1. *Mahomet* (Voltaire), acte I, scène IV.
2. *Id.* acte II, scène V.
3. *Id.* acte I, scène IV.
4. *Id.* acte I, scène IV.

A ce dernier vers, Napoléon montra une émotion habile qui indiquait que c'était là, où il voulait que l'on trouvât l'explication de toute sa vie.

On s'empressa même de faire un mouvement d'approbation lorsque Saint-Prix dans la *Mort de César*, dit avec une expression admirable en parlant de Sylla :

Il en était l'effroi, *j'en serai les délices*, etc[1].

Je ne veux pas citer davantage les applications, les inductions du même genre que j'entendais faire chaque jour. Je ne tiens note que de ce qui est indispensable pour bien faire connaître l'esprit de cette grande réunion.

Après chaque spectacle, je voyais l'empereur Alexandre chez la princesse de la Tour, et quelquefois M. de Vincent chez moi. L'impression qu'ils en rapportaient était fort différente. L'empereur Alexandre était toujours dans l'enchantement, et M. de Vincent était constamment dans la crainte. Quelque chose que je pusse lui dire, il avait de la peine à se persuader que l'on ne fît rien ; et cependant, il était positif que les premiers jours s'étaient passés sans que l'on eût parlé d'affaires. La première conversation où il en fut question fut fort longue. Les empereurs y discutèrent à fond tout ce qui se traitait depuis un an entre les deux cabinets, et elle finit par la communication d'un projet de convention que l'empereur Napoléon dit avoir rédigé dans leur intérêt commun. Il le remit à l'empereur Alexandre, mais après lui avoir fait promettre de ne le montrer à personne ; pas même à aucun de ses ministres. C'était une affaire, ajoutait-il, qui devait être traitée entre

---

1. *La mort de César* (Voltaire), acte I, scène IV.

eux deux seuls, et pour prouver l'importance qu'il mettait au secret, il avait écrit lui-même une partie des articles, ne voulant pas que personne en eût connaissance.

Ce mot *personne* répété avait évidemment été dit pour le comte de Romanzoff et pour moi. L'empereur Alexandre eut la bonté de ne pas l'entendre ainsi; et après avoir prié la princesse de la Tour de défendre sa porte pour tout le monde, il tira le traité de sa poche. Napoléon s'était donné la peine de copier de son mieux presque tout le projet que je lui avais remis. Il avait cependant changé un ou deux articles, et ajouté qu'un corps d'armée russe, sous le prétexte de la position du cabinet de Pétersbourg à l'égard de la Porte ottomane, serait placé de manière à être peu éloigné des frontières autrichiennes. L'empereur Alexandre, après avoir fait remarquer à l'empereur Napoléon que les bases du traité étaient autres que celles qui avaient été presque arrêtées à Pétersbourg, s'était réservé de faire, par écrit, les observations qui lui paraîtraient convenables. Il faut que les secrets russes se gardent mal, car M. de Vincent vint chez moi le lendemain matin, pour me dire qu'il savait que les négociations étaient commencées, et qu'il y avait déjà un projet de convention rédigé. Je l'engageai à se tenir tranquille, à ne faire que les démarches indispensables, et surtout à ne montrer aucune inquiétude; j'ajoutai, sans lui en dire davantage, que j'étais placé de manière à avoir quelque influence sur les dispositions qui seraient prises, et qu'il savait à quel point j'étais opposé à tout ce qui pouvait nuire à la sécurité et à la considération de l'Autriche.

Deux ou trois jours se passèrent sans que les deux empereurs se vissent ailleurs qu'aux parades ou aux manœuvres, à l'heure du dîner ou au spectacle. Tous les soirs je continuais à aller chez la princesse de la Tour ; l'empereur Alexandre y venait exactement ; il avait l'air préoccupé, ce qui m'engageait à rendre la conversation aussi frivole que je le pouvais. Un jour cependant, je me servis de *Mithridate* que l'on venait de donner, pour faire remarquer tout ce que cette pièce pouvait fournir d'allusions ; m'adressant à la princesse de la Tour, j'en citai plusieurs vers ; cela tomba. L'empereur dit qu'il avait un peu mal à la tête et se retira, mais, *à demain,* furent ses dernières paroles. Tous les matins, je voyais M. de Caulaincourt. Je lui demandai s'il ne trouvait pas que l'empereur Alexandre se refroidissait beaucoup. Ce n'était pas son opinion ; il me dit qu'il avait seulement de l'embarras, mais que son enthousiasme pour Napoléon était toujours le même, et que bientôt cet embarras se dissiperait.

L'empereur Napoléon, pendant ces jours de réserve politique, continuait à voir tous les matins après son déjeuner les Allemands dont il prisait et voulait avoir le suffrage. La commission qu'il avait donnée à M. Goethe avait été exactement remplie et M. Wieland était arrivé. Il les fit inviter à déjeuner l'un et l'autre. Je me rappelle que le prince primat y était ce jour-là, et qu'il y avait beaucoup de monde. L'empereur arrangeait avec soin ses conversations d'apparat ; il s'attachait à y prendre tous ses avantages, et pour cela, il arrivait tout préparé sur un sujet inattendu pour la personne à laquelle il adressait la parole. Il n'éprouvait jamais l'embarras d'une trop forte contradiction, car il trouvait aisément sous sa main une raison pour interrompre celui qui lui parlait. J'ai été plusieurs fois dans le cas de remarquer qu'il se plaisait, hors de France, à traiter dans ses conversations des questions élevées, généralement assez étrangères aux hommes de guerre, ce qui le plaçait tout de suite à part. Sa confiance en lui à cet égard, soit qu'il la dût à l'éclat de sa vie, soit qu'elle tînt à son caractère et aux illusions de son orgueil, n'aurait été ébranlée ni par la présence de Montesquieu, ni par celle de Voltaire.

Il y avait trois ou quatre sujets sur lesquels il parlait plus volontiers. A Berlin, l'année précédente, il avait, s'adressant au célèbre Jean de Müller, cherché à fixer les principales époques des grands efforts de l'esprit humain. J'ai encore présent l'étonnement marqué sur le visage de Müller, lorsqu'il le vit établir que la propagation et le développement rapide du christianisme avait opéré une réaction admirable de l'esprit grec contre l'esprit romain, et s'arrêter avec complaisance sur l'habileté qu'avait montrée la Grèce, vaincue par la force physique, en s'occupant de la conquête de l'empire intellectuel; conquête, ajoutait-il, qu'elle avait effectuée en saisissant ce germe bienfaiteur qui a eu tant d'influence sur l'humanité entière. Il fallait qu'il sût cette dernière phrase par cœur, car je la lui ai entendu répéter de la même manière à M. de Fontanes[1] et à M. Suard[2]. Müller ne répondit rien; il était dans une sorte d'ébahissement dont l'empereur s'empressa de profiter pour lui proposer d'écrire son histoire.

1. M. de Fontanes, né en 1757, s'était, avant la Révolution, uniquement occupé de littérature et de poésie. Il entra à l'Institut sous le consulat, devint en 1804 membre du Corps législatif, puis président de cette Assemblée (1805), grand maître de l'université en 1808 et sénateur en 1810. Il mourut en 1821.

2. Jean-Baptiste Suard, homme de lettres et écrivain distingué, membre de l'Académie française. Il devint censeur sous la Restauration. (1733-1817).

Je ne sais ce qu'il voulait obtenir de Wieland, mais il se plut à lui dire une foule de choses obligeantes. « M. Wieland, nous aimons beaucoup vos ouvrages en France; c'est vous qui êtes l'auteur d'*Agathon* et de l'*Obéron*. Nous vous appelons le Voltaire de l'Allemagne. — Sire, cette ressemblance serait bien glorieuse pour moi, mais elle n'a rien de vrai; c'est de la part des personnes bienveillantes une louange fort exagérée. — Dites-moi, monsieur Wieland, pourquoi votre *Diogène*, votre *Agathon* et votre *Pérégrinus* sont écrits dans ce genre équivoque qui transporte le roman dans l'histoire et l'histoire dans le roman. Les genres, dans un homme aussi supérieur que vous, doivent être tranchés et exclusifs. Tout ce qui est mélange conduit aisément à la confusion. C'est pour cela qu'en France nous aimons si peu le drame. Je crains de m'aventurer ici, car j'ai affaire à forte partie, et d'autant plus que ce que je dis s'adresse à M. Goethe autant qu'à vous. — Sire, Votre Majesté nous permettra de lui faire remarquer qu'il y a sur le théâtre français bien peu de tragédies qui ne soient un mélange d'histoire et de roman. Mais je suis là sur le terrain de M. Goethe; il répondra lui-même, et sûrement il répondra bien. Quant à ce qui me regarde, j'ai voulu donner quelques leçons utiles aux hommes et il m'a fallu l'autorité de l'histoire. J'ai voulu que les exemples que j'en empruntais fussent faciles et agréables à imiter, et pour cela il a fallu y mêler l'idéal et le romanesque. Les pensées des hommes valent quelquefois mieux que leurs actions, et les bons romans valent mieux que le genre humain. Comparez, Sire, le *Siècle de Louis XIV* avec le *Télémaque*, où se trouvent les meilleures leçons pour les souverains et pour les peuples. Mon *Diogène* est pur au fond de son tonneau. — Mais savez-vous, dit l'empereur, ce qui arrive à ceux qui montrent toujours la vertu dans des fictions : c'est qu'ils font croire que les vertus ne sont jamais que des chimères. L'histoire a été bien souvent calomniée par les historiens eux-mêmes. »

Cette conversation dans laquelle Tacite allait sûrement arriver, fut interrompue par M. de Nansouty qui vint dire à l'empereur qu'un courrier de Paris lui apportait des lettres. Le prince primat sortit avec Wieland et Gœthe et me pria d'aller dîner avec eux chez lui. Wieland, qui, dans sa simplicité, ne savait pas s'il avait bien ou mal répondu à l'empereur, était rentré chez lui pour écrire la conversation qu'il venait d'avoir. Il rapporta ce récit chez le prince primat, tel qu'on vient de le lire. Tous les beaux esprits de Weimar et des environs étaient à ce dîner. J'y remarquai une femme d'Eisenach qui était placée auprès du primat. On ne lui parlait pas sans lui donner le nom d'une muse, et cela, sans affectation. Clio, voulez-vous de telle chose? était une manière de dire du primat, à laquelle elle répondait tout simplement oui ou non. Sur terre, elle s'appelait la baronne de Bechtolsheim. Après le dîner, tout le monde alla au spectacle, et suivant mon usage, après le spectacle, je reconduisis l'empereur, et je fus ensuite chez la princesse de la Tour.

L'empereur Alexandre y était déjà; son visage n'avait pas son expression ordinaire. Il était visible que ses incertitudes existaient encore et que ses observations sur le projet de traité n'étaient pas faites. « L'empereur vous a-t-il parlé ces jours-ci? fut sa première question. — Non, Sire », et je hasardai d'ajouter que « si je n'avais pas vu M. de Vincent, je croirais que l'entrevue d'Erfurt était uniquement une partie de plaisir.

— Qu'est-ce que dit M. de Vincent? — Sire, des choses fort raisonnables, car il espère que Votre Majesté ne se laissera pas entraîner par l'empereur Napoléon dans des mesures *menaçantes* ou au moins *offensantes* pour l'Autriche; et si Votre Majesté me permet de le lui dire, je forme les mêmes vœux. — Je le voudrais aussi; c'est fort difficile, car l'empereur Napoléon me paraît bien monté. — Mais, Sire, vous avez des observations à faire; est-ce que Votre Majesté ne peut pas regarder comme inutiles les articles où il est question de l'Autriche en disant qu'ils sont renfermés implicitement dans le traité de Tilsitt? Il me semble que l'on pourrait ajouter que les preuves de confiance doivent être réciproques; et que Votre Majesté laissant dans le projet qui lui est soumis l'empereur Napoléon en partie juge des circonstances où quelques articles pourraient être exécutés, a, de son côté, le droit d'exiger qu'il s'en rapporte à elle pour juger des cas où l'Autriche deviendrait un obstacle réel au projet adopté par les deux empereurs. Cela convenu entre vous, tout ce qui regarde l'Autriche devrait être effacé du projet de traité. Et si Votre Majesté pense à l'espèce d'effroi que la réunion d'Erfurt, arrangée à l'insu de l'empereur François, a dû causer à Vienne, peut-être aimera-t-elle en lui écrivant, à le rassurer sur tout ce qui personnellement l'intéresse. » Je voyais que je faisais plaisir à l'empereur Alexandre; il prenait avec un crayon des notes sur ce que je lui disais; mais il fallait le décider et il ne l'était pas encore. Ce fut M. de Caulaincourt, qui par son crédit personnel emporta sa détermination,

L'empereur Alexandre me montra le lendemain ses observations sur le projet de traité et me dit avec grâce : « Vous vous y reconnaîtrez dans quelques endroits; j'y ai ajouté beaucoup de choses tirées d'anciennes conversations de l'empereur Napoléon avec moi. » Ces observations étaient suffisamment bien. Je le trouvai décidé à les remettre le lendemain matin. Cela me fit plaisir, car il ne me paraissait point avoir un air assez dégagé pour que je ne désirasse pas que ce premier pas-là fût fait. Ma crainte n'était pas fondée, car dans une conférence qui dura trois heures, il ne céda rien à l'empereur Napoléon qui m'envoya chercher au moment où ils se séparèrent. « Je n'ai rien fait, me dit-il, avec l'empereur Alexandre; je l'ai retourné dans tous les sens; mais il a l'esprit court. Je n'ai pas avancé d'un pas. — Sire, je crois que Votre Majesté en a fait beaucoup depuis qu'elle est ici, car l'empereur Alexandre est complètement sous le charme. — Il vous le montre; vous êtes sa dupe. S'il m'aime tant, pourquoi ne signe-t-il pas? — Sire, il y a en lui quelque chose de chevaleresque qui fait que trop de précautions le choquent; il se croit, par sa parole et par son affection pour vous, plus engagé avec vous que par les traités. Sa correspondance, que Votre Majesté m'a donné à lire, est pleine de traits qui le prouvent. — Balivernes que tout cela. »

Il se promenait dans sa chambre, et rompit un silence de quelques minutes, en disant : « Je ne reviendrai pas sur cela avec lui, ce serait montrer que j'y mets trop d'intérêt; et au fond notre seule entrevue, par le mystère dont elle restera enveloppée, en imposera à l'Autriche; elle croira à des articles secrets et je ne la dissuaderai pas. Si au moins la Russie, par son exemple, décidait l'empereur François à reconnaître Joseph comme roi d'Espagne, ce serait quelque chose, mais je n'y compte pas; ce que j'ai fait en huit jours avec l'empereur Alexandre, il faudrait des années pour le faire à

Vienne. Je ne comprends pas votre penchant pour l'Autriche, c'est de la politique à l'ancienne France. — Sire, je crois que cela doit être aussi la politique de la nouvelle, et j'oserai ajouter, la vôtre; car vous, Sire, vous êtes particulièrement le souverain sur lequel on compte davantage pour garantir la civilisation. L'apparition de la Russie à la paix de Teschen a été un grand malheur pour l'Europe et une grande faute de la part de la France, qui n'a rien fait pour l'empêcher[1]. — Il n'est plus question de cela; mon cher, il faut prendre le temps comme il est. Sur le temps passé, prenez-vous-en à M. de Vergennes, si vous voulez. On ne s'occupe guère aujourd'hui de la civilisation. — On pense à ses affaires? — Vous n'y êtes pas; savez-vous ce qui fait que personne ne marche droit avec moi, c'est que n'ayant pas d'enfants, on croit la France en viager sur ma tête. Voilà le secret de tout ce que vous voyez ici : on me craint, et chacun s'en tire comme il peut; c'est un état de choses mauvais pour tout le monde; et (ajouta-t-il gravement), il faudra bien un jour y remédier. Continuez à voir l'empereur Alexandre; je l'ai, peut-être, un peu brusqué dans notre conférence, mais je veux que nous nous quittions sur de bons termes; j'ai encore quelques jours devant moi; nous allons demain à Weimar et il ne me sera pas difficile d'être gracieux sur le terrain d'Iéna, où l'on me donne une fête. Vous serez à Weimar avant moi;

---

1. La paix de Teschen (Silésie), signée le 10 mai 1779 entre l'Autriche et la Prusse, mit fin à la guerre de succession de Bavière que l'empereur Joseph II avait suscitée l'année précédente, en cherchant à s'emparer de cet État après la mort du duc Maximilien-Joseph. Le roi Frédéric II s'étant opposé à cette prétention, une courte guerre en était résultée. L'impératrice Catherine II avait eu l'habileté de s'imposer comme médiatrice, entre les deux puissances, de concert avec la France.

dites à la duchesse, qui est trop grande dame pour venir à Iéna, que je désire voir tous les savants qui vivent autour d'elle, et que je la prie de les faire prévenir. — Il serait fâcheux que les détails de ce voyage fussent perdus. »

L'empereur avait envoyé toute la Comédie-Française à Weimar. La journée commença par une chasse sur le terrain d'Iéna; ensuite il y eut un grand dîner servi sur une table en fer à cheval à laquelle n'étaient placés que les princes *régnants*. Je remarque ce mot, car cette qualité fit que l'on rendit un hommage de plus à Napoléon, en y appelant le prince de Neufchâtel et moi. En sortant de table, on fut au spectacle où l'on jouait *la Mort de César* devant tous les souverains et princes qui d'Erfurt étaient venus à Weimar. Du spectacle, on passa dans la salle de bal. C'est une fort belle pièce, vaste, élevée, carrée, éclairée par en haut, et ornée de beaucoup de colonnes. L'impression que *la Mort de César* avait laissée fut bientôt dissipée par la vue d'une quantité de jeunes et jolies personnes qui s'étaient rendues au bal. Napoléon aimait à traiter les questions sérieuses dans les salons, à la chasse, au bal, quelquefois auprès d'une table de jeu. Il croyait par là prouver qu'il n'était pas accessible aux impressions que ce genre de mouvement donne au commun des hommes. Après avoir fait le tour de la salle, et s'être arrêté près de quelques jeunes femmes dont il demandait le nom à M. Frédéric de Müller, chambellan du duc, qui avait reçu l'ordre de l'accompagner, il s'éloigna de la grande enceinte et pria M. de Müller de lui amener M. Gœthe et M. Wieland. M. de Müller n'est point de la famille du fameux Jean de Müller l'historien, mais il est de la société littéraire de Weimar, et je crois qu'il en est secrétaire. Il alla chercher ces messieurs qui, avec quelques autres membres de cette académie, regardaient ce beau et singulier spectacle. M. Gœthe, en s'approchant de l'empereur, lui demanda la permission de les lui nommer. Je ne donne pas leurs noms, parce qu'ils ne se trouvent pas dans la note, cependant fort détaillée, que me remit le lendemain M. de Müller, à qui j'avais demandé d'écrire tout ce qu'il aurait remarqué dans ce voyage, pour le comparer à ce que, de mon côté, j'avais noté moi-même.

« Vous êtes, j'espère, content de nos spectacles, dit l'empereur à M. Gœthe ; ces messieurs y sont-ils venus ? — A celui d'aujourd'hui, Sire, mais pas à ceux d'Erfurt. — J'en suis fâché ; une bonne tragédie doit être regardée comme l'école la plus digne des hommes supérieurs. Sous un certain point de vue, elle est au-dessus de l'histoire. Avec la meilleure histoire, on ne produit que peu d'effet. L'homme, seul, n'est ému que faiblement ; les hommes rassemblés reçoivent des impressions plus fortes et plus durables. Je vous assure que l'historien que vous autres citez toujours, Tacite, ne m'a jamais rien appris. Connaissez- vous un plus grand et souvent plus injuste détracteur de l'humanité ? Aux actions les plus simples, il trouve des motifs criminels ; il fait des scélérats profonds de tous les empereurs, pour faire admirer le génie qui les a pénétrés. On a raison de dire que ses *Annales* ne sont pas une histoire de l'empire, mais un relevé des greffes de Rome. Ce sont toujours des accusations, des accusés et des gens qui s'ouvrent les veines dans leur bain. Lui qui parle sans cesse de délations, il est le plus grand des délateurs. Et quel style ! Quelle nuit toujours obscure ! Je ne suis pas un grand latiniste, moi, mais l'obscurité de Tacite se montre dans dix ou douze traductions italiennes ou françaises que j'ai lues ; et j'en conclus qu'elle lui est propre, qu'elle naît de ce qu'on appelle son génie autant que de son style ; qu'elle n'est si inséparable de sa manière de s'exprimer que parce qu'elle est dans sa manière de concevoir. Je l'ai entendu louer de la peur qu'il fait aux tyrans ; il leur fait peur des peuples, et c'est là un grand mal pour les peuples mêmes. N'ai-je pas raison, monsieur Wieland ? Mais je vous dérange ; nous ne sommes pas ici pour parler de Tacite. Regardez comme l'empereur Alexandre danse bien.

— Je ne sais pas pourquoi nous sommes ici, Sire, répliqua M. Wieland, mais je sais que Votre Majesté me rend, en ce moment, l'homme le plus heureux de la terre. — Eh bien ! répondez-moi. — Sire, à la manière dont Votre Majesté vient de parler, Elle me fait oublier qu'Elle a deux trônes ; je ne vois plus en Elle qu'un homme de lettres, et je sais que Votre Majesté ne dédaigne pas ce titre, car je me rappelle qu'en partant pour l'Égypte, Elle signait ses lettres : *Bonaparte, membre de l'Institut et général en chef.* C'est donc à l'homme de lettres, Sire, que je vais essayer de répondre. J'ai senti à Erfurt que je me défendais faiblement quand j'étais l'objet de votre critique ; mais je crois pouvoir mieux défendre Tacite. Je conviens que son but principal est de punir les tyrans ; mais, s'il les dénonce, ce n'est pas à leurs esclaves qui ne se révolteraient que pour changer de tyrannie ; il les dénonce à la justice des siècles et du genre humain. Or le genre humain doit probablement avoir assez de durée et de malheurs pour que sa raison acquière la force que ses passions seules ont eue jusqu'à ce jour. — C'est là ce que disent tous nos philosophes. Mais cette force de raison, je la cherche, et je ne la vois nulle part. — Sire, il n'y a pas très longtemps que Tacite a commencé à avoir beaucoup de lecteurs, et c'est là un progrès marqué de l'esprit humain ; car, pendant des siècles, les académies n'en voulaient pas plus que les cours. Les esclaves du goût en avaient peur comme les serviteurs du despotisme. Ce n'est que depuis que Racine l'a nommé : *le plus grand peintre de l'antiquité*, que vos universités et les nôtres ont pensé que cela pourrait bien être vrai. Votre Majesté dit qu'en lisant Tacite, Elle ne voit que des dénonciateurs, des assassins et des brigands ; mais, Sire, c'est là, précisément ce qu'était l'empire romain gouverné par les monstres qui sont tombés sous la plume de Tacite. Le génie de Tite-Live parcourait l'univers avec les légions de la république ; le génie de Tacite devait presque toujours se concentrer dans le greffe de Rome, car c'est dans ce greffe qu'on trouvait toute l'histoire de l'empire. Ce n'est même que là, dit-il d'une voix animée, qu'on peut prendre connaissance, chez toutes les nations, de ces temps malheureux où les princes et les peuples, opposés de principes et de vues, vivent en tremblant les uns devant les autres. Alors, tout est procès criminel, et la mort paraît donnée par les centurions et par les bourreaux plus souvent que par le temps et par la nature. Sire, Suétone et Dion Cassius racontent un bien plus grand nombre de forfaits que Tacite, mais ils les racontent avec un style sans énergie, tandis que rien n'est plus terrible que le pinceau de Tacite. Toutefois, son génie n'est inexorable que comme la justice. Dès qu'il peut voir quelque bien, même dans ce règne monstrueux de Tibère, son regard le démêle, le saisit et le fait ressortir avec l'éclat qu'il donne à tout. Il trouve même des éloges à donner à cet imbécile de Claude, qui n'était en effet imbécile que par son caractère et par ses débauches. Cette impartialité, l'attribut le plus auguste de la justice, Tacite l'exerce sur les sujets les plus opposés, sur la république comme sur l'empire, sur les citoyens comme sur les princes. Par la trempe de son génie, on croirait qu'il ne peut aimer que la république ; on serait confirmé dans cette opinion, par ses mots sur Brutus, sur Cassius, sur Codrus, si profondément gravés dans la mémoire de toute notre jeunesse. Mais quand il parle des empereurs qui avaient si heureusement concilié ce que l'on croyait inconciliable, l'empire et la liberté, on sent que cet art de gouverner lui paraît la plus belle découverte faite sur la terre. »

Le prince primat qui s'était approché, et toute la petite académie de Weimar qui entourait Wieland, ne purent contenir leur ravissement.

« Sire, continua-t-il, s'il est vrai de dire de Tacite que les tyrans sont punis quand il les a peints ; il est bien plus vrai encore de dire que les bons princes sont récompensés quand il trace leur image et qu'il les présente à la gloire. — J'ai affaire là à trop forte partie, monsieur Wieland, et vous ne négligez aucun de vos avantages. Je crois que vous saviez que je n'aimais pas Tacite. Êtes-vous en correspondance avec M. de Müller [1] que j'ai vu à Berlin ? — Oui, Sire. — Convenez qu'il vous a écrit sur ce qui fait le sujet de notre conversation ? — C'est vrai, Sire, c'est par lui que j'ai appris que Votre Majesté parlait volontiers de Tacite et ne l'aimait pas. — Je ne me tiens pas encore tout à fait pour battu, monsieur Wieland, je consens à cela difficilement. Je retourne demain à Erfurt ; nous y reprendrons notre discussion. J'ai

---

1. Jean de Müller, l'historien.

dans mon arsenal, une bonne provision d'armes pour soutenir que Tacite n'est pas assez entré dans le développement des causes et des mobiles intérieurs des événements, qu'il n'a pas assez fait ressortir le mystère des actions qu'il raconte, et leur enchaînement mutuel, pour préparer par là le jugement de la postérité qui ne doit juger les hommes et les gouvernements que tels qu'ils étaient de leur temps et au milieu des circonstances qui les environnaient. »

L'empereur finit cette conversation en disant à M. Wieland, avec un regard plein de douceur, que le plaisir d'être avec lui l'exposait à être depuis longtemps un objet de scandale pour les danseurs, et il s'en fut avec le prince primat. Après s'être arrêté pendant quelques moments, devant la belle contredanse, et après avoir parlé à la duchesse de Saxe-Weimar, de l'élégance et de la beauté de cette brillante fête, il quitta le bal et rentra dans le magnifique appartement qui était préparé pour lui. Tous les jeunes académiciens, craignant l'infidélité de leur mémoire, étaient déjà partis pour recueillir entre eux tout ce qu'ils venaient d'entendre. Et le lendemain, jour de notre départ, M. de Müller était chez moi à sept heures pour me demander si l'attaque de l'empereur contre Tacite était fidèlement rapportée. J'y fis changer quelques mots, ce qui me donna le droit d'avoir une copie complète du travail de ces messieurs, destiné aux archives littéraires de Weimar. On quitta ce beau lieu dans la matinée. Les rois de Saxe, de Wurtemberg et de Bavière partirent pour retourner dans leurs États.

Revenu à Erfurt, l'empereur Napoléon fut plus prévenant, plus amical, plus abandonné avec l'empereur Alexandre qu'il ne l'avait encore été. La convention, devenue si insignifiante, fut arrêtée presque sans observations ; il ne paraissait plus mettre d'intérêt véritable qu'à faire ce qui pouvait plaire à son auguste allié. « La vie agitée le fatiguait, disait-il à l'empereur Alexandre ; il avait besoin de repos, et il n'aspirait qu'à arriver au moment où il pourrait sans inquiétude se livrer aux douceurs de la vie intérieure, à laquelle tous ses goûts l'appelaient. Mais ce bonheur-là, ajoutait-il avec l'air pénétré, n'est pas fait pour moi. Y a-t-il un intérieur sans enfants ? Et puis-je en avoir ? Ma femme a dix ans de plus que moi. Je vous demande pardon : tout ce que je dis là est peut-être ridicule, mais je cède au mouvement de mon cœur qui se plaît à s'épancher dans le vôtre. » Et puis il s'étendit sur la longue séparation, sur les grandes distances, sur les difficultés de se revoir, etc. « Mais il n'y a plus qu'un moment d'ici au dîner, reprit-il, et il faut que je reprenne toute ma sécheresse pour donner à M. de Vincent son audience de congé. »

Le soir, l'empereur Alexandre était encore sous le charme de cette conversation intime. Je ne pus le voir que tard. Napoléon, qui était content de sa journée, m'avait fait rester chez lui, longtemps après son coucher. Son agitation avait quelque chose de singulier ; il me faisait des questions sans attendre ma réponse ; il essayait de me parler ; il voulait dire autre chose que ce qu'il disait ; enfin il prononça le gros mot de *divorce*. « Ma destinée l'exige, dit-il, et la tranquillité de la France me le demande. Je n'ai point de successeur. Joseph n'est rien, et il n'a que des filles. C'est moi qui dois fonder une dynastie ; je ne puis la fonder qu'en m'alliant à une princesse qui appartienne à une des grandes maisons régnantes de l'Europe. L'empereur Alexandre a des sœurs ; il y en a une dont l'âge me convient. Parlez de cela à Romanzoff ; dites-lui qu'après mon affaire d'Espagne finie, j'entrerai dans toutes ses vues pour le partage de la Turquie, et les autres arguments ne vous manqueront pas; car je sais que vous êtes partisan du divorce; l'impératrice Joséphine le croit aussi, je vous en avertis. — Sire, si Votre Majesté le permet, je ne dirai rien à M. de Romanzoff. Quoiqu'il soit le héros des *Chevaliers du Cygne*[1] de madame de Genlis, je ne lui trouve pas assez d'esprit. Et puis, après avoir bien endoctriné M. de Romanzoff, il faudra qu'il aille répéter à l'empereur tout ce que je lui aurai dit. Le répétera-t-il bien? Voudra-t-il le bien répéter? Je n'en sais rien. Il est beaucoup plus naturel, et je pourrais dire beaucoup plus facile, d'avoir sur cette grande affaire une conversation à fond avec l'empereur Alexandre lui-même; et si Votre Majesté adopte cette opinion, je me charge de faire la première ouverture. — A la bonne heure, me dit l'empereur, mais souvenez-vous bien que ce n'est pas de ma part qu'il faut lui parler; c'est comme Français que vous vous adressez à lui, pour qu'il obtienne de moi une résolution qui assure la stabilité de la France, dont le sort serait incertain à ma mort. Comme Français, vous pourrez dire tout ce que vous voudrez. Joseph, Lucien, toute ma famille, vous offrent un beau champ; dites d'eux tout ce qu'il vous plaira; ils ne sont rien pour la France. Mon fils même, mais cela est inutile à dire, aurait souvent besoin d'être mon fils pour me succéder tranquillement. »

---

[1]. *Les Chevaliers du Cygne*, ou *la Cour de Charlemagne*, roman historique de madame de Genlis, dans le genre des romans de chevalerie du xviie siècle. L'auteur s'est plu à faire, sous le couvert de la fiction, de nombreuses allusions aux scènes de la révolution, et, dans plusieurs de ses personnages, il a voulu peindre certaines personnalités de son temps. M. de Romanzoff avait, paraît-il, été un de ses modèles.

Il était tard. Je hasardai cependant d'aller chez la princesse de la Tour, dont la porte n'était pas encore fermée. L'empereur Alexandre y était resté plus longtemps qu'à l'ordinaire ; il racontait avec une bonne foi admirable, à la princesse, toute la scène mélancolique du matin. « Personne, disait-il, n'a une idée vraie du caractère de cet homme-là. Ce qu'il fait d'inquiétant pour les autres pays, il est par sa position forcé de le faire. On ne sait pas combien il est bon. Vous le pensez, n'est-ce pas, vous qui le connaissez bien? — Sire, j'ai bien des raisons personnelles pour le croire, et je les donne toujours avec grand plaisir. Oserais-je demander à Votre Majesté si demain matin elle pourrait m'accorder une audience? — Demain, oui, volontiers, avant ou après que j'aurai vu M. de Vincent. J'ai une lettre à écrire à l'empereur François. — Sire, ce sera après, si vous le permettez ; je serais très fâché de retarder cette bonne œuvre ; l'empereur François a bien besoin d'être tranquillisé, et je ne doute pas que la lettre de Votre Majesté ne produise cet effet. — C'est au moins mon intention. » L'empereur remarqua, avec étonnement, qu'il était près de deux heures.

Le lendemain, avant de se rendre à l'audience qui lui avait été indiquée, M. de Vincent passa chez moi, et je pus lui dire à quel point il avait sujet d'être content de tout le monde en général, et de l'empereur Alexandre en particulier. Son visage était aussi épanoui qu'il peut l'être. En me disant adieu, il y eut de sa part un serrement de main affectueux et reconnaissant. Il partit pour Vienne immédiatement après avoir eu son audience, pendant laquelle je repassai dans mon esprit les moyens que je devais employer pour faire bien, au gré de tout le monde et au mien, la commission dont j'étais chargé.

J'avoue que j'étais effrayé pour l'Europe d'une alliance de plus entre la France et la Russie. A mon sens, il fallait arriver à ce que l'idée de cette alliance fût assez admise pour satisfaire Napoléon, et à ce qu'il y eût cependant des réserves qui la rendissent difficile. Tout l'art dont je croyais avoir besoin me fut inutile avec l'empereur Alexandre. Au premier mot, il me comprit, et il me comprit précisément comme je voulais l'être. « S'il ne s'agissait que de moi, me dit-il, je donnerais volontiers mon consentement, mais il n'est pas le seul qu'il faut avoir; ma mère a conservé sur ses filles un pouvoir que je ne dois pas contester. Je puis essayer de lui donner une direction; il est probable qu'elle la suivra, mais je n'ose cependant pas en répondre. Tout cela, inspiré par une amitié très vraie, doit satisfaire l'empereur Napoléon. Dites-lui que dans un moment je serai chez lui. — Sire, Votre Majesté n'oubliera pas que cette conversation doit être affectueuse, solennelle. Votre Majesté va parler de l'intérêt de l'Europe, de l'intérêt de la France. L'Europe a besoin que le trône français soit à l'abri de toutes les tempêtes, et c'est le moyen d'arriver à ce grand but que Votre Majesté vient proposer. — Ce sera là mon texte, il est très fécond. Ce soir, je vous verrai chez la princesse de la Tour. »

J'allai prévenir l'empereur Napoléon, qui fut enchanté de l'idée que ce serait à lui de répondre, et point à lui à demander. J'eus à peine le temps d'ajouter quelques mots; déjà l'empereur Alexandre descendait de cheval dans la cour. Les deux empereurs restèrent ensemble plusieurs heures, et toute la cour, à dater de ce moment, fut frappée des expressions familières d'amitié qu'ils employaient l'un avec l'autre : le cérémonial même diminua de sa rigueur pendant les derniers jours. L'air d'être d'accord se montrait partout. Il est vrai aussi que tous les deux étaient parfaitement contents. La grande question du divorce était engagée ; et elle l'était de manière à fournir à l'empereur Napoléon des réponses à tous ceux qui, liés à l'impératrice Joséphine, trouvaient dans son élévation la garantie de leur situation personnelle.

Déjà Napoléon se voyait fondant un véritable empire. L'empereur de Russie, de son côté, croyait se l'être personnellement attaché, et caressait l'idée que, par sa seule influence, il donnait au système russe l'appui de celui à qui le monde entier rendait hommage, et devant le génie duquel toutes les difficultés s'aplanissaient. Aussi, au spectacle, en présence de tout Erfurt, s'était-il levé et avait-il pris la main de Napoléon à ce vers d'Œdipe :

L'amitié d'un grand homme est un présent des dieux[1] !

Tous les deux se regardaient alors comme essentiels à leur avenir commun. Lorsque le nombre de jours que devait durer l'entrevue fut écoulé, ils prodiguèrent les grâces dans le palais l'un de l'autre, et se séparèrent en se témoignant les regrets les plus vifs et la confiance la plus entière.

La dernière matinée que Napoléon passa à Erfurt fut employée à voir du monde. Le spectacle que présentait son palais, ce dernier jour, ne sortira jamais de ma mémoire. Il était entouré de princes dont il avait ou détruit les armées, ou réduit les États, ou abaissé l'existence. Il ne s'en trouva pas un qui osât lui faire une demande ; on voulait seulement être vu, et vu le dernier, pour rester dans sa mémoire. Tant

---

1. *Œdipe* (Voltaire), acte I, scène I.

de franche bassesse fut sans récompense. Il ne distingua que les académiciens de Weimar; c'est à eux seuls qu'il parla, et il voulut à ce dernier moment les laisser sur une impression d'un nouveau genre. Il leur demanda s'il y avait beaucoup d'idéologues en Allemagne. « Oui, Sire, répondit l'un d'eux, un assez grand nombre. — Je vous plains. J'en ai à Paris; ce sont des rêveurs et des rêveurs dangereux; ce sont tous des matérialistes déguisés et pas trop déguisés. Messieurs, dit-il en élevant la voix, les philosophes se tourmentent à créer des systèmes; ils en chercheront en vain un meilleur que celui du christianisme qui, en réconciliant l'homme avec lui-même, assure en même temps l'ordre public et le repos des États. Vos idéologues détruisent toutes les illusions; et l'âge des illusions est pour les peuples comme pour les individus l'âge du bonheur. J'en emporte, en vous quittant, une qui m'est précieuse: c'est que vous conserverez de moi quelque bon souvenir. » Peu de moments après, il était en voiture, partant pour achever, comme il le croyait, la conquête de l'Espagne.

Je joins ici le traité tel qu'il a été signé à Erfurt. On trouvera quelque différence, dans l'ordre des articles, entre le projet dont l'empereur m'avait demandé la rédaction et ce traité. L'article concernant la Valachie et la Moldavie a l'air d'être changé, et cependant l'empereur Napoléon, quoiqu'il y reconnaisse formellement la réunion de ces deux provinces à l'empire russe, exige un si profond secret (ce sont les termes) sur le consentement qu'il donne à cette réunion, que dans sa pensée les deux articles avaient, à bien peu de chose près, le même sens. On remarquera surtout, dans cette dernière rédaction du traité, qu'il n'est plus question des deux articles que l'empereur Napoléon avait introduits dans la seconde : l'un par lequel il s'établissait juge des motifs qui devaient déterminer la Russie à déclarer la guerre à l'Autriche; l'autre, relatif à la marche d'un corps d'armée russe près des frontières autrichiennes, sous le prétexte de la position du cabinet de Pétersbourg à l'égard de la Porte ottomane.

CONVENTION D'ERFURT

Du 12 octobre 1808, ratifiée le 13.

« Sa Majesté l'empereur des Français, roi d'Italie, protecteur de la confédération du Rhin, etc...

» Et Sa Majesté l'empereur de Russie, etc... voulant rendre de plus en plus étroite et à jamais durable l'alliance qui les unit, et se réservant de s'entendre ultérieurement, s'il y a lieu, sur les nouvelles déterminations à prendre et les nouveaux moyens d'attaque à diriger contre l'Angleterre, leur ennemie commune et l'ennemie du continent, ont résolu d'établir dans une convention spéciale les principes qu'ils sont déterminés à suivre invariablement dans toutes leurs démarches pour parvenir au rétablissement de la paix.

» Ils ont à cet effet nommé, savoir : Sa Majesté l'empereur des Français, etc... Son Excellence Jean-Baptiste Nomperè de Champagny, comte de l'empire, etc... son ministre des relations extérieures;

» Et Sa Majesté l'empereur de toutes les Russies, etc... Son Excellence le comte Nicolas de Romanzoff, son conseiller privé actuel, membre du conseil, ministre des affaires étrangères, etc...

» Lesquels sont convenus de ce qui suit :

» Article premier. — Sa Majesté l'empereur des Français, etc... et Sa Majesté l'empereur de toutes les Russies, etc... confirment, et en tant que besoin est, renouvellent l'alliance conclue entre eux à Tilsitt, s'engageant, non seulement à ne faire avec l'ennemi commun aucune paix séparée, mais encore à n'entrer avec lui dans aucune négociation, et à n'écouter aucune de ses propositions que d'un commun accord.

» Article II. — Ainsi résolues de rester inséparablement unies pour la paix comme pour la guerre, les hautes parties contractantes conviennent de nommer des plénipotentiaires pour traiter de la paix avec l'Angleterre, et de les envoyer, à cet effet, dans la ville du continent que l'Angleterre désignera.

» Article III. — Dans tout le cours de la négociation, si elle a lieu, les plénipotentiaires respectifs des deux hautes parties contractantes agiront constamment avec le plus parfait accord, et il ne sera permis à aucun d'eux, non seulement d'appuyer, mais même d'accueillir ou d'approuver contre les intérêts de l'autre partie contractante, aucune proposition ou demande des plénipotentiaires anglais, qui, prises en elles-mêmes et favorables aux intérêts de l'Angleterre, pourraient aussi présenter quelque avantage à l'une des parties contractantes.

» Article IV. — La base du traité avec l'Angleterre sera l'*uti possidetis*.

» Article V. — Les hautes parties contractantes s'engagent à regarder comme condition absolue de la paix avec l'Angleterre, qu'elle reconnaîtra la Finlande, la Valachie et la Moldavie, comme faisant partie de l'empire russe.

» Article VI. — Elles s'engagent également à regarder comme condition absolue de la paix, que l'Angleterre reconnaisse le nouvel ordre de choses établi par la France en Espagne.

» Article VII. — Les deux hautes parties contractantes s'engagent à ne recevoir de la part de l'ennemi, pendant la durée des négociations, aucune proposition, offre, ni communication quelconque, sans en faire immédiatement part aux cours respectives, et si lesdites propositions sont faites au congrès réuni pour la paix, les plénipotentiaires devront respectivement se les communiquer.

» Article VIII. — Sa Majesté l'empereur de toutes les Russies, d'après les révolutions et changements qui agitent l'empire ottoman, et qui ne laissent aucune possibilité de donner, et, par conséquent, aucune espérance d'obtenir des garanties suffisantes pour les personnes et les biens des habitants de la Valachie et de la Moldavie, ayant déjà porté les limites de son empire jusqu'au Danube de ce côté, et réuni la Valachie et la Moldavie à son empire, ne pouvant qu'à cette condition reconnaître l'intégrité de l'empire ottoman, Sa Majesté l'empereur Napoléon reconnaît ladite réunion et les limites de l'empire russe de ce côté portées jusqu'au Danube.

» Article IX. — Sa Majesté l'empereur de toutes les Russies s'engage à garder dans le plus profond secret l'article précédent, et à entamer, soit à Constantinople, soit partout ailleurs, une négociation, afin d'obtenir à l'amiable, si cela se peut, la cession de ces deux provinces. La France renonce à sa médiation. Les plénipotentiaires ou agents des deux nations s'entendront sur le langage à tenir, afin de ne pas compromettre l'amitié existante entre la France et la Porte, ainsi que la sûreté des Français résidant dans les Échelles, et pour empêcher la Porte de se jeter dans les bras de l'Angleterre.

» Article X. — Dans le cas où la Porte ottomane se refusant à la cession des deux provinces, la guerre viendrait à se rallumer, l'empereur Napoléon n'y prendra aucune part et se bornera à employer ses bons offices auprès de la Porte ottomane; mais s'il arrivait que l'Autriche ou quelque autre puissance fît cause commune avec l'empire ottoman dans ladite guerre, Sa Majesté l'empereur Napoléon ferait immédiatement cause commune avec la Russie, devant regarder ce cas comme un de ceux de l'alliance générale qui unit les deux empires.

» Dans le cas où l'Autriche se mettrait en guerre contre la France, l'empereur de Russie s'engage à se déclarer contre l'Autriche et à faire cause commune avec la France, ce cas étant également un de ceux auxquels s'applique l'alliance qui unit les deux empires.

» Article XI. — Les hautes parties contractantes s'engagent d'ailleurs à maintenir l'intégrité des autres possessions de l'empire ottoman, ne voulant ni faire elles-mêmes, ni souffrir qu'il soit fait aucune entreprise contre aucune partie de cet empire, sans qu'elles en soient préalablement convenues.

» Article XII. — Si les démarches faites par les deux hautes parties contractantes pour ramener la paix, sont infructueuses, soit que l'Angleterre élude la proposition qui lui sera faite, soit que les négociations soient rompues, Leurs Majestés Illustrissimes se réuniront de nouveau dans le délai d'un an, pour s'entendre sur les opérations de la guerre commune, et sur les moyens de la poursuivre avec toutes les ressources des deux empires.

» Article XIII. — Les deux hautes parties contractantes, voulant reconnaître la loyauté et la persévérance avec lesquelles le roi de Danemark a soutenu la cause commune, s'engagent à lui procurer un dédommagement pour ses sacrifices, et à reconnaître les acquisitions qu'il aura été dans le cas de faire dans la présente guerre.

» Article XIV. — La présente convention sera tenu secrète au moins pendant l'espace de dix ans.

» Erfurt, le 12 octobre 1808. »

FIN DE LA CINQUIÈME PARTIE ET DU TOME PREMIER

TABLE DU TOME PREMIER

Préface 1

PREMIÈRE PARTIE
1754-1791 1
  Appendice 137

DEUXIÈME PARTIE
De M. le duc d'Orléans 143

TROISIÈME PARTIE
1791-1808 217

QUATRIÈME PARTIE
Affaires d'Espagne (1807) 323

CINQUIÈME PARTIE
Entrevue d'Erfurt (1808) 391

www.ingramcontent.com/pod-product-compliance
Lightning Source LLC
Chambersburg PA
CBHW071620230426
43669CB00012B/2011